U0547349

ORLD HISTORY AND CULTURE SERIES

· 世界历史文化丛书 ·

埃及通史

The History of Egypt

王海利 ⊙ 著

上海社会科学院出版社

目录

尼罗河上的忧思——代序

埃及是人类文明的发祥地，是世界上历史最悠久的文明古国之一。5 000多年前生活在尼罗河两岸的古埃及人，点燃了人类文明的圣火，创造了辉煌灿烂的文明。

由于埃及独特的地理位置，肥沃的土壤，富饶的物产，使埃及成为众多贪婪者的觊觎之地，外国侵略者的脚步纷沓而至。埃及，一个历史上多灾多难的国家，它饱经沧桑，迭经战乱。在古代，埃及曾遭受喜克索斯人、利比亚人、努比亚人、亚述人、波斯人的入侵和统治。公元前332年，马其顿国王亚历山大大帝东征埃及，开始了西方人统治埃及的肇端，希腊人、罗马人相继主宰埃及近千年之久。公元7世纪，阿拉伯人征服埃及，埃及从此纳入阿拉伯文化的滔滔洪流。到了近代，随着西方资本主义国家的崛起，埃及在阿拉伯世界中首先沦为西方殖民列强的俎上肉，先后遭受法国占领和英国70多年殖民统治的耻辱。其后，埃及又变成美苏争霸和大国争夺的重要对象。埃及人民经历了数千年艰难曲折的历程，具有光荣的革命传统，1952年“七·二三革命”后，埃及共和国的建立使埃及真正实现了国家独立。

埃及，一个别具文化魅力的国度，从古至今，法老文化、基督教文化、伊斯兰文化都在这块土地上生根发芽，绽放出美丽的花朵。埃及文明经腓尼基人、希腊人、罗马人的辗转传递，如今已经成为人类文化遗产中的一部分。我们可以非常自信地说，世界上没有任何一个国家，没有任何一个时代，不受到埃及文化的影响。埃及辉煌的文化成就实在令人叹为观止。记得我当年第一次踏上这块神秘的国土时，时时被映入眼帘的景象所震撼：巍峨壮观的金字塔，高耸入云的方尖碑，饱经岁月沧桑的狮身人面像，奔流不息的尼罗河……那种美，那种壮观，使用气势磅礴、蔚为壮观、精妙绝伦、美轮美奂等任何美妙的字眼来形容都显得苍白无力。

埃及，这是一个受上苍眷顾的国度，也是一个富饶和贫瘠、文明和落后相互纠缠的国度。现代的埃及还是一个贫穷落后的发展中国家，广大埃及人民还生活在贫困之中，埃及国民人均月收入只有几百埃镑。埃及几乎没有任何现代工业，丰厚的旅游资源是埃及人民赖以生存的经济命脉，旅游业是埃及的支柱产业。

几天来，在埃及耳濡目染的一幕幕情景又在我眼前浮现：

埃及首都开罗，偌大一个城市几乎没有一个红绿灯，交通混乱；大街上奔驰的到处都是欧洲甚至中国淘汰下来的二手车、三手车，据说埃及人会把它们一直开到变成废铁为止；聪明的埃及人为了免于向政府缴税，而故意把好端端一个建筑做成半截子工程，使得整个市容杂乱不堪。

“One dollar, one dollar”，那些几乎充斥于每一个旅游景点的不绝于耳的颇为卖力的叫卖声；那些躲在树荫下面，悠闲地喝着薄荷叶泡红茶、百无聊赖地抽水烟的埃及男人们，还有街头那些为买一埃镑20个大饼子而拥挤的人群……

在我的心里，初到埃及的那种兴奋已经荡然无存了，取而代之的是难以名状的沉重和不安。为什么曾经在人类历史上创造过辉煌灿烂的文明的国度，却在现代化的潮流中落后于欧美现代国家？埃及，同其他发展中国家一样，该如何走向新的辉煌？思绪万千，久久挥之不去……

“嘀——”传来了响亮的汽笛声，原来我乘坐的游轮马上就要靠岸了。我的思绪也陡然被拉回了现实。

我默默祈祷，埃及这块让我魂牵梦萦的土地上的人民，早日过上幸福、安康、富足的生活！

2010年6月9日

写于Royal Lily号游轮上

导言

生活在公元前5世纪的古希腊历史学家希罗多德（Herodotus，约公元前484—约公元前425年）造访埃及时，发出了这样的感慨："没有任何一个国家有这样多的令人惊异的事物，没有任何一个国家有这么多非笔墨所能形容的巨大业绩。"当今的埃及作为中东地区和非洲地区的大国、阿拉伯世界的中心，在地区和国际事务中发挥着越来越重要的作用。持续了半个多世纪的巴以冲突一直困扰着中东地区，埃及在中东问题上发挥着重要的、不可替代的作用。在探讨解决方案时，不仅巴勒斯坦和其他阿拉伯国家同埃及频繁磋商，美国和以色列方面也需不时地听取埃及方面的意见。显然，这样一个国家值得我们好好去认识，这样一个国家的历史值得我们好好去了解。

一、名称和位置

"埃及"一词是现代人对阿拉伯埃及共和国的简称。古代埃及人自远古以来便生活、繁衍于大体上相当于现在埃及的这块土地上。现代英语中使用的Egypt一词，来自中世纪法语词Égypte，法语中使用的该词来自拉丁文Aegyptus。其实该词更早可以追溯到古希腊人。公元前4世纪，古希腊人统治埃及之后，他们把位于埃及古都孟斐斯城内的一座古埃及人最重要的神庙"普塔神灵之家"（Hwt-Ka-Ptah），按照希腊语的习惯，转译称为Αίγυπτος，后来希腊人逐渐使用Aigyptos来称呼埃及。

在古代埃及，尼罗河每年定期泛滥，河水冲刷河岸，泛滥过后在河的两岸沉积成一层厚厚的肥沃的黑色土壤，这正是埃及赖以发展农业的基础。正是由于这种现象，古代埃及人把他们的国家称为"凯迈特"（古埃及语中意为"黑土地"），从而区别于周围的沙漠"红土地"。不过，古代埃及人对自己国家的

19世纪末的尼罗河景色

称呼，随着古埃及文明的衰亡、外族的入侵，而逐渐销声匿迹。

阿拉伯人则把埃及称为Misr（“米斯尔”），意思是“辽阔的国家”。据学者考证，该词很可能源于公元前2000年代亚述楔形文字文献。公元7世纪阿拉伯人占领埃及之后，即以“米斯尔”相称，至今埃及和其他所有阿拉伯国家仍沿用这一名称。

埃及地跨亚非两大洲，大部分领土位于非洲的东北角，只有苏伊士运河以东的西奈半岛位于亚洲的西南角。埃及国土面积100.2万平方公里，南北相距1 055公里，东西相距1 250公里，版图似正方形。

二、地貌和气候

埃及地处欧亚非三大洲交汇处，具有极其重要的战略地位。埃及地势南高北低，因此自古以来，埃及在地理上就分为上埃及、下埃及两部分。大抵以开罗南部为界，向南直到尼罗河第一瀑布为上埃及，以北为下埃及。在上埃及

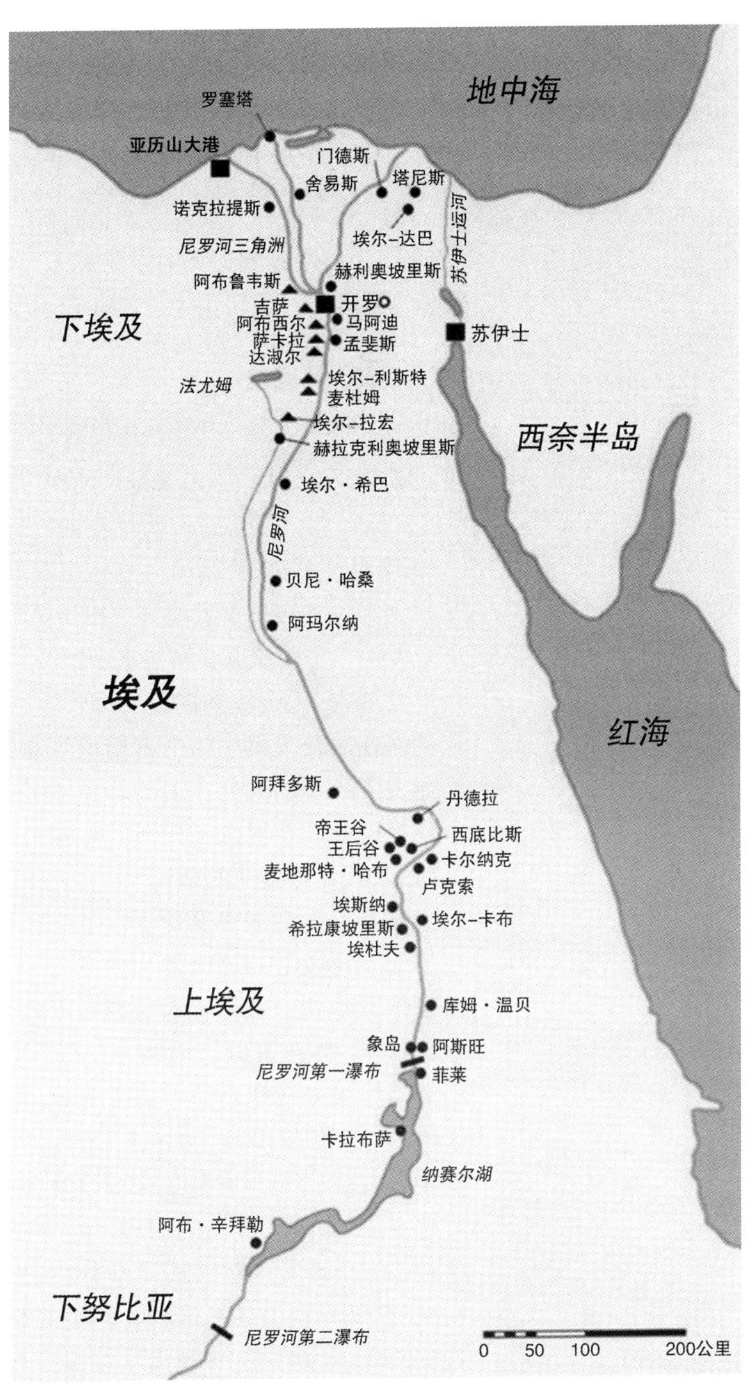
地中海
罗塞塔
亚历山大港
门德斯
舍易斯
塔尼斯
诺克拉提斯
埃尔-达巴
苏伊士运河
尼罗河三角洲
赫利奥坡里斯
阿布鲁韦斯
下埃及
吉萨
开罗
阿布西尔
马阿迪
萨卡拉
孟斐斯
达淑尔
苏伊士
法尤姆
埃尔-利斯特
麦杜姆
埃尔-拉宏
西奈半岛
赫拉克利奥坡里斯
埃尔・希巴
尼罗河
贝尼・哈桑
阿玛尔纳
埃及
红海
阿拜多斯
丹德拉
帝王谷
西底比斯
王后谷
卡尔纳克
麦地那特・哈布
卢克索
埃斯纳
埃尔-卡布
希拉康坡里斯
埃杜夫
上埃及
库姆・温贝
象岛
阿斯旺
尼罗河第一瀑布
菲莱
卡拉布萨
纳赛尔湖
阿布・辛拜勒
下努比亚
尼罗河第二瀑布
0 50 100 200公里

埃及示意图

除中间的尼罗河谷地外，东西两侧峭壁对峙，峭壁之外是广袤的沙漠。下埃及则是地势低平的尼罗河三角洲地带，土壤肥沃。因此，尼罗河和沙漠构成了埃及的主要地貌特征。埃及地形可以分为尼罗河河谷和三角洲、西部沙漠、东部沙漠、西奈半岛4个自然区。

埃及96.5%的土地为荒漠，只有35 000平方公里占国土总面积的3.5%的土地为耕地。辽阔的西部沙漠和东部沙漠中有相当大的面积荒无人烟，自然环境十分险恶。埃及绝大部分地区人迹罕至，居民集中生活在仅占全国面积5%左右的地区。这一现象在世界上也极为罕见。

世界上最长的河流尼罗河，全长6 671公里，从南向北贯穿埃及。尼罗河从古至今都是埃及赖以生存的生命线。尼罗河有两个源头，即青尼罗河和白尼罗河。青尼罗河发源于埃塞俄比亚高原上海拔1 840米的塔纳湖，埃塞俄比亚高原沟壑纵横，故导致青尼罗河水流湍急，河道曲折，为尼罗河提供了70%的泛滥洪水。白尼罗河发源于中非维克托里亚湖，其流势流量与青尼罗河相比都大为逊色。青尼罗河与白尼罗河经过各自长途跋涉最后相会在苏丹首都喀土穆，二流归一，被称为努比亚尼罗河。努比亚尼罗河在北纬22度线附近流入埃及境内，埃及境内的尼罗河长1 350公里。尼罗河在埃及人民生活中占据重要地位，它是沟通上下埃及的天然大动脉。另外，尼罗河为干旱少雨的埃及提供了充沛的水源，故希罗多德称“埃及是尼罗河的赠礼”。

希罗多德

埃及气候只有冬夏之分，而无春秋之别，每年11月至第二年的4月为冬季，5—10月则是夏季。受其地理位置和地形等因素的影响，在地域上，埃及可以分为两个气候区：北部地中海沿岸属于亚热带地中海式气候，夏季炎热干燥，冬季温暖少雨，夏季平均气温25℃，冬季平均气温12℃。其他地区为热带沙漠气候，气温高、昼夜温差大，特别是夏季，冬季气温起伏较小。上埃及的年平均气温为25℃，最低为17℃，最热时白天气温可高达40℃—45℃。另外，每年4—5月份，干热风从东南方和南方袭来，在苏伊士地峡形成强烈的低气压区，由北向南横扫埃及，并越过地中海直扑南欧。埃及人把它叫作“五月风”。“五月风”风速惊人，所到之处沙浪翻滚，尘烟蔽日，气温在两个小时内可骤升20℃。沙尘暴时断时续，甚至可能连刮数天，危害较大。每年5月以后，凉爽的北风从地中海徐徐吹来，起到了调节气温的作用，因此埃及人的房屋多为坐南朝北，这样既可以减轻干热风的侵扰，又能接纳来自地中海上空的丝丝凉意。

三、民族和人口

埃及是一个阿拉伯国家，官方语言为阿拉伯语。伊斯兰教是埃及的国教。埃及居民主要由阿拉伯人和科普特人组成。根据1994年埃及官方统计，他们分别占全国人口的87%和11.8%，其余为努比亚人、贝都因人和亚美尼亚人。其中阿拉伯人是埃及的主体民族，他们信仰伊斯兰教，讲阿拉伯语。科普特人是信仰基督教的古埃及人的后裔。“科普特”（Copt）一词是从古希腊语演化而来，原意为“埃及人”。公元7世纪阿拉伯人进入埃及后，他们把埃及人统称为“科普特人”。当时的埃及是一个基督教占统治地位的国家，大多数科普特人信奉基督教。经过若干世纪的同化过程，绝大部分科普特人逐渐皈依了伊斯兰教，成为穆斯林。现在意义上的科普特人，仅指保持了原有信仰的少部分人。由于科普特人与阿拉伯人长期交往，和睦相处，相互通婚，相互影响，如今在外貌、体型、语言上已经几乎没有区别。纵观埃及近代以来200多年的历史，总的来说，阿拉伯人和科普特人可谓和睦相处、亲如兄弟，但有时也会发生摩擦和冲突。20世纪头10年的宗教争端便是英国殖民当局挑拨离间的结果。20世纪70年代以来的埃及宗教纷争，在很大程度上与时任总统萨达特推行的宗教政策有关。自20世纪80年代穆巴拉克总统执政以来，宗教政策相对比较宽松，他重申“宗教属于安拉，祖国属于大家”，强调埃及阿拉伯人和科普特人两部分的团结与合作，使得阿拉伯人和科普特人之间的裂隙得以弥合。

埃及是一个阿拉伯大国，其人口数量位居阿拉伯世界榜首。人口众多曾经使埃及人引以为豪，然而不断膨胀的人口使得埃及不堪重负。埃及人口增长速度过快，20世纪初埃及只有1 200万人，20世纪末已增至6 598万人，也就是说，仅仅一个世纪的时间埃及人口就增长了5倍有余。今天的埃及人口已经突破8 000万人。

人口问题给埃及社会带来严重的不良后果，尤其是在粮食、住房、教育、就业、医疗、城市建设和公共设施等方面，造成了一系列严重问题，极大地影响了埃及经济发展和社会稳定。因此，埃及政府十分重视人口问题。1981年成立了全国人口委员会，1993年正式设立人口部，在全国推广计划生育工作，号召每对夫妻只生两个孩子。这些措施的颁行已经在埃及初见成效。

根据埃及中央统计局统计，截至2005年1月1日，全国人口总数为71 897 547人，其中69 997 318人定居国内，1 900 229人暂时在国外谋生。2004年人口自然增长率由上年的1.96%降至1.94%。埃及全国约有1 600万个家庭，平均每户4.7人。

由于受到自然条件的制约，埃及94%的人口分布在不足全国总面积4%的尼罗河两岸、苏伊士地峡区和沙漠绿洲上，而且主要集中在开罗、亚历山大等大中城市，仅首都开罗的人口就多达1 600万人，占埃及人口总数的22.5%。

当今的埃及，虽然是中东地区最发达的国家之一，但埃及仍是一个贫穷落后的发展中国家，广大埃及人民还生活在贫困之中，埃及国民人均月收入只有几百埃镑（1埃镑约相当于人民币1.19元）。埃及几乎没有任何现代工业，旅游业是埃及的支柱产业之一。埃及丰富的文化资源，使得埃及的旅游业非常发达，每年都有大批来自世界各地的游客到埃及旅游观光，旅游业成为埃及的第二大支柱产业。

作者点评：

“埃及是尼罗河的赠礼”。公元前5世纪的古希腊历史学家希罗多德造访埃及时发出了这样的感慨。的确，埃及人非常依赖尼罗河，直到今天也是如此。尼罗河在埃及人的生活中占据重要地位。尼罗河是沟通上下埃及的天然大动脉，它是远程交流、商业和运输的主要通道。尼罗河为人们远距离运送像建筑石料这样巨大而笨重的物资提供了通道，每逢泛滥季节时，河水能够把规模较大的驳船恰到好处地带到建筑工地旁边。

尼罗河的泛滥给埃及带来了生命力，河水为干旱少雨的埃及提供了充沛的水源。古代的埃及人十分关注尼罗河的泛滥。尼罗河洪水的泛滥必须保持在合适的水平，如果泛滥太低，或者完全没有泛滥，那么尼罗河两岸无法形成足够规模的黑色沉积土，这不仅会给埃及带来饥馑，而且还往往导致广泛的政治和经济混乱。但是尼罗河泛滥过高，造成的危害就更大了。洪水会冲垮和毁坏那些建筑在高于河水预期泛滥高度之上的堤坝上的房屋，摧毁或损坏灌溉堤坝和水闸，而且还将水留在土地上，致使土地无法进行耕种。尼罗河特殊的节奏在埃及创造了一种不寻常的农业周期，尼罗河恰恰在一年当中最炎热的夏季，水位升高并达到了顶峰，庄稼在秋季播种，冬季成熟，初春收获，然后，土地处于休耕状态达几周的时间，直到尼罗河再次泛滥。因此古埃及人将一年分为三个季节：泛滥季、耕种季、收获季。

尼罗河三角洲地区有着丰富的可耕地，面积相当于上埃及可耕地的两倍，因此三角洲地区对于埃及文明的产生和发展起着非常重要的作用。但遗憾的是，由于三角洲地区潮湿的环境，古埃及很多有形记录被淹没或毁坏，使得三角洲地区的考古发掘工作极为困难，人们只好更多地从上埃及获得证据，因为上埃及的证据保存条件比较好。目前，我们所能了解的反映古埃及文明起源的考古证据是从上埃及开始的，按理说，尼罗河三角洲地区的自然条件和环境更适合文明的产生，但是我们并没有足够的考古证据支持该观点，因此这不能不说是古埃及文明起源研究中的一个不小的遗憾。

第一章 埃及文明的起源

人类的历史都是从蒙昧时代开始的。古代埃及人是如何走出蒙昧时代，发展到文明社会的呢？由于缺少文字的记录，大大限制了我们对埃及史前时代的了解。但是，史前时代的埃及人为了生存，在与大自然进行艰苦的斗争过程中，取得了一个个伟大的进步，并把他们的生活遗物和活动遗迹留给了后人。近年来由于考古学的新发展，埃及的旧石器时代追溯到了一个更古老的时期——奥杜韦文化。奥杜韦文化作为埃及旧石器时代最早期的文化，大约开始于175万年前。20世纪70年代初，考古学者在埃及古都底比斯进行了系统发掘，发现了以经过加工的卵石（砍砸器）为特征的奥杜韦文化。

一、史前时期与前王朝时期

奥杜韦文化之后是阿舍利文化，它以三面体的工具为特征，主要工具是手斧。按照考古学的划分方法，在旧石器时代与新石器时代之间通常还有一个中石器时代。古埃及是如何从旧石器时代过渡到新石器时代的，目前我们的了解还不清楚。大约在公元前7000—前4500年，埃及的历史进入了新石器时代。新石器时代在埃及大约经历了2 000年的时间，与漫长的旧石器时代相比，不足其1/3的时间。时间虽短，但是它在埃及文明的演进过程中却具有十分重要的意义。正是在这个时代，古代埃及人从狩猎、采集，发展到畜牧、农耕阶段，由猎人、采集者演变成为牧民和农民。埃及似乎没有纯粹的新石器时代文化，因为新石器文化总是与铜石并用时代的文化紧紧结合在一起。因此，埃及的新石器时代与铜石并用时代并不能严格区别开来。

埃及的新石器时代的文化与铜石并用时代文化以上埃及的塔萨·巴达里（Tasian-Badarian）文化、涅伽达文化（Naqada）I、涅伽达文化II、涅伽达文化

III为典型，通常把它们称为前王朝文化。前王朝文化是埃及人从野蛮时代向文明时代的过渡，也是古埃及文明的开端。

关于塔萨文化的性质问题尚难以确定，有人认为塔萨文化比巴达里文化还要古老，而巴达里文化只是塔萨文化的进一步发展而已。但是，也有人主张把塔萨文化归并于巴达里文化。无论怎样，塔萨文化至今还没有发现铜器，而巴达里文化则是铜石并用。巴达里文化的基本生产工具是石器，最普遍的工具形式是两面具有锯齿形边缘的石质镰刀。巴达里文化的陶器可以分粗制陶和精制陶两类。粗制陶形状简朴，制作粗糙。精制陶制作精致，主要有红光陶、黑光陶和黑顶陶。黑顶陶以带有黑顶为特征，它不仅在前王朝时期晚期广为流行，而且一直流行到后来的王朝时期。

巴达里的居民已经是“食物的生产者”，他们经营农业、畜牧业和渔业。种植的作物有谷子、小麦、大麦、亚麻等。驯养的动物有狗、牛、羊等。巴达里人穿兽皮和亚麻缝制的衣服。他们是追求美的民族，往往佩带石珠、贝壳等装饰品。他们不分男女都十分喜爱化妆，保存下来不少“调色板”。调色板（Palette）是埃及学上的一个专业术语，它是指中间带有一个凹洼的石板。古埃及人将绿松石等矿物放至石板凹洼处研磨，然后拌以油脂调和制成糊状物，抹涂眼眉，用于化妆。

涅伽达是埃及的一个现代村落，位于卢克索（Luxor）以北地区。考古学家在这里发现了不同层次的文化。根据最新研究成果，可以分成涅伽达文化I、涅伽达文化II、涅伽达文化III三个阶段。在涅伽达文化I时期，生产力虽然有了一定的发展，出现了专门化的燧石加工业，但是铜质工具仍然非常稀有。目前我们还不敢断定，涅伽达文化时期埃及与地中海地区已发生了贸易往来。不过，埃及与周边的西亚地区可能已经发生了商业往来。由于手工业和商业的发展，导致了城市的出现。涅伽达文化I时期埃及已经出现了城市居民。

彩绘陶罐，涅伽达文化II

涅伽达文化II时期仍处于铜石并用时代，这时，石器的加工技术有了进一步的提高，人们已经开发了尼罗河谷及沙漠地区的各种石灰石、雪花石、蛇纹石、玄武岩、闪长石等石料，金属器的使用进一步扩大。陶器的生产也大为改善，由于发明了陶轮，因而产品的数量大大提高。涅伽达文化II时期，上埃及形成了三大中心，分别是涅伽达、希拉康坡里斯和阿拜多斯。

涅伽达文化III时期是前王朝时期的最后一个阶段，正是在这个阶段，古代埃及第一次完成了统一，建立了统一的强大的国家。希拉康坡里斯逐渐发展成为最重要的政治中心。蝎子王的争霸，以及那尔迈的征服活动开创了古代埃及统一的新局面。

二、早王朝时期

希拉康坡里斯（Hierakonpolis，又译希拉孔波利斯）位于卢克索以南尼罗河西岸，这里是前王朝时期末期兴起的具有政治和宗教意义的重要古城之一。迄今为止，有据可查的最重要的希拉康坡里斯王有3位。他们分别是卡王、蝎子王和那尔迈王。卡王究竟是不是历史人物，目前学界还存在一定的争议。不过，后两位则是人们所公认的。

蝎子王（Scorpion King，约公元前3150年左右）的霸权活动主要表现在蝎子王权标头上的图刻中，权标头现保存于英国牛津大学阿什摩林博物馆。

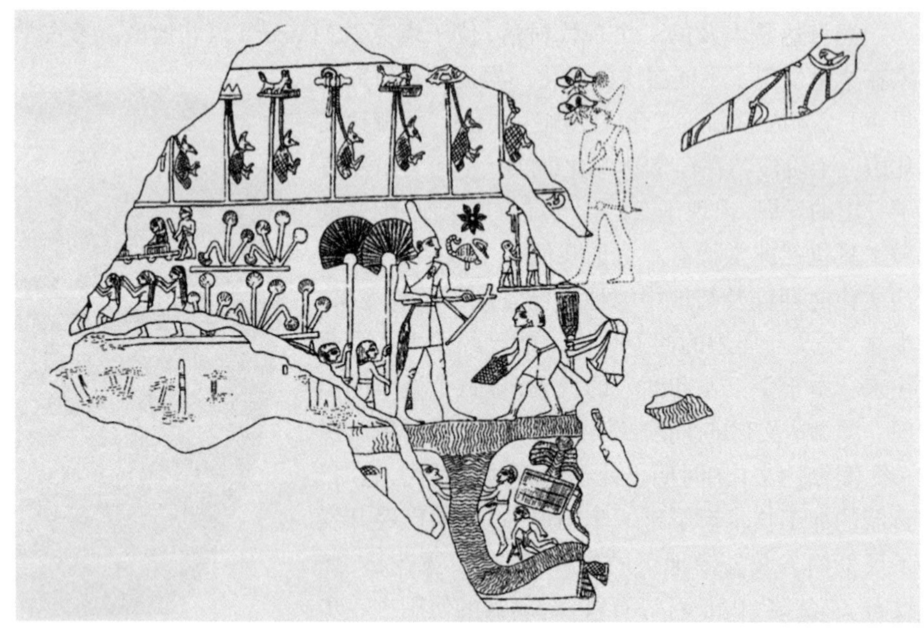

蝎王权标头石刻

权标头共分3栏：中间一栏的中心部位突出刻画了一个头戴白冠的大人物。他身穿长及膝盖的束腰外衣。在他头部的前方有一只蝎子和一枚玫瑰花结的符号，通常认为蝎子是象征国王名字的符号，玫瑰花结是头衔，读作“王”。因此，两者结合起来可以读作“蝎子王”。蝎子王站在水渠之上，手中握着一把锄头。在蝎子王的面前站立着一个小人物，他伸出一个篮子准备接受挖掘出来的泥土。这幅情景可以解释为国王在举行农业仪式，挖掘土地，以便耕种。这些情况表明蝎子王作为一个城市国家的首领，正在执行领导者的职能。在蝎子王的身后有两个小人举着带有标志的盟邦旗帜，这又有可能说明蝎子王是盟邦的邦主。蝎子王身后有几株纸草图案，或许象征着尼罗河三角洲的地区。在权标头的上栏有一排象征着上埃及几个诺姆（或城市国家）的不同标志的旗帜。每支旗杆上垂吊下来一条绳子，套在每个田凫的脖子上。在古埃及文字中符号田凫表示“被征服的人民”。因此，蝎子王权标头可以解释为，在蝎子王的领导下战胜生活于绿洲和三角洲地区的下埃及人的情景。

在希拉康坡里斯除了蝎子王的权标头外，还发现了那尔迈（Narmer，约公元前3100年左右）调色板和那尔迈权标头。那尔迈调色板分正反两面。调色板正面上端刻有两个牛头人面的哈托尔（Hathor）女神形象，形象中间刻有两个古埃及文字符号，读作“那尔迈”，即国王的名字。调色板正面中央有一个头戴白冠的高大人物，他身穿紧身衣和短裤，手里拿着权标头，充分表明了他的王者身份。那尔迈的左手抓住敌人的一绺头发，右手则紧握权标头准备击打敌人。这个姿势是征服的象征，它成为表现古埃及法老征服敌人的典型姿势。在敌人头部的上方有一只鹰，鹰是荷鲁斯神（Horus）的象征。画面上这只鹰牵引着一个人头，他的身躯连接着6棵纸草，纸草（Papyrus）是盛产于下埃及三角洲的植物，无疑也是下埃及的象征物。这样一来，整幅画面可以解释为“鹰神荷鲁斯带来了下埃及的俘虏6 000人”。

那尔迈调色板正面

那尔迈调色板的反面也分成了3栏。在第一栏中，那尔迈头戴红冠，左手握着权标头，右

那尔迈调色板反面

手握着梿枷，身后跟着随从，随从的手里拿着鞋子。那尔迈前面有4名旗手，他们手里举着不同标志的旗帜。右边是两排被斩首的10名敌人的尸体。因此上栏的图像可以解释为国王那尔迈在4个不同盟邦的联合引导下，前往视察被斩首的敌人。中间一栏，两个人分别牵引着一只狮头怪兽，怪兽细长的脖子交叉形成一个圆形。学者认为这种怪兽来自西亚地区，因此，这无疑反映了早期西亚艺术对埃及的影响。这一图像的寓意有可能象征着上下埃及统一大业。

国王那尔迈的形象在调色板正反两面上都得到了很好的反映，他分别头戴上埃及白王冠和下埃及红王冠，显然是在说明国王统一埃及的伟大业绩。那尔迈开创了古代埃及统一的肇端。

公元前4世纪的埃及祭司兼历史学家马涅托（Manetho）在所著的《埃及史》中，讲到美尼斯进行了对外远征并获得了声望，并第一次把上下埃及统一起来。不过，美尼斯究竟是传说中的人物，还是实在的历史人物，目前尚存疑问。习惯上，学者常常把那尔迈与美尼斯（Menes）等同起来。但是根据考古证据，我们更喜欢把那尔迈称为第1王朝的第一位国王。

第1王朝（约公元前3050—约公元前2890年）中最有作为的国王要数第五位国王登（Den）。他统治埃及长达50余年之久，是早王朝时期统治时间最长的一位国王。他在位时第一次采用了红白王冠（上埃及为白王冠，下埃及为红王冠）和树蜂衔表示“上下埃及之王”。显然，登已经确立了他在上下埃及的权威。

但是，接下来很快还是发生了篡权事件。第2王朝的第一位国王名字叫亥特普塞海姆威（Hotepsekhemwy，又译霍特普塞海姆威），在古埃及语中意为“两个权力和睦共处”。由此看来，他在位期间，把南北两个对立（或分裂）政权再次统一了起来。他的后继者拉涅布可能又是一个篡权者，因为“拉涅布”（Raneb）在古埃及语中意为“拉（神）是我的君主”。他可能是为了保证自己王权的合法性，才把太阳神拉的名字搬到了自己的名字中。接着，可能发生了内战。第2王朝的最后一位国王哈塞海姆（Khasekhem，古埃及语意为“权力的出现”）的雕像被保存了下来，现藏于英国牛津大学阿什摩林博物馆。他头戴上埃及白王冠，显然他是上埃及的国王。他正襟危坐，身穿祭祀服装，右手握拳放在腿上，左手置于胸前，显露出一副尊贵而庄严的神态。该雕像简洁、概括，刻画写实、古朴，成为以后古埃及法老坐像的标准模式。雕像上的铭文记录了他与北方敌人战斗的情况，据记载，被杀死的北方敌人有47 209人。哈塞海姆很可能以武力的方式结束了政权分裂的局面，恢复了埃及的统一。后来，他把自己的名字改为“哈塞海姆威”（Khasekhemwy，又译卡塞凯姆威，即哈塞海姆的双数形式），表示他调解了两个对立的势力，把埃及最终统一在了他个人的权力之下，从而真正完成了埃及国家的统一大业。

哈塞海姆雕像

三、早王朝时期的丧葬文化

世界上每一个民族都有自己的丧葬文化。古埃及人的丧葬习俗在某些方面表现得更为突出，这与他们追求永恒的观念密切相关。在古埃及人看来，死亡并不是生命的终结，而只是生命的中断，地下世界的生活才是美好而永恒的。为了能在地下世界生活，首要前提是把死者的尸体保存完好。尸体的安身之处——坟墓则是死者永恒的居所。地下世界生活同样需要人间生活需要的食物和用具。因此，古埃及丧葬习俗的内容表现为保存尸体，修建坟墓，提供陪葬品等。

埃及干旱少雨的气候以及大片的沙地，为尸体的保存提供了有利条件。埃及人死后最初都是直接埋于沙地中，使尸体脱水变成干尸。干尸不仅骨骼完整，而且皮肤毛发无损，可以保存很多年。

早在巴达里文化时期，埃及已经出现了原始墓葬，到了涅伽达文化I、II期时，墓葬已经显示了社会的分化。下层民众的墓葬十分简单，通常是一个椭圆形或长方形的墓坑，死者的尸体直接放置坑中，尸体周围散放上一些供死者在来世使用的器皿和用具。墓顶用树脂覆盖并铺上席子，再用碎石堆积成土丘形状。中等阶级的墓葬比下层民众的墓葬精致一些，一般是用泥砖砌成的长方形的墓穴，死者的尸体安放在墓穴内的棺中，周围陪葬有瓶、罐等日用器皿和工具，墓顶用木料覆盖，地面部分用碎石堆积成丘状。最豪华的坟墓则是国王和高官、贵族的马斯塔巴墓。马斯塔巴（mastaba）源自阿拉伯语，意为长凳。马斯塔巴墓包括地上建筑和地下建筑两部分，因为地上建筑呈长方形，看上去类似阿拉伯人的长凳，故称为马斯塔巴墓。这种墓一般规模比较大。马斯塔巴墓的地下部分是由岩石开凿出来的，深3—4米的彼此相连的若干个墓坑。中间较大的墓坑是埋葬间，用来安放死者的棺材，较小的房间用来堆放死者在来世生活所必需的食物和用品。马斯塔巴墓的地上部分也分为若干房间。地上部分与地下部分设有阶梯连接。在早王朝时期用于建筑马斯塔巴墓的主要材料是木材和泥砖。

随着马斯塔巴墓的出现，用木材和泥砖建成的埋葬间使死者的尸体不再直接与沙土接触，这样尸体往往不能脱水干燥而导致腐烂。因此，为了保存尸体，古埃及人不得不试用新的保存方法。大约从第1王朝开始，人们发现了

登王的马斯塔巴墓

亚麻布包裹尸体的新技术。第2王朝时又采用了尸体涂抹树脂的包带防腐技术。但是，截至第2、第3王朝，古埃及人还没有学会取出内脏制作木乃伊的方法。这些发明和新技术仅仅是制作木乃伊的初步尝试而已，尚算不上真正的木乃伊技术。到了古王国末期，尤其是在新王国时期，古埃及人才算真正完全掌握了制作木乃伊的技术。

早王朝时期最重要的墓地是阿拜多斯（Abydos）和萨卡拉（Saqara）。萨卡拉南北长7公里，东西宽500—1 500米，这里分布着约15座规模较大的马斯塔巴墓。第1王朝国王登的坟墓是萨卡拉地区最大的马斯塔巴墓，该墓的地下部分有3间墓室，地上建筑则是由45个房间组成，规模庞大。

早王朝时期每一位古埃及国王几乎都有两个墓：一个在萨卡拉；另一个在阿拜多斯。萨卡拉坟墓的规模一般要比阿拜多斯坟墓的规模大。其中，萨卡拉是古埃及国王真正的葬身之处，而位于阿拜多斯的坟墓则不过是他们的“衣冠冢”，仅具有纪念意义而已。古埃及国王拥有两处墓地，很可能反映了古埃及王权的二元性（上下埃及之王）特点。

作者点评：

古代埃及和两河流域均为世界文明的摇篮，在这两个地区显现了人类文明的第一缕曙光。究竟是古代埃及进入文明的时间更早，还是古代两河流域进入文明的时间更早？学界一直尚无定论。文字的发明是人类进入文明社会的一个最重要的标志，通常认为世界上最早的文字诞生于公元前3200年左右的两河流域。从20世纪70年代开始，德国考古学家先后在古埃及城市阿拜多斯附近的乌姆·埃尔·卡布（Umm el-Qaab）遗址进行了24次考古发掘（每次3—5个月），取得了重要发现。乌姆·埃尔·卡布是古埃及前王朝时期最重要的墓葬区，最早在涅伽达文化I时期开始作为墓区使用，涅伽达文化II期时开始被贵族作为墓区使用。从第0—第2王朝起，古埃及的国王开始葬于此地。德国学者德莱尔（Günter Dreyer）率领的德国考古队在乌姆·埃尔·卡布进行了富有成效的发掘，他们在编号为U-j墓中出土了大量的古埃及文字，埃及学者认为这是古埃及最早的文字。根据碳14测定，乌姆·埃尔·卡布出土的文物所属年代为公元前3300年，显然这对两河流域作为文字的诞生地提出严峻挑战。U-j墓中出土的古埃及文字，很有可能将改写我们对世界最古老文字的认识，同时也将改写古埃及文明作为世界上最早进入文明社会的认识。

第二章 古王国时期：统一王国的确立

经过第1、第2王朝400多年的发展，埃及巩固了南北统一的局面，进入了一个新的发展阶段——古王国时期（The Old Kingdom，约公元前2686—约公元前2181年）。古王国时期包括第3—第6王朝。该时期的埃及形成了中央集权的专制主义国家。在古王国时期，埃及人开始修建大规模的陵墓建筑——金字塔，创造了人类历史上伟大的奇迹。因此，古王国时期常常也被称为“金字塔时代”。

一、古王国的王朝世系及政治变迁

根据都灵王表（Turin Kinglist）和其他文物，第3王朝（约公元前2686—约公元前2613年）至少有5位国王。乔塞尔（Djsor，约公元前2668—约公元前2649年在位）是第3王朝的开创者，他统治埃及19年。在他统治期间，埃及农业发展起来，贸易繁荣，新的城市兴起。乔塞尔还阻击了埃及东部边缘的游牧民和西部的利比亚人的骚扰，使埃及国内出现安定的局面。据记载，在乔塞尔统治期间，曾出现过尼罗河泛滥不足的现象，致使农业歉收，并最终导致了饥馑的发生。刻写在埃及南部靠近尼罗河第一瀑布附近的塞黑勒岛（Sehel）上的石碑上这样写道：“我十分悲伤地告诉世人，埃及正陷入极度的苦难之中。尼罗河已经7年没有泛滥了。我们的粮仓已空空如也，人们没有足够的食物来填饱肚皮，国库困顿，人民被饥饿所困……人们都气息奄奄，朝不虑夕。”

面临这种严峻考验，乔塞尔心急如焚。他的宰相伊蒙霍特普（Imhotep，

位于塞黑勒岛上的饥荒碑

又译印何阗）贤明而智慧，他下令修建了胡奴姆（Khnum）神庙，结果饥馑竟奇迹般地结束了。这个传说反映了在乔塞尔统治时期，埃及国土范围已经扩大到了尼罗河第一瀑布附近。乔塞尔因修建阶梯金字塔而闻名遐迩，它在世界建筑史上有很大的影响。

第3王朝的最后一个国王是胡尼（Huni，约公元前2637—约公元前2613年在位），在位时间是第3王朝中最长的，王表记录为24年，但实际上可能更长一些。为了加强对南方的统治，胡尼在埃雷风坦尼（Elephantine，即象岛）地区修建了一座堡垒。

胡尼的儿子斯奈夫鲁（Sneferu，又译斯尼夫鲁，约公元前2613—约公元前2589年在位）开创了第4王朝（约公元前2613—约公元前2498年）。斯奈夫鲁是一位古埃及历史上有作为的国王。他在位期间开辟了军事和建筑艺术进步的新时代，而且开始了埃及与地中海民族特别是小亚细亚地区的贸易。斯奈夫鲁远征努比亚，很可能是埃及历史上真正征服努比亚的第一次。此外，他还进军西奈半岛，开采矿产。

斯奈夫鲁在位期间修建了巨大的建筑，他在萨卡拉以南10公里处的达淑尔修建了金字塔。该金字塔因中途改变了塔身的角度而被称为弯曲的金字塔（Bent Pyramid）。后来，他又在弯曲的金字塔的北部建筑了一座真正的金字塔，因外表覆盖有红色的石灰石板，故被称为“红色金字塔”。

斯奈夫鲁统治埃及24年，他在位期间强有力地推行了委任王室成员为高官，尤其是任命王子为最高行政长官——宰相的政策，从而促进了中央集权的加强。他与异母姐妹海泰普赫瑞斯（Hetepheres）结婚生下了胡夫。

胡夫（Khufu，约公元前2589—约公元前2566年在位）在历史上以其大金字塔而闻名于世。他是第4王朝的第二个国王。关于胡夫个人的事迹我们所知甚少。最著名的是他为后人留下了一座世界上最大的金字塔。根据希腊

弯曲金字塔

历史学家希罗多德的记载，胡夫“当政的时候，人民大倒其霉……他封闭了所有的神庙，强迫所有的埃及人为他做工”。胡夫在位期间曾远征西奈半岛，那里留下了他的铭文“胡奴姆·胡夫，伟大的神，穴居人的摧毁者”。

胡夫统治埃及23年，他死后，他的两个儿子杰德夫拉（Djedefre，约公元前2566—约公元前2558年在位）和哈夫拉（Khafre，约公元前2558—约公元前2532年在位）先后继承了埃及王位。杰德夫拉系胡夫与王妃所生，他可能谋杀了他的长兄篡取了王位，他是古代埃及国王中第一个自称“拉之子”的国王。

哈夫拉继承了杰德夫拉的王位。他模仿兄长的做法，也自称拉之子，并在尼罗河三角洲地区建筑了太阳神庙。他最著名的建筑物是位于吉萨的第二大金字塔以及狮身人面像。

哈夫拉的儿子孟考拉（Menkaure，又译孟卡拉，约公元前2532—约公元前2504年在位）继承埃及王位后，统治比较开明，他“以仁政来治理他的人民”，“是国王中最公正的审判者”。孟考拉也修建了一座金字塔，该金字塔与胡夫大金字塔、哈夫拉金字塔组成了位于吉萨（Giza）的3座最著名的金字塔群。

第4王朝末期，埃及王权与日益显赫的祭司集团发生了矛盾，同时地方贵族势力也不断壮大，国家面临危机。尽管国王舍普赛斯卡夫（Shepseskaf，又

大金字塔和狮身人面像（英国画家大卫·罗伯兹绘）

译谢普塞斯卡弗，约公元前2504—约公元前2500年在位）绝非平庸之辈，但是他最终未能力挽狂澜。他在吉萨为父亲孟考拉完成了金字塔综合建筑，但他本人却不愿意为自己修建金字塔，而是在远离吉萨的萨卡拉地区建造了一座马斯塔巴墓。舍普赛斯卡夫的名字中没有"拉"的字样，他可能以此方式来表示对当时日益强大的宗教势力的抵制。但是，祭司贵族集团最终还是占据了上风，第4王朝不久寿终正寝。

保存在德国柏林博物馆的一篇古埃及文献《韦斯特卡尔纸草》（Westcar Papyrus）上，记载了关于第5王朝起源的传说。魔法师杰迪预言说，太阳神庙一个僧侣的妻子鲁德德特怀有3胎在身，这3个孩子将成为第5王朝（约公元前2498—约公元前2345年）的前3任国王。他们分别是乌塞尔卡夫（Userkaf，又译乌瑟卡夫，约公元前2498—约公元前2491年在位）、萨胡拉（Sahure，约公元前2491—约公元前2477年在位）和尼斐利尔卡拉（Neferirkare，又译内弗尔卡拉，约公元前2477—约公元前2467年在位）。该传说把这3位国王描写成太阳神拉的儿子，反映了第5王朝的统治者是太阳神的皈依者。他们继位后不断向祭司集团捐赠大量的土地，兴建太阳神庙，竖立方尖碑。

萨胡拉是第5王朝中最有作为的国王，他创建了埃及的海军，曾派遣舰队到达篷特（Punt，今索马里一带）和巴勒斯坦附近地区进行贸易。《巴勒莫石碑》（Palermo Stone）上记载了他从篷特带来的“芳香树脂、琥珀、长方木”等。他还从西奈半岛开采绿松石，从图拉（Tura）采石场开采优质石灰石，以及开采阿布·辛拜勒（Abu Simbel）的闪绿岩。他大力发展建筑艺术，在阿布西尔（Abusir）修建了金字塔。

尼斐利尔卡拉在位时积极从事军事远征，并在阿布西尔建筑了金字塔。他的两个直接继承者舍普塞斯卡拉和尼斐勒弗拉，在历史上给人留下的印象比较淡薄，没有什么惊人之举。第5王朝最后的两位国王杰德卡拉（Djedkare，约公元前2414—约公元前2375年在位）和乌那斯（Unas，约公元前2375—约公元前2345年在位）颇有作为。杰德卡拉以开采哈马马特干河（Wadi Hammamat）和西奈（Sinai）半岛的采石场和矿山而著名，他的名字被刻在马格哈拉干河和位于尼罗河第二瀑布的哈拉发干河的岩石上。显然他的势力已扩展到努比亚。乌那斯统治时期进行了商业远征。在埃雷风坦尼的纪念物上，描写了他巡视南方的情景，他接见努比亚首领，并带回了一头稀有的长颈鹿。在地中海东岸的毕布罗斯港（Byblos），还发现了刻写有他名字的陶瓮，陶瓮壁上描绘有战争的场面。另外，乌那斯金字塔的墙壁上还刻有铭文，这是迄今我们所知的埃及最早的金字塔文。文中祝福乌那斯像奥西里斯神一样，“复活又生存”。

特悌（Teti，又译特提，约公元前2345—约公元前2333年在位）建立了一个新的王朝，即第6王朝（约公元前2345—约公元前2181年）。据马涅托记载，第6王朝由孟斐斯（Memphis）的6位国王组成。特悌娶了乌那斯国王的女儿伊普特（Iput），很可能通过这种方式，取得了埃及合法的王位。为了缓和国王与贵族的联系，特悌又娶了宰相美列卢卡（Mereruka）的长女为妃。

新的王朝建立以后，祭司集团和地主贵族势力强大，王权则相对脆弱，于是出现了一种比较特殊的现象：国王往往因其大臣而为后人所知。美列卢卡是特悌统治时期最有影响的权贵，他曾任宰相。他的马斯塔巴墓规模宏大、结构复杂，有绘制狩猎、捕鱼以及各种动植物形象的浮雕。

珀辟一世（Pepy I，又译佩皮一世，约公元前2332—约公元前2283年在位）是特悌的继承者，他年纪轻轻就登上了埃及王位，统治埃及达49年。珀辟一世积极推行对努比亚人、利比亚人的军事远征，并在努比亚建立要塞和商业据点。珀辟一世在萨卡拉建筑了金字塔，在塔尼斯（Tanis）、阿拜多斯（Abydos）等地建立了神庙。珀辟一世娶了地方州长的两位女儿为妃，分别生下了麦然拉（Merenre，又译奈姆蒂姆萨夫一世，Merenre Nemtyemsaf I，约公元前2283—约公元前2278年在位）和珀辟二世（Pepy II，又译佩皮二世，约公元前2278—约公元前2184年在位）。

大臣乌尼是珀辟一世及其儿子麦然拉、珀辟二世当政时期的重要人物，可谓三代宠臣。珀辟一世曾经先后5次远征西奈半岛和巴勒斯坦。麦然拉统治时期又派乌尼两次远征南部地区，从第一瀑布附近带回花岗岩和石棺。

珀辟一世时期发生了一次宫廷政变，我们对这起事件的了解，归功于大臣乌尼的自传。他在讲到受珀辟一世的信任时，提到一个王妃为了把她的儿子推上王位，而企图对国王下毒手。遗憾的是，乌尼并没有记载这场阴谋的具体经过，也没有提及参与阴谋的人数，他只是说国王指派他审理这起“宫廷里的秘密”。

珀辟二世是古王国时期统治时间最长的国王，据记载他在位时间长达94年，也是世界历史上在位时间最长的君主。他年幼时就登上了埃及王位，在母亲及叔父的辅佐下管理国家。大臣哈尔胡夫（Harkhuf）深得珀辟二世的宠爱。哈尔胡夫身兼中央和地方的多种要职。有趣的是，哈尔胡夫在努比亚发现了一个能歌善舞的小矮人，于是他写信报告给了珀辟二世。珀辟二世对此甚感兴趣，竟迫不及待地回信要求哈尔胡夫把这个“礼物”完好地运回都城。国王叮嘱哈尔胡夫说：“当他同你上船时，找到可靠的人围绕在他的周围，免得他落入水中。”哈尔胡夫非常自豪地把有关该故事的内容刻写在墓碑上以示后人。

在珀辟二世统治后期，埃及内忧外患日趋严重，国家最终陷入了无政府状态。地方贵族逐渐脱离中央，建立了世袭政权。同时，利比亚人、叙利亚人和东方的游牧民族不断侵入埃及，南方努比亚也发生了叛乱。珀辟二世之后，埃及形势急转直下，王位更替频繁。最终，尼托克丽丝（Nitocris，又译尼托克里斯）登上了王位。她是古埃及历史上最早的一位女王，生活在大约公元前2180年。我们对她的情况知之甚少，只知道她生活在第6王朝，当国家陷入混乱时登上了埃及王位。马涅托把尼托克丽丝称为她那个时代“最高贵、最可爱的女人”。

根据古希腊历史学家希罗多德的记载，尼托克丽丝的哥哥曾是埃及的国王，被他的臣民杀死。尼托克丽丝继承了哥哥的王位。为了给哥哥报仇，她想出了一个狡诈的办法。她修建了一个宏大的地下室，以庆祝这个地下室落成为借口，邀请曾参加谋杀她哥哥的那些埃及人赴宴。正当他们饮宴时，她忽然把河水放了进来……尼托克丽丝以这种方式为她的哥哥报了仇。然后，她就自杀了。至此,埃及历史上的古王国也就走到了终点。此后的埃及历史进入了一个混乱的时期,历史上称为“第一中间期”。

二、第一中间期

古王国时期从第3王朝开始至第6王朝末经历了500多年的时间而最终瓦解。古王国崩溃以后,埃及的历史开始进入了地方割据时期,历史上一般称为第一中间期(The First Intermediate Period,约公元前2181—约公元前2040年)。它是古王国时期向中王国时期的过渡阶段,共维持了4个王朝,即第7—第10王朝。这个时期的重要特征可以归纳为:“软弱的中央行政机关,半自治的行省,敌对的王朝,国内的战争,低洪水的水位,饥馑,降低的艺术标准……颠倒的社会病态。”因此,这个阶段往往又被称为古埃及历史上的“黑暗时代”。

第一中间期可以分为两个阶段。第一个阶段是第7、第8王朝时期,第二个阶段是第9、第10王朝时期的赫拉克利奥坡里斯(Herakleopolis)王国统治时期。第7、第8王朝以孟斐斯为首都,它虽然维持了古王国时期的传统,但实际统治范围始终没有超出孟斐斯一带。在埃及南方还存在一些自治或半自治的州,如阿拜多斯等。第9、第10王朝建都于赫拉克利奥坡里斯,该城位于开罗(Cairo)以南130公里处,恰处于埃及南北交界处,因此具有重要的战略地位。虽然赫拉克利奥坡里斯王国尽力扩大其势力,企图一统全国。但是,在南方的底比斯兴起了一个新的王朝——第11王朝,它与第10王朝形成了南北对峙并存之势。底比斯王朝依靠其有利的地理位置,最终灭掉了第10王朝,重新统一了埃及,将古埃及的历史带入了中王国时期。

在第一中间期,埃及发生了连续多年的严重干旱,尼罗河洪水泛滥不足,由此引发了广泛的大饥馑。严重的大饥馑发生于第7、第8王朝,在流传下来的某些传记中保留了有关干旱和大饥馑横行的报道:“全部埃及是垂死的饥饿,以致每个人开始去吃他的孩子……全国变成了一只饥饿的蝗虫……”

除了第7、第8王朝时期的大饥馑外,在第9—第11王朝时期,饥馑现象仍延续不绝。《聂非尔提预言》(Neferti Prophet)中讲到:“埃及的河流空了,人可以徒步涉过。人们找不到能行船的水,河床变成了沙滩。”

在人民面临这种危机状况下,官僚贵族们却趁机巧取豪夺。官僚机构臃肿,官员们营私舞弊,国家税收繁重,人民苦不堪言,因此埃及终于爆发了人民大起义。这是埃及历史上的第一次人民大起义。《聂非尔提预言》中描述了这样一个颠倒、混乱的世界："人们拿起了武器，大地变得混乱。"

经过百余年的分裂对立，第11王朝国王孟图霍特普一世统治时期，他以底比斯（Thebes）为中心，将上下埃及重新统一起来，结束了混乱、割据的第一中间期，埃及历史进入了中王国时期。

三、专制主义统治的建立与金字塔的修建

古王国时期的埃及便确立了国王拥有绝对权威的专制主义统治。古埃及国王被赋予种种神性，其人格被神圣化，从而确立王权神授的思想。古埃及的国王通常具有5个头衔：荷鲁斯、涅布提、金荷鲁斯、尼苏毕特、拉之子。荷鲁斯头衔是古埃及国王所采用的最早的头衔，早在第1王朝时期就出现了荷鲁斯头衔。古埃及国王常常称自己为荷鲁斯的继承者，以此来说明自己拥有的王权的合法性。涅布提头衔是使用兀鹰和眼镜蛇来表现的，兀鹰是上埃及的守护神，眼镜蛇是下埃及的守护神，两者结合在一起代表了上下埃及。金荷鲁斯头衔争论较大，其确切含义并不是很清楚。尼苏毕特头衔用蜜蜂和莒草表示。莒草和蜜蜂分别代表了上下埃及，因为这个头衔是国王继位时采用的，故又称为王位名。拉之子头衔最早从第5王朝开始使用，一直延伸到希腊、罗马统治埃及时期。拉之子头衔说明了国王的权力来自太阳神拉，它体现了王权与神权的关系。

埃及国王集立法、行政和司法权于一身，是国家的最高统治者。为了控制政府的各个部门，国王委任了各类高级官员，特别是任命宰相为助手。此外，国王还掌握了军队、宗教事务的一切大权。

最能体现古王国时期特征的是金字塔，因此古王国时期也被称为金字塔时代，金字塔是古埃及专制主义中央集权制度的产物。金字塔是埃及国王的坟墓，是一种呈角锥体的建筑物，每一面看上去都特别像汉字的"金"字，因此我国把它称为金字塔。现代西方使用的术语，英文pyramid，德文Pyramide，法文pyramide，都来自古希腊语pyramides，意思是"小麦饼"，因为金字塔的外形与古希腊人经常食用的呈三角形状的面饼非常相似。埃及所有的金字塔均分布在尼罗河西岸，因为西方是太阳落山的方向，象征着来世。从开罗附近的吉萨至上埃及的赫拉克利奥坡里斯一带分布着大大小小的金字塔100多座。

金字塔这种建筑起源于马斯塔巴墓，经历了阶梯金字塔、真正金字塔两个发展阶段。位于萨卡拉的阶梯金字塔（Step Pyramid），是第3王朝国王乔塞尔在位时期修建的。阶梯金字塔是世界上最古老的石造大型建筑物，它的发明归

乔塞尔的阶梯金字塔

功于天才的设计师伊蒙霍特普。伊蒙霍特普本是一个不起眼的小官吏，后来成为乔塞尔的宰相，并负责设计了乔塞尔的阶梯金字塔。阶梯金字塔最初是只有一层的马斯塔巴墓。为了体现君主的威严，伊蒙霍特普别出心裁，又在上面修建了5层逐层向上缩小的重叠的马斯塔巴，从而最终形成了阶梯状的金字塔。乔塞尔的阶梯金字塔整个建筑高约60米，通过甬道可以直达地下墓室，室内葬有乔塞尔的木乃伊。目前，这座阶梯金字塔外表风化严重，不过，乔塞尔的阶梯金字塔在建筑史上占有重要地位，它开创了迈向真正金字塔建筑之路。

第4王朝的创建者斯奈夫鲁在萨卡拉以南约10公里处的达淑尔（Dahshur，又译代赫舒尔，是距离开罗南部约40公里，位于尼罗河西岸沙漠上的一个埃及王室大型墓地）建造了一座金字塔，因该金字塔中途突然改变了倾斜度而成为著名的弯曲金字塔（Bent Pyramid）。原因很可能是在金字塔修建过程中发生了材料短缺问题，而只好不得不改变角度提前完工。斯奈夫鲁还在弯曲金字塔的北部建造了一座真正的金字塔，其规模接近于后来的胡夫金字塔。由于这座金字塔表面覆盖着红色的石灰石，因此被称为红色金字塔。它是按照标准的角锥体设计建造的第一座真正的金字塔。后来，古埃及人建造金字塔的技术日臻完善，斯奈夫鲁的后继者在吉萨修建了举世瞩目的金字塔群。

胡夫作为斯奈夫鲁的儿子继承了埃及王位。关于胡夫的个人事迹我们所知甚少，最著名的是他为我们留下了一座世界上最大的金字塔。根据古希腊历史学家希罗多德的记载，胡夫大金字塔的建造花费了30年时间，其中10年用来修建运送石头的道路，20年时间用于金字塔建筑本身。

胡夫大金字塔原高146.5米，由于长期风化，现在的高度只有137.2米。大金字塔塔身共计250层级，共用了230万块石头，平均每块重达2.5吨，全部石材总重量约为570万吨。金字塔的入口在北侧，距离地面约20米处。在原洞口的左下方10米处有一个后人开凿的洞口。参观者都是通过这个洞口进入金字塔的。大金字塔共有3个墓室：地下墓室一个，地上墓室两个。地上墓室一个为国王墓室，一个为王后墓室。国王墓室大致处于金字塔的中心，在该墓室的南北两侧各有一条通道直达塔身外面，习惯上把它称为通风口，其作用可能是为了保证空气的流通以及国王的灵魂自由出入。最近，两个法国学者推测大金字塔里还有未发现的墓室，可能位于大金字塔对角线相交部位，那里很可能埋

19世纪末的胡夫金字塔及其四周风貌

藏着国王胡夫的木乃伊。当然,这一推测还有待于将来进一步的探测和研究。

关于大金字塔的建造,古埃及人并没有给后人留下记载。规模如此庞大,设计如此精巧的大金字塔是如何建造的呢?长期以来人们百思不得其解,甚至将它归功于外星人。近年来美国和埃及的考古学家在吉萨金字塔地区先后发掘了一些金字塔建筑工人的遗址。这些工人长年累月在工地上劳作,甚至携妻带子,以此为家。他们并不是奴隶而是自由民,他们不是被迫而来的,而是出于自愿主动来做工的,他们领取一定的报酬,并且享受很好的生活及医疗服务。他们往往是以家庭为单位的,携带妻子和孩子在农闲季节为他们的国王——神的代理人完成一件神圣的任务——建造金字塔。

大金字塔的卓越成就凝聚了古埃及劳动人民的智慧和力量。它不仅在建筑艺术上创造了辉煌的业绩,而且也体现了古埃及人在天文学和几何学等方面的伟大成就。在大金字塔的东、南、西侧还分布着一些王室成员和贵族的坟墓区,这些坟墓环绕在大金字塔周围,似乎表明其永远追随主人,为君主效劳的决心。

1954年,在胡夫大金字塔南侧的一个石坑中,埃及学者发现了一条木船。后来考古学家经过努力,将木船零散的部件拼合起来,最终复原成一条完整的船只。关于该船的用途可能有两种:一是供国王死后去见太阳神之用,因为每个古埃及国王都称自己是太阳神的儿子,即拉之子,故国王死后就可以乘着这条船去见父亲太阳神。因此把它称为"太阳船"。二是供运输国王尸体及陪葬品之用。国王死后,人们将他的尸体由宫殿运送到金字塔,并伴有大量的陪葬品。因此,可以将这条船称为丧葬船。胡夫太阳船的发现轰动了考古学界,成为20世纪埃及考古的重大发现之一。

在大金字塔西南160米处是胡夫的继承者哈夫拉的金字塔。它是吉萨的第二大金字塔。由于该金字塔所处的地基较高,因此从远处看上去,它比胡夫的大金字塔还要高。其实它的真实高度低于大金字塔。哈夫拉金字塔与其东侧的葬祭庙、砌道和河谷庙构成了一座完整的金字塔建筑群,成为古王国时期金字塔群体建筑的典范。哈夫拉金字塔更出名之处在于附近的斯芬克斯雕像。斯芬克斯一词来自拉丁语,通常译为狮身人面像。狮身人面象征着人的智慧与狮子的力量的完美结合。它高约20米,长约55米,是用一整块巨石雕刻的。由于长时间的分化和人为的破坏,整个狮身已经遍体鳞伤,但它的威严似乎并不减当年。

吉萨的第三大金字塔是孟考拉国王的。孟考拉是哈夫拉的儿子。孟考拉

法国埃及学学者、埃及古物局第一任局长马里耶特（左三）等在狮身人面像前留影

的金字塔保存尚好，位于该金字塔中轴线地面下有两个埋葬间。

位于吉萨的三大金字塔是古埃及人留给后人的最伟大的建筑物，也是最宝贵的世界文化遗产。随着古王国时期末期中央集权统治的崩溃，金字塔建筑走向衰落，只是到了中王国时期金字塔建筑之风有所恢复，但其规模和数量都无法与古王国时期相提并论。

四、古王国时期的思想文化

随着古王国时期统一的中央集权的建立，古埃及人在意识形态领域也发生了较大变化。在宗教信仰方面，古埃及人对太阳神的崇拜达到了相当的高度，其他的文化艺术创作也带有浓厚的宗教气息。古王国时期对太阳神拉的崇拜得到了加强，拉神成为众神之中至高无上的大神。拉神最初仅仅是赫利奥坡里斯（Heliopolis）的地方神，它有不同的名字，早晨时叫“凯普利”，中午时叫“拉”，傍晚时叫“阿图姆”。古埃及人对拉神的崇拜最早开始于早王朝时期，至第5王朝时达到了顶峰。第5王朝的9位国王中，有6位国王的名字中含有“拉”，显示了他们对拉神的依赖。规模浩大壮观的金字塔，在某种意义上说也是古埃及人对太阳神崇拜的产物。巍峨高耸、直插云霄的金字塔，每天可以接收来自太阳的第一束光芒。此外，层层高升的金字塔也象征着死去的古埃及国王可以沿着升天的台阶去见太阳神。

除了金字塔之外，古王国时期还修建了大量的太阳神庙。根据《巴勒莫石碑》以及其他文献，我们至少可以发现6座太阳神庙的名字。太阳神庙通常围绕着庭院而建，庭院四周筑有围墙。庭院中间有巨大的祭坛，祭坛上面竖立着长方形的方尖碑，它是太阳神形象的象征。庭院后面有一条甬道与河谷庙相连。

随着古王国中央集权的崩溃，金字塔建筑日趋衰落。贵族和大臣的马斯塔巴墓逐渐向豪华程度发展。墓中保存了死者的雕像，以及死者生前使用的船只、工具、武器和家具等用品。墙壁上还描绘有播种、收获、狩猎和酿酒等生产活动的场面，以及饮宴、娱乐等歌舞场面。

除了建筑艺术的巨大成就外，古王国时期的埃及人在雕刻、绘画等方面，也达到了相当的高度。古王国时期最早的雕刻作品是乔塞尔国王的雕像。国王正襟危坐，头戴菱形巾冠，下颌带有胡须，右手紧握拳头置于胸前，左手平伸放在膝盖上，双腿并拢。虽然该雕像面部损坏严重，但国王具有的威严和慑服力丝毫不减。

哈夫拉的雕像

哈夫拉的雕像更是一件艺术杰作。该雕像用闪绿岩刻成，国王头部的后面塑造了鹰神荷鲁斯张开两翼庇护着国王。国王神情庄严而肃穆，整座雕像躯干匀称，造型有力。现保存于美国波士顿博物馆的孟考拉国王夫妻像也是古王国时期的一件优秀作品。夫妻两人紧紧相依的身体和两人坚定不移的目光，使雕像具有一种永恒的效果。

古王国时期绘画方面也取得了高超的艺术成就。发现于美杜姆（Meidum，古埃及遗址，位于尼罗河西岸的贝尼苏韦夫省，距离孟斐斯较近）的鹅群图是其中最杰出的代表。画面中的6只鹅，左右对称各3只，朝着相反的方向漫步前进，悠然自得，

美杜姆的鹅群图

整个画面色彩和谐，笔法熟练。

在古王国时期，埃及文学也取得了较大发展。这些文学作品真实地反映了古埃及人的宗教信仰、伦理道德等丰富多彩的社会生活。古王国时期最主要的宗教文学作品是金字塔文（Pyramid Texts）。它最早出现于第5王朝国王乌那斯的金字塔。铭文中说“乌那斯没有死”、“乌那斯复活了”、“乌那斯像奥西里斯神一样，复活又生存”。金字塔文的目的主要是祝福国王顺利进入天国，确保国王复活再生。

除宗教文学作品外，还有世俗文学。古埃及世俗文学中占首要地位的是教谕文学。所谓教谕文学，是指国王、宰相和贤人对其后代通过训话的形式所进行的告诫，其目的是为了确立人们之间的伦理关系，规劝人们的行为。古王国时期最早的教谕文学作品是《对卡盖姆尼的教谕》（The Instruction Addressed to Kagemni），文中告诫人们要学会克制，“就餐时戒贪”，“保持谦虚的美德”。《普塔霍特普的教谕》（The Instruction of Ptahhotep）内容丰富，寓意深刻，别具代表性。普塔霍特普是第5王朝的一位宰相。他告诫儿子说：“不要因为你有知识而骄傲，不要自以为有智慧而自信，智者和愚者你都应该请教。”他还教导儿子如何处理家庭关系：“你应该爱护你的妻子，让她得到饱暖，以膏油浇点她的身体，当你在世的时候，要让她欢欣，她是一块可耕之地，对她的主人有益。”

古王国时期的文学作品中还有传记。贵族显要们经常把自己的职业生涯、功名成就等辉煌的一生，刻录在石碑或坟墓墙壁上，从而为自己树碑立传。传记中往往不乏夸大溢美之辞。古王国时期最重要的传记文学作品是《梅滕传》、《大臣乌尼传》、《哈尔胡夫传》等。《梅滕传》刻录在梅滕墓的墙壁上，传记中详细记载了他的官职履历、功名成就，特别列举了由他继承和获得的土地、牲畜等财富。这些传记对我们研究古王国时期埃及的国家机构、阶级关系，以及土地制度等问题都有重大的史料价值。

古王国时期是古代埃及历史上第一个取得辉煌成就的时期，为埃及文化的繁荣打下了坚实的基础。

作者点评:

古王国时期的埃及在很大程度上是一个稳固而自给自足的属于自己的世界，并不是一个扩张主义的社会。古王国时期的埃及之所以能自给自足，是因为它的土地能提供富足的产品，古王国时期的大多数时候，尼罗河的泛滥比较稳定，这确保了土地的生产能力，从而保证了国家的繁荣。

古王国时期埃及历史上首次确立了一个统一的高度中央集权的专制主义统治的王国。古王国时期政治上的稳定为经济的发展提供了强大的保障，反过来经济的繁荣又为政治上的稳定提供了基础。

古王国时期奠定了古埃及文化的基本模式，这些模式在接下来的2 000多年的时间里被埃及人略加调整和改变，一脉相承地被埃及文明所继承下来。金字塔的建造使得古埃及艺术在表达高大和宏伟方面达到了登峰造极的程度。古王国时期的艺术作品充满了趾高气扬和无忧无虑的安全感。古王国时期的许多艺术法则被强有力地保存下来，当后期埃及时期，伟大时代逝去时，古埃及艺术出现了明显的回归倾向，古埃及人常以古王国时期的作品为模型，努力唤起人们对那个伟大时代的记忆。

古王国的崩溃并不是外部因素导致的，而是来自内部。巨大的金字塔建筑耗费了国家大量的物力和财力。第4王朝末开始，公主开始与高官大臣联姻，出现了王室与贵族之间的联姻现象，从而导致权贵势力增强。地方贵族的世袭化形成了分裂中央集权统治的离心力。古王国末期，政治、经济上的衰败，官僚阶级的腐化堕落，地方贵族的分权独立化，最终导致了中央集权统治的削弱和统一王国的瓦解。

第三章 中王国时期：统一王国的重建

中王国时期（约公元前2040—约公元前1782年）结束了埃及长期分裂割据的状态，埃及获得了重新统一，中央集权专制主义制度重新恢复和发展起来，从而进入了古埃及历史上的古典时代。中王国时期包括第11王朝和第12王朝。

一、中王国时期的政治变迁

第11王朝（约公元前2134—约公元前1991年）约由6位国王组成，统治埃及约143年。但严格说来，统一后的中王国时期是以第11王朝的第四位国王孟图霍特普一世（Mentuhotep I，约公元前2061—约公元前2010年在位）为开端的。他之前的3位国王的统治只是局限于南部底比斯地区，尚没有建立起对上下埃及的全国范围的统治。孟图霍特普一世率领军队占领了曾经作为第9、第10王朝首都的赫拉克利奥坡里斯，结束了埃及南北对峙的局面，将埃及重新统一在第11王朝之下。在孟图霍特普一世统治的第三十九年，他把名字改为斯玛托威（Sementowy），该词在古埃及语中意为"两地的统一者"。孟图霍特普一世的胜利具有重大的历史意义，他成为中王国的缔造者。

中王国时期的初期，埃及国家统一的局面刚刚完成，中央政权还不够巩固，地方贵族势力没有完全被摧毁。孟图霍特普一世面对这种状况，采取了一系列措施削弱和消灭地方贵族势力，以恢复和加强中央集权统治。他开始着手行政方面的改革，首先通过驻扎于城市中的钦差大臣管理国家。其次，中央政府的要职，如宰相、财政大臣等由底比斯人担任。他曾先后任命戴吉、贝比和埃皮

孟图霍特普一世的雕像

这3个底比斯人担任宰相。此外，政府机关中新设“下埃及总督”职务，负责下埃及的贡赋徭役的征收以及土木建筑工程，削减其他官员的权力。孟图霍特普一世还任命亲信担任国王总管、东部沙漠监督等职务。这些措施有力加强了中央集权的专制主义。但是，孟图霍特普一世的统治遭到了地方世袭贵族的反对。为了巩固边境，孟图霍特普一世发动了对渗入到三角洲的利比亚人的战争，并对西奈的亚细亚人用兵，还恢复了对南方努比亚的远征。

孟图霍特普二世（Mentuhotep II，约公元前2010—约公元前1998年在位）是中王国时期埃及统一后的第一个继位者，他年轻时曾做过父亲手下的士兵。由于孟图霍特普一世统治的时间较长，孟图霍特普二世继位时，年龄已经相当老了，他统治埃及只有12年的时间。他统治期间，致力于经济的发展，开展了埃及与红海的贸易，同时重视艺术和建筑的发展，使得埃及国家蒸蒸日上，走向繁荣。

孟图霍特普三世（Mentuhotep III，约公元前1998—约公元前1991年在位）统治埃及大概只有7年的时间。在他统治时期，埃及重新确立了与篷特的商业关系，并在红海沿岸建立了一个港口城市，作为联系篷特的前沿地。他还派遣埃及军队远征矿山和采石场。埃及远征军指挥官阿蒙尼姆赫特（Amennemhet I，又译阿蒙涅姆赫特一世，约公元前1991—约公元前1962年在位）发动阴谋活动篡夺了王位，结束了第11王朝。

根据铭文记载，阿蒙尼姆赫特在孟图霍特普三世统治时期，曾经担任过世袭的公侯、法官长、国王的宠臣、国王的宰相。可能正是由于他这样的出身和身居要职，因而得以篡夺王位，建立了第12王朝（约公元前1991—约公元前1782年）。阿蒙尼姆赫特在上下埃及接壤处建立新都城，取名伊特托威（Itj-tawy），意思是“两土地的占有者”。第12王朝共由8位国王组成，统治共计约209年。

阿蒙尼姆赫特一世统治期间，他远征利比亚人和西奈半岛的亚细亚人，并在那里修建了“大宫墙”，作为维护埃及东部边境地区的防御墙和堡垒。在南方的尼罗河第二瀑布和第三瀑布，阿蒙尼姆赫特一世也创设了堡垒和哨所。

由于频繁的军事征战，一位国王似乎不能满足治理国家的需要。于是，阿蒙尼姆赫特一世任命他的儿子塞奴斯里特一世（Senusret I，又译辛努塞尔特一世，约公元前1971—约公元前1926年在位）作为共同执政者。在塞奴斯里特一世率军远征利比亚的过程中，阿蒙尼姆赫特一世可能遭到暗杀而突然死去。塞奴斯里特一世从战场迅速回到首都，稳定了埃及国内的局势。

塞奴斯里特一世以其征服和建设所取得的成就而著名。他稳定了北方特别是东北的巴勒斯坦，并与之确立了贸易关系。他还远征南方的努比亚。他大兴土木，在尼罗河的上游和下游建造了各种建筑物，包括方尖碑、太阳神庙、金字塔等。

塞奴斯里特一世的儿子阿蒙尼姆赫特二世（Amennemhet II，约公元前1929—约公元前1895年在位）继承王位后，开始了对努比亚的远征，以及对篷特、西奈和叙利亚的远征和贸易。他积极开拓国际事务，并注意防范地方贵族的分裂活动。晚年，他与儿子塞奴斯里特二世（Senusret II，又译辛努塞尔特二世，约公元前1897—约公元前1878年在位）共同执政3年。塞奴斯里特二世继位后，指挥了对努比亚的远征，并在尼罗河第一、第二瀑布中间修筑堡垒和城墙。他统治时期最大的成就是开发了法尤姆（Faiyum）地区，使那里的沼泽地成为良田，为以后的法尤姆地区大规模水利的建设奠定了基础。

塞奴斯里特二世的儿子塞奴斯里特三世（Senusret III，又译辛努塞尔特三世，约公元前1878—约公元前1841年在位）则是中王国时期最著名的国王之一。他曾4次远征努比亚。第一次远征发生在他统治的第八年，第二次远征发生在他统治的第十二年，第三次远征发生在他统治的第十六年，其中第三次是最具有决定意义的，他彻底地消灭了库什居住地。第四次远征发生在塞奴斯里特三世统治的第十九年，这次远征将埃及边界推进到了尼罗河第

塞奴斯里特三世的雕像

二、第三瀑布之间的塞姆纳（Semna）。塞奴斯里特三世对努比亚的征服，巩固了埃及在南部边境的地位。不过，塞奴斯里特三世对北方的远征活动却很少，仅有一次远征叙利亚和巴勒斯坦。

阿蒙尼姆赫特篡夺王位以后不久，由于他本人就是地方世袭贵族的代表，因此逐渐恢复了世袭贵族的某些特权。他以后的几位统治者也都纷纷效仿，从而导致了世袭贵族势力的再次复活。塞奴斯里特三世为了削弱地方权贵的势力，采取了加强中央集权的措施。他把上、中、下埃及各州分别划归为三大区管理，取代先前的钦差大臣驻扎各城市的管理体制，由宰相全面监督。此外，他还剥夺了各州地方贵族的传统特权和优惠地位。这些举措都取得了某些成效。

塞奴斯里特三世的继承者阿蒙尼姆赫特三世（Amennemhet III，约公元前1842—约公元前1797年在位），为了保护西奈半岛的资源，在那里建筑了永久性的工人住房和堡垒。他的统治是在和平环境中度过的，基本上没有发动军事远征。

阿蒙尼姆赫特四世（Amennemhet IV，约公元前1797—约公元前1790年在位）即位时年纪已经很大了，在其短暂的统治过程中，接受过来自毕布罗斯和叙利亚等国的贡品。由于阿蒙尼姆赫特四世没有男性后裔，王位被他的姐妹索布克尼弗鲁（Sobkneferu，约公元前1790—约公元前1782年在位）继承。

索布克尼弗鲁很可能是中王国第12王朝的国王阿蒙尼姆赫特三世的女儿。她与阿蒙尼姆赫特三世可能联合执政过一段时间。索布克尼弗鲁是第12王朝的最后一位统治者，她与尼托克丽丝一样宣告了一个时代的终结。在她对埃及的短暂统治后，中王国便敲响了丧钟。

二、第二中间期与喜克索斯人入侵

第二中间期（The Second Intermediate Period，约公元前1782—约公元前1570年）是指从中王国崩溃到第18王朝建立之间的这段时期，大约延续了200年之久，经历了第13—第17王朝。不过这些王朝并不是前后相继而存在，而是几乎同时并存的。在第二中间期，由于统一王权瓦解，地方王权割据，人民起义和外族入侵，导致埃及陷入了内忧外患的严重局面。

文献《伊普味陈辞》（The Admonitions of Ipuwer）反映了中王国崩溃后，埃及人民大起义的情况。在这次起义中“国王被废黜，长官被驱散各地，政府机关被打开，官邸被拆毁……大地像陶轮一样翻转起来”。人民大起义获得了胜利，最终改朝换代。同时，喜克索斯人在动乱之际趁机侵入埃及。

所谓喜克索斯人（Hyksos），即古埃及语“外国统治者”的希腊化转译，并不是一个种族或民族的名称。关于他们的来源问题学界曾进行过广泛的讨论。根据近年来对喜克索斯人的主要文化遗址的考古发掘证明，喜克索斯人的文化与青铜时代中期巴勒斯坦地区的迦南人有着惊人的相似之处。因此，喜克索斯人很可能是起源于巴勒斯坦的迦南人的一支。

喜克索斯人侵入埃及不是突然发生的，而是长期逐渐渗入的结果。早在第一中间期，一些亚细亚人就越过尼罗河三角洲，特别是在第二中间期逐渐渗入到三角洲地区。喜克索斯人以尼罗河三角洲东部的阿瓦利斯（Avaris）为中心建立了政权，即古埃及历史上的第15、第16王朝。他们的主要势力范围在下埃及。

在上埃及，以底比斯为中心的第13王朝似乎是第12王朝的合法继承者。同时，在三角洲西部建立了以克索伊斯（Xois）为中心的政权，即第14王朝。第13、第14王朝与喜克索斯人建立的第15、第16王朝并存，以致在埃及形成了南北政权对峙的局面。大约在第15、第16王朝稍后，第13王朝尚没有结束时，在底比斯又兴起了第17王朝。这样，几个王朝各霸一方，使得埃及陷入了四分五裂的割据状态之中。

喜克索斯人对埃及的统治占据绝对地位。《萨勒纸草》记载说：“全国都臣服于喜克索斯人的国王阿波比，向他纳贡。”该纸草上还记载了一个故事：喜克索斯的使臣给底比斯统治者捎去口信，要求把底比斯城附近池塘里的河马杀死，因为河马的叫声使得三角洲地区阿瓦利斯的喜克索斯人难于安眠。其实，底比斯与阿瓦利斯城相距千里之遥。任凭河马的叫声再大，对生活在阿瓦利斯城的喜克索斯人来说也是没有任何妨碍的。因此，该事件不过是喜克索斯人对底比斯人的公开挑衅而已。不过，由于力量的悬殊，底比斯统治者只好忍气吞声，允诺说喜克索斯人要求的每一件事情他们都会做到。

喜克索斯人基本上维持了埃及原有的政治制度，吸收了埃及的宗教和文化。除了接受拉神崇拜外，他们还特别重视塞特神，因为塞特（Seth）神与喜克索斯本民族的巴奥（Baal）神非常相似。喜克索斯人在接受埃及文化的同时，也把自己民族的先进文化引进了埃及，如马拉战车、复合式强弓、青铜短剑和盔甲等。后来的埃及人正是依靠这些先进的武器和装备才建立了规模空前的古埃及帝国。

喜克索斯人入侵埃及是古埃及历史上第一次遭到外族入侵，在古埃及人的心理上产生了重大的影响，唤起了民族意识的觉醒。埃及人在底比斯第17王朝统治者塞肯内拉·塔奥二世（Seqenenre Tao II，约公元前1574年）领导下，发起了驱逐喜克索斯人的战争。在战争中塞肯内拉·塔奥二世壮烈牺牲。他的木乃伊上留有多处战斗创伤。他的儿子卡莫斯（Kamose，约公元前1573—约公元前1570年在位）继承父亲的遗愿，继续发动对喜克索斯人的战争。《卡那翁书板》上记载了他攻打喜克索斯人的决心："我想同他斗争，我要剖开他的肚皮。我的愿望是挽救埃及，痛击亚细亚人。"

卡莫斯壮志未酬。他的弟弟阿赫摩斯最终取得了对喜克索斯人的胜利。埃及的民族解放事业获得了成功。阿赫摩斯创建了新的王朝，将古埃及的历史推进到了辉煌的顶峰——新王国时期。

三、中王国时期的社会经济与军事远征

古代埃及是农业为本的国家，水利灌溉对农业的发展至关重要。在中王国时期，中央政府着手于较大规模的水利工程的建设，主要表现在对法尤姆地区的开发上。

法尤姆位于孟斐斯西南80公里处，处于西沙漠大台地的洼地之中。第12王朝以前，法尤姆的大部分地区是沼泽。第12王朝的塞奴斯里特二世是第一个着手开发法尤姆地区的国王，他力图使用堤坝来控制水流。阿蒙尼姆赫特三世时期，他在一个半圆形巨大堤坝内圈起了一片地段，并在这里开垦了17 000英亩以上的可耕地，获得了巨大的成功和荣誉。法尤姆地区的水利建设和土地开垦，不仅给埃及带来了直接的经济效益，而且也巩固了中央集权的统治，给社会带来了安定的局面。

中王国时期，埃及的手工业生产、商业以及对外贸易等也进一步发展起来，其中最重要的标志是青铜器的发明和广泛使用。青铜是铜和锡的合金，硬度比红铜甚至铁器都要强。因此青铜器的发明和使用，在生产力的发展上具有划时代的意义。第11、第12王朝时期，青铜器的生产扩大并流行起来，在尼罗河第三瀑布的科尔玛地区，考古学者发现了属于塞奴斯里特二世时期的青铜器具，如镊子、杯子、匕首、剃刀，等等。

中王国时期的社会经济基本上是自给自足的自然经济。由于农业和手工业的发展，小农的剩余产品也积极加入到商品的流通领域。文献《能言善辩的

农民》讲述了居住在尼罗河三角洲西部“盐地”的一个农民，带着当地的土特产前去交换的故事。农民的土特产包括貂皮、狼皮、灯芯草、阿奴石和坛母菜等，这些都从侧面反映了当时经济的繁荣。

中王国时期的军事组织越来越强化。军队由训练有素的固定的战斗兵团组成，部队和兵团的编制通常按照6、40、100、400、600、2 000甚至3 000人为单位。第11王朝，埃及人对红海地区篷特的商业远征就使用了3 000人的队伍。士兵通常被固定在正规的军事部队中，变成了职业兵，他们可以得到国家授予的特殊的份地。士兵常常是在埃及各地招募，中王国时期还有从努比亚部落中征集来的雇佣兵。中王国时期的埃及国王发动了多次对外军事征服，主要目标是利比亚人、亚细亚人和努比亚人。

中王国时期的军事远征是在古王国时期的基础上进行的，基本上没有超出先前时代的范围。但是，埃及对努比亚、利比亚和小亚细亚的远征是以掠夺奴隶、牲畜和财富，特别是开发和掠夺矿产资源为目的。伴随着军事远征，埃及国王在被征服地区还建立了一系列的要塞，力图巩固边境，同时也把这些要塞作为与当地进行商业贸易活动的据点。这对中王国时期社会经济的发展产生了积极的作用。

四、中王国时期的思想与文化

中王国是在结束了第一中间期分裂割据的状态下建立起来的。虽然在中王国时期，埃及国家在中央政权的领导下实现了国家的统一，但是地方世袭贵族具有强大的势力。由于经历了第一中间期几百年的动乱，人们的思想发生了很大的变化。该时期的宗教、建筑、文学和艺术等领域都具有鲜明的时代特征。

古王国的覆亡从根本上动摇了国王至高无上的地位，国王的权威受到人们的质疑。在宗教领域，王权的保护神拉的崇拜逐渐式微，相反，对地方神的崇拜开始流行起来，主要有孟图（Mentu）神、阿蒙（Amun）神和索贝克（Sobek）神等。

孟图神起源于南方底比斯附近，形象是鹰头人身，他是战争和胜利之神。第11王朝的埃及国王对孟图神崇拜有加，他们不仅为孟图神建造神庙，而且还把孟图神的名字纳入自己的名字之中，称为孟图霍特普，意思是“孟图神满意的”。于是，孟图神由地方神一跃而成为国家第一大神。

不过，对孟图神的崇拜是短暂的，随着第12王朝的建立，埃及又确立了一位新的国家神阿蒙。阿蒙最初只是赫尔摩坡里斯“八神团”中的成员之一。早在第一中间期，阿蒙神还是底比斯地区的一个不出名的普通神。在第12王朝时期，阿蒙神与赫利奥坡里斯的太阳神拉融合为一体，成为阿蒙·拉神。第12王朝时期从阿蒙尼姆赫特开始有好几位国王都将阿蒙的名字纳入自己的名字之中，使之成为自己名字的一部分。

由于第12王朝迁都至法尤姆以北的伊特托威，因此造成地方神索贝克开始流行起来。索贝克神呈鳄鱼形象，主要崇拜中心在法尤姆地区。

中王国时期，对奥西里斯（Osiris）神的信仰和崇拜占有重要的地位。在该时期，古埃及人形成了死后要在地下世界经历奥西里斯神审判的信念。他们认为死者要想进入来世，必须经过冥王神奥西里斯的审判。审判时，死者的心脏放在天平的一端，另一端放置真理女神玛阿特（Maat）的羽毛，若天平两端平衡，则说明死者生前做事公正，可以进入永恒的来世；若天平两端不平衡，则说明死者生前作恶多端，不能获得永生的资格。这时死者的心脏就会被守护在天平旁边的豺狼吃掉。

为了帮助死者在来世幸福地生活，古埃及人在坟墓中常常放置一些小雕像，称作“乌夏勃悌”，古埃及语意为“应答者”。他们作为死者的佣人伴随死者进入地下世界，并代替主人答应冥王神奥西里斯的要求，去完成各种服役，从而免去主人劳动之苦。古埃及的乌夏勃悌雕像常常采用木乃伊的形式，但形体比较小，一般十几厘米左右，但数量通常却比较多，多达几百个，这样他

来世审判图

们可以每天轮流为主人效劳。

在建筑方面，中王国时期最主要的建筑物是中王国的开创者孟图霍特普二世的陵墓。陵墓的底部是两层巨大的重叠的平台，正面和侧面有很长的水平方向的柱廊，平台的顶部是呈尖锥形的金字塔形状，别具创造性。它的规模和形式在当时是超群而独特的，代表了中王国时期埃及建筑技术的最高成就。遗憾的是，该建筑基本上没有保存下来，因此后人只能根据其他证据来想象它的样子。

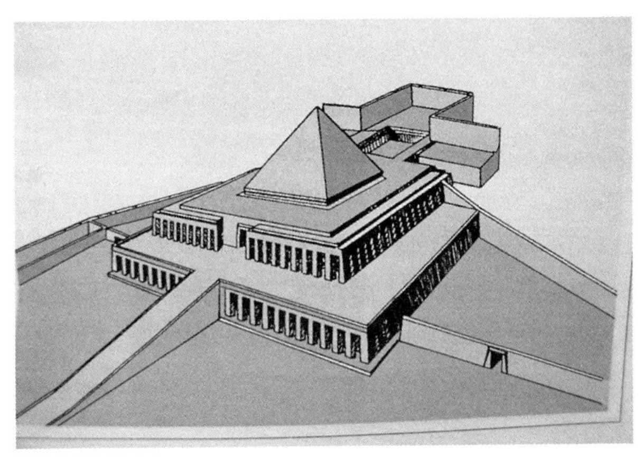

孟图霍特普二世的陵墓（复原图）

从第12王朝开始，埃及国王曾一度恢复了金字塔建筑，但是，无论金字塔的规模和建筑技术、材料，与古王国时期的金字塔比较都相去甚远，主要是用泥砖砌成的小型金字塔。第12王朝的创建者阿蒙尼姆赫特在利希特（El-Lisht）的北部修建了一座金字塔，不过现在该金字塔几乎已经找不到踪迹了。

在现代城镇拉宏（Lahun）附近保留着一座金字塔，它是塞奴斯里特二世修建的。该金字塔的地上部分用泥砖砌成，外表覆盖一层石灰石。不过目前我们所能看到的，仅仅是一座纯泥砖结构的建筑物，外表的石灰石早已脱落。泥砖采用泥土掺杂麦秸，制作成坯，晒干而成。

阿蒙尼姆赫特三世在达淑尔修建了一座泥砖金字塔，但他最终并没有被埋葬在那里。他在拉宏不远处的哈瓦拉修建了另一座金字塔，也是由泥砖砌成的，外表的石灰石覆盖面早已脱落。在这座金字塔的南面不远处，考古学家发掘出一个巨大建筑物的地基，它就是阿蒙尼姆赫特三世迷宫遗址。古希腊历史学家希罗多德记载说："这座迷宫有12间带顶的方庭，它们的门是相对的，6个朝北，6个朝南……它还有双套的房间，房间总数是3 000间，1 500间在地上，1 500间在地下。"整个迷宫规模宏大，设计精巧，曲径通幽，使希罗多德惊叹不已。

虽然中王国时期埃及国王的陵墓不再像古王国时期的高大而堂皇，但地方贵族的陵墓却极尽其奢华，因为中王国兴起于底比斯，附近拥有众多的陡峭悬崖，王公贵族便因地制宜，选择面向尼罗河的山崖开凿岩洞，作为他们死后的栖身之地。这种陵墓形式称为崖墓。崖墓一般规模较大，具有大厅、前廊和

中王国时期的团块雕塑

墓室等。埃及贵族还竭力装饰自己的陵墓，力图把现世的荣华富贵带到来世，墙壁上常常绘有精美的壁画。

中王国时期的雕刻艺术大多是模仿古王国时期的传统，但是像狮身人面像这样的巨型雕像不再创作了，比较多见的主要是小型雕像。中王国时期由于社会关系的复杂化，人们的心理失去了古王国时期固有的内在平衡，即宁静、肃穆、庄严和自信，出现了前所未有的内心矛盾和不安。艺术家便创作出了情绪化的具有悲观主义的雕像。同时，艺术家一改古王国时期雕像理想化的特点，转而采用写实主义的手法，创作出了富有个性化的肖像雕刻。现存开罗埃及博物馆塞奴斯里特三世的雕像便是典型代表。国王的脸上布满阴云，松弛的眼睑，下垂的嘴角，沉重的眉头，显示出青春已逝、饱经忧患的中年人形象。

此外，中王国时期还出现了"团块雕塑"这种艺术创新形式。它很快在埃及扎下根基，一直流传到很久以后的时代。这种雕像的人物坐在地上，双膝紧紧收拢到身体上。整个雕像呈正方体，上面只有头部，双腿和双脚显露出来，因此也称为"方形雕刻"。

中王国时期的文学艺术以其特有的成就被誉为埃及文学史上的古典时代。中王国时期的文学创作非常丰富，宗教文学、教谕文学、散文故事、厌事文学和世俗诗歌等，都达到了"埃及世俗文学的黄金时代"。

中王国时期的埃及人普遍采用棺材作为死后的安身之处，普通人多用木棺，贵族多用石棺，石棺内装有木棺。棺上往往刻有文字，它是由古王国时期的金字塔文发展而来的，我们常把它称为"棺文"。棺文的目的在于保佑死者能够顺利进入永恒的来世。这是中王国时期所特有的宗教文学形式，也可以称之为丧葬文学。

教谕文学是古埃及文学中的一种重要体裁，早在古王国时期已经出现，在中王国时期，这种文学取得了巨大的发展，产生了几部重要的教谕文学作品。

《阿蒙尼姆赫特的教谕》(The Instruction of King Amenemhet I for His Son Senusret I) 是以第12王朝的创建者阿蒙尼姆赫特一世的名义写的。它描述了阿蒙尼姆赫特一世本人在一次宫廷政变中被谋杀的经过。这次政变可能确有其事，因为在另一篇作品《辛努海的故事》中，我们也得知阿蒙尼姆赫特一世很可能死于宫廷政变。在教谕中，阿蒙尼姆赫特一世告诫儿子说："不要信任一个兄弟，不要认识一个朋友，不要结交密友，因为那是无用的。当你躺下时，自己要小心，因为在危险的日子中没有人有跟随者。我救济乞丐，抚育孤儿，我让贫乏者和富足者都成功，然而那些受我供养的人却起来反抗，我所信任的人利用这点来谋反。"

中王国时期创作了大量经典的文学作品，《能言善辩的农民》(The Eloquent Peasant) 的故事便是其中的代表之一。该故事保存至今的共有4片纸草残片，都是中王国时期的抄本。故事讲述的是生活在尼罗河三角洲地区的一个农民，用驴子驮着本地区的物产，去交换所需要的食品。农民在路上遇到了一个小官僚，他抢劫了农民的驴子以及其他物产，还将农民毒打一顿。农民无奈之下去京城向长官廉西申诉冤屈。农民以他那优秀的口才，能言善辩

《能言善辩的农民》文献残篇

的特长，机智巧妙的申诉，最终取得了胜利。古诗文采斐然，措辞讲究，堪称古埃及文学的经典之作。农民说："对于懒惰怠慢者，绝没有明日可言；对于真理充耳不闻者，决没有朋友相伴；对于贪婪自私者，绝对没有吉日祥天……你的疏忽会使你步入歧途；你的自私会使你哑口无言；你的贪婪会使你结敌生怨。"

从某种角度讲，该故事可以说是一件典型的诉讼案，它通过农民之口谴责了社会的黑暗，发出了对社会正义的呼唤。农民说："我向你陈情，请你悉心聆听！坚持真理，赞美应受赞美之人。请驱除我的悲伤，瞧！我已被烦恼所累。请审查我的冤情，瞧！我已经惨遭损失……官僚们正在作孽，做事的标准正在发生偏误。法官们正在掠夺别人拥有的东西。左右舆论的人歪曲了正义。给予生命者却身衰力竭，颓然倒地。安泰平静者却使人气喘吁吁。调剂分配者难平自己的私欲。救济危难之人却是制造危难的祸首。"

《辛努海的故事》(The Story of Sinuhe，又译《辛奴亥的故事》) 是中王国时期最著名的一篇文学作品，保存下来的抄本很多。该故事中大量使用对句，营造韵文的效果。这种对句的手法是埃及文学的一大特色。辛努海是第12王朝阿蒙尼姆赫特一世的大臣，他在一次宫廷政变前，偶然听到了阴谋的计划。由于担心自己受牵连，他便逃到巴勒斯坦一带。当地统治者友好地款待并重用了他。辛努海娶妻生子，生活美满，但是他眷恋故土，思念家乡，因此决定叶落归根。于是，他向神和埃及国王祈祷，在国王的应允下，辛努海终于回到了故土，并受到了埃及国王的欢迎。

富于冒险的传奇故事《水手遇难记》(The Tale of the Shipwrecked Sailor)，讲述了一次失败的航海经历，唯一幸存下来的水手恍惚中被海浪抛到一个岛上。他发现"岛上绿树成荫，果树成片，姹紫嫣红，琳琅满目，煞是诱人"。当水手睁开眼时，他发现面前有一条巨蟒，巨蟒不仅没有伤害他，而且还安慰他说："你不用担心，不用害怕，不要如此恐惧，你现在已经来到了我这里，我想这一定是神保佑你的结果。你看，这里就是天堂，一切都应有尽有。你在这里生活下来吧，4个月过后，就会有埃及的船只来接你回国。"

水手听后非常感动，许诺将来要带贵重东西来酬谢巨蟒。但是巨蟒告诉他说："一旦你离开这个岛，你将再也不会找到它了，因为它将变为一片汪洋。"

除文学作品外，中王国时期的埃及人还保留下来一些关于医学、数学等科学技术方面的文献。属于中王国晚期的《拉宏纸草》(Papyrus of Lahun) 上记载了有关妇科疾病的常见问题，例如，月经不调、流产不孕，以及分娩期间所受伤害等。该纸草文献上提到了月经不调的治疗方法：用一种芳香剂冲洗阴道，这样就可以使经血流得更为顺畅。古埃及人认为，骨盆中的器官，包括子宫，如果在腹腔中移动，妇女就会生病。古埃及医生对此是通过熏蒸疗法来处理的，即让妇女蹲下来，用油和乳香等物做成的混合物熏蒸妇女的下体，促使她的子宫恢复到原来的位置。

《拉宏纸草》给出了3种检测妇女能否怀孕的方法。第一种是观察妇女的乳房，如果妇女乳房的血管扩大了，那么她是可以怀孕生育的。第二种方法是让妇女坐在啤酒和椰枣的混合物附近，如果她呕吐，说明她是可以怀孕生育的，而且呕吐的次数可以表明她将来能生育几个孩子。如果她不呕吐，则说明她不能生育。第三种方法是，把一段洋葱塞入妇女的阴道中进行试验，到了第二天如果妇女的呼吸中可以闻到洋葱的味道，说明该妇女是可以生育的，如果闻不到洋葱的味道，则说明该妇女不能怀孕生育。

《拉宏纸草》还给出了古代埃及人常用的几种避孕方法。例如，在阴道中塞入用蜂蜜和苏打做成的胶状混合物，或者使用鳄鱼的粪便和酸奶混合而成的一种药膏。蜂蜜和苏打的胶状物会降低精子的活动能力。使用鳄鱼的粪便也不是什么愚蠢之举，因为它具有良好的吸收作用，可以起到充当一个栓塞的作用。

《拉宏纸草》中还包括有某些数学问题，反映了古埃及人已经精通四则算术的运算，而且能够运用分数。几何学方面能够计算各种几何形图案的面积和体积。

作者点评：

中王国时期是古埃及历史上第二个取得辉煌成就的时期。与古王国时期相比，中王国时期的埃及人视野大为扩展，不再像古王国时期那样是一个“属于自己的世界”。埃及先后对努比亚和亚洲地区发动了军事和贸易远征。中王国时期的埃及国王是强壮的，但不再像古王国时期的国王那样充满自信和自负，而是显得略带憔悴和疲惫，因为在中王国时期，埃及的中央政权和地方政权的对立贯穿始终，即使作为中央政权的国王已经不能高枕无忧，而是显得忧心忡忡，因为他们必须时刻应对地方政权的挑战。

中王国时期的埃及在经济方面取得的最大成绩是，中央政府修建了大规模的水利工程，并开发了法尤姆地区，使得该地区的沼泽地变成了可耕地。埃及的耕地面积大为扩大，这为其后的新王国时期埃及的全面繁荣奠定了坚实的基础。

中王国时期埃及取得的最大的成就是文学创作，保存下来大量的脍炙人口的经典作品，“达到了埃及世俗文学的黄金时代”。大量的文学作品，如《辛努海的故事》、《能言善辩的农民》等广为流传。这些作品跨越时空，具有亘古永恒的魅力。2011年，在埃及爆发的要求总统穆巴拉克下台的“一·二五革命”中，游行示威的埃及民众曾多次高呼《能言善辩的农民》中的相关语句，要求严惩埃及国内存在的腐败现象，呼吁实现社会公平和正义。

继中王国崩溃后，喜克索斯人入侵是古埃及历史上发生的一个重大事件，它对古埃及历史产生了深远的影响。喜克索斯人作为埃及历史上第一次外族入侵，对古埃及人的心理造成了严重创伤，播下了复仇的种子，继而唤起了埃及民族意识的觉醒，而这种觉醒便成为世界上最早的民族意识的肇端。尽管埃及人后来多用厌恶的口吻提到喜克索斯人，但喜克索斯人的统治在很多方面却对埃及产生了积极影响。喜克索斯人带来了更好的金属加工技术，也带来了一些新式武器，如马拉战车、复合式强弓、盔甲等，埃及人学着把所有这一切都用于对抗入侵者。埃及人复仇的洪水一泻千里，他们要“以其人之道，还治其人之身”，甚至“变本加厉”，彻底挽回埃及人的尊严和威风。因此，喜克索斯王朝在埃及的统治，也改变了埃及人对待外部世界的态度，直接导致了新王国时期的扩张主义政策。

第四章 新王国时期：帝国的辉煌

新王国时期是随着埃及人驱逐外族统治者喜克索斯人的斗争中建立起来的。复仇的洪水一泻千里，不可遏制，埃及人民的战争从民族解放战争发展成为侵略战争。经过新王国时期几位国王的开疆拓土，埃及发展成为一个横跨亚非大陆的军事帝国。帝国时代的埃及在政治、经济和文化等方面都进入了古埃及历史上的全盛时期。新王国时期（The New Kingdom，约公元前1570—约公元前1070年）主要包括第18、第19、第20三个王朝。

一、 帝国霸权的创建与兴衰

阿赫摩斯一世（Ahmose I，又译雅赫摩斯一世，约公元前1570—约公元前1546年在位）领导埃及人民取得了驱逐喜克索斯人斗争的最后胜利，从而成为第18王朝（约公元前1570—约公元前1293年）的开创者。在取得民族解放战争的胜利后，阿赫摩斯一世着手于国家内政建设。他加强政府的权威，把王家亲信安排到各地政府部门的重要岗位。他重建河渠、堤坝和灌溉设施，改革税务体系。他重新修复神庙，鼓励并恢复了埃及与利比亚沿海城市的贸易。遗憾的是，阿赫摩斯一世英年早逝。阿赫摩斯一世的继承人阿蒙霍特普一世（Amenhotep I，约公元前1551—约公元前1524年在位）统治的第一年，利比亚人就发动了起义，阿蒙霍特普一世率领军队镇压了利比亚人。接着，他又到南方平定了努比亚人的叛乱，并且带回了大量的战利品。在巩固了南北边疆后，阿蒙霍特普一世便着手于底比斯的卡尔纳克（Karnak）神庙的设计和建筑。

阿蒙霍特普一世没有留下王位继承人。他死后埃及王位被贵族（或平民）出身的图特摩斯一世（Thutmose I，约公元前1524—约公元前1518年在位）继承。图特摩斯一世是古埃及帝国的重要奠基人之一。他积极开展了对外征战，率军远征努比亚到达尼罗河第三瀑布，俘虏了努比亚的首领，把他带回底比斯。他还在尼罗河第三瀑布地区建造堡垒。图特摩斯一世还率军远征叙利亚，把埃及北部边界扩展到美索不达米亚东北的幼发拉底河流域。他大兴土木，扩建了卡尔纳克的阿蒙神庙，竖立了方尖碑。

图特摩斯一世与王后阿赫米斯生有两男两女，但他们都没有成为王位继承人。埃及王位被非嫡系的图特摩斯二世（Thutmose II，约公元前1518—约公元前1504年在位）所继承。为了加强他的权力的合法性，图特摩斯二世与阿赫米斯的女儿哈舍普苏特（Hatshepsut，又译哈特谢普苏特，约公元前1503—约公元前1483年在位）结婚。图特摩斯二世体弱多病，实际统治埃及只有3年就驾鹤西归。他统治时间虽短，但也未放弃对外征战，阿斯旺（Aswan）的碑文记载了他对努比亚的镇压；位于戴尔·埃尔·巴哈里（Deir el-Bahri）的哈舍普苏特的葬祭庙碑文，保留了图特摩斯二世对叙利亚的远征的记录。图特摩斯二世与哈舍普苏特只生有一女，无儿子。

图特摩斯二世驾崩后，王位由他与王妃所生之子继承，他就是历史上的图特摩斯三世（Thutmose III，约公元前1504—约公元前1450年在位）。他继位时只有10岁，由于年幼，他的姑母哈舍普苏特便以母后的身份成为摄政王，操纵着国家的大权。

女王哈舍普苏特的头像

从出身上讲，哈舍普苏特本是第18王朝的第三位国王——图特摩斯一世的女儿，她与异母兄弟图特摩斯二世结婚而成为王后。为了保持王室血统的纯洁性，古埃及王室往往实行内婚制，兄妹之间的通婚现象在古埃及王室中比较常见，它与我们现代观念上的乱伦是毫不相关的。

哈舍普苏特是一位颇富政治野心的女强人。在图特摩斯三世统治的第二年，哈舍普苏特公然自称为王，僭取了埃及王位。在古埃及，法老作为国家的主宰，竭力鼓吹王权神授。法老把自己说成是神的儿子，他们受神的派遣，作为神的代理人来统治埃及。人性的法老被赋予神性化，王权从而也得到神化。为了使自己的统治合法化，有趣的是，哈舍普苏特竟然别出心裁，创造了自己作为阿蒙神的女儿出生的神话。在位于戴尔·埃尔·巴哈里的哈舍普苏特的葬祭庙中，大量的浮雕和绘画记载了她神秘出生的整个经过。

伟大的太阳神阿蒙·拉神召集众神灵举行会议。会议的主题是讨论下一任埃及王位问题，即由谁来做下任埃及法老。阿蒙·拉神对其他神灵说：

“我想把下一任埃及王位赐给一个女子，我已经给她选定了名字，她的名字叫哈舍普苏特。我许诺她将来做埃及的一国之君，统治上下埃及。你们看怎么样？”

其他神灵都位居阿蒙·拉神之下，绝对服从于阿蒙·拉神，他们哪敢违抗呀！于是，众神灵异口同声地回答道：“尊敬的主，您的决定太英明了，埃及这么长时间没有一位女王，现在的确需要一位。您的决定太伟大啦，我们非常赞同您的决定！”

阿蒙·拉神为了使他创造的将来的女王聪明智慧，美丽漂亮，他需要找到一个面容姣好、身材俊美、伶俐贤惠的女人，只有这样的人生出来的女王才能聪明美丽。于是，阿蒙·拉神找到智慧之神托特（Thoth），他智慧丰富，胆识过人。托特听完阿蒙·拉神的要求后，闭上眼睛出神地思考了一会儿，就有了主意。原来，图特摩斯一世的妻子阿赫米斯年轻漂亮，才貌双全，倾国倾城，可谓上下埃及最最漂亮、最最聪慧的女人，无疑是最佳候选人。

阿蒙·拉神深感满意。在智慧之神托特的带领下，阿蒙·拉神悄悄地进入了埃及王宫。

正巧，国王图特摩斯一世今晚赴宴去了，很晚还没有回来，美丽的王后阿赫米斯寂寞而孤独地躺在床上睡着了。阿蒙·拉神见状心里好高兴，他马上摇身变成图特摩斯一世的模样，蹑手蹑脚地来到了王后的床边。王后正面带微笑，幸福地在梦境中遨游呢。

埃及正值夏季，天气炎热，虽然是夜晚，气温仍旧较高，王后浑身上下什么都没有穿，只用一块精美的亚麻布披在身上，那亚麻布薄薄的，半透明状，阿赫米斯那散发芳香的胴体时隐时现。呵，好一个漂亮的睡美人！

阿蒙·拉神也和常人一样，具有七情六欲，他面对眼前这诱人的胴体，怎么也抑制不住本能的冲动。一股欲望的火苗在他的心中熊熊燃起。他宽衣解带，轻轻地倒在了王后的身边。再说，这王后睡得迷迷糊糊……

虽然阿蒙·拉神的动作是如此轻巧，但还是引起了王后阿赫米斯的反应。

只见她慵懒地挪动了一下身子，喃喃私语了几声，以为是丈夫回来了呢！她娇嗔地搂紧了阿蒙·拉神，还一边喃喃责备他回来得怎么这么晚。阿蒙·拉神眼看时机成熟，便将王后阿赫米斯紧紧拥在怀里……

一阵痉挛惊醒了王后阿赫米斯，她闻到一股从来没有闻到过的沁人心脾的馨香。于是，她便警觉地睁开了眼睛，她吃惊地发现床上与她共眠的人不是自己的丈夫图特摩斯一世。

阿蒙·拉神马上恢复原形。王后阿赫米斯发现，她面前的这位竟是伟大的太阳神阿蒙·拉神。他是那样英俊威武，浑身洋溢着男子汉的阳刚之气，身上还散发出一股淡淡的清香，香气在王宫里回荡，令人每个毛孔都异常舒服。

阿蒙·拉神低头轻吻美丽的王后阿赫米斯，她顿时觉得心旷神怡，飘然若仙。“我尊敬的主，您的名声是多么伟大啊！能见到您的光辉形象我是多么自豪啊！你的气息已蔓延到我的四肢。”阿赫米斯彻底地被阿蒙·拉神的伟岸和俊美所倾倒。她春心荡漾，扑倒在阿蒙·拉神的怀里……最后，阿蒙·拉神告诉阿赫米斯说，今晚她已经有了身孕，并把将来分娩的日期也告诉了她。“你将来的孩子是个女孩，我给她取名叫作哈舍普苏特。她已经在你的身体中开始孕育了，她将来要做埃及的国王，统治上下埃及。我将把我的名声，我的权威，我的王冠赋予她，她将在我的保护下统治埃及人民”。

王后阿赫米斯分娩的日子一天天逼近，众神灵再次去拜见伟大的阿蒙·拉神。他们准备了一个特殊的产房，还派去两位专管婴儿诞生的女神去照料王后阿赫米斯。阿赫米斯的肚子越来越鼓胀，行走有些困难，生命创造之神胡奴姆搀扶着阿赫米斯的右手，海克特女神则紧紧拉着王后的左手。

胡奴姆用陶轮造人

“你的女儿已经处在我的保护之下”，胡奴姆说，“你很伟大，但是你分娩的女儿将来比你更伟大，她将比以前任何埃及国王都伟大。”

胡奴姆一边说，一边搀着王后阿赫米斯向产房走去。这时，其他的神灵也赶来了，纷纷加入了照料王后阿赫米斯的行列。

到达产房后，胡奴姆把王后阿赫米斯交给生产女神玛斯克海特。玛斯克海特坐下来，并指挥阿赫米斯躺在一个长靠椅上，这靠椅的腿呈虎头状，看上去很是豪华尊贵。所有的大大小小的神灵都各司其职，他们有的负责照料王后阿赫米斯，有的负责照料即将呱呱坠地的婴儿。众多神灵中还有一个比较奇怪的神——贝斯（Bes）神，他可以驱走企图袭击婴儿的毒蛇、毒蝎等。此外，众神中还有一个呈河马状的女神，她能减轻女人分娩时的痛苦。有了这么多神灵的关心和照料，王后阿赫米斯也就不担心了。

过了不一会儿，传来一阵响亮的婴儿啼哭声，哈舍普苏特诞生了。周围所有的神灵都为女婴的出生感到由衷的高兴，他们可谓“八仙过海，各显神通”，充分施展自己的特长。他们把“生命之符”作为礼物，奉献给新出生的女婴哈舍普苏特。玛斯克海特女神将人间所有的健康、财富、力量和幸福都赋予这位未来的埃及女王。

当阿蒙·拉神见到了自己的新生女儿哈舍普苏特时惊喜万分，他充满深情地将女儿哈舍普苏特小心翼翼地抱在怀里。然后，和蔼可亲地对她说：“亲爱的小宝贝，你就是我的形象。”阿蒙·拉神轻轻地拍了拍女儿接着说：“是我亲自创造了你，祝福你，我的孩子。你将成为埃及的国王，你将稳坐在伟大的荷鲁斯的宝座上，统治上下埃及。欢迎你呀，小宝贝！这未来的上下埃及国王。祝福你！保佑你！”

位于卡尔纳克神庙中的方尖碑

阿蒙·拉神又派出众神灵负责照顾哈舍普苏特健康成长。日子一天天过去，哈舍普苏特日益长大，出落成一位亭亭玉立、婀娜多姿、聪慧过人、体格健美的妙龄女郎。

阿蒙·拉神见自己的女儿如此美丽健康，很是满意。他对哈舍普苏特全身作了仔细认真的检查，再次赋予她健康、财富、力量和幸福，并允诺她将来永久地统治埃及。

哈舍普苏特为了纪念自己伟大的父亲,同时也是作为一种政治宣传,从而加强她的王权的合法性。哈舍普苏特在卡尔纳克阿蒙神庙里,竖立了4座高耸入云的方尖碑。随着岁月的流逝,其中的3座已经消失得无影无踪,只剩一座历尽岁月沧桑,仍旧巍然耸立在埃及大地上,显得是如此雄伟壮丽,巍峨壮观。

在方尖碑的碑文上,哈舍普苏特记载了自己对伟大的父亲阿蒙·拉神的敬仰之情。上面写道:

我怀着一颗爱心,建造了它们,
献给我敬爱的父亲阿蒙。
发端于一个童年的梦想,
得助于他的伟大和仁慈。
我不会忘记他的命令,
我知道他的神性,
我服从于他的驱使。
正是他,引导了我,
没有他的努力,我不会有如此计划。
正是他,给了我启发,
没有他的神庙,我无法安眠。
我不会在他的命令中迷失,
我最理解父亲的心灵,
我加入他的所想所思,
我不会背对神灵之城,
我要虔诚地面对它,
我知道埃及是光明的。
令人敬畏的山峰,
所有神灵的明亮的眼睛,
他喜爱的地方,孕育了他的美德,
他的后继者都将这美德聚集。
是国王亲身宣布,
将来所有的百姓,
都要悉心呵护父亲的纪念碑。

他们将在一起敬仰它，
他们将照看他们的子孙后代。
这时，我要静坐于王宫宝座，
思考我的缔造者。
我的心驱使我，
建造两座方尖碑，
它们的顶端直插云霄。
现在，我的心摇曳不定，
考虑人们将会说什么，
在将来，他们看到纪念碑，
他们将谈论我的所行所为，
或许他们会纳闷地说，
不知道，不知道，
为什么要建造它们？
模仿一个金光闪闪的高山！
我发誓，我被拉神宠爱，
我的父亲，阿蒙，喜欢我。
我的鼻孔里已焕然一新，
我发誓要戴上埃及的白冠，
以及下埃及的红冠。
两块土地都归属于我，
我像伊西斯的儿子一样，
稳固地统治着这块土地。
当拉神在晚舟里休憩，
当拉神在早舟里出发，
他在神船里拥抱他的两位母亲。
天空不老，他的创造永久。
我像永不陨落的星星，
像阿图姆神一样休息。
至于这两座方尖碑，
是我为父亲阿蒙建造的，
以便使我的名字不朽，

直到永远，永远。
它们都取自坚硬的花岗石，
没有裂缝，没有瑕疵。

哈舍普苏特女王统治了一个繁荣昌盛的帝国。在女王统治期间，她大胆任用了一批忠于自己的官员，其中最著名的是森那穆特（Senenmut）。他是女王最得力的助手和最忠实的追随者，也是当时最炙手可热的人物。现存于伦敦大英博物馆的一尊他的雕像上留下了这样的文字："他是国王的心腹之人……他完全理解国王的心思……他独自做了一些有利于众人的事情。他是国王所有建筑工程的管理者，他指挥着众人，他熟悉每一个秘密，他指导那些不知道如何做事的人们……"

接着，铭文直引森那穆特的语言说："让我继续得到神之妻哈舍普苏特的宠信吧！愿她长寿、富有！我是出类拔萃的，她让我做宫殿的管家，整个宫殿都在我的掌管之下，我还是阿蒙仓库的管理者。"

被铲掉的女王哈舍普苏特的形象。卡尔纳克神庙

另外，根据位于卡尔纳克神庙中的有关记载，森那穆特曾亲自前往阿斯旺的采石场，采得两块巨大的花岗岩石块作为女王制作方尖碑的材料。有的学者猜测，女王很可能与森那穆特保持着某种特殊的暧昧关系，甚至怀疑他是公主尼斐鲁拉的亲生父亲。因为在一尊雕像中，森那穆特怀抱公主尼斐鲁拉（Neferure），充满深情，甚为亲密。但令人不解的是，在女王统治的第十九年，森那穆特却突然销声匿迹了，曾刻在雕像和墓碑上的名字皆被抹掉，只是在女王墓室的侧间为他留出了一个位置。这也给后人留下了一个不解之谜。

女王在统治期间，还派遣森那穆特率领商队前往神秘之国篷特。篷特的具体位置尚不清楚，大致位于今天的索马里。在位于戴尔·埃尔·巴哈里的女王的葬祭庙的墙壁上，生动地描绘了有关这次远征的经过。我们可以看到多艘长长的埃及船只，它们扬帆南航。当埃及的船只抵达篷特时，篷特国王亲自迎接。当埃及船队离开篷特时，带回的篷特土特产多达千箱。篷特的脚夫一边装货，一边高喊着："注意，站稳呀，当心呀！"远征队满载而归。埃及远征军带回的东西包括香料、乌木、象牙、黄金、化妆品、木材、貂皮、猿猴和狗等，以及"许许多多开天辟地以来埃及人见所未见、闻所未闻的东西"。远征军把从篷特带回来的东西献给女王陛下。黄金、象牙和乌木把宫殿和神庙装点得金碧辉煌。由篷特带回来的香樟树，在埃及长得茂盛非凡。

此外，女王还在推广阿蒙神崇拜方面作出了积极贡献，她在麦第那特·哈布确立了对阿蒙神的信仰。据学者统计表明，女王统治时期，持有阿蒙·拉神相关头衔的人数显著增加。遗憾的是，对于女王晚年的情况我们知之甚少。在她统治的第二十年，女王突然从历史上消失了。女王是寿终正寝，抑或是死于政治谋杀，我们不得而知。此后，图特摩斯三世独自统治了埃及。

通过哈舍普苏特的所行所为，我们看到她的确是古埃及历史上一位不可多见的伟大的女性统治者。但是，即使是如此伟大的女王，她仍旧要通过编造神话，宣称自己是阿蒙·拉神的女儿，代表神的意志来统治埃及，从而使她的统治合法化。另外，仅仅靠编造神话似乎还不够，在执政过程中，哈舍普苏特还要女扮男装，穿上男人的服装来治理国家。考古学者陆续发现了数量不少的哈舍普苏特的雕像，这些雕像基本上都是戴着象征法老的胡须，从外表特征上看，俨然是一副男性的形象。

无论怎样，哈舍普苏特毕竟是整个法老时代最著名的女王，她以惊人的勇气和智慧在古埃及的历史上浓浓地抹上了一笔。她对后世的影响是巨大的，甚至到了希腊化时代，她的影响犹存，当时的希腊人有的前往哈舍普苏特的神庙请求神谕。

哈舍普苏特留下的最著名的建筑是位于戴尔·埃尔·巴哈里的她的祭葬庙，该建筑气势磅礴，风格独特。

图特摩斯三世长大成年后，他很可能在阿蒙神庙势力的支持下，独自掌握了国家大权。于是，他开始对哈舍普苏特进行报复。他把埃及神庙以及其他建筑物上的哈舍普苏特的名字和图像全部都铲除干净。显然，权力之争导致了他们之间亲情的破裂。哈舍普苏特从此以后便销声匿迹了。

图特摩斯三世恢复权力后，对外进行了规模空前绝后的伟大征服。位于底比斯的卡尔纳克神庙墙壁上的《年代记》记载了图特摩斯三世的丰功伟绩。

女王哈舍普苏特的葬祭庙

他先后发动了对西亚的17次远征，奠定了埃及帝国在亚洲的势力，浮雕上描绘了图特摩斯三世征服亚洲的情景：他头戴王冠，精神抖擞，左手抓着亚细亚人的头发，亚细亚人则跪倒在他的脚下。浮雕似乎正向人们讲述图特摩斯三世当年叱咤风云、千古风流之往事。图特摩斯三世时期，埃及版图急剧拓展，北部疆界达到了幼发拉底河上游，南抵尼罗河第四瀑布，埃及成为地跨西亚、北非的大帝国。图特摩斯三世被称为古代世界的拿破仑。

图特摩斯三世的后继者阿蒙霍特普二世（Amenhotep II，约公元前1453—约公元前1419年在位）曾经与父亲联合执政过一段时间。在图特摩斯三世去世之后，西亚的一些国家企图摆脱埃及的统治。阿蒙霍特普二世发动了3次对西亚的军事远征，此外，他还再次远征努比亚，镇压了努比亚的反抗。

图特摩斯四世（Thutmose IV，约公元前1419—约公元前1386年在位）系阿蒙霍特普二世与王妃所生。在吉萨的狮身人面像双爪之内的石碑上，记述了他获得王位的故事。年轻的王子外出打猎，途中疲倦了坐在狮身人面像下休息而进入梦乡，斯芬克斯告诉王子说它被周围的黄沙所困，如果他能把周围的黄沙清理干净，它允诺王子将来做埃及的国王。王子梦醒后立即着手清理工作，后来果真做了埃及国王。这个传说或许表明图特摩斯四世原不是王位的合法继承人，因而假托梦境以宣扬他的王位的合法性。图特摩斯四世英勇善战，他得到了“叙利亚征服者”的头衔。他南征努比亚，平定了利比亚的叛乱。为了抵制位于小亚细亚的赫梯的扩张，他还娶了米坦尼（Mitanni）公主做王后，使埃及与米坦尼建立了同盟关系。

图特摩斯四世死后，王位由图特摩斯四世与米坦尼公主所生之子继承，他就是阿蒙霍特普三世（Amenhotep III，约公元前1386—约公元前1350年在位）。历经新王国时期早期几位统治者的南征北战，开疆拓土，埃及逐渐建立起一个庞大的军事帝国。到阿蒙霍特普三世统治时期，埃及政治稳定，经济繁荣，文化发达，呈现出一片歌舞升平的盛世景象。阿蒙霍特普三世在国内大兴土木，在各地修建神庙，在底比斯的卡尔纳克（Karnak）和卢克索（Luxor）神庙中，他增建了塔门、柱廊、中庭和柱厅等建筑物，使之成为阿蒙神庙中重要

阿蒙霍特普三世的雕像

的组成部分。现存“帝王谷”入口处的两尊巨型雕像，就是阿蒙霍特普三世的。雕像附近曾经是阿蒙霍特普三世的祭庙，但祭庙早已被毁掉，如今只留下这两尊坐像孤独地守候在那里。

根据阿蒙霍特普三世留下的甲虫石刻，我们知道他是一个个人生活趣味浓厚、生活糜烂的国王，尤其喜欢美女和狩猎。甲虫是古埃及的一种圣物，古埃及人把它们奉为神明而顶礼膜拜。因为甲虫（俗称屎壳郎）可以从带有人类粪便的地下钻出来，然后抱着粪蛋打滚，以此方式产卵，求得再生。想象丰富的古埃及人对这种现象大惑不解，并对屎壳郎如此之举十分叹服和敬仰，认为它们可以死而复生。因此，古埃及人形成了对甲虫的崇拜，他们做了许多甲虫形状的护身符佩戴在身上，埃及国王往往还把自己的业绩和活动刻画于甲虫形状的石块上。尤其是阿蒙霍特普三世，留下了数目比较可观的甲虫石刻。

阿蒙霍特普三世娶了泰伊（Tiye）为王后。泰伊从出身上讲，她非皇族血统，但也并非出身平民。她的父亲名叫尤亚（Yuya），母亲叫图娅（Thuyu），尤亚曾是底比斯的一名马官。据记载，当年阿蒙霍特普三世在娶泰伊为后时，遇到了来自王室的极力反对，但阿蒙霍特普三世全然不顾，依然迎娶泰伊为王后。1905年，美国考古学家戴维斯（Theodore M. Davis，1837—1915年）在帝王谷发掘了泰伊父母的坟墓。墓中出土了大量的陪葬品，数量和质量都甚为可观。这说明他们借助女儿的身份获得了巨大的荣誉和财富。在阿蒙霍特普三世的长期统治中，泰伊积极支持阿蒙霍特普三世献身于公共事务。

王后泰伊的青铜头像

阿蒙霍特普三世对泰伊的美丽和智慧的赞扬远远超过其周围的任何一位皇族女性。泰伊这个女人意志坚定，聪慧能干，是古埃及历史上的一名女强人。为了向泰伊表示恩宠，阿蒙霍特普三世专门为她修建了一个游乐湖，仅用了15天就建成了。阿蒙霍特普三世携王后泰伊泛舟湖上。桨手们起劲摇桨，大臣们环湖向国王和王后欢呼致敬，这对恩爱夫妻沉浸在幸福之中。

泰伊为阿蒙霍特普三世生下了两男四女。既然泰伊是国王最宠爱的女人，她没有必要把后宫佳丽当作对手，她所担心的只是妃嫔们会为国王生下男孩，对泰伊所生的儿子的王储之位构成威胁。可能越是担心，就越是不尽如人意。泰伊与阿蒙霍特普三世所生的长子不幸夭折。后来，泰伊可能又担心次子的健康状况，因为她与阿蒙霍特普三世只有这么两个王子，万一次子再夭折，王位继承问题就会出现麻烦。泰伊支持女儿希塔蒙（Sitamun）与丈夫阿蒙霍普三世结婚，以期为国王再生子嗣，从而保证本族子孙继承王位。埃及国王与自己的女儿结婚这种情况在古埃及历史上并不罕见，因为埃及国王本身就是神，可以自由地娶国王的姐妹，甚至女儿，只要能为埃及带来一位适当的继承人就行。

阿蒙霍特普三世统治埃及36年后驾崩，埃及王位传于阿蒙霍特普三世与泰伊所生的第二个儿子。他就是历史上的阿蒙霍特普四世（Amenhotep IV，约公元前1350—约公元前1334年在位）。1898年考古学者在帝王谷发现了阿蒙霍特普三世的木乃伊。根据对他的木乃伊研究的结果来看，阿蒙霍特普三世生前饱受牙痛的煎熬，他甚至向邻国米坦尼国王要一枚伊什塔尔女神肖像，企图借助魔法来缓解他最后时光的痛苦。

阿蒙霍特普四世登基前可能与父亲共同执政过一段时间。但是，他与父亲阿蒙霍特普三世无论是形体还是气质上都鲜有相似之处。阿蒙霍特普三世年轻时高大威猛，神采奕奕，颇具有法老的风采，然而阿蒙霍特普四世却没有遗传其父的特点。可能是遗传基因出了问题，他表现得十分怪异和丑陋，下巴突出，猫似的眼睛，肥大的两臀，可谓古埃及历史上最丑的法老。

王后奈斐尔提提的胸像

虽然阿蒙霍特普四世丑陋无比，但是他却娶了古埃及最美丽的女人为妻。她就是奈斐尔提提（Nefertiti，又译娜芙蒂蒂）。在古埃及语中，奈斐尔提提的意思是“美女到来”。

关于奈斐尔提提的身世我们不太了解，但是她肯定不是王族出身，因为她从来不具有“国王之女”、“国王之姐妹”这样的头衔。不过，这种出身并没有影响到国王对她的宠爱。虽然阿蒙特霍普四世还娶有其他妻子，例如，一名叫珂娅（Kiya）的女子，但是奈斐尔提提却是他的“第一夫人”。奈斐尔提提在国家的政治和宗教生活中占据了重要地位。在丈夫统治的早期，奈斐尔提提便充当着重要助手的作用。在一些雕像和壁画上奈斐尔提提经常伴随丈夫阿蒙霍特普四世一起出现在各种正式场合。在反映王室生活的一些浮雕上也经常可以看到阿蒙特霍普四世与奈斐尔提提以及他们的孩子们一起嬉戏，享受天伦之乐的场景。

在卡尔纳克以及其他地方发现的石碑上给予奈斐尔提提许多封号，如“伟大的关爱者”、“甜蜜的女主人”、“拥有两块土地的女主人”，等等。

阿蒙霍特普四世与奈斐尔提提生有6个女儿，很可能没有生下儿子，因为在描述他们家庭生活的浮雕中从来没有出现他的儿子的画面，相反，几个女儿总是频频出现。

在阿蒙霍特普四世统治的第十二年以后，奈斐尔提提却神秘地消失了，国王身边再也看不到奈斐尔提提的身影。相反，国王的女儿梅丽塔吞（Meritaten）替代了奈斐尔提提的位置陪同国王频频亮相。学者怀疑，很可能是因为阿蒙霍特普四世与奈斐尔提提在一些国家事务上发生了龃龉，导致意见分歧，从而她被放逐于阿蒙霍普四世新建的都城阿玛尔纳（Amarna）北部的宫殿里。阿蒙霍特普四世继位16年之后驾崩。

二、 专制主义统治的加强

古埃及的专制主义制度确立于古王国时期，新王国时期随着帝国霸权的确立，专制主义制度进一步强化起来。在新王国时期，埃及语中本意为“大房子”的一词，逐渐演变成为对国王的尊称，后来发展到将这一称谓附加到埃及国王头衔上的一部分。

作为专制君主的法老具有绝对的权威，法律只不过是他的个人意志的反映。法老建立了一个庞大的官僚主义机构，中央政府官僚中最高官吏是宰相（阿拉伯语vizier，维齐尔）。在古王国时期和中王国时期，中央政府通常只设一名维齐尔，行使对国家行政各部门的监督和管理的职能。至新王国时期，埃及国王为了削弱维齐尔的权力，从图特摩斯三世起，维齐尔的职务被分割，国家设置两名维齐尔，分别负责上下埃及的管理工作。两名维齐尔的具体职能是：“遵照国王的意志，报告和管理各自辖区内的情况，与王宫大臣交换报告，受国王委托发布命令给政府各部门，起草和罢免法官、官吏和僧侣的任命，征收赋税等。”

在新王国时期，不仅维齐尔的权力被削减，而且国家还设有两个重要的职务与其相匹敌：一个是库什（Kush）总督；另一个是“阿蒙第一先知”。库什总督是新王国时期设立的新官职，由库什亲王担任，他是法老在努比亚地区的代理人。阿蒙第一先知又称“阿蒙神高僧”，在首都底比斯，阿蒙第一先知的地位仅次于维齐尔。

军队和警察是国家机器的重要组成部分，新王国时期随着国家专制主义的强化，埃及的军队和警察也得到了强化。法老作为军队的最高统帅，往往亲自率军出征。军队由师团组成，每个师团配备有战车兵和步兵，数目约5 000人。新王国时期的主要兵种是战车兵和步兵，每辆战车乘两人，一人驾驭战车，另一人射箭。步兵配备弓矢、矛盾，以及青铜斧、剑等武器装备。第18王朝时期，埃及军队编制扩大，人数高达几万人。

新王国时期埃及海军也发展起来，其主要职能是负责军队的运输、通讯等服务。在新王国时期，作为努比亚人的一部分的麦德查人，由于得到法老的信任成为可靠的警察或别动队员。他们在埃及官吏的领导下，巡逻沙漠，警戒墓地，以及维持埃及境内的社会秩序。

总之，新王国时期的专制主义制度达到了法老时代的最高程度。

三、埃赫那吞的宗教改革

阿蒙霍特普三世驾崩后，由他的儿子阿蒙霍特普四世继承王位。阿蒙霍特普四世与父亲阿蒙霍特普三世无论是形体还是气质上都鲜有相似之处。阿蒙霍特普三世年轻时高大威猛，神采奕奕，然而阿蒙霍特普四世都没有遗传其父的这些特点，而是长得十分丑陋。但是，就是这位看上去丑陋而怪异的法老，却冲破统治埃及的宗教势力，进行了轰轰烈烈的改革，历史上称其改革为宗教改革。其实他的改革不仅仅局限于宗教方面，还涉及文学艺术等领域。但由于种种原因，他的改革以失败告终，他甚至被咒骂为“宗教狂”和“天下的罪人”。

阿蒙霍特普四世之所以要实行改革，是因为有其深刻的社会背景的。主要是以阿蒙祭司集团为中心的神权形成了对以国王为中心的王权的严重威胁。我们知道古埃及国王为维护和加强统治，宣扬君权神授的思想，实现王权与神权的紧密统一，国王需要祭司集团的支持，从古王国时期以来，埃及君主

阿蒙霍特普四世的雕像

就不断向神庙赠赐土地和牲畜，以取得祭司集团的支持。新王国建立以来，由于大规模的对外远征，开疆拓土，国王赏赐给神庙的财富也越来越多。阿蒙神庙得到了数量最多的“上下埃及最好的土地”。由于国王的赠赐，神庙经济发展起来，同时也形成了一个富有的祭司奴隶主集团。他们不仅在经济上成为最富有的奴隶主贵族，而且积极参与国家的政治活动，逐渐形成了对王权的强大威胁。他们声称阿蒙神给予国王以胜利，在他们眼里，埃及的一切和平兴旺都是阿蒙神的恩泽，埃及也只有依赖阿蒙神才能变成强大的帝国。阿蒙霍特普四世即位后，国家的形势很不好收拾。国内阶级矛盾尖锐，社会动乱，阿蒙神庙已经发展成为对王权的威胁力量。因此，阿蒙霍特普四世进行了宗教改革。

阿蒙霍特普四世用一个古老的神“阿吞”（Aten）代替了阿蒙神，将阿吞神提升为全国最高神。他下令关闭阿蒙神庙，不允许崇拜阿蒙神和其他一切地方神，只有阿吞神是唯一可以崇拜的神。他为阿吞神建造新的神庙，没收阿蒙神庙和其他一切神庙的财产，将其转交给阿吞神庙。阿蒙霍特普四世的名字也改为埃赫那吞（Akhenaten，又译阿肯那顿），意为“阿吞的光辉”。

埃赫那吞改革的核心问题是对阿吞神的崇拜，阿吞是栩栩如生的太阳圆盘。在阿玛尔纳出土的界碑以及柏林博物馆保存的家庭石碑上，我们都可以看到阿吞太阳圆盘伸出的带有生命符号的手掌，分别指向埃赫那吞和王后，似乎表明阿吞对他们的祝福。

另外，埃赫那吞还下令营建新的都城埃赫塔吞（Akhetaten，意为“阿吞的地平线”）。他用4块界碑将埃赫塔吞整个城市围绕起来。埃赫那吞在新都大兴土木，建筑王宫和阿吞神庙等。在埃赫那吞统治的第六年，埃赫那吞迁都至新都埃赫塔吞。埃赫塔吞就是现在埃及的阿玛尔纳遗址，如今这里已经成为贫穷的乡村。

阿吞神崇拜

埃赫那吞的改革习惯上称为宗教改革，其实改革并不囿于宗教领域，还涉及文学和艺术等方面。他的改革促成了一种新的艺术风格的诞生，这种风格一改过去埃及艺术死板和枯燥的特点，呈现出一种自由、生动、写实、浪漫和优美的风格。

埃赫那吞企图以对阿吞神的崇拜完全取代原有的对阿蒙神的崇拜是不现实的。因为在埃及，对阿蒙神的崇拜与王权的结合已经盘根错节，错综复杂，非一日之久。埃及人民对阿蒙神的崇拜已在心目中扎下了深深的根基。埃赫那吞突然下令禁止对阿蒙神的崇拜，人们在心理上是难以接受的。另外，阿蒙神祭司集团势力煊赫一时，想彻底铲除他们的势力不太容易。据记载，改革的反对者甚至组织过暗杀埃赫那吞的行动，但没有得逞。埃赫那吞在阿玛尔纳的生活是不平静的，他的生命曾受到威胁，保存在阿玛尔纳警察总长马浒的墓碑上有记载，他为自己制止了这次阴谋行动而自豪。

埃赫那吞的改革是自上而下发起的，既没有发动群众，也不是为了群众，因此改革失去了群众基础。在短短的时间内兴建一座新城无疑也给埃及人民带来了沉重的负担。因此，埃赫那吞的改革是没有生命力的，自然难以逃脱失败的命运。

埃赫那吞的母亲泰伊甚至也与埃赫那吞产生了矛盾。泰伊居于旧都底比斯的宫殿，没有跟随埃赫那吞前往新都。埃赫那吞与王后奈斐尔提提也发生了不和，奈斐尔提提可能由于坚持放弃改革而失宠了，她搬出了王宫，反映国王祭祀活动的场面上很少再能看到王后的身影。

大约在埃赫那吞统治的第十五年，为培养接班人，埃赫那吞选择斯门卡拉作为继承人。斯门卡拉（Smenkhare，又译斯蒙卡拉，约公元前1336—约公元前1334年在位）很可能是阿蒙霍特普三世与他的亲生女儿莎塔蒙（Sitamun）结婚所生下的孩子。斯门卡拉即位后，他与埃赫那吞的长女梅丽塔吞结婚，因而取得了合法的王位。由于斯门卡拉年幼，即位时只有17岁，这

国王图坦哈蒙的头像

样就由埃赫那吞与他联合执政。3年后，斯门卡拉不幸死去，不久，埃赫那吞也抑郁成疾，时常在梦中看到阿吞在向他招手，一生招惹是非的埃赫那吞终于闭上了双眼。

斯门卡拉死后，埃及王位由阿蒙霍特普三世的另一个儿子图坦哈吞（Tutankhaten，约公元前1334—约公元前1325年在位）继承。继位时图坦哈吞只有八九岁，他与埃赫那吞的三女儿安凯塞帕吞（Ankhesenaten）结婚，使自己的王位合法化。在图坦哈吞统治时期，埃及正值多事之秋。阿蒙祭司集团的反抗一浪高过一浪。以维齐尔阿伊为代表的大臣们，上表年幼的国王图坦哈吞，一致要求将首都迁回底比斯。于是，图坦哈吞放弃了埃赫那吞的改革。保存下来的《复元碑刻》上，记载了图坦哈吞为了稳定政府、恢复神庙作出的巨大努力。他将首都从新都埃赫塔吞迁回了旧都底比斯，图坦哈吞废除了埃赫那吞的一切改革，补偿了阿蒙神庙的所有损失，为阿蒙神庙彻底平反。图坦哈吞（意为"阿吞的鲜活形象"）的名字也改为图坦哈蒙（Tutankhamun，又译图坦卡蒙，意为"阿蒙的鲜活形象"）。

当图坦哈蒙十八九岁，业已长大成人，开始有番作为时，他却突然神秘地死去了。他的王后给小亚细亚的赫梯（Hittite）国王苏皮鲁流马什一世（Suppiluliumas I，又译苏庇路里乌玛一世，约公元前1344—约公元前1322年在位）写信。信刻写在一枚泥板上，至今仍保存了下来。

"……我的丈夫死了，听说您有几个成年的儿子，请派给我一个吧，他将会成为埃及的国王……"

赫梯国王收到这封信后半信半疑。于是，他派遣一个使臣出访埃及调查事情的真相。当真相证实后，苏皮鲁流马什一世派去了自己的王子詹南扎（Zannanza）赴埃及成全婚事。但不幸的是，詹南扎却在赴埃及的途中被杀害。这一系列事件如同侦探小说一样迂回曲折，跌宕起伏。

1922年，英国考古学家卡特（Howard Carter，1874—1939年）在帝王谷找到了图坦哈蒙的坟墓。这是迄今唯一一座基本保存完整的未被盗掘的法老陵墓。图坦哈蒙墓的发现成为20世纪最为轰动的考古发现，墓中出土了3 000多件重要文物。其中最著名的是图坦哈蒙的金棺、金面具以及他的木乃伊。这些文物为我们研究古埃及这段纷繁复杂的历史提供了难得的资料。

图坦哈蒙死后，继承埃及王位的是阿伊（Aÿ，约公元前1325—约公元前1321年在位）。阿伊曾是图坦哈蒙的维齐尔，是国家权力的真正操纵者。他可能通过与图坦哈蒙的寡后结婚而登上了王位。阿伊没有留下继承人，他死后，埃及王位被军队总司令赫伦希布篡夺。

赫伦希布（Horemheb，又译哈伦海布，约公元前1321—约公元前1293年在位）统治期间，他通过重新立法力图恢复埃及的秩序。他从军队中挑选战士担任要职。在行政事务上，他严禁公职人员营私舞弊和贪污贿赂。他制定种种刑罚，处

英国考古学家卡特

图坦哈蒙的金棺

分那些贪官污吏。在宗教方面，赫伦希布恢复了传统的对阿蒙神的信仰，修复了从尼罗河三角洲到努比亚的荒芜的神庙。

赫伦希布的统治维持了近30年的时间，他死后，第18王朝宣告终结。

四、帝国霸权的重建与崩溃

埃赫那吞统治期间，主要把精力放在他的宗教改革上。在国内矛盾重重斗争尖锐的形势下，埃赫那吞无力维持埃及在西亚的霸权。这时，不少附庸国乘机摆脱了埃赫那吞的控制。埃及帝国开始衰落，位于小亚细亚的赫梯发展壮大起来，积极向外扩张，企图替代埃及在西亚的霸权地位。第18王朝结束时，埃及面临的局势非常严峻，如何重振帝国霸权是摆在第19王朝统治者面前的当务之急。

拉美西斯一世（Ramesses I，约公元前1293—约公元前1291年在位）是第19王朝（约公元前1293—约公元前1185年）的创建者。他曾在法老赫伦希布的身边参加战斗，因战功显赫而深得国王宠爱，被提拔为维齐尔。赫伦希布死后，他便登上了埃及王位。拉美西斯一世登基后不久，他就指定他的儿子与他共同摄政，这就是塞提一世。

塞提一世（Seti I，约公元前1291—约公元前1279年在位）曾担任过军队的指挥官，热衷于战争。他继位后着眼于恢复埃及帝国，开辟了历史的新篇章。塞提一世远征西亚，掠夺了巴勒斯坦，直到叙利亚地区，重新占领了在国外的埃及的堡垒和驻防的城市。在西方，塞提一世击败了利比亚人。同时，塞提一世着手于国内的建设计划，他在卡尔纳克神庙扩建了一些建筑，在阿拜多斯建筑了奥西里斯神庙。他还在帝王谷为自己修建了豪华的陵墓，他的陵墓是帝王谷最大的陵墓。

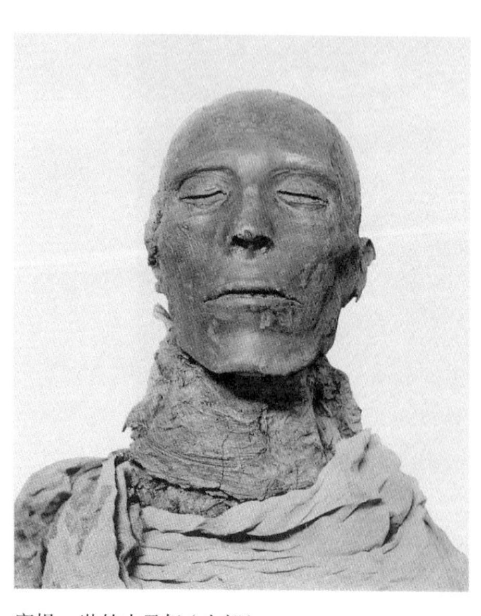

塞提一世的木乃伊（头部）

塞提一世娶了图雅（Tuya）为王后，生下了两个女儿，一个儿子。塞提一世死后，他的儿子继承王位，他就是埃及历史上著名的法老拉美西斯二世。拉美西斯二世（Ramesses II，约公元前1279—约公元前1213年在位）是一位雄心勃勃的征服者，他在先辈军事征服的基础上，进行了一系列的远征，重振了埃及帝国的霸权，他基本上恢复了图特摩斯三世时代埃及在西亚的霸主地位。

在小亚细亚地区，日益强盛的赫梯与埃及展开争霸。在拉美西斯二世统治的第五年，他组织了共有4个师组成大约2万人的特遣部队进攻赫梯军队，率先发动了卡叠什战役。赫梯军队事先已经做好了迎战准备，联合了周围的埃及附庸国纳哈林等，组成了一支约有2万人的庞大阵营共同抵抗埃及的进攻。由于赫梯派遣的两名侦探故意让埃及军队捕获，并向埃及人提供了假情报，拉美西斯二世误以为时机已到，于是下令进攻卡叠什（The Battle of Kadesh，又译卡迭石战役）。这时，早已做好准备的赫梯军队采取诱敌深入的战术，将埃及军队切成两段各个击破，拉美西斯二世陷入了赫梯军队的重重包围之中。幸亏埃及援军及时赶到，拉美西斯二世才幸免于难。

卡叠什战役后，埃及和赫梯双方都宣称自己获得了卡叠什战役的胜利。其实，卡叠什战役使双方都付出了惨重的代价，因此结果可以说是没有胜负的。卡叠什战役以后，埃及与赫梯之间断断续续地进行了长达16年的战争，双方都陷入了困境。于是，双方签订了和平条约，确定了两国之间的永久和平，在军事上确立了相互支持和援助的义务。这份和平条约被称为世界上第一个国际和平条约。和平条约的签订使两国之间的友好交往巩固了下来。在拉美西斯二世统治的第三十四年，赫梯派公主嫁到埃及。

世界上第一个国际和平条约

拉美西斯二世既是雄心勃勃的征服者，又是伟大的建筑者，他在阿拜多斯（Abydos）建造了一座神庙，并在卡尔纳克神庙完成了多柱大厅的建设。在卢克索神庙，他增建了一座塔门和中庭。这些伟大的建筑至今仍基本保存完好。拉美西斯二世最著名的建筑当属他在阿布·辛拜勒（Abu Simbel）修建的神庙。拉美西斯二世还在尼罗河三角洲地区营建新都培尔·拉美西斯（Per-Ramesses，

王后尼弗塔丽

意为“拉美西斯之家”)。

拉美西斯二世非常长寿,一直活到91岁。他也是古埃及历史上统治时间很长的一位法老,统治埃及67年。他妻妾成群,共生有100多个儿女,他的许多子女比他去世得还要早。虽然拉美西斯二世妻妾成群,后宫佳丽如云,但他最宠爱王后尼弗塔丽。尼弗塔丽(Nefertari,又译尼斐尔泰丽)被授予一系列头衔,如“伟大的王后”、“两土地的女主人”。这些头衔显示了她在国家中的重要政治地位。另外,尼弗塔丽还得到了“神之妻”、“神之母”的头衔。在尼弗塔丽作为王后的20多年间,她扮演了令人瞩目的角色。在努比亚的阿布·辛拜勒神庙中,尼弗塔丽的地位是其他王后可望而不可即的。在这里,拉美西斯二世建造了两座雄伟壮观、气势磅礴的岩窟庙:一座是给他自己和埃及诸神的;另一座则是献给王后尼弗塔丽和哈托尔女神的。

除此之外,尼弗塔丽还拥有全埃及最精美的陵墓。该陵墓位于底比斯的王后谷(Valley of Queens)内。1904年意大利考古学家发现了这座陵墓。陵墓内绘有精美的壁画。遗憾的是,尼弗塔丽的陵墓正在遭受毁灭性的破坏。由于陵墓是在石灰岩中开凿成的,里面含有盐分,当墓穴里的空气湿度超过一定限度时,盐就会渗出来,并在岩石、灰泥和油彩的中间产生结晶体,从而导致画面脱落。1986年,埃及古物保护组织与美国的洛杉矶盖蒂保护协会合作成立了国际保护组织,挽救这份令人叹为观止的文化遗产。

拉美西斯二世去世后,继承王位的是美楞普塔(Merenptah,又译麦伦普塔,约公元前1213—约公元前1203年在位)。他是拉美西斯二世的第十三个儿子,继位时已经50多岁。美楞普塔继位后面临着一个困难而衰弱的帝国,这时,利比亚人和“海上民族”(Sea Peoples)入侵、骚扰埃及。所谓海上民族,主要是来自小亚细亚和爱琴海沿岸岛屿的人,他们并不是一个单独的民族,也不是居住于一个特定地方的民族。美楞普塔成功地击退了海上民族的入侵。他去世后，埃及陷入了无政府状态之中，王位继承也出现了问题。埃及合法的王位继承遭到了中断，王位在拉美西斯二世的儿子之间争来争去。先后继任埃及国王的有阿蒙美西斯（Amenmesses，又译阿蒙麦西斯，约公元前1203—约公元前1200年在位）、塞提二世（Sety II，约公元前1200—约公元前1194年在位）、西普塔（Siptah，约公元前1194—约公元前1188年在位）等。

在埃及除发生了王位继承方面的斗争外，还发生了伊尔苏（Irsu）起义。《哈里斯纸草》（Harris Papyrus）上留下了有关的记载。伊尔苏是一名叙利亚籍的奴隶，他在国内分裂时依靠武力夺取了政权，导致了第19王朝的灭亡。军事统帅塞特那克特（Sethnahkte，又译塞特纳赫特，约公元前1185—约公元前1182年在位）镇压了起义，成为第20王朝的创建者。第20王朝（约公元前1185—约公元前1070年）共经历了10位国王的统治，总计115年。塞特那克特的统治仅仅维持了3年。他去世后，他的儿子继承了王位，他就是拉美西斯三世。

拉美西斯三世（Ramesses III，约公元前1182—约公元前1151年在位）积极抵抗外来的威胁，并加强国内建设。他是新王国时期最后一位伟大的法老，他领导了几次重要的战争，先是打败了利比亚的入侵，后来又击退了海上民族的侵略。在成功击败敌人的同时，拉美西斯三世着手于国内的建设，包括神庙和葬祭庙。另外，他还派遣远征队到篷特和西奈等地。拉美西斯三世作出了巨大努力，维持了一个和平安宁和繁荣昌盛的帝国。

但是，这个时期埃及王室内部争权夺利的情况比较严重。拉美西斯三世的王妃提伊（Ti）为了把她的儿子推上王位，导演了一出宫廷阴谋，想谋杀拉美西斯三世。从现有的资料来看，拉美西斯三世本人对这次宫廷阴谋负有直接责任。因为他几位配偶中没有指定哪位是王后。这个名叫提伊的女人一直设法让自己的儿子继承王位，所以她很早就开始培养党羽，搜罗了好几个为她卖命的心腹。但是，提伊的阴谋并没有得逞，继承拉美西斯三世王位的不是提伊拥举的王子，而是拉美西斯三世所拥举的王子。因为这位继承人（拉美西斯四世）对该阴谋进行了审判 。有关该案件的审判记录被刻写在纸草上保存了下来，共有28人涉嫌被捕。

除王室内讧之外，由于政府的腐败，工人及其他人民的生活没有保障，因此发生了造墓工人罢工、怠工等事件。在拉美西斯三世统治末期，在戴尔·埃尔·麦迪那（Deir el-Medina）的造墓工人，由于官吏的贪污腐败，工人因口粮供应不足而罢工。这是历史上有关工人罢工的最早记载。到第20王朝末期

拉美西斯三世时期宫廷阴谋发生地，即麦地那特·哈布神庙

拉美西斯十世（Ramesses X，约公元前1108—约公元前1098年在位）统治时期，埃及又发生了工人怠工事件。

第20王朝末期，王权与神权之间的斗争进一步尖锐化。阿蒙祭司集团势力的增长最终导致了新王国的崩溃。早在第19王朝的拉美西斯二世统治时期，阿蒙高级祭司的职务不再由国王任命，而是采取世袭的方式。第20王朝法老拉美西斯三世和拉美西斯四世统治时，由于帝国的危机，法老为维护和巩固政权，取得祭司集团的支持，继续向阿蒙神庙捐赠。《哈里斯纸草》就是法老向神庙赠送财产的清单。阿蒙神庙占有雄厚的财富，甚至可以与国王相提并论。第20王朝末期，阿蒙祭司集团与王权的斗争进一步尖锐化，高级祭司阿蒙霍特普倚仗家族的势力，在卡尔纳克神庙中把自己描绘成法老一样的人物，结果他遭到了拉美西斯十一世的流放。荷里霍尔（Herihor）担任高级祭司时有恃无恐，为了扩大自己的势力和影响，他在卡尔纳克神庙的墙壁上也把自己描绘成法老的形象，以表明他控制了上埃及。接着，他又担任了努比亚总督和将军，掌握了上埃及和努比亚的军队。

除了法老和高级祭司之外，埃及还出现了一个重要人物，他就是尼罗河三角洲地区的地方贵族斯门德斯（Smendes）。他以行政长官的身份管理了培尔·拉美西斯以北的三角洲地区。这样一来，在拉美西斯十一世（Ramesses XI，约公元前1098—约公元前1070年在位）统治末期，埃及事实上形成了拉美西斯十一世、荷里霍尔和斯门德斯相互制约的“三头政治”。拉美西斯十一世死后，三头政治的均势被打破，维持了近500年的埃及帝国，随着第20王朝的瓦解而崩溃。

五、新王国时期的思想与文化

新王国时期由于庞大帝国的建立，埃及在思想文化方面也迎来了最辉煌灿烂的时期，从而为人类留下了宝贵而丰厚的文化遗产。

古埃及的宗教信仰在新王国时期达到了空前活跃的阶段。随着埃及与周边国家和地区的密切往来，宗教信仰在国际上也得到了交流，不仅埃及以外的其他国家建立了崇拜埃及神灵的神庙，而且埃及方面也吸收了外国神灵。

丧葬习俗是古埃及人宗教意识的一种重要表现形式。在新王国时期，埃及人的丧葬习俗丰富多彩，主要表现为开凿岩洞，建造陵墓，作为死后安身之地，修建了著名的帝王谷（Valley of Kings）。另外，木乃伊制作技术趋于完善，《亡灵书》（Book of the Dead）开始流行于坟墓中。

新王国第18王朝国王图特摩斯一世，开始选取底比斯僻静的荒山峡谷，开山凿洞，修建陵墓，作为永久的安身之地。新王国时期的法老都效仿图特摩斯一世，死后葬在这里，形成了闻名遐迩的帝王谷。至今这里已发掘出63座陵墓。陵墓通常由走廊、前厅和墓室等构成，规模宏大。1922年，英国考古学家卡特在帝王谷发现了图坦哈蒙的陵墓。该陵墓基本保存完好，共出土了国王的金棺、金面具等3 000多件重要文物，令人叹为观止，因此成为20世纪最为轰动的考古发现。

古埃及人笃信来世，为了能在来世永恒地生活，关键是要保存好尸体。在新王国时期，木乃伊的制作技术进一步完善起来。

根据12世纪阿拉伯医生埃尔—拉提夫（El-Latif）的记载，“木乃伊”一词来自波斯语“木米亚”（mumia），意为“沥青”。这种物质最早产自波斯的“木米亚山”，它们在从山顶上流下来的过程中，与水相混合，从而形成一种具有医疗效果的特殊液体。早在公元1100年甚至更早一些时候，木米亚已经成为

帝王谷

一种急需的医药物资，从而名声远扬，供不应求。由于古埃及的干尸看起来黑不溜秋，好像是经过木米亚浸泡过似的。因此，当时的人们自然会联想到古埃及的干尸无疑也具有木米亚的疗效。因此，古埃及人的干尸从此也被称为木米亚。木米亚发展成为阿拉伯语的mumiyah，中古时代阿拉伯人所称的mumiyah是指涂过香膏的或用蜜浸过的尸体，即所谓蜜人。我们汉语中的木乃伊一词则是阿拉伯语的音译。随着时间的发展，木乃伊一词的外延，又进一步得到扩展，现在凡是保存下来的带有皮肤的人类的遗体都可以称为木乃伊。

自然干燥的古埃及木乃伊

古埃及木乃伊的起源，与古代埃及独特的地理和气候条件有着密切的关系。埃及大部分面积是沙漠，气候干燥而炎热，早在前王朝时代，古埃及人就意识到将尸体放到沙漠里，尸体与干热的沙砾接触后很快就可以脱水，自然风化变干，不仅骨骼完整，外皮无损，而且面貌依稀可辨。尸体的这种状况使古埃及人对死亡产生了独特的看法，他们想象死亡不过是生的延续，从而形成了只要保存完整的尸体，死者的灵魂就会返回躯体使之复活的来世观念。

古埃及人是如何制作木乃伊的呢？公元前5世纪的古希腊历史学家希罗多德在他的著作《历史》中，详细地记载了埃及人制作木乃伊的方法和过程。希罗多德共提到3种制作木乃伊的方法。

第一种方法是最为昂贵的，一般为王室贵族所采用。其制作方法是这样的："首先，从鼻孔中用铁钩掏出脑髓，清洗脑腔。然后，用石刀在侧腹上切一个口子，把肠子、胃、肝脏和肾脏等内脏取出来。"不过，死者的心脏是不能摘除

制作木乃伊

保存尸体内脏的坛罐

的。因为将来死者在进入西方极乐世界时还要接受奥西里斯神的审判，而审判的主要依据则是称量死者的心脏。将取出的内脏清洗干净并浸泡在泡碱中，然后用热树脂处理，用亚麻布缠起来裹住，分别放置在4个坛罐中。4个坛罐的盖子各不相同，分别代表荷鲁斯的4个儿子：伊姆塞提，长着人头，负责守护肝脏；瓦姆泰夫，长着豺狼头，负责守护胃；凯伯塞努夫，长着鹰头，负责守护肠子；哈皮，长着猿头，负责守护肺。内脏取出后，将腹腔清洗干净，并用一些临时填充物填满。接下来，尸体用泡碱进行干燥处理。经过一段时间后，把尸体洗净。然后，将死者的脑腔用树脂浸泡过的亚麻布填满，鼻孔也要塞住，再把腹腔内的临时填充物取出，用装满木屑的亚麻布袋，或者用树脂浸泡的没药填满，并把腹部的切口缝合起来。在尸体的表面搽上杉树油、蜡、泡碱和树脂的混合物，并用熔化的树脂浇盖整个尸体，以收住毛孔和保护表层。

最后一项工作非常精细而耗时，那就是用亚麻布包裹尸体。先用亚麻布把四肢分别缠起来，再包裹躯干，裹完后常常再给尸体套上一件完整的寿衣。在这个过程中要不断念诵咒语，并放入心脏形的、甲虫形状的各种各样的护身符。

希罗多德还记载了第二种方法，这种方法不如第一种完美，价钱也比较便宜。其制作过程是这样的："制作木乃伊的人先把注射器装满杉树油，然后把它注射到尸体的腹部去，既不切开尸体，也不掏出肝脏。注射是从肛门进去的，但注射后肛门便被堵上以防流出。然后在规定的日子中间放在硝石里，而到了规定的日期，他们就叫杉树油再流出来。正是杉树油作用的关系，整个内脏和肠子都被溶化而变成了液体。这时硝石已经分解了肌肉，因而这个尸体剩下的便只有皮和骨了。"

最后一种方法即第三种方法则是最便宜的，"把腹部用泻剂清洗一下，然后把尸体放到硝石里浸70日"。

另外，希罗多德还提到有身份人物的夫人以及非常美丽和尊贵的妇女，在她们死后并不是立刻送到制作木乃伊的人那里去，而是在她们死后三四天再送到他们那里去。这样做的原因是防止木乃伊工匠与她们的尸体交配。据说有一次一个工匠被发现污辱了一个新死的妇女，因而被他们的同行的工匠揭发了。

古埃及木乃伊可以说是古代埃及人留给后世的一笔特殊的文化遗产。我们在研究古埃及文明时，除了借助文献资料和考古证据外，还可以充分利用木乃伊所提供的种种信息。

为了保佑死者后世能顺利地进入永恒的来世，新王国时期的埃及人书写《亡灵书》放置于坟墓中，旨在保佑死者顺利通过奥西里斯神的审判，帮助死者在地下世界渡过难关。在某些贵族的坟墓中，有的《亡灵书》还配以彩色插图。《亡灵书》与古王国时期的金字塔文、中王国时期的棺材铭文很相似，一般书写在纸草或皮革上，内容包括对赞美神灵的颂歌，以及对自己一生清白无过的表白："我没有对人作恶，我没有虐待牲畜。我没有在神圣之处犯过，我没有见过罪恶……我没有对神明不敬，我没有对穷人行凶。"

新王国时期埃及的建筑艺术尤为高超，可以说达到了登峰造极的程度。保存下来的主要建筑有神庙和国王的葬祭庙。所谓葬祭庙是国王死后祭祀国王用的庙堂。第18王朝女王哈舍普苏特的葬祭庙，建于戴尔·埃及·巴哈里险峻陡峭的山麓下。该祭庙依山而建，共分为3级台地，雄伟的柱廊，以及背后的悬崖绝壁，使祭庙显得越发气势磅礴。

新王国时期的神庙以卢克索神庙和卡尔纳克神庙为代表。这两座神庙都位于底比斯（今卢克索），它们都是崇拜阿蒙的神庙。卡尔纳克神庙规模宏

卢克索神庙

大，气势雄伟，是古代历史上规模最大的神庙建筑群。位居中央的是阿蒙神庙区，另外还有阿蒙之妻穆特（Mut）神庙区以及阿蒙之子孔苏（Khonsu）神庙区，但主要是祭拜阿蒙神的。阿蒙神庙建筑群基本上呈正方形，共有10座塔门，第一座塔门高43米，长113米。神庙区内原竖立有4座方尖碑，现仅残存2座。最能体现古埃及神庙建筑艺术构思的是著名的多柱大厅。它占地面积为4 983平方米，共有134根擎天石柱，每根均由整体石块凿成，分16排而立，中间的12根石柱高21米，其余的高约15米。立柱直径有11米，6个成年人手挽手才可以抱拢。柱顶上可以绰绰有余地站得下50个人。置身多柱大厅之中，仿佛大山压顶，气势逼人，震撼无比。卡尔纳克神庙区南面有一个圣湖，湖水常年不干，供祭司沐浴使用。

从卡尔纳克神庙往南，穿过长长的斯芬克斯大道就来到了卢克索神庙。卢克索神庙兴建于阿蒙霍特普三世时期，拉美西斯二世时竣工。它是古埃及黄金时代的建筑典范。卢克索神庙虽然规模不大，但布局合理，是古埃及神庙的标准结构。

新王国时期还出现了一种新的神庙形式——石窟庙，最著名的是拉美西斯二世的阿布·辛拜勒神庙。阿布·辛拜勒神庙利用山崖开凿，从庙门到后殿全长55米，由狭长的柱廊和三重大厅组成。庙门口两侧有4座拉美西斯二世的巨石雕像，高21米，仅头部就有两米多高，显得气势磅礴，威风凛凛。神庙前半部分的厅堂里有两排8根9米高的人形角柱支撑。最深处的殿堂（后殿）立有3位神像和拉美西斯二世的头像。最令人惊奇的是，每年的2月21日和10月21日清晨，阳光准时地通过庙门洞口射进后殿，撒在拉美西斯二世的脸上和身上，光线由弱变强，直至整座雕像都沐浴在万道“神光”之中。据

卡尔纳克神庙大柱厅

阿布·辛拜勒神庙

说这一奇观是建筑为了纪念拉美西斯二世的诞辰日（2月21日）和登基日（10月21日）而特意设计的。其设计之精巧，实在令人叹为观止。

在阿布·辛拜勒神庙的附近，拉美西斯二世还为王后尼弗塔丽开凿了一座小巧精致的石窟庙。庙口处有6尊10米高的精美雕像。两座神庙交相辉映，反映了古埃及卓越高超的石窟建筑水平。

20世纪60年代初，由于修建阿斯旺高坝（Aswan High Dam），这两座石窟庙面临被水淹没的厄运。在联合国教科文组织的呼吁下，50多个国家参加了拯救埃及古迹的活动。阿布·辛拜勒神庙被切割成块，搬迁到比原址高60多米的地方，然后再按原样拼合，恢复原貌。迁移

搬迁阿布·辛拜勒神庙的场景

古埃及绘画作品《狩猎图》

这两座神庙的行动，在人类考古史上堪称一次惊人的成就。令人稍有遗憾的是，迁移复原后，太阳光线照射到后殿拉美西斯二世身上的日期比迁移前整整晚了一天。

在新王国时期，古埃及人在雕刻方面也取得了丰硕的成果，创作了许多巨型雕像。在这一时期，埃及雕刻家的注意力不仅仅限于雕像的面部表情，而且重视对手和脚的刻画。法老雕像的风格有了新的发展，脸部出现了表情，线条柔和流畅。例如，女王哈舍普苏特、图特摩斯三世、阿蒙霍特普三世和拉美西斯二世的雕像都是典型的代表。除了雕像外，新王国时期的浮雕和绘画也取得了前所未有的发展。古埃及浮雕和绘画主要用来装饰宫殿、神庙和陵墓。神庙里的浮雕和绘画除了通常的祭祀活动的宗教主题之外，更多的是描绘法老取得的战功和接受外国贡品的情景。墓室里的浮雕和绘画往往是反映墓主人生前奢侈豪华的生活，以及仆人农耕牧放的劳动场面。其中著名的有《狩猎图》、《农耕图》、《舞女图》和《哭丧人》等作品。

新王国时期文学也取得了很大的发展。在新王国时期文学中占有重要地位的是散文故事。《温阿蒙的故事》(The Story of Wenamun)是其中的代表作品。该故事讲述的是第20王朝末期，底比斯阿蒙神庙的大船需要重建，阿蒙神庙祭司温阿蒙奉命出使黎巴嫩，以获取造船用的木材的经过。当时，埃及帝国的辉煌已逝，而日趋衰弱，在西亚失去了昔日的霸权地位。原本臣服于埃及的叙利亚、巴勒斯坦小邦，不愿再向埃及低头了。温阿蒙所到之处备受冷落和歧视，因此没有顺利获取埃及所需要的木材。《温阿蒙的故事》很可能是一篇真实的历史记录，即使不是一篇真实的记录，也一定以类似的历史事件为根据而撰写的。故事的作者对当时的国际形势具有深刻的了解和认识，因此它具有高度的史料价值。其他的故事还有《塞肯内拉和阿波斐斯的故事》、《夺取约帕城》、《两兄弟的故事》和《命运多舛的王子》等。

诗歌这种抒发情感的文学体裁在新王国时期取得了发展特色，情诗和劳动歌谣流行开来。爱情是各民族文学中描写得最多的主题之一。新王国时期创作了大量的表达男女爱情的诗歌。它们运用比喻和拟人等修辞手法，生动活泼，引人入胜。这些情诗主要保存于切斯特·贝蒂纸草（Chester Beatty Papyrus）、哈里斯纸草500号（Papyrus Harris 500）、意大利都灵纸草（Turin Papyrus），以及开罗博物馆的一些陶片上。

下面这首情诗描写和赞颂了女性的形体之美，并且表达了对爱情的渴望：

妹妹，举世无双的妹妹，无可媲美的人！
她像一颗晨星，升起在幸福年华之初。
她的皮肤白皙，闪光明亮，
一双讨人喜欢的眼睛，
甜蜜的双唇，不多讲一句话。
挺直的颈项，耀眼的乳房，头发宛如天青石，
她的手臂赛似黄金，手指犹如莲花的苞蕾，
宽宽的臀，纤纤的腰，两腿走路美丽无比，
高雅的步子踩着地，步步踏着我的心。
她令所有的人引颈翘望，
她拥抱的人多么幸福，
除了她，我心中别无他人。

另外一首表现了埃及人追求爱情、不怕一切的精神：

对岸有着我的爱，尽管鳄鱼成群。
尽管波涛汹涌，我仍浮水而行。
勇气高过波涛，渡河如履平地。
我爱令我坚强，我爱令我沉醉。
爱人向我走来，使我心花怒放，
张臂拥着我的爱，仿佛在登仙界。
轻吻我爱朱唇，我爱醉我香津。
从此不饮啤酒，香津比酒还醇。

古埃及人民在劳动中还创作了《庄稼人的歌谣》、《搬谷人的歌谣》、《打谷人的歌谣》等作品，它们反映了劳动人民的苦难和愤慨。《搬谷人的歌谣》中这样写道："我们必须整天搬运白净的麦子，大船满满的，而谷场向外溢出，还逼迫我们搬运。好像我们的心真是由铜铸造的！"

新王国时期，埃赫那吞的宗教改革可谓古埃及历史上的一个插曲。埃赫那吞的改革在文学和艺术上产生了巨大的影响，它结束了过去那种死板和枯燥的面貌，代之以自由奔放、生动写实和浪漫优雅的风格。因此，人们往往把阿玛尔纳时期的艺术风格称为阿玛尔纳风格（Amarna Art）。阿玛尔纳文学作品广泛采用口语的形式，以便更贴近生活，更容易为社会各阶层的人们所接受。在阿玛尔纳文学中诗歌占有重要地位，内容主要是献给阿吞神的颂歌。

《阿吞颂歌》（The Hymn to the Aten）中这样写道："你作为阿吞的光辉，你驱逐了黑暗，你把光芒洒向人间……当你破晓时，人们开始生活，船只南航北往，当你升起时，所有的道路延伸，水中的鱼儿在前面游弋，你的光芒在大海中闪烁，种子在女人身上萌芽。"

埃赫那吞与王后、公主在一起。浮雕

在雕刻方面，阿玛尔纳时期的雕刻一改过去法老形象神圣不可侵犯的特点，相反充满了诙谐的现实生活气息。当时的艺术家善于捕捉国王日常生活中的一举一动，雕刻出各种“写真”的画面。在浮雕方面，最典型的作品是埃赫那吞全家浮雕图。画面上法老和王后在阿吞神的光芒照耀下，怀抱和逗引孩子玩耍，充分体现了父母对子女的慈爱和家庭美满生活的情趣。

现存柏林博物馆的王后奈斐尔提提的胸像，是新王国时期埃及雕像中最杰出的代表作，它一反传统的僵硬模式，赋予女性以自然的绝妙的美感。胸像突出刻画了奈斐尔提提绝美的容貌和高贵的气质，充满了难以言表的女性魅力，就连现代的艺术大师也不得不钦佩其技艺的高超。

与娇美生动的女性雕像形成鲜明对比的是埃赫那吞的雕像。现保存于开罗博物馆的埃赫那吞雕像丑陋无比，他长脸细腰，长眼厚唇，乳房隆起，腹部突出，臂部肥大，腿细如麻，女性特征十足。因此，有人认为他是一个性变态。

阿玛尔纳艺术中，绘画艺术也达到了高峰，埃及艺术家喜欢描绘自然的景物，注意把鸟兽草木当作独立题材加以细致描绘，这种艺术表现形式可能受到了来自克里特艺术的影响。

作者点评：

新王国时期的埃及建立了横跨西亚和北非的帝国，进入了古埃及历史上的全盛时期。古埃及文明从公元前3000年左右早王朝的建立，经过漫长而艰难的千余年的发展，尤其是新王国初期国王的开疆拓土和南征北战，埃及发展成为一个横跨亚非大陆的军事帝国。帝国时代的埃及在政治、经济和文化等方面，都进入了古埃及历史上的全盛时期。

新王国时期的埃及还具有一个通常不被人们注意的特点，即该时期“女权高涨”、“群芳荟萃”。新王国时期涌现了大量的埃及王室女性，如著名的女王哈舍普苏特，著名的王后泰伊、奈斐尔提提、尼弗塔丽，著名的母后阿赫摩斯·奈弗尔塔丽、泰伊，著名的公主莎塔蒙、梅丽塔吞，等等，她们在埃及历史上熠熠生辉，光彩照人。值得注意的是，她们的身份往往是多重的，有时既充当公主，又充当王后，也充当母后。在新王国时期，埃及王室内婚制十分盛行，一些埃及国王娶了自己的姐妹（同父异母姐妹）为妻，甚至有的国王还娶了自己的女儿为妻，目的旨在保持王室血统的纯洁性。

在新王国时期，母后、王后和公主三者形成了“三位一体”的关系，这种关系很像一个连环锁链，环环相扣，紧密联系。在这个“三位一体”中，王后处于核心地位，发挥着承上启下的作用。新王国时期的埃及是古埃及历史上的鼎盛时期，同时也是一个巨大的转型时期。为了应对一个如此庞大的帝国，古埃及国王必须加强王权，捍卫自己作为国家甚至世界之主宰的地位。古埃及的王权观念是与女神尤其是哈托尔女神密切相连。为了提升王权，国王显然必须提升王后权，因为王后不仅是国王的保护者，而且是国王的合作者，“王后权与王权的结合形成了一个完美的、牢不可破的伙伴关系，这种关系可以使得他们更好地服务神灵，统治国家，同时可以挫败混乱和无序”。

因此，新王国时期王室女性权力和地位的提升，有助于我们更清楚地认识新王国时期埃及王权的本质，同时也为我们深刻认识该时期古埃及的政治和社会提供了新的视角。

第五章 古埃及帝国的分裂、复兴和衰亡

古埃及帝国经历了近500年的辉煌历史，随着第20王朝的瓦解，埃及帝国趋于崩溃。从第21王朝至第31王朝的这段埃及历史，通常称为后帝国时代。后帝国时代是古埃及帝国分裂、复兴和衰亡的演变过程。学界一般把后帝国时代分为第三中间期（The Third Intermediate Period，约公元前1069—前525年，包括第21—第25王朝）和后埃及（The Late Period，公元前525—前332年，包括第26—第31王朝）两个阶段。

一、第三中间期

第20王朝的最后一位国王拉美西斯十一世去世后，尼罗河三角洲地区的土著贵族斯门德斯（Smendes，又译思满迪斯，约公元前1069—约公元前1043年在位）篡夺了政权，开创了第21王朝（约公元前1069—约公元前945年），但是他的权力只局限于下埃及。在南部底比斯，阿蒙神庙的祭司荷里霍尔（Herihor）控制着上埃及，他只在名义上承认斯门德斯的法老地位。因此埃及国内分裂的局势非常严重。

同时埃及还面临着来自国外的骚扰。北方的利比亚人早在第20王朝拉美西斯三世统治时期就不断地向埃及移民，进行骚扰。他们乘埃及中央政权瓦解之际，常常袭击某些城镇，成立了“玛的首长”，对埃及构成威胁。利比亚人的军事长官舍尚克一世（Sheshonk I，又译舍顺克一世，约公元前945—约公元前924年在位），于公元前945年在布巴斯提斯（Bubastis）建立了第22王朝。公元前818年，第22王朝的第六位国王舍尚克三世（Sheshonk III，约

公元前825—约公元前773年在位）统治时期，尼罗河三角洲的王公帕杜巴斯特（Pedubast I，约公元前818—约公元前793年在位）在莱翁特坡里斯也宣布自己为王，成为第23王朝的创建者。埃及形成了第22王朝与第23王朝并存的局面。

到第23王朝晚期，埃及分裂形势更加严重，尤普特二世（Iuput II，约公元前754—约公元前715年在位）统治时期，他的王权被另外两人篡夺了一部分：一是赫拉克利奥坡里斯司令官自称为王；另一个是赫尔摩坡里斯（Hermopolis）的地方官也采用了国王的头衔。此外，还有底比斯以南的努比亚地区的分裂势力。在尼罗河三角洲地区还有“玛的首长”和小公国。因此埃及陷入了四分五裂的严重局势。在这种严重的分裂局势下，三角洲的舍易斯（Sais）地方统治者泰夫那克特（Tefnakht，约公元前727—约公元前720年在位）在公元前727年，僭取了国王的头衔成为第24王朝的统治者。泰夫那克特一方面要消灭西三角洲的“玛的首长”；另一方面还与第22、第23王朝结盟，并向上埃及扩张，企图统一埃及。就在这时，努比亚人以底比斯的阿蒙祭司求援为借口，出兵埃及直至三角洲。泰夫那克特被迫投降。不久，努比亚人退回库什地区，泰夫那克特又恢复了埃及王位。他的儿子博克霍里斯（Bocohoris）统治时期，针对埃及当时高利贷和债务奴役的严重性，制定了“有关订契约的法律”，从而限制高利贷的盘剥，并且废除了债务奴役。博克霍里斯的举措取得了一定的效果，使埃及国内形势趋于安定。但是，努比亚人再次入侵了埃及，结束了第24王朝。从此，埃及的历史进入努比亚人统治时期。

努比亚的夏巴卡（Shabaqo，又译沙巴卡，约公元前716—约公元前702年在位）以孟斐斯为首都建立了第25王朝，史书上有时把它称为努比亚王朝或库什（Kush）王朝，夏巴卡统治埃及期间，从来不判处埃及人死刑，只处罚他们在本地区修筑堤坝。努比亚王朝在维持统治的同时，不得不积极抵御亚述人的进犯，夏巴卡对亚述采取了友好交往的政策，他向亚述国王萨尔贡二世（Sargon II，公元前722—前705年）赠送礼物以示友好。

二、第26王朝的复兴

生活在尼罗河三角洲地区舍易斯城的利比亚贵族，不甘心埃及向亚述俯首称臣，决心抗击亚述的侵犯。普萨美提克一世（Psamtik I，公元前664—前610年在位）通过与小亚细亚的吕底亚国王结盟，首先克制了尼罗河三角洲的亚述人的封臣，然后驱逐亚述人直至巴勒斯坦。于是，萨普美提克一世以舍易斯城为首都创建了第26王朝（公元前664—前525年）。

普萨美提克一世采取了一系列措施，使埃及一度复兴起来。为了扩大在上埃及的势力和影响，普萨美提克一世派遣自己的女儿尼托克里斯做底比斯的“阿蒙神之妻”，还派遣自己的亲信担任南方总督，坐镇埃德富，基本上统一了埃及全境。公元前614年，当新巴比伦王国兴起时，他又派遣援军围攻亚述，从而最终恢复了埃及的独立。普萨美提克一世积极发展对外贸易，给希腊商人以优惠待遇，使埃及的社会经济发展繁荣起来，没落的埃及得到了复兴。

亚述帝国崩溃后，新巴比伦王国向西扩张，占领了叙利亚。普萨美提克一世的儿子尼科二世（Nekau II，约公元前610—约公元前595年在位）继位后，为了抵制新巴比伦王国的扩张，转而支援亚述，击败了新巴比伦王国。为了发展军事，尼科二世集中力量建立了地中海和红海舰队，还开凿了沟通尼罗河和红海的运河，但没有最后完成，不过这个工程成为现代苏伊士运河的先驱。为了开辟新的航路，尼科二世“雇佣了腓尼基水手，从红海出发，绕行非洲一周，用了两年多的时间返回埃及”。这些举措都促进了埃及社会经济的发展。

尼科二世的儿子普萨美提克二世（Psamtik II，公元前595—前589年在位）统治时期，曾经试图对外扩张。他破坏了与努比亚和平共处的关系，率军远征库什王国，直达尼罗河第三瀑布地区。

普萨美提克二世死后，他的儿子阿普里斯（Apries，又译阿普里伊，公元前589—前570年在位）继位。长期以来由于希腊人不断移民到利比亚，并进一步侵占土地，因此引起了利比亚人的不满，于是利比亚人向埃及请求援助。阿普里斯向利比亚派兵支援，但是却遭到了失败。埃及人民非常怨恨，于是掀起了暴动。埃及军队拥立将军阿玛西斯为王。

阿玛西斯（Amasis II，又译雅赫摩斯二世，Ahmose II，公元前570—前526年在位）出身平民，通过兵变取得了埃及王位。希罗多德称赞阿玛西斯凭借智慧，而不是依靠暴力赢得人民的拥护。当时，新巴比伦国王尼布甲尼撒二世（Nebuchadnezzar II，公元前605—前562年）乘埃及内乱之际攻打埃及，但是迫于波斯帝国的兴起及日益强大，对新巴比伦和埃及都形成了威胁。于是，埃及与新巴比伦两国之间建立了和平共处的同盟关系。为了缓和危机，保证国家税收，阿玛西斯还颁布了法律，规定“每个埃及人每年要到他所在州的州长那里去报告自己的生活情况，证明自己过着忠诚老实的生活……否则，要被处以死刑”。为了发展贸易，阿玛西斯给希腊人以优惠条件，特别把那乌克拉提斯这样的城市给予定居在埃及的希腊人居住。

阿玛西斯还修建了神庙，向神庙献祭。据说阿玛西斯统治时期也是埃及历史上一个繁荣的时代。在该时期埃及社会经济得到了迅速发展，传统的货物交换被金属块的货币所代替，并且出现了一定重量的铜块和银块作为基本的等价物，执行货币的职能。阿玛西斯在位时，由国家制作“德本”（91克）和“凯特”（9.1克），用于购买一般商品或土地、牲畜甚至奴隶等。随着经济的繁荣，埃及城市也迅速增加。希罗多德记载说：“在当时的埃及，有人居住的市邑有两万座。”

第26王朝的复兴，除了表现为经济繁荣外，在文化方面也取得了较大的发展。埃及在经历了第三中间期的政治分裂和社会动荡，以及南方努比亚王朝的统治后，到了第26王朝时期，埃及再度统一并恢复了独立。在经济复兴之际，古埃及人在文化上也力图恢复传统的思想和文化。在宗教思想方面，人们的复古思潮明显。早已不使用的《金字塔文》和《亡灵书》，这时又得到一定程度的使用，古埃及人常常将咒文夹杂在一起重新使用。这一时期，埃及艺术的特点是追求和模仿古王国时期的艺术传统，但很快又转为以新王国第18王朝为榜样，出现了短暂的艺术复兴。

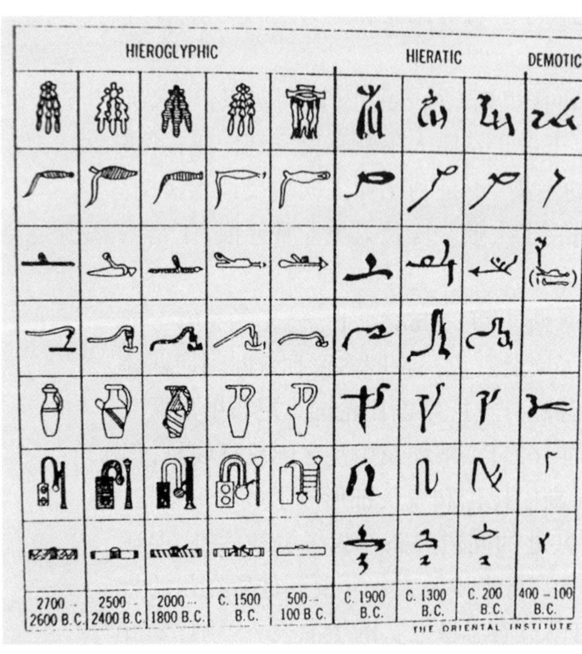

从圣书体文字到祭司体文字、世俗体文字

值得注意的是，这一时期埃及与周围国家之间的文化交流和影响产生了深远的意义。由于这段时期，埃及与西亚和希腊交往密切，因此埃及的艺术、宗教思想和习俗对其他国家都产生了很大的影响。移居在埃及的希腊人，首先接受了埃及人的宗教信仰。他们相信地下世界和来世生活，也把尸体制作成木乃伊。同时，埃及的文化也吸收了外来文化尤其是希腊文化的成就。埃及人学会了希腊人的壁画技巧，创作了具有希腊风格的人物肖像。

另外，在第26王朝时期，古埃及文字的另一种新的字体——

世俗体文字开始出现了。它书写比较潦草，主要用于书写民间书信、契约和日常文件。世俗体文字的产生是与第26王朝时期商业和经济的繁荣分不开的。

第26王朝的复兴和繁荣是短暂的。埃及人的和平盛世在东方波斯帝国的铁蹄声中再次画上了休止符。

三、波斯帝国的入侵

第26王朝国王普萨美提克三世继位后不久，埃及就遭到了波斯帝国的侵犯。公元前526年，波斯国王冈比西斯二世（Cambyses II，埃及法老，公元前525—前522年在位）率军进攻埃及。第二年，波斯军队攻占了孟斐斯，俘虏了埃及国王普萨美提克三世（Psamtik III，公元前526—前525年在位），第26王朝宣告结束。波斯人在埃及建立了新的王朝，即第27王朝，也称第一波斯王朝，埃及成为波斯帝国的一个行省，每年需要向波斯帝国交纳700塔兰特银子，还有一定数量的谷物。

冈比西斯二世在埃及采取了恐怖政策，肆意屠杀埃及人。当他由埃及出征努比亚和利比亚时，埃及人民乘机发动起义，反抗波斯的奴役。

冈比西斯二世死后，大流士一世（Darius I，公元前521—前486年在位）继位。大流士一世于公元前518年率军再次入侵埃及。他在碑文中说："我是波斯人，我征服了埃及。"大流士一世在埃及的统治方式不同于冈比西斯二世，他采取了比较温和的统治，保持了埃及传统的地方神崇拜和宗教信仰。古典作家狄奥多罗斯记载说："大流士一世从埃及统治者那里学习神学，并且模仿在他以前法老的统治。"大流士一世在孟斐斯修建了普塔赫神庙，在其他地方还修建了阿蒙神庙。

波斯国王大流士一世

大流士一世统治时期，出于军事和

商业的需要，他完成挖通了连接尼罗河与红海之间的运河，其长度达84公里。运河的挖通直接服务于波斯帝国。

大流士一世死后，他的儿子薛西斯一世（Xerxes I，公元前486—前465年在位）继位。薛西斯一世残酷镇压了埃及人民的反抗，没收了神庙的财产，把埃及作为被他征服的一个行省进行统治。

公元前460年，阿塔薛西斯一世（Artaxerxes I，又译阿尔塔薛西斯一世，公元前465—前424年在位）统治时期，埃及再次爆发了反抗波斯的起义，波斯人失败，从而迫使阿塔薛西斯遵守埃及王室条约，指定一些埃及人担任总督和其他职务。但不久后，埃及又重新沦为波斯帝国的一个行省。大流士二世（Darius II，公元前423—前404年在位）继位后，埃及又发生了骚动，但是埃及人的反抗并没有成功。大流士二世死后，波斯帝国方面发生了内乱。尼罗河三角洲地区的利比亚人阿米尔塔伊俄斯（Amyrtaios，又译阿米尔塔尼乌斯，Amyrtaeus，公元前404—前399年在位）趁机领导了埃及人民的起义，并建立了政权，即第28王朝。波斯在埃及的第一次统治宣告结束。第28王朝非常短命，只维持了约5年的统治，阿米尔塔伊俄斯死后，第28王朝即宣告结束。

第29王朝的创立者尼发鲁德一世（Nefaarud I，又译尼菲利提斯一世，Nepherites I，公元前399—前393年在位）可能是阿米尔塔伊俄斯的助手，出生于三角洲地区的门德斯。尼发鲁德一世与斯巴达结成联盟，共同对付波斯。第29王朝的统治经历了四五位国王的统治，共计约20年的时间。公元前380年，布巴斯提斯北部塞边尼图斯出生的将军涅克塔尼布一世（Nectanebo I，又译内克塔内布一世，公元前380—前362年在位）篡夺了第29王朝的王位，创立了新的王朝，即第30王朝。根据马涅托的记载，第30王朝（公元前380—前343年）经历3位国王的统治，共计37年。在第29、第30王朝时期，波斯人一再进犯埃及，但均未获成功。

公元前343年，波斯国王阿塔薛西斯三世（Artaxerxes III，又译阿尔塔薛西斯三世，埃及法老，公元前343—前338年在位）率军远征埃及，结束了第30王朝，再次确立了波斯人在埃及的统治。埃及学家常常把古埃及的这段历史称为第31王朝，有时也称为第二波斯王朝（公元前343—前332年）。

阿塔薛西斯三世对埃及人采取了残暴的报复政策，他大肆破坏神庙建筑，甚至把普塔赫（Ptah）神庙改为军队的驴马圈，以发泄他对埃及人的愤恨。埃及再次成为波斯帝国的一个行省，直至公元前332年，马其顿国王亚历山大大帝（Alexander the Great，埃及法老，公元前332—前323年在位）征服埃及，波斯对埃及的统治才宣告结束。

作者点评：

第20王朝拉美西斯十一世统治的末期，埃及帝国崩溃，埃及历史进入后帝国时期。强大的中央政权和行政统一是古王国、中王国和新王国时期的许多王朝的共同特征，然而这种特征是第三中间期所缺乏的。在该时期，埃及被分成南北两个政治重心：一个在三角洲；另一个在上埃及，而中埃及则随着南北两极势力的盛衰而变化。事实上，一种起作用的暂时妥协在第三中间期的很长时间内得以达成，这使得埃及能够以相当稳定的基础运行，这个时期的埃及并没有返回到第一中间期、第二中间期的毫无法度、地方分权抗衡的状态。因此，第三中间期这个概念本身并不是很严谨和合适。

在第三中间期，以前一向作为埃及打击对象的利比亚人、努比亚人在埃及建立了王朝。尽管第21王朝已经接受了埃及国家的分裂状态，但利比亚王朝却尽力恢复它的完整性；努比亚王朝夏巴卡和他的继承者尽一切努力使其统治合法化，表达了他们被接受为正统埃及法老的渴望。因此，复古倾向在利比亚王朝、努比亚王朝统治时期都表现得十分明显。不幸的是，埃及不再享有相对孤立的状态，很快受到近东局势的影响。其后，埃及历史经历了亚述人的入侵、本地埃及王朝的建立、波斯人的入侵、本地埃及王朝的再建、波斯王朝统治的再度确立。正如埃及学家所言，这时期的埃及的“内在动力已经胎死腹中”。

波斯王朝对埃及统治的恢复，即第二波斯王朝的建立，验证了以色列人被掳到巴比伦时的祭司和先知以西结的预言：“埃及国家将不再有王子。”至此，埃及法老的统治一去不复返了。直到2000多年后，埃及才再次出现自己本民族的统治者。

第六章　希腊统治下的埃及

公元前332年，马其顿国王亚历山大征服了埃及，从此结束了埃及法老近3 000年的统治，开始了马其顿希腊为首的西方文明统治埃及的新时期。从亚历山大征服埃及直至公元前30年罗马人征服埃及为止，在这300多年的岁月里，西方文明对埃及法老文化的冲击打破了法老文化固有的传统文化，为埃及文明的发展注入了新的活力。同时，法老埃及的传统文化在某种程度上也大大影响了西方世界，与西方文化进入了第一次大交融的时代。

一、亚历山大征服埃及与托勒密王朝的初建

亚历山大大帝

公元前334年，马其顿国王亚历山大大帝率军东征。第二年，亚历山大大帝在伊苏斯（Issus）战役中打败了波斯国王大流士三世（Dairus III，公元前336—前330年在位）的军队，俘虏了大流士三世的母亲、妻子和两个女儿。公元前332年，亚历山大大帝进军埃及。当时的埃及处于波斯的统治之下。由于埃及人不满波斯的统治，因此当亚历山大大帝率军侵入埃及时，人们不仅没有任何抵御，而且还把亚历山大大帝看作是救星和解放者，表示欢迎。

为了奠定在埃及统治的基础，亚历山大大帝在埃及进行了一系列的活动。公元前332年秋天，亚历山大大帝进入孟斐斯城，对埃及诸神进行崇拜，这一行为深受埃及人民的欢迎，亚历山大大帝被埃及人拥戴为埃及的法老。为了庆贺这一事件，希腊的许多著名的

艺术家来到孟斐斯，举行了盛大的宴会和戏剧音乐节。亚历山大大帝被当作埃及民族同化了的外国人，而不是完全陌生的外族统治者，这一点对于具有悠久文明历史的埃及尤为重要。同时，也显示了亚历山大大帝的高明之处。

亚历山大大帝从孟斐斯沿尼罗河西部支流向下，途中在马留提斯这个不显眼的村庄选定了以他的名字命名的城市——亚历山大港（Alexandria）。他用大麦粉在黑土地上描画了呈战袍形状的城廓。亚历山大港地处地中海南岸，位置非常重要，是沟通红海和地中海的交通枢纽，逐渐成为地中海世界的政治、经济和文化中心。

为了取得阿蒙神的承认，亚历山大大帝继续向西前进，穿越沙漠前往锡瓦（Siwa）绿洲请求神谕。通往锡瓦的路非常艰难，波斯国王冈比西斯曾派军队进军锡瓦绿洲，妄图捣毁阿蒙神庙，结果全军覆没，葬身沙海，可想亚历山大大帝的锡瓦之行该是何等艰辛。根据罗马作家阿里安的记载，亚历山大大帝在沙漠中得到了两条蛇的帮助，蛇引导他的军队找到了阿蒙神庙，并将他们带出死亡的沙漠。不过，也有人说引导亚历山大大帝的不是蛇而是两只乌鸦。亚历山大大帝在阿蒙神庙里“得到了他梦寐以求的那种回答”。埃及祭司对亚历山大大帝的壮举大加赞赏，亚历山大大帝被祭司宣布为“拉之子”、“阿蒙的宠儿”，从此取得了埃及法老的合法统治权，真正确立了他在埃及的统治。

亚历山大大帝将埃及分成两个行省，并指定两个埃及人做总督，分管上埃及和下埃及。公元前331年，亚历山大大帝离开埃及，继续他的东征，只留下少量军队驻扎在埃及。经过几年东征，亚历山大大帝建立了一个西自地中海沿岸，东至印度河的庞大帝国。然而好景不长，公元前323年，亚历山大大帝因患疟疾而英年早逝。由于没有继承人，亚历山大帝国随之崩溃。亚历山大大帝的部将各霸一方，托勒密成为埃及的总督。做了18年总督之后，托勒密一世（Ptolemy I，公元前305—前283年在位）于公元前305年宣布为国王，托勒密王朝（公元前305—前30年）正式形成。托勒密的后裔从此在埃及世代相传，直到公元前30年罗马征服埃及为止，统治埃及达275年。

托勒密一世

托勒密一世出身于马其顿贵族家庭，早年在宫廷里受过良好的教育，并成为亚历山大的挚友。他在担任总督期间，加强内政建设。他一方面把自己扮成仁慈的君主，试图告诉人民不会像前任统治者那样滥用权力；另一方面又加强自己的军事力量，招募雇佣军防止埃及人的反抗。当上埃及国王以后，托勒密一世十分注意协调与周边国家的和睦关系，努力保持与希腊本土的友好关系。从此，埃及成为希腊化世界的中心。

托勒密二世（Ptolemy II Philadelphus，公元前285年—前246年在位）在位时加强了对国内经济生活，特别是对农业和手工业生产的控制，以及对王室佃农和手工业者的统治，还加强了亚历山大港市建设，使它成为地中海世界贸易和文化中心。

二、托勒密王朝的政治与对外关系

卡尔纳克神庙

托勒密王朝是一个专制主义君主统治下的，以希腊统治阶级为主，联合埃及土著贵族和祭司共同统治的中央集权的专制主义王朝。托勒密国王是国家的最高君主，掌握着国家的行政和司法大权。从保存下来的大量的宫廷政令中我们可以看到，国家事务，事无巨细，所有决定和政策都由国王一人制定。国王下设财政大臣负责管理国家的财政事务，并任命下级财政官员。国王通过财政机构控制国家的经济命脉。

在行政区划上，地方设立诺姆（Nome）。一个诺姆相当于一个省区，每个诺姆下设若干托波斯地区，下辖村庄。诺姆的最高长官是诺姆长，但是他的权力却不断受到限制，最终落到驻扎在各诺姆的军队的将军手中。这些将军除了军权之外，逐渐获得了行政和财政大权，最终成为诺姆的实际权力的操纵者。每个诺姆中除了诺姆长和将军之外，还有一批负责各项具体行政事务的官员，以及总财政官、总会计师和一批分管档案、书信和政令的官员。

除了金字塔式的行政管理系统之外，托勒密王朝中还存在着一股不容忽视的政治力量，那就是祭司集团。祭司集团在托勒密王朝的政治生活中发挥了非常重要的作用。统治者与祭司集团之间相互支持，彼此利用，埃及人浓厚的宗教传统使得祭司集团受到人民的尊重和支持。从某种意义上说，托勒密王朝是埃及历史上祭司集团取得辉煌发展的时期。祭司集团占有土地，享受特权，崇拜神祇，修建神庙，维护埃及固有的宗教秩序。古埃及规模最庞大的卡尔纳克神庙就是在托勒密王朝时期竣工的。

托勒密王朝内部家族之间矛盾复杂，常常引发权力的争夺。宫廷内部权力的斗争十分激烈，甚至充满违反天伦的残酷和血腥，父子之间、兄弟之间和姐妹之间为了权力经常出现相互残杀的局面。为了缓和宫廷内部矛盾冲突，血缘婚配往往成为托勒密王朝巩固统治的缓冲器。托勒密二世娶了他的妹妹为妻。托勒密八世也娶了他的亲妹妹克利奥帕特拉二世（Cleopatra II）为妻，他们的女儿克利奥帕特拉三世又嫁给了叔叔托勒密九世。这种内婚制在托勒密王朝时期表现得十分突出，它可以缓和家族内部的矛盾，确保权力不至于落入其他家族手中。

托勒密王朝是一个以埃及为中心，特别是以亚历山大港为中心的军事帝国，鼎盛时期的版图不仅囊括了塞浦路斯和昔兰尼加，而且还包括巴勒斯坦、叙利亚、腓尼基、小亚细亚西南和爱琴海南部，以及其他地区。自从亚历山大死后，托勒密一世就加入了争夺亚历山大帝国的版图和地中海世界霸权的斗争之中，他通过外交和军事手段来扩大版图，这是托勒密王朝对外政策的指导思想，一方面是野心的驱使；另一方面也是出于安全的考虑。

发生在托勒密王朝与塞琉古帝国之间的叙利亚战争，先后共有5次，持续了80多年。在第一次叙利亚战争中，托勒密二世从塞琉古王朝夺取了叙利亚海岸北部的腓尼基、安纳托利亚的大部分地区以及萨伊克拉得斯岛屿。在第二次叙利亚战争中，塞琉古国王在马其顿的帮助下夺回了腓尼基和安纳托利亚。第三次叙利亚战争由托勒密三世发动，托勒密三世重新占有叙利亚的塞琉西亚、皮里亚和色雷斯的沿岸地区。第四次叙利亚战争虽然由塞琉古挑起，但托勒密四世却节节胜利。就在此时，埃及国内发生起义，阻碍了托勒密的前进。发生在托勒密王朝与塞琉古王国之间长时间的叙利亚战争，造成双方都付出了沉重的代价，可谓两败俱伤。在罗马的调停下，塞琉古的军队退出了埃及，从此

埃及艳后克利奥帕特拉七世

托勒密王朝开始笼罩在罗马帝国的阴影之下。

在此后的托勒密五世、托勒密六世、托勒密八世、托勒密十一世、托勒密十二世统治时期，埃及在对外关系上和王室内部的斗争中，往往都由罗马人出面调解，其中最为著名的是“埃及艳后”克利奥帕特拉的故事。

被人称为埃及艳后的是克利奥帕特拉七世（Cleopatra VII Philopator，公元前51—前30年在位）。她短暂而传奇的一生跌宕起伏，一直为后人所津津乐道。克利奥帕特拉以聪明美丽、阴险毒辣而著称于世。法国哲学家、数学家帕斯卡（Blaise Pascal，1623—1662年）这样说：“如果克利奥帕特拉的鼻子再生得短一些，那么整个世界的历史就要改写。”然而，从现有的雕像和铸币头像来看，她并非人们想象得那样花容月貌，倾国倾城，而是相貌普通，长着椭圆形脸、大眼睛、鹰钩鼻的典型希腊人。罗马作家普鲁塔克说她的容貌并非十分出众，但她的谈吐却有一种令人无法抵御的魅力。“她出现在何处，说话总是那么娓娓动听……她的声音极为甜美”。此外她具有惊人的语言天赋，能讲多种语言，如埃及语、米底语、埃塞俄比亚语和帕提亚语，等等。

克利奥帕特拉生活的时代，托勒密王朝江河日下，岌岌可危。公元前51年，克里奥帕特拉的父亲托勒密十二世去世，她的弟弟继位，即托勒密十三世。不久，克里奥帕特拉与弟弟结婚，共同执政。在托勒密王朝时期，兄妹、姐弟婚配相当普遍。由于宫廷内部矛盾激化，导致姐弟失和。公元前48年，托勒密十三世将克利奥帕特拉逐出王宫，罗马元老院指定庞培（Pompeius）为托勒密十三世的合法保护人。不久后，罗马执政官恺撒（Julius Caesar）为追击庞培，来到埃及。恺撒召见两方代表出面调停托勒密王室内部纠纷，弥合姐弟之间的矛盾。克利奥帕特拉让人用毯子把她裹起来，从密道扛进王宫，突然出现在恺撒面前。恺撒惊愕万分，深深地被她的美貌和智慧所征服，她成为恺撒的情妇。古典作家在记述这一情景时，非常精辟地套用了恺撒向元老院报告塞拉之捷的名言：“她来了，看见了，征服了。”恺撒开始干涉托勒密王位继承，立克利奥帕特拉的异母兄弟即位，即托勒密十四世，克里奥帕特拉成为王

克里奥帕特拉与小恺撒在崇拜神灵。浮雕。库姆温贝神庙

后，并共同摄政。克利奥帕特拉与恺撒仍旧保持暧昧关系。《恺撒传》中这样记载："恺撒最喜欢的还是克利奥帕特拉，经常与她欢饮达旦。"克利奥帕特拉为恺撒生下了一个儿子，取名小恺撒。

公元前44年，恺撒在元老院遇刺身亡。克利奥帕特拉当时正在罗马，于是她带着小恺撒迅速逃回埃及。克利奥帕特拉谋害了托勒密十四世，将小恺撒扶上王位，即托勒密十五世。克利奥帕特拉与儿子共同摄政。

公元前41年，恺撒的部将安东尼（Marcus Antony）在塔尔苏斯城（Tarsus）召见克利奥帕特拉。安东尼重蹈恺撒旧辙，拜倒在克利奥帕特拉的石榴裙下。据说使安东尼神魂颠倒的不仅是克利奥帕特拉的容貌，更多的是她的性格魅力。而克利奥帕特拉则试图借助安东尼的力量恢复托勒密王朝鼎盛时期的版图，因此两人一拍即合。公元前37年，安东尼为了巩固它在东方的统治以对抗屋大维（Gaius Julius Caesar Octavius，约公元前63—公元14年），遗弃了屋大维的姐姐屋大维亚，迎娶了克利奥帕特拉，并宣布小恺撒才是恺撒的合法继承人，屋大维无权继承恺撒的事业。这就激起了罗马人的反感，并且给了屋大维以口实。公元前31年，屋大维进攻埃及，讨伐安东尼和克利奥帕特拉，双方在希腊西海岸的亚克兴（Actium）海角进行了会战，安东尼溃败。安东尼在绝望中拔剑自刎。克利奥帕特拉也用一条眼镜蛇结束了年仅39岁的生命。公元前30年，屋大维占领埃及后，将托勒密十五世处死。至此，延续了275年的托勒密王朝告终，埃及并入罗马帝国版图。

三、托勒密王朝的经济与社会

托勒密王朝的经济从整体上看，是以国家垄断为主、私人经济为辅的综合体，是一种高度的“计划经济”。国家的垄断和专营是这一时期埃及经济生活的突出特征。

国家将埃及的土地据为己有，垄断农业生产。土地可以分为两大类：一类是“王田”，由国家直接管理；另一类是“授田”，包括庙田、屯田、禄田、赐田和私田等。王田的耕种者通常被称为“劳伊”。他们通过契约形式承租国家土地，从国家那里领取种子，借用牲畜，在管理人员的监督下从事农业生产。劳伊必须向国家缴纳一定数量的谷物，还要负担各种税务。在法律上，他们是自由的租佃者，除了耕种王田之外，他们还耕种庙田、屯田等各种授田。托勒密王朝时期为了发展农业，开辟了大片土地。托勒密二世在法尤姆地区大兴水利工程，将法尤姆地区的可耕地增加了两倍。

除此之外，国家垄断和专营的部门和生产领域还有银行、纺织、造纸、谷物、油料、制盐和酿酒等行业。以油料为例，从种植到销售，每一个环节都由政府完全控制。油料必须在当地政府监督下在国家的油坊里加工，然后以固定价格出售。严格的垄断制度，可以使托勒密王朝最大限度地搜刮民脂民膏，使国家获得最大数额的收入。

托勒密王朝的税收可谓多如牛毛。土地、房屋、家禽、牲畜、财产继承、买卖交易和关卡交通都要纳税，估计税收种类达200多种。除土地税交实物外，大部分税以货币的形式缴纳。托勒密王朝时期，埃及的社会经济发展呈上升的趋势。此外，托勒密王朝对外贸易活跃，埃及成为地中海世界贸易的中心。埃及商人的足迹已遍及非洲北岸、爱琴海诸岛、小亚细亚沿岸乃至黑海地区。谷物和纸草是托勒密王朝的主要出口货物，还有亚麻和玻璃制品等，进口货物主要包括木材、金属、酒、橄榄油和棉花等。中国的丝绸以及南阿拉伯和印度的药材、香料和宝石等奢侈品源源不断地流入埃及。埃及艳后克利奥帕特拉身穿昂贵的中国丝绸衣裙已众所周知。

托勒密王朝时期，希腊语是当时的官方语言，通行于军队、法庭以及各级行政管理部门。也就是说，希腊语是托勒密王朝上层社会的语言，埃及语则降至从属地位。许多埃及人为了跻身上层社会，努力学习希腊语。尽管语言掌握了，但他们往往还要发出“我不知道举止如何像一个希腊人”的感慨。在法律上，托勒密王朝存在两套法律系统：希腊人的城市法和埃及人的土著民族法。托勒密王朝的主体民族是希腊人，虽然他们的数量远不及埃及人，但他们都是享有特权、受法律保护的公民团体。他们大多居住于亚历山大港、诺克拉提斯等城市，基本上保持了传统的希腊生活方式。起初，希腊人的城市法与埃及人的土著民族法并行不悖，后来，希腊人的城市法逐渐取得统辖埃及人的土著民族法的支配地位。

四、托勒密王朝时期的思想与文化

托勒密王朝虽然在政治上加强了专制主义的中央集权统治，在经济上实行了国家垄断和专营的政策，但是在宗教和思想文化方面则显得比较宽松。以希腊为代表的西方文化与以埃及为代表的东方文化相互交融，相互吸收，出现了世界历史上第一次东西方文化大融合的时代。随着托勒密王朝的建立，越来越多的希腊人来到埃及，也使越来越多的希腊人对埃及文化产生了兴趣。一些希腊人开始学习埃及语，并向希腊世界介绍埃及文化。希腊人为世界了解埃及文化架起了一座桥梁，埃及的许多文学作品被翻译成希腊文流传下来。

菲莱岛上的伊西斯神庙

在埃及的希腊人受埃及文化影响最直接的领域是宗教。事实上，希腊人从埃及吸收的许多文化大多与宗教有关。托勒密王朝新建和重建了许多神庙，它们大多是按照埃及原有的风格建造的。菲莱岛的伊西斯（Isis）神庙、埃德夫（Edfu）的荷鲁斯神庙、丹德拉（Dendera）的哈托尔（Hathor）神庙都是托勒密时代新建的重要神庙，其中最为著名的是菲莱岛（Philae）上的伊西斯神庙。伊西斯是埃及神话中的重要女神，在埃及家喻户晓，深受埃及人民的景仰和崇拜。在托勒密时代，伊西斯赢得了与地中海世界其他女神并列的崇高地位，成为光明和正义的化身。菲莱岛上的伊西斯神庙建于托勒密三世时期。神庙雄伟壮观，水平高超，具有很高的艺术价值。20世纪60年代埃及政府由于要修建阿斯旺高坝，菲莱岛面临永久被淹没的命运，在联合国教科文组织的帮助下，伊西斯神庙被切割成块，搬迁到距离原址500米远的阿基利卡岛上，然后按原貌复原。

托勒密王朝宗教信仰的最显著的特点是埃及神与希腊神的认同合一，塞拉匹斯神崇拜是这一特点的最集中的体现。塞拉匹斯是埃及的奥西里斯神与阿匹斯神相综合的产物，同时又注入了希腊神宙斯、狄奥尼索斯、哈得斯和赫利奥斯等神的诸多特质。塞拉匹斯神崇拜在托勒密王朝时期广为流行，其崇拜中心是孟斐斯和亚历山大港。

埃及传统崇拜的一些神祇，例如阿蒙、哈托尔、托特、荷鲁斯和阿努比斯等神在托勒密王朝时代仍被人们所崇拜。埃及诸神往往被希腊人认同为自己的神，如阿蒙神被等同于宙斯；荷鲁斯等同于阿波罗；托特等同于赫尔墨斯；哈托尔等同于阿佛洛狄忒，等等。

埃及人崇拜信仰的神祇中有不少是动物神，如鳄鱼神索贝克。动物崇拜在托勒密王朝时代也很盛行。埃及的希腊人由于对它的尊敬和恐惧而继续崇拜。20世纪初，在埃及的泰布图尼斯发掘出数千具鳄鱼木乃伊。

埃及人有重视来世的传统信仰，在托勒密王朝时代，无论是在埃及人还是希腊人的生活中，来世信仰都占据了极其重要的地位。富裕的人死后木乃伊制作非常奢华，尸体要涂上香料，缠上亚麻布，戴上镀金面罩，装入木棺。普通人的木乃伊制作就比较简单一些，一般是以布裹尸，涂上沥青，葬于公共坟场或大坑中。《亡灵书》这种埃及人传统的丧葬铭文在托勒密王朝时期仍然沿用。

托勒密王朝时期，埃及文明与希腊文明相互交融，不仅希腊文明吸收了埃及文明的许多有益成分，而且埃及文明也吸收了希腊文明中的精华，特别是建筑艺术方面，被称为“地中海新娘”的亚历山大港就是埃及文明与希腊文明相互交融的结晶。

亚历山大港是由亚历山大大帝本人选定城址，由著名的建筑师迪诺克拉蒂斯设计建造的，整座城市呈现出完美的希腊建筑风格。它是一座长方形的城市，市内划分为5个区。其中规模最大的建筑群当属王宫。另外，博物院、图书馆、神庙、竞技场和浴室等公共设施一应俱全，体现了希腊城市的外在特征。亚历山大港对后世文化影响最大的，莫过于它的博物院和图书馆。博物院最初是一个缪斯神庙，属于王宫的一部分，后来演变成为托勒密王朝庇护下的一个著名的学术研究机构。托勒密王朝广泛招揽世界各国的著名学者和名流，来博物院进行学术研究活动，免费为他们提供食宿，并免除他们的赋役。博物院共设4个部门：文学、数学、天文和医学，培养了各个领域最杰出的学者。“地理学之父”埃拉托色尼（Eratosthenes），确定了地球的周长，他

亚历山大图书馆

还是世界上第一个试图根据经纬线系统完成世界地图的人。数学家欧几里得（Euclid）在这里写出了他的著名的《几何学原理》。“力学之父”阿基米德（Archimedes of Syracuse）也曾来到亚历山大港从事科学活动，他发明的阿基米德螺旋杆，直到现在埃及的农村还在使用这种装置汲水。来自小亚细亚的荷罗菲鲁斯和埃拉西斯特拉图斯共同发现了神经系统，奠定了医学科学的基础。

亚历山大图书馆位于王宫区，是古代第一个大型图书馆，藏有各种书籍和手抄本达50万卷，几乎囊括了所有的希腊著作和部分东方的典籍。为了搜罗书籍，据说托勒密三世下令所有上岸的游客都要将随身携带的书籍留下。学者经常出入图书馆，使大量的作品和研究成果问世。馆长卡利马库斯最早尝试编制图书目录，编写出120卷本的《希腊图书总目》，它成为世界上最早的图书目录学著作。图书馆建立起文献学和文本评论，翻译、整理、注释和校订了大量的文献。希伯来文的《旧约圣经》就是在这里由70位（又说72位）学者在72天内翻译成希腊文，故称《七十子希腊文本》。希腊文《旧约圣经》的问世，为原始基督教在西方的传播创造了条件。

亚历山大港在科学文化方面对后世的贡献巨大，影响深远。后来，亚历山大港由于遭到罗马人的洗劫，博物院和图书馆破坏严重，书籍散佚，学者流离。但是，亚历山大港作为科学文化中心对世界文明的贡献将名垂青史。

亚历山大港法罗斯灯塔

亚历山大港还是世界著名的港口，航运条件非常优越。为了给过往的船只导航，托勒密二世下令在亚历山大港以北的法罗斯岛（Pharos）上建造灯塔，这就是被称为古代世界七大奇观之一的法罗斯灯塔。灯塔用白色的大理石筑成，十分雄伟壮观。塔基呈正方形，塔身主要由立方体、八角形柱体、圆柱体和穹形圆顶四部分组成，自下而上逐渐缩小。塔高120米，加上塔基总高度为135米。灯塔顶端是穹窿状圆顶，是用于导航的灯室。灯室内安装有磨光的铜镜作为反光镜，晚上点燃油料，灯火通明，据说可以为50公里以外的船只导航。后来由于几次地震，使得法罗斯灯塔最终变为一片废墟，法罗斯灯塔上的灯光永远地熄灭了。

作者点评:

公元前332年亚历山大大帝征服埃及，至公元前30年罗马将军屋大维征服埃及之间的这300年间，被看作是埃及文化的转型期。许多学者认为，这一时期的埃及人背离了3 000年之久的法老文化传统，迷失在希腊文化之中。德国历史学家德罗伊森（Johann Gustav Droysen，1808—1884年）最早使用希腊化（Hellenismus）一词来表达希腊文化对东方文化的征服之意，因此，后来许多学者认为埃及文化被希腊化了。的确，希腊人统治埃及的300年间，希腊文化对埃及文化产生了很大影响：埃及人学希腊语，穿希腊式的服装，到希腊剧院看戏附庸风雅。但是，埃及人说希腊语，用希腊文书写官方文件，却没有对希腊文著作表现出浓厚的兴趣，更不用说用希腊文从事文学创作了。上层埃及人即使坐在剧院里观赏希腊戏剧，却很难获得情感上的认同和共鸣，他们骨子里仍旧遵循着旧有的传统，坚持沿用埃及的历法，崇拜埃及的神祇。因此，埃及文化希腊化仅仅化在表面，并未深入其中，埃及人还是固守他们的文化传统，对希腊文化只是浅尝辄止。

希腊人作为征服者，在文化上有一种天然的优越感，自认为是优等的民族，他们想方设法使希腊文化传统不因社会环境的改变而改变，这在托勒密王朝早期表现得尤其突出。公元前3世纪的希腊移民无论在血统、语言、习俗和宗教等方面都还保留着希腊文化的特色。但随着时间的流逝，两种文化交汇的广度和深度却不断增加，希腊移民在生活的各个方面，不同程度地受到了埃及文化的影响，在很多关键的文化层面，较多地受到了埃及文化的影响和渗透，表现出了“埃及化”的倾向。因此，“希腊化时代”实际上也是希腊人“东方化的时代”。

文化融合是一个相当复杂难解的过程，它是多种文化要素综合作用的结果。希腊人统治埃及的300年间，埃及和希腊两种文化在同一时空交汇碰撞，相互影响，相互渗透，因此很难说埃及文化被希腊化了，或希腊文化被埃及化了。著名历史学家贝尔曾这样说："希腊主义的外在形式，即希腊语、希腊习俗、希腊宗教、希腊的社会生活、希腊的教育、艺术和文学，所有这些都被传输到新的环境中，但希腊文化的灵魂，即思想自由、完整的人性、微妙的平衡、面对残酷现实表现出的无所畏惧，这些希腊人的荣光，却没有被输送到埃及，反而在这样的环境中枯萎了。"

综观希腊人统治埃及的300年间，埃及和希腊两种文化相互影响，相互渗透，相互融合，但是，这两种文化的融合并没有最后完成，公元前30年罗马人的到来阻断了这一进程。

第七章 罗马统治下的埃及

公元前30年，罗马将军屋大维率军侵入埃及，埃及艳后克利奥帕特拉自杀身亡。托勒密王朝崩溃。埃及从此进入罗马人统治时期，成为罗马帝国的一个行省。公元395年，罗马帝国分裂为东西罗马帝国，埃及成为东罗马帝国，即拜占庭帝国（The Byzantine Empire，395—1453年）的一部分，直到公元641年阿拉伯人征服埃及。

一、作为“私人领地”的行省统治

公元前30年，屋大维率领罗马军队进入埃及，将“埃及纳入了罗马人的帝国”，从此埃及成为罗马的一个行省。虽然埃及在行政区划上属于罗马帝国的一个行省，但其地位和作用明显高于其他行省。它处在罗马皇帝的直接控制之下，没有皇帝的许可，罗马元老院中的任何元老都不得进入埃及。因此，埃及实际上成了罗马皇帝的“私人领地”，埃及的全部收入都成为皇帝的“私产”。

作为埃及法老的屋大维

在行政上，罗马皇帝派一名相当于总督的长官常驻埃及，作为罗马皇帝的代表管理埃及的事务，并以罗马皇帝的名义发号施令。埃及以罗马皇帝的朝代纪年，而其他行省则以执政官的任期纪年。长官统管埃及的行政、财政、法律和军事等事务，推行专制主义统治。长官之下设立政务会协助长官处理日常工作，政务会包括裁判官（相当于最高法官）、卷宗官（管理公共事务的记录文件)、采邑税务官(负责皇帝的私人账目、临时税收如罚款、没收以及无人认领的财产)。此外,还设立一个"亚历山大及全国的最高祭司",负责管理埃及的宗教事务,但他本人并非祭司,而是罗马的行政官员。构成中央政权机构的所有官员都必须具备罗马骑士身份,并由罗马帝国直接任命。中央政权机构下面是诺姆和村镇地方政权机构。在地方行政管理系统中,罗马统治埃及引进了一些新的管理体制。地方官员都没有薪俸,是自费的义务官员,从而形成了一个不同等级的强制公职体系。这种制度是罗马统治时期埃及行政管理的一大特色。它可以在一定程度上减轻罗马政府的财政负担,但这种负担却落在富裕的农民和市民身上。由于负担过重,它给埃及造成人口锐减和中下层破产的恶果,甚至还出现了某些被任命的官员逃亡以躲避政府任命的奇怪现象。

在埃及的一些希腊城市中,例如亚历山大港、诺克拉提斯(Naukratis)等,早在托勒密王朝时期,当地的希腊人就组织了具有俱乐部性质的学院,希腊青年在这里接受传统的希腊式教育。到了屋大维时期,他将希腊人的学院改组成为官方的行政单位,后来逐渐演变成为城市议会,城市议会负责人们的身份、公民权的记录和管理,收取赋税等,并向中央上交收缴的定额税收。到公元2世纪末,以城市议会为核心组成了元老院。

在中央政权和地方政权机构之间还有一种名为艾比斯特拉提戈斯的官员,分别管理底比斯、中埃及和三角洲地区。这一官职均由罗马人充任,主要负责地方的行政事务,任命地方官,但是没有军权和财权。

在司法方面,主要实行罗马法律。中央政府保存着大量的法典、法令、罗马皇帝回答法律问题的复文等文件,作为政策和决策的参考。同时,还有托勒密王朝时期保存下来的希腊和埃及的法律。亚历山大港设有法庭,托勒密王朝的巡回法庭制度被取消。最高长官每年只到个别地方巡回审判一次,主要处理下面的请愿、诉讼和管理上的纠纷,审理过程十分慎重,包括非正式的调查和正式的审判。

税收是罗马帝国在埃及统治的一项非常重要的内容。罗马帝国在埃及放弃了托勒密王朝时期的国家专营和垄断政策,实行了一种更复杂、更有效的税收体系,使埃及大量的财富源源不断地流入罗马。税收可分为土地税和货币税。土地税大部分以实物的形式上缴。货币税则名目繁多,包括人头税、贸易税、制造者税、工匠税和市场税,等等,大大超过了托勒密王朝时期。人头税是罗马人引进埃及的新税目,所有埃及人一律缴纳人头税,即使后来的埃及人变成罗马公民，仍然不能免除其人头税。人头税无疑是一种具有鲜明的种族歧视的政策。公元3世纪以后，罗马统治者还增加了一些不定期的税收项目，例如完整的挨户普查系统。普查以一种挨户注册的方式，每处房产的所有者或使用者都要注册并发誓按时纳税。为了配合普查工作的执行，从中央到地方都设立了专门的机构。

罗马统治者在埃及实行的竭泽而渔的政策，给埃及人民带来了沉重的负担。据文献记载，罗马统治时代埃及共有50种实物税和450种以上的货币税。苛捐杂税使埃及人民无法承受，另外，官场的腐败更使得农民雪上加霜。不堪重负的埃及人最终以逃亡的方式进行抗争，或者到尼罗河三角洲的沼泽地区充当强盗，谋求生存，继而揭竿而起反抗罗马的压迫和统治。公元152年发生的埃及人民起义持续了一年多，严重地威胁了罗马帝国的粮食供应。罗马驻埃及的长官在这次起义中一命呜呼。罗马皇帝安敦尼·庇乌斯（Antoninus Pius，又译安敦宁·毕尤，86—161年）不得不亲临埃及督察，以恢复社会秩序。20年后，一场规模更大的起义在三角洲地区掀起，领导者伊西多尔（Isidor）是埃及的一名祭司。起义军作战勇敢，所向披靡，打败了罗马军队，几乎夺取了亚历山大港。由于起义军主要是由农民自发组织起来的，没有斗争经验，缺乏明确的政治纲领，前去镇压起义军的叙利亚军团借机在起义队伍中制造内讧，分裂瓦解了起义队伍，从而使得埃及的民族主义旗帜再次被砍倒。虽然起义被镇压下去，但是埃及人民反抗罗马统治的斗争一直没有间断。他们以三角洲的沼泽地为据点，袭击罗马人，为埃及民族主义革命谱写了辉煌的篇章。

公元3世纪末期，亚历山大港也发生了反罗马统治的埃及人民起义。接着，上埃及的科普托斯和布塞里斯也发生了叛乱。此起彼伏的埃及人民起义，严重打击了罗马帝国在埃及的统治。

二、基督教在埃及的传播

基督教产生于罗马帝国统治下的巴勒斯坦的犹太人中，他们不堪忍受罗马人的压迫而反抗斗争，却屡遭失败，因此他们对现实备感绝望，只好从宗教上寻求出路。基督教正是他们反抗罗马人统治的精神工具。公元1世纪中叶基督教很快传入埃及，并在埃及流行起来。据传，彼得的门徒马可是第一位从罗马来到亚历山大港传播福音的基督徒。他在亚历山大港的犹太区建立了公社，成为基督教在埃及的创建者。

基督教传入埃及具有深厚的社会历史背景。宗教一向在埃及人民的生活中占有极其重要的地位，可以说，埃及文明是在宗教的笼罩和影响下发展起来的。基督教与埃及的传统宗教有许多契合之处。基督教宣扬死而复活，追求美好的来世生活的思想与埃及传统宗教中奥西里斯死而复活的神话传说如出一辙。基督教中圣母马利亚与圣子耶稣的形象可以在古埃及神话伊西斯与荷鲁斯的故事中找到原型。基督教本身在形成的过程中就融入了许多东方神学的内容，特别是埃及的传统宗教对基督教的完善发挥了更大的作用。罗马统治时期，埃及人与犹太人可谓同病相怜，都深受罗马统治之苦。基督教宣扬普救众生的救世观念，正好满足了埃及人力图摆脱罗马人奴役的愿望。因此，基督教一传入埃及就得到了广泛传播。另外，移居埃及的犹太人为基督教在埃及的传播起了先导作用。早在公元前3世纪少数犹太人就开始定居埃及，他们在亚历山大港建立教堂。托勒密王朝时期，希伯来文的《旧约圣经》被翻译成希腊文，这为基督教在埃及的传播创造了条件。

基督教在埃及的传播可以分为两个阶段。公元115—117年的犹太人战争之前是基督教传入埃及的初期，活动中心主要是亚历山大港和乔拉两地。这一时期出现了一位影响巨大的人物斐洛（Philo of Alexandria，约公元前20—约公元50年），他将犹太教神学与希腊哲学尤其是柏拉图的思想融合起来，力图在犹太神学与希腊哲学之间建立一座桥梁，提出在神与人之间存在着逻各斯。基督徒将斐洛学说中的逻各斯与犹太教救世主观念结合起来，演化成圣父、圣子、圣灵三位一体的教义，斐洛也被誉为“基督教之父”。基督徒按照斐洛的著述规定了基督教在埃及的发展方向，同时也弥合了积之已久的希腊人与犹太人之间的怨恨。

被誉为“基督教之父”的斐洛画像。绘于16世纪

公元135年，罗马皇帝哈德良（Hadrian，76—138年）将犹太人驱逐出巴勒斯坦后，大批犹太人涌入埃及，基督教在埃及再次兴盛起来，从此进入基督教在埃及传播的第二个阶段。亚历山大港先是形成了以诺斯替派为主导的宗教思潮。诺斯即真知，诺斯替派认

为只有掌握真知，才能获得解脱。它提倡极端的神秘主义和苦行主义，与正统的基督教思想相去甚远。后来，教理学派逐渐取代了诺斯替派，埃及基督教进入了教理学派时代。亚历山大港教理学派的代表人物是克雷芒、奥里根和狄奥尼亚，他们之间是师承关系，均先后任教理学校校长，影响巨大。克雷芒是一位正统的基督徒，但他不像其他教徒那样不食人间烟火。他幽默而尖刻，试图将基督教与希腊文化结合起来。他指出真正的哲学是能够把人引向基督的学问。奥里根对基督教最大的贡献体现于他在建立《新约全书》的可信文本方面所作出的努力。他对《圣经》作了大量的注释，将希伯来文《旧约全书》与希腊文等4种文字分成6行对照排列，变成《六栏圣经》。奥里根的一生经历了基督教由一个小宗派发展成为希腊罗马世界的一大宗教的转变，他后来因遭受迫害从亚历山大港逃亡西亚。他在巴勒斯坦等地区建立多所教理学校，将亚历山大学派的思想学说传播到了东方。

哈德良

基督教虽然屡遭罗马帝国的残酷迫害，然而基督教不仅在埃及生存下来，而且与埃及民族宗教结合起来，形成了具有埃及特色的基督教及其组织科普特教会。信仰基督教的埃及人被称为科普特人，他们长期以来一直受到罗马皇帝的迫害。公元313年，罗马皇帝君士坦丁（Constantine the Great，272—337年）颁布《米兰敕令》（Edict of Milan），基督教的合法地位得到了承认。基督教从此成为罗马皇帝统治人民的精神工具。

由于基督教合法地位的确立，基督教在埃及迅猛传播，逐渐替代传统的多神教信仰。亚历山大港成为地中海世界基督教学术研究的中心，并且在宗教方面居于领导地位，这与君士坦丁堡政治上的领导地位产生了矛盾。323年，君士坦丁大帝在小亚细亚的尼西亚城（Nicaea）主持召开宗教会议，确立圣父、圣子、圣灵三位一体学说为正统，宣布亚历山大港主教阿里乌斯的学说为异端，并将他革除教籍，予以流放。451年，在卡尔西顿（Chalcedon）大会上，科普特派与基督教正统派公开决裂。科普特教派宣布一性论为其正统教

圣·凯瑟琳修道院

义，宗教礼仪使用科普特语，故称为科普特派。在以后的几个世纪里，科普特教会恪守信条，过着具有埃及特色的宗教节日。

科普特修士开创的修道院，可以说是埃及人对基督教的最大贡献。据记载，安东尼是基督教历史上第一位修士。为了拯救灵魂，他苦行禁欲，隐居于尼罗河与红海之间的旷野中。在安东尼的周围聚集了大批追随者，他们遵循安东尼的修行准则，在安东尼隐居的洞穴的山下建造了圣·安东尼修道院（Monastery of Saint Antony），成为世界上最早的修道院。后来，基督教教会提倡脱尘出世的隐修生活，效仿安东尼的信徒也越来越多。

在西奈半岛上，除圣·安东尼修道院外，还有著名的圣·凯瑟琳修道院（Monastery of Saint Catherine）。它位于西奈（Sinai）山下，依山势而建，雄伟壮观，被誉为沙漠中的瑰宝。

三、戴克里先统治下的埃及

284年，戴克里先（Diocletian，约244—311年）就任罗马皇帝后，他废除元首制，建立君主制，并实行了一些改革。为了加强对埃及的控制，戴克里先完全改变了埃及的政府模式，把埃及分为3个省，从南向北分别是上埃及的底比斯省、中埃及的阿卡迪亚省和下埃及省。从理论上讲，埃及的各个省彼此独立，互不相属，然而事实上各省地位并不平等。上埃及和中埃及两个省都受制于下埃及省的驻亚历山大港长官。原来的埃及总督的权力受到限制，只管辖下埃及省。上埃及和中埃及的两个省又设立新官普雷斯加以管理，但他们须向总督汇报。这时的总督只保留了行政权，军事指挥权被剥夺，由新设立的督军掌管。这样一来，埃及建立了一套完整的军政分权体制。在地方，埃及传统的行政单位诺姆被废除，取而代之的是自治市区，由自治城市及其周围的农村组成。自治市区由市政官，即新设的税收强征人加以管理。自治市区之下又划分若干行政区，称为帕古斯，由监察官进行治理。

罗马皇帝戴克里先

亚历山大港的庞培柱

另外，戴克里先拟引进拉丁语取代希腊语，作为埃及官方语言，但没有成功。当时的许多文献，无论是法庭卷宗，还是各管理部门的记录，仍然使用希腊语。戴克里先统治时期，驻守埃及亚历山大港的罗马大将艾赫里发动叛乱。于是，戴克里先率军远征亚历山大港，围攻8个月最终平息了叛乱。围攻后的亚历山大港瘟疫流行，饿殍遍野，一片狼藉。戴克里先便发放粮食，赈济灾民。

为了表达对皇帝的感恩之情，埃及执政长官、罗马人波恩士莫斯，在塞拉皮斯神庙的广场上竖立起石柱。石柱采自阿斯旺地区的整块花岗岩雕凿而成，高26.85米，重约500吨，柱头是典型的希腊科林斯式风格。以如此高大壮观的石柱来为戴克里先歌功颂德，成为罗马皇帝戴克里先君主专制统治的象征。如今该石柱仍傲然屹立于地中海之滨，成为亚历山大港的象征之一。不过，该石柱更经常地被人们称为庞培柱（Pompey's Pillar），其实，该石柱与庞培并没有任何直接关系。

四、拜占庭帝国统治下的埃及

395年，罗马帝国分裂成东西罗马两大帝国。东罗马帝国又称拜占庭帝国，埃及成为拜占庭帝国统治下的一部分。拜占庭帝国时代的埃及，在政治、经济和文化等方面都发生了一些变化。

戴克里先改革之后，拜占庭帝国在埃及的税收内容和课征方法也形成了一个新体系。与其他行省按户征税不同的是，在埃及是以详细记录的垦田数量作为税收的依据。所有土地，不论山地或平原，不论可耕地还是已耕地，一律按照一定的畜力作为计算单位，如以一轭两牛为单位，并且按照不同的土质及生产作物种类的不同，即生产谷物还是葡萄和橄榄，划分为不同的类型，确定不同的税收级别。这种轭地制度后来与人头税相结合，称为地丁制，其目的在于使劳动者与一定数量的土地相结合，防止因劳动力流动而减少谷物产品的税收。任何农民一旦经营某块土地，就需要负担该土地的丁额，如此一来，农民就丧失了迁徙的自由。后来，政府又采用了一种依据谷物课税的纪年方法，即15年一次的课税循环。也就是说，政府规定一个税额，连续15年期间税额保持固定不变，这与任意而突然征税办法造成的混乱状态相比，应该说是一种进步。

由于埃及的谷物和税收对君士坦丁堡极为重要，拜占庭帝国加强了对埃及的行政管理，旨在保证君士坦丁堡的谷物供应。6世纪时，埃及的行政管理体系发生变化，监督官治理下的帕古斯消失，整个农村地区形成财政上由帕加克管理的地区。帕加克由皇帝指定并向皇帝负责。但是，帕加克管辖地区的大土地所有者，如修道院和教会等享有直接向省财政官交纳赋税的特权。查士丁尼（Justinian，约482—565年）统治时期，不断加强对埃及的统治，旨在恢复罗马帝国时期的辉煌，于539年颁布了第13号法令，废除戴克里先的行政区划，把埃及划分为4个平等的省，从北向南分别是埃及图斯省，由拥有奥古斯塔尔头衔的督军掌管；阿卡迪亚省，由伯爵掌管；奥古斯塔姆尼卡省，由督军主持；底比斯省，由奥古斯塔尔督军掌管。

除了沿袭罗马帝国的繁重赋税之外，拜占庭帝国还通过控制当地工商业，对埃及进行经济盘剥。拜占庭帝国垄断了埃及的重要手工业，例如棉纺织业、丝织业、贵金属加工业、武器制造业和玻璃生产业等，都由中央政府控制，各个行会大都属于官办，后由政府指派行会的代理总管。拜占庭帝国垄断了棉纺织业，从纺织到染色，再到成衣的全过程，并严禁私人从事相关的生产和交换。

拜占庭帝国还通过文化专制政策钳制埃及人民的思想。亚历山大港自希腊化时代以来发展成为地中海世界最重要的文化中心，但随着帝国新首都君士坦丁堡地位的日益提升，亚历山大港的学术地位不断下降。为了强化中央集权，查士丁尼关闭了所有宣传多神教和世俗文化的中心，在清除异教和异教文化的借口下，亚历山大图书馆被放火毁于一旦，这是世界文化史上的一次重大灾难。

拜占庭时代的埃及政治生活中出现了一个显著特点，即随着基督教的合法地位的确立，罗马帝国教会在埃及成为一支举足轻重的力量。由于基督教教派之间存在着分歧和冲突，亚历山大教廷与拜占庭之间关系紧张，拜占庭政府要将自己的思想强加给埃及，结果导致埃及人反抗拜占庭帝国的民族情绪越来越高涨。

拜占庭帝国统治下的埃及时期，希腊文化对埃及文化的影响已失去强劲的势头，政府倡导的罗马文化在埃及各地传播开来，但罗马文化始终没有形成一种绝对优势。埃及法老文化在埃及人的心目中依然根深蒂固，基督教文化的传入又给埃及增添了新的文化因素，因此这一时期的埃及文化呈现出一种奇妙的混合现象。4世纪的埃及至少广泛使用3种语言，即托勒密王朝时期的官方语言希腊语、戴克里先改革时引进的拉丁语和埃及人使用的土著语——科普特语。5世纪以后，科普特语在修道士和土著埃及人中逐渐占据了统治地位。到了拜占庭帝国统治的后期，埃及民族主义情绪高涨，科普特语的使用越来越广，甚至出现在官方的文件中，教会中的一些高层人士也讲科普特语，而不是希腊语和拉丁语。在宗教信仰方面，除了基督教外，埃及传统宗教仍然具有一定的影响，埃及的民族传统仍然得到了发展，崇拜古埃及神灵仍然很有市场。

6世纪末期，拜占庭帝国在埃及的统治走向了穷途末路，内忧外患使得拜占庭帝国苟延残喘，风雨飘摇，连绵不断的埃及人民大起义，特别是阿萨利亚领导的人民起义，沉重打击了拜占庭帝国在埃及的统治。

616年，波斯军队乘虚而入，攻下埃及。接下来，经过几年的相持和反攻。629年，拜占庭帝国皇帝希拉克略（Heraclius，610—640年在位）重新收复埃及，但这些不过是回光返照而已，拜占庭帝国已经大势已去。就在此时，东方的另一支力量正在悄悄崛起。641年，伊斯兰军队攻陷了开罗附近的巴比伦堡要塞。巴比伦堡要塞之战是关键性的一战，也是拜占庭帝国统治下的埃及的最后一战，从此拜占庭帝国统治埃及的时代宣告终结，阿拉伯人统治埃及的历史揭开了新篇章，埃及文明从此纳入阿拉伯文明的滔滔洪流之中。

作者点评：

提起基督教，人们脑海中马上想到的是西方。埃及基督教问题及其对基督教发展所起的作用常常被人们所忽视。其实，埃及对早期基督教的发展作出了巨大贡献，并在早期基督教历史中占据举足轻重的地位。

罗马统治埃及时期，埃及文化领域中最重要的变化就是基督教的传入。该时期，埃及文化呈现出一种奇特的混合特征，即法老传统文化、希腊罗马文化和基督教文化异彩纷呈，共存并荣，后者逐渐融合了前两种文化，发展成为占主导地位的文化，并在世界文化史上抹上了浓重的一笔。

就基督教而言，其形成过程受到埃及文化的影响极大，集中体现在文学、艺术和神学思想等方面。基督教在其诞生后不久，于公元1世纪中叶就传播到了埃及。基督教信仰和希腊哲学都是从外部传入埃及的，但是在罗马帝国统治时期，埃及创造性地把这两种看似风马牛不相及的文化，有机地结合起来，第一次创立了早期基督教的神学体系。特别是在亚历山大港，这里是犹太人的聚居地，又是希腊文化高度发达的地区，希伯来文化与希腊文化在这里第一次实现了融合。

菲莱岛上的伊西斯神庙

长期以来，修道制度被视为古代埃及对基督教世界最伟大的贡献之一，后来的基督教修道制度都直接或间接地来源于埃及，埃及因此成为基督教修道制度的滥觞。英国杰出的历史学家爱德华·吉本（Edward Gibbon，1737—1794年）曾说："埃及为后世修道院生活提供了第一个范例。"

随着拜占庭帝国文化专制政策的实施，多种文化，如埃及法老文化、希腊文化逐渐淡出埃及历史的舞台，此后，一部分埃及传统文化和其他异教文化逐渐融入到基督教文化之中，埃及菲莱岛上的伊西斯神庙、卢克索神庙等相继成为基督教修道院。修道制度兴起之后，大量的土著埃及人通过这种方式皈依了基督教。

因此，罗马统治埃及时期比绵延5 000年的埃及历史上任何一个时期，留给现代世界的遗产如此直接和明显。整个世界，无论是东方，还是西方，都从埃及这里得到了丰厚的馈赠。

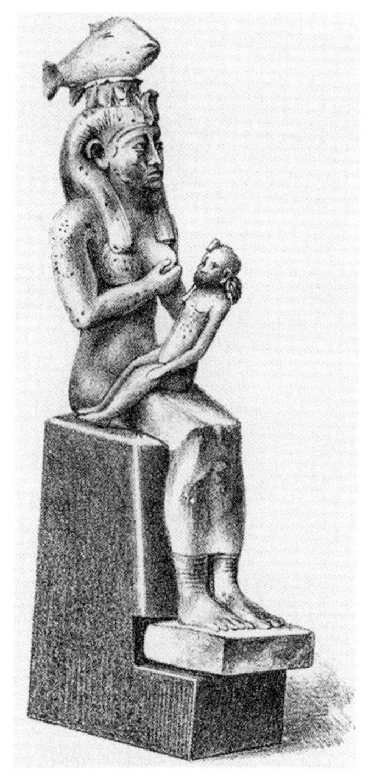

伊西斯

第八章 中古埃及

阿拉伯半岛位于亚洲西南部，东临波斯湾和阿曼湾，西傍红海，南濒阿拉伯海，北界叙利亚沙漠和美索不达米亚平原，面积320多万平方公里，是世界上最大的半岛。

阿拉伯半岛的绝大部分地区为草原和沙漠，广阔无垠的沙漠将半岛上的阿拉伯人分为北方人和南方人。北阿拉伯人以游牧为生，南阿拉伯人以定居为生。游牧的阿拉伯人叫作贝都因人（Bedouins），他们过着与世隔绝的沙漠生活，骆驼和椰枣是贝都因人生活中的两大支柱。伊斯兰教产生以前的阿拉伯人信仰多种宗教，各氏族部落长期分裂，民族涣散。6—7世纪之交是阿拉伯半岛社会政治、经济变革剧烈动荡的时期。阿拉伯的社会矛盾错综复杂，统一成为阿拉伯各氏族部落的共同愿望。

穆罕默德（Muhammad，约570—632年）创立伊斯兰教正是在这样的历史背景下产生的。伊斯兰教把安拉奉为宇宙的唯一之神。安拉创造一切，主宰一切，信仰安拉是伊斯兰教最重要的信条。伊斯兰教成功地使离心离德、利害冲突的阿拉伯各氏族部落，转变成为一个团结一致、组织严密的民族，并且在此基础上建立了统一的国家。因此，伊斯兰教结束了阿拉伯半岛的分裂状态。

伴随着伊斯兰教的产生和发展，穆罕默德基本上在阿拉伯半岛建立了统一的政权。由于穆罕默德生前没有指定继承人，因此在他死后由谁继承穆罕默德作为阿拉伯人的领袖，成为一个极其严肃的、争论不决的问题。最初的4个继承人被称为四大哈里发，即4个正统的继承人，他们分别是阿布·伯克尔（Abu Bakr，632—634年在位）、欧麦尔（Umar，或Omar，634—644年在位）、奥斯曼（Osman，或Othman，644—656年在位）和阿里（Ali，656—661年在位）。四大哈里发都十分重视内部政权的巩固和对外的征服，尤其是第二任哈里发欧麦尔的功勋极为显赫。他当政10年间为阿拉伯人建立了一个幅员广阔的强大帝国。埃及正是在欧麦尔任哈里发时，开始受到阿拉伯人的攻击。

一、 阿拉伯人入侵埃及

埃及地处海路要冲，为古代兵家必争之地。埃及土地富饶，物产丰富。阿拉伯人意识到如果占有埃及，定会给阿拉伯的经济和军事带来极大的优势。欧麦尔手下的大将阿慕尔（Amr ibn al-As，约592—664年）过去曾在埃及经商，因此对埃及当地的情况十分熟悉。于是，欧麦尔决定派阿慕尔带领4 000士兵进攻埃及。

639年，阿慕尔率军由巴勒斯坦南下，横跨西奈半岛向埃及挺进，揭开了阿拉伯人征服埃及的序幕。640年，阿慕尔到达埃及东部的斐尔马仪城堡（今塞得港南部），没有遇到拜占庭方面的强烈抵抗就占领了该城堡。接着，阿慕尔由斐尔马仪向巴比伦堡挺进。巴比伦堡（Babylon Fortress）位于埃及古城孟斐斯附近，地势险要，工事坚固，阿慕尔围攻数月未能攻陷。欧麦尔派兵援助。被困在巴比伦堡的埃及总督木告格斯，张皇失措，不可终日。阿拉伯人偷偷爬上碉堡，从内部打开城门，高呼“安拉至大”的口号，涌进巴比伦城堡。经过6个月的围攻，巴比伦城堡终于落入阿拉伯人的手中。双方签订合约，称为《巴比伦协定》。

位于开罗的巴比伦堡

巴比伦城堡的陷落，使得埃及失去了一座强大的防御屏障。阿拉伯军队可以从水陆两路直接攻击首都亚历山大港，也可以迂回到地中海滨，经其他滨海城市绕到亚历山大港侧面进行攻击。显然，亚历山大港陷入危机之中。埃及总督木告格斯向拜占庭方面告急，并希望与阿拉伯议和，拜占庭皇帝坚持不和，命令继续战斗。于是，阿慕尔趁机攻克了地中海滨的达米拉等10余座城市，然后集中兵力渡过尼罗河，专攻埃及首都亚历山大港。亚历山大港固若金汤，牢不可破。阿慕尔见攻克不易，便留下一部分军队坚守亚历山大港的陆上通道，自己率领军队从滨海方面发动进攻。双方僵持了3个月，亚历山大港迟迟攻不下。最后，亚历山大港内粮食匮乏，援军断绝，人心厌战。同时，拜占庭皇帝去世导致国内发生争权斗争。642年夏，亚历山大港内发生民众暴动，他们向阿拉伯方面提出讲和请求。亚历山大大帝修建的这座名城终于落入阿拉伯人之手，埃及全国从此归入阿拉伯帝国的版图。亚历山大港是阿拉伯人征服的最大城市，进驻该城后，阿拉伯人为眼前的景象所震撼，阿慕尔在向欧麦尔报捷时这样声称："此城市内的豪富巨贾真是屈指难数，城内环境之优美，以笔墨难以形容。我很荣幸地告诉您，城内有4 000座金碧辉煌的宫殿，400座公共澡堂和400座娱乐场所。"

埃及被阿拉伯人征服后成为阿拉伯帝国的一个行省。阿慕尔被委派为第一任总督。他采取既以伊斯兰教作为治国的基础，又保持埃及一些旧制度和旧传统的政策，在政治、军事和经济等方面采取了一系列新的举措，使得埃及发展起来。

阿慕尔下令在法老古都孟斐斯附近建筑了一座兵营，后来又在四周修筑城墙，扩充为城市，命名为福斯塔特（Fustat），它逐渐代替了亚历山大港，发展成为埃及首都。阿慕尔还在福斯塔特以北建立了清真寺，称为阿慕尔大寺。它是埃及的第一座清真寺，同时也是阿拉伯人在半岛以外建造的第一座清真寺。

为了方便埃及与阿拉伯半岛之间的交通，同时也加强对埃及的控制，阿慕尔疏浚了法老时代开凿的连接红海和尼罗河的运河，使得埃及的粮食等可以经运河源源不断地运往阿拉伯半岛，满足麦地那统治者生活享受的需要。另外，阿拉伯人在埃及积极兴修水利，新建桥梁，开掘水池，整修了法尤姆地区的各个水库，还沿尼罗河修建测水器，对于埃及农田水利的发展起到了积极作用。因此，在数年内埃及的农村经济取得了很大的发展。

阿拉伯人占领埃及后，土地仍交埃及农民耕种，只向埃及人征收租税。租税包括人丁税和土地税两种，数额较拜占庭时代要轻微得多。阿拉伯人在埃及的每一个乡村设立"地方会议"，它由地方贵族长老组成，管理土地的分配和使用，并决定土地租税的定额。

阿拉伯人尊重埃及当地人的宗教信仰和传统风尚，推行宽容政策。原埃及基督教主教便雅闵在拜占庭帝国统治埃及时期，因受到拜占庭人的压迫，曾逃出首都亚历山大港隐居于西部沙漠地区达13年之久，阿慕尔命令四处寻访，终于将便雅闵请回来重新担任大主教，主持基督教会。

阿拉伯人一方面在埃及发展经济，恢复生产；另一方面准备继续向外扩张。扩张的首要目标是埃及南部的努比亚地区。努比亚位于尼罗河的上游，是尼罗河的咽喉。同时，努比亚物产丰富，盛产黄金、象牙等。自古以来埃及统治者就对努比亚屡屡兴兵，俘虏奴隶，强夺财富。阿拉伯人在埃及站稳脚跟之后，便开始对努比亚用兵。651年，阿拉伯人占领了努比亚的全部领土，由埃及总督直接统治。

第三任哈里发奥斯曼统治时期，他排斥异己，实行家族专政。他解除了阿慕尔的埃及总督一职，以自己的亲信阿布杜拉·伊本·赛德（Abdullah ibn Saad）加以取代。这位新总督在埃及征收苛税，导致埃及人民不满情绪日益增长。655年，拜占庭军队从海上进攻埃及，亚历山大港局势十分紧急。当时埃及阿拉伯人正在对努比亚用兵，这样一来，导致财政极为困难，阿拉伯人只好从埃及人身上榨取。埃及总督阿布杜拉再度增加埃及人的租税，从而激起了埃及人民的愤恨，也引起了阿拉伯大众的反感。于是，埃及人与阿拉伯人联合起来，把阿布杜拉赶出了埃及。不久后，哈里发奥斯曼被杀害。阿里继任哈里发后，委派穆罕默德·伊本·艾布伯克（Muhammad ibn Abi Bakr，631—658年）为埃及总督。

阿慕尔被奥斯曼解职后，即投靠叙利亚总督穆阿威叶（Muawiyah，602—680年）。穆阿威叶蓄心已久欲夺取哈里发大位。阿里继任哈里发，他大为不满，于是，穆阿威叶派遣阿慕尔率军进入埃及，杀死阿里委任的埃及总督。阿慕尔再次担任埃及总督，成为阿拉伯帝国各行省中最有势力的人物。

二、倭马亚王朝

661年，阿里遇刺身亡。穆阿威叶出任哈里发，定都大马士革（Damascus），建立了倭马亚（Umayyad）家族的世袭王朝。倭马亚王朝旗帜尚白，中国史籍中称之为白衣大食。倭马亚王朝（661—750年）建立了一个幅员辽阔的横贯欧、亚、非三大洲的阿拉伯帝国。埃及是阿拉伯帝国中自然资源最为丰富的行省。在倭马亚时代埃及先后经历了22位总督（Amir，或Emir，埃米尔）的统治。穆阿威叶任哈里发时，将阿拉伯帝国划为9个行省，埃及是其中的一个行省。由于埃及行省靠近叙利亚，是叙利亚的天然屏障，因此埃及的地位和作用尤为突出。继穆阿威叶之后马立克出任哈里发，他改设5个行省，埃及乃其中

位于大马士革的倭马亚清真寺

之一。倭马亚王朝在埃及建立了相当稳固的统治，埃及行省实际控制了阿拉伯帝国的半壁江山。

倭马亚时代，埃及发生了大规模的移民活动。当年阿拉伯人攻下亚历山大港占领埃及后，驻守埃及的军队大多来自阿拉伯半岛南方，倭马亚王朝建立后，埃及总督阿慕尔鉴于军队中来自阿拉伯半岛南方部落的势力日益庞大，深恐难以驾驭，于是号召阿拉伯半岛的北方部落迁往埃及。据统计，仅663年，阿拉伯半岛北方部落带着家属一次迁往埃及的人数就达到12 000人。8世纪初，阿拉伯人的迁移活动更加频繁。727年，埃及总督伊本・哈卜（Ibn al-Habhab）鉴于埃及半岛北方的盖斯族人太少，请求哈里发从阿拉伯半岛北方迁入3 000户盖斯族人来到埃及。盖斯族人迁到埃及后从事耕种，并得到政府的接济，生活过得很富裕。阿拉伯人向埃及迁移的活动并没有因倭马亚王朝的灭亡和阿拔斯王朝的继起而停顿下来。到阿拔斯王朝哈里发穆台瓦基里（Al-Mutawakkil，又译穆塔瓦基勒，822—861年）在位时，来自半岛的东、南、西、北的阿拉伯部落已遍及尼罗河上下游。

倭马亚王朝还统一了货币和文字。695年，哈里发马立克（Abd al-Malik

ibn Marwan，646—705年）下令在大马士革建造中央造币局，铸造统一样式和统一价值的第纳尔（金币）和第尔汗（银币）。币制的改革大大促进了阿拉伯统一市场的形成，从而使埃及的财富源源不断地流入阿拉伯市场。马立克在位时还下令以阿拉伯文作为哈里发政府的通用文字，官方文字一律采用阿拉伯文，或者以阿拉伯文为正本，其他文本为副本，这有力地推动了伊斯兰世界的阿拉伯语化进程。714年以后，阿拉伯语在埃及取代了希腊语成为唯一的官方语言。

为了巩固阿拉伯政权，倭马亚王朝大力在埃及科普特人中传播伊斯兰教，鼓励他们皈依伊斯兰教。哈里发欧麦尔二世在位时宣布不论是阿拉伯穆斯林还是非阿拉伯穆斯林一律免除所有赋税。另一方面，对埃及科普特人采取没收土地或课以重税等手段迫使他们改宗伊斯兰教。在经济利益的驱使下，越来越多的科普特人皈依了伊斯兰教。

由于倭马亚王朝实行家族专制统治，各种矛盾错综复杂。在埃及方面阶级矛盾表现得尤为尖锐，封建统治者之间争权夺利，统治者与下层和普通士兵之间的斗争，统治者与埃及人民大众之间的斗争交织在一起。

711年，阿拉伯人开始进攻西班牙，他们从埃及人民身上增加租税，并征收军用物资。埃及农民不堪忍受苛税和压迫，于是发动暴动反抗阿拉伯人的统治，同时又由于饥馑的发生使得整个埃及呈现动乱的局势。

倭马亚王朝的最后30年间，政局更加混乱，部落斗争、教派斗争、王室斗争以及人民起义，使得倭马亚王朝的崩溃已为期不远。阿拔斯家族（他们标榜是先知穆罕默德的叔父阿拔斯的后裔）经过近30年的神秘活动，他们与什叶派穆斯林以及波斯的新穆斯林联合起来，发起了推翻倭马亚王朝统治的活动。750年，阿拔斯人直趋叙利亚占领了大马士革，倭马亚王朝最后一位哈里发麦尔旺二世（Marwan II，688—750年）逃到埃及，8月被追杀。倭马亚王朝从此灭亡。取代倭马亚王朝的是阿拔斯王朝（Abbasids）。因为他们的旗帜尚黑，中国史书中称之为黑衣大食。

三、阿拔斯王朝

阿拔斯王朝（750—1258年）是建立在倭马亚王朝基础上的哈里发王朝，是一个以阿拉伯人为主，包括许多信仰伊斯兰教的异族在内的阿拉伯–伊斯兰帝国。阿拔斯王朝在很大程度上继承了波斯王朝的政治传统和官僚机制。

762年，新都巴格达建成，帝国的政治重心逐渐东移，伊拉克取代叙利亚成为伊斯兰世界的中心。

倭马亚王朝的灭亡，阿拔斯王朝的继起，改朝换代之际，阿拉伯帝国全境发生了骚动和混乱，其中以埃及最为严重。原来居住在埃及城区和近郊的阿拉伯人大多属于倭马亚家族，或者是与倭马亚家族亲近的各个部落，他们在新兴的阿拔斯王朝及其派驻埃及的新统治者的压迫下大批迁往农村，逐渐与本地农民混合杂居，共同生活，共同耕作，并且互通婚姻，进一步融合。9世纪中叶，埃及大多数居民也改奉了伊斯兰教。

埃及的盖斯族（Qais）阿拉伯人一直反对阿拔斯政权，他们与埃及科普特人的关系日益密切。拉希德在位期间，盖斯族的阿拉伯人曾经同边区部落联合起来进军叙利亚，但没有成功。麦蒙（Al-Mamun，又译马蒙，786—833年）继位后，盖斯人又联合来自西班牙的阿拉伯移民，攻占了亚历山大港。同时，科普特人在下埃及西部沿途修筑碉堡以抗击政府军。于是，上下埃及一片沸腾起来。821年，麦蒙派兵进攻埃及，夺取了亚历山大港，并对阿拉伯人和科普特人进行了血腥镇压。如火如荼的埃及人民起义遭到严重挫折，但镇压并没有扑灭埃及人民斗争的火焰，相反却更加激励了阿拉伯人和科普特人的斗志。831年，埃及的阿拉伯人和科普特人再次联合起来，在上下埃及同时掀起武装暴动。麦蒙见局势严重，便统率大军御驾亲征，兵分几路，进行全面围剿。据记载，麦蒙在埃及49天勒索地租425万第纳尔。同时，他采取分化瓦解的办法，鼓励科普特人信奉伊斯兰教，结果大批科普特人改宗了伊斯兰教。

麦蒙（右）派使者拜见拜占庭帝国皇帝狄奥斐卢斯

为了强化对埃及的控制，削弱埃及的离心势力，哈里发频繁地更换埃及总督。阿拔斯王朝的前90年，先后任免了54位埃及总督。据说仅哈里发哈伦一人就曾任免过22位埃及总督。

从9世纪中叶开始，巴格达的阿拔斯王朝开始进入突厥人当权的时代。埃及的政权已被突厥人把持，在埃及先后建立了半独立的突伦王朝（Tulunid Dynasty，868—905年）和伊赫西德（Ikhshidids，935—969年）王朝。

突伦王朝的奠基人是艾哈迈德·伊本·突伦（Ahmad ibn Tulun，835—884年）。他的父亲曾是哈里发麦蒙的突厥奴隶，因才华出众颇受恩宠，升任为禁卫军统领。伊本·突伦自幼受到良好的教育，他性情谦和，才华出众，又擅长武功，能征善战，很早就步入仕途。868年，他以总督助理的身份赴往埃及，不久就升任总督。伊本·突伦进入埃及后决心把埃及建成一个强大的独立王朝。他趁阿拔斯王朝的混乱局面，在埃及暗自扩充军队，建立了一支由突厥奴隶和黑奴组成的10万人的禁卫军，使之成为他政权的支柱和实行对外扩张的工具。877年，伊本·突伦率军攻占大马士革和安条克，吞并叙利亚，声威大震。突伦王朝盛极一时，它东接伊拉克，西至利比亚，北起小亚细亚，南抵努比亚，横跨亚非两大洲。

伊本·突伦在位16年，虽未宣布埃及独立，也未自称哈里发，但是他在政

突伦清真寺

治、军事、经济和文化上都颇有建树，建立了一个辽阔的、富庶的、实际上独立的王朝。他整顿财政，兴修水利，振兴工业，使得埃及的生产力有所发展，人民也因此获得休养生息。伊本·突伦花费12万第纳尔在埃及兴建突伦大清真寺，它成为继阿慕尔大清真寺之后最古老、最宏伟的清真寺，至今仍巍然屹立于开罗西南部。

884年，伊本·突伦去世，由他的儿子胡马赖韦（Khumarawayh，884—896年在位）继任埃及总督。胡马赖韦挥金如土，大兴土木，又穷兵黩武，征伐四方，遭致人们的怨恨和咒骂，最终被侍卫刺杀。突伦王朝寿终正寝。

突伦王朝灭亡后，埃及重新又回到巴格达哈里发的统治之下。哈里发委派另一突厥将军进驻埃及担任总督30年，其间埃及人心不安，社会动乱，加上北非的法蒂玛人经常派兵前去骚扰，以致埃及人民日夜不得安宁。突厥守军又难于应对。后来，935年，哈里发派穆罕默德·伊本·土厄吉（Muhammad ibn Tughj，882—946年）出任埃及总督。伊本·土厄吉很快平定了埃及的内乱，从而声名鹊起。939年，哈里发将古代波斯王侯的最高称号伊赫西德（Ikhshid）加封给伊本·土厄吉，伊赫西德王朝由此得名。伊赫西德颇有雄心壮志，他不仅要牢牢掌握对埃及的绝对统治权，而且还要建立一个包括叙利亚在内的统一强大的伊斯兰国家。他实现了这一目标，甚至进一步将他的势力扩张到阿拉伯半岛，攻占了麦加和麦地那两座圣城，连巴格达的哈里发也不敢与他对抗，公然委派伊赫西德监管两座圣城。

然而，伊赫西德王朝也是昙花一现。946年，伊赫西德死后由他的两个儿子乌努祖尔和阿里相继即位。两人均年幼无能，由埃塞俄比亚籍太监阿布·米斯克·卡夫尔（Abu al-Misk Kafur，905—968年）摄政。伊赫西德王朝大权旁落。阿里死后，卡夫尔亲政，伊赫西德王朝名存实亡，卡夫尔死后一年，法蒂玛王朝名将昭海尔进攻埃及，埃及并入法蒂玛王朝。

四、法蒂玛王朝

法蒂玛王朝（Fatimid Caliphate，909—1171年）的兴起与伊斯兰世界内部的教派对立，以及什叶派的支派伊司马仪派在北非的宣传有很大关系。伊司马仪派传道士艾布·阿卜杜拉·侯赛因（Abu Abdullah al-Husayn），为法蒂玛王朝的建立立下了汗马功劳，堪称法蒂玛王朝的创始人。

9世纪末叶，艾布·阿卜杜拉·侯赛因转到北非传播什叶派。他在柏柏尔部落中间积极传播伊司马仪派教义，号召人民起来推翻现有秩序，建立一个公平正义的伊斯兰社会。经过3年的神秘活动，艾布·阿卜杜拉·侯赛因网罗了大批信徒，形成了一支强大的武装力量，于是开始在北非大肆扩张，夺取了突尼斯的大部分领土。909年，柏柏尔人发动起义推翻了艾格莱卜王朝（Aghlabids），将艾格莱卜王朝国王放逐境外，并宣布建立哈里发王朝，拥戴伊司马仪派首领赛义德·伊本·侯赛因为哈里发。赛义德自称是先知穆罕默德之女法蒂玛的子孙，什叶派第七代伊玛目伊斯玛仪的后裔，号称伊玛目欧拜杜拉·麦海迪（Abdullah al-Mahdi，873—934年），故历史上称为法蒂玛王朝。因法蒂玛王朝崇尚绿色，我国史书上称之为绿衣大食。

法蒂玛王朝的建立是什叶派的巨大胜利。王朝建立后法蒂玛人不再满足于北非一块小天地，积极准备向外扩张。法蒂玛人一开始就决心把王朝建立在埃及的领土上，因为埃及地处伊斯兰世界的中心，以埃及为中心很容易统治伊斯兰世界。王朝初期，法蒂玛人几次进攻埃及未果。到法蒂玛王朝第四代哈里发穆仪兹（Al-Mu' izz，约932—975年）在位时，他派西西里籍的大将昭海尔（Jawhar al-Siqilli）出征埃及。昭海尔足智多谋，文武双全，才能过人，他以2 400万第纳尔（金币）作为出征埃及的军费，并作了充分的准备。969年，昭海尔率领10万大军东征埃及，一举攻下亚历山大港，很快占领了埃及，实现了法蒂玛人多年的夙愿。

昭海尔进驻埃及后，把随军带来的粮食发放民间，救济灾民，深得埃及民心。昭海尔与埃及民众订立和约：不分贫富，不问教派，保障宗教信仰自由，保障居民安全。他还采取措施严惩奸商，平定物价，对囤积居奇、任意抬高物价者斩首示众。昭海尔本人每周与民众见面一次，亲自处理一些冤假错案，解决民间纠纷。

昭海尔是埃及法蒂玛王朝的真正奠基人。为了实现统一帝国的愿望，昭海尔决定以埃及为中心建立一个大帝国。他首先着手建立新的都城。新都位于旧都福斯塔特城东北面，距离尼罗河一英里。新都设东西南北4座城门，新都的城墙全部用巨石建造，坚固无比。城墙宽厚，上面可以两马并行。昭海尔在新都里修建了一座皇宫，称为穆仪兹宫，供哈里发穆仪兹居住。昭海尔建立新都的目的是以此作为皇城，专供哈里发以及大臣居住，同时保存了旧都福斯塔特作为埃及居民区。

新都落成后，昭海尔新建了爱资哈尔大清真寺（Al-Azhar Mosque），它成为阿拉伯人在埃及建造的第四座清真寺。最初，爱资哈尔清真寺只是一座普

爱资哈尔清真寺

通的礼拜寺，作为宣传什叶派的场所，到哈里发阿齐兹时，改为礼拜寺兼宗教学院。后来逐渐发展成为伊斯兰大学，即爱资哈尔大学。

昭海尔在埃及完成了建造新都、皇宫和清真寺三大工程之后，欢迎他的主人穆仪兹从北非的到来。973年5月，穆仪兹率领亲信部队，携带家眷，在文武百官的簇拥下来到埃及，进入新都"穆仪兹的开罗"（意为"穆仪兹的胜利城"）。

穆仪兹是法蒂玛王朝的第四任哈里发，也是迁都埃及后的法蒂玛王朝的第一任哈里发。治理埃及虽然只有3年，却能使人心向上，社会安定，国家繁荣。穆仪兹在埃及巩固政权后，继续东进，向地中海东岸叙利亚地区扩张，企图推翻阿拔斯王朝。法蒂玛王朝的版图囊括了埃及、北非、叙利亚和阿拉伯半岛西岸。

哈里发阿齐兹时期（Al-Aziz，955—996年），法蒂玛王朝的国势臻于极盛，其版图远远超过了阿拔斯王朝。但是，阿齐兹贪图享乐，挥霍无度，特别是他从突厥人和苏丹黑人中招募雇佣军，给法蒂玛王朝带来无穷的后患。

阿齐兹的继任者，他的儿子哈基木（Al-Hakim，996—1021年在位）是个极端宗教狂热的哈里发。他迫害基督教徒和犹太教徒，摧毁基督教和犹太教堂，其中包括耶路撒冷著名的圣墓教堂。这种行给后来十字军东征提供了口实。哈基木要求穆斯林严格遵守伊斯兰教的教律，严禁宴会、饮酒、音乐和娱乐，甚至禁止下棋和沿尼罗河散步。他自命不凡，大搞个人崇拜，自称为安拉的化身，声称自己是获得永生的"活主"。他甚至颠倒时日，禁止店铺白天开业，只许在夜间营业，给社会造成了极大混乱，从而国家瘫痪，民不聊生。

哈基木死后，法蒂玛王朝开始衰弱。哈基木以后的哈里发，大都懦弱无能，或是年幼无知，终日只是醉生梦死，朝政完全操纵在大臣手中，而军政上层则互相倾轧，国家政权陷于瘫痪状态。随着中央权力的削弱，地方势力逐渐割据自立，法蒂玛王朝对东部的叙利亚和巴勒斯坦的控制日趋松弛，西部的马格里布地区也陆续停止交纳贡税。1071年，塞尔柱突厥人攻占了耶路撒冷。同年，诺曼人攻占了西西里岛，法蒂玛王朝丧失了在地中海的优势地位。哈里发穆斯坦绥尔（Al-Mustansir, 1035—1094年在位）生活奢侈腐化，据说他的皇宫内养着3万名各种奴仆。穆斯坦绥尔死后，法蒂玛王朝急剧衰落，分崩离析。哈菲兹（Al-Hafiz, 1130—1149年在位）在位时期，法蒂玛哈里发的权力仅局限于宫廷之内。

1153年，十字军东侵占领阿斯克伦之后，沿地中海向西进攻埃及。法蒂玛王朝无力抵御十字军，只好向叙利亚北部的塞尔柱突厥人政权赞吉王朝求援。1164年，赞吉王朝统治者努尔丁派库尔德族将领希尔库率军救援埃及，击退了十字军的进攻。1169年，法蒂玛王朝哈里发阿迪德（Al-Azid, 1149—1171年）任命希尔库为维齐尔（宰相），统领军政要务。希尔库不久后死去，他的侄子伊本·阿尤布（ibn Ayyūb，约1137—1193年），即萨拉丁（Saladin）继任维齐尔。1171年，萨拉丁废除法蒂玛王朝末代哈里发阿迪德，建立阿尤布王朝。

萨拉丁

法蒂玛王朝在埃及建立自己的独立国家后，进行了经济改革，改善了人民大众的生活，并且为手工业者提供各种方便，同时，允许农民离开土地自由转移，贵族和政府官吏占有土地必须缴纳由政府规定的地租数额。商业方面，评定商品的价格，鼓励进行贸易活动，特别是与东方的印度和中国的贸易。这一系列措施对人民大众是有利的。从昭海尔兴建新都开罗直到法蒂玛王朝衰亡的约200年内的大部分时间，埃及基本上是繁荣昌盛的。在此期间，法蒂玛王朝对埃及的政治、经济和文化作出了巨大贡献，埃及转变成为一个阿拉伯国家。因此，埃及法蒂玛王朝时期是埃及文化发展的历史新阶段，阿拉伯伊斯兰文化在埃及绽放出艳丽的花朵，首都开罗成为阿拉伯伊斯兰文化的三大中心之一。

昭海尔进入埃及后，建立新的都城开罗。开罗位于埃及法老古都孟斐斯附近，接近沙漠地带，同时又靠近红海，便于控制阿拉伯半岛西部红海东岸的两圣地麦加和麦地那，可以说，新都既满足了埃及本地人的民族愿望，又符合来自沙漠地区的阿拉伯人的生活习惯。

当开罗建成后的第二年，法蒂玛王朝哈里发穆仪兹进入开罗时，由2 000头骆驼组成的浩浩荡荡的骆驼群，载运着无数的金银财宝。其行列之威武，场面之富丽，都是埃及历史上少有的。历史学家用“金珠灿烂，令人眼花缭乱”来形容当时的情景。

波斯著名的旅行家纳绥里·库斯鲁（Nasir Khusraw，约1004—约1088年）曾游历过埃及，并在开罗居住了3年。让我们看看他笔下对开罗的描绘吧：

“开罗处处芳草，遍地园林。哈里发巨大的宫殿屋顶被辟成花园，成为王室游乐歇息的场所……王宫巨院宽敞豪华，从远处看像一座山，从近处看像一座城。”

“开罗的运水骆驼多达52 000头。除运水骆驼外，还有卖水人背着盛水皮囊沿街叫卖，或按时将饮用水送到住户，以方便住在小巷的居民……每天夜里，有1 000多个巡查瞭望的守卫人员。开罗城中到处可以看到兑换钱币的商店。商店大门通宵洞开……当时开罗有商店2万间，哈里发将商店全部出租，收取房租。每间商店的月租金达10第纳尔之多。”

这位旅行家对埃及的富有发出这样的感慨：“埃及财富知多少，我在任何城市见不到。”

开罗地段的尼罗河上，战船和商船云集，旌旗蔽空。法蒂玛王朝的统治者在首都开罗兴建了大量的宫殿等建筑物。哈里发阿齐兹时代建造了著名的“西宫”和“金殿”。西宫是哈里发居住的庭院，金殿是哈里发召见朝臣的议政宫殿，里面金碧辉煌，陈设华丽，御座前垂挂着精致的绒幕，绒幕饰以金珠玉坠，鲜艳夺目。当哈里发从后宫进入金殿，端坐宝座后，司仪官宣布启幕，绒幕徐徐拉开，王公大臣进殿议事。

另外，据说阿齐兹的母亲台格利德建造了一座陵园宫，专供王室贵族观赏园景。园中亭台楼榭，小桥流水，旖丽无比。台格利德还在尼罗河边另建一宫，专供哈里发游乐。阿齐兹本人也建造了一座“海宫”，其富丽堂皇，东西各国的宫殿无可比拟。

哈里发扎希尔（Ali az-Zahir，1021—1035年在位）时期，在尼罗河边建造了一座“珍珠宫”，在这里可以一边宴饮，一边欣赏尼罗河泛滥时的壮丽景观。

法蒂玛王朝统治者同时十分重视清真寺的建筑。昭海尔进入埃及后即建造了著名的爱资哈尔大清真寺。爱资哈尔在阿拉伯语中意为美丽、鲜艳，取自先知穆罕默德的女儿法蒂玛的外号“扎哈拉”。爱资哈尔清真寺设计独特，气势恢宏。经过历代不断扩建，面积达12 000平方米。该清真寺中间初建有一座宣礼塔，高耸云霄，后来增加到5座，每当礼拜时，从5座高塔上发出的宣礼声，久久回荡在开罗城上空。

19世纪末的开罗风貌

开罗是法蒂玛王朝时期埃及最大的工业中心。纺织业的规模、质量和产量都居于领先地位，尤其是丝绒业驰名东西方。哈里发穆仪兹进入埃及后，为讨好圣地麦加的穆斯林，赢得他们的支持，下令开罗织造厂为麦加卡尔白天房织造绒罩，每年都换旧更新。绒罩为方形，用红绒织成，宽140肘尺，周边织绣12个金质的新月，并以红黄蓝三色宝石镶嵌，还用名贵的绿宝石镶织卡尔白的《古兰经》文。穆仪兹还命令为高级朝臣织造不同的服饰。后来的历代哈里发都仿效穆仪兹，拨给织造业大量的经费，派宫廷专职人员进行管理，制造不同样式的官服，从王公大臣到宫廷随从都有不同的服饰。每逢开斋节大典，哈里发将各色锦衣赐给大臣和亲信。因此，开斋节又称为锦衣节。

11世纪是法蒂玛王朝文化取得迅速发展的时期，这一时期可以与托勒密王朝文化的发展相媲美。在这个时期，爱资哈尔清真寺已发展成为一所伊斯兰大学。988年，哈里发阿齐兹同意在爱资哈尔清真寺建立正式的学校，它成为爱资哈尔大学的开端。爱资哈尔大学以后发展成为伊斯兰世界的文化中心，直至今日。

法蒂玛王朝为爱资哈尔大学每年提供4 300万第尔汗（银币）作为教授的

薪俸和学生的费用。爱资哈尔大学在法蒂玛时代还没有设置校长职位，主持工作者是宗教长老，实际上哈里发和王储就是真正的校长。爱资哈尔大学建立了许多学院，设立了图书馆，派人四处搜罗关于古典哲学、艺术和自然科学方面的书籍，供教师和学生们研究使用。学校聘请大批著名学者讲授各门学问，给他们优厚的待遇，并招收各地学生，免费提供食宿和书籍。教授们身穿特制的服装，头戴特殊的头巾。他们除了向学生讲授外，还从事学术研究和著述。

在法蒂玛王朝时代，埃及产生了许多著名的学者，他们在文学、历史、哲学、数学、天文学和医学等方面留下了大量的著述，对学术发展作出了不可磨灭的贡献。

在文学领域，首推宫廷诗人穆罕默德·伊本·哈尼（Muhammad ibn Hani al Andalusi al Azdi，约936—973年）。伊本·哈尼是西班牙穆斯林，后投靠穆仪兹。穆仪兹迁都埃及时，也将他带到了埃及。伊本·哈尼歌颂穆仪兹，用尽一切溢美之词，甚至不惜违反伊斯兰教的基本教义，使用赞美真主之辞赞扬穆仪兹说："你是唯一的，万能的。"

欧玛莱·也门尼（即也门人之意）是法蒂玛王朝诗人兼历史学家。他本是也门人，定居埃及后改奉什叶派，成为法蒂玛王朝的忠诚追随者。他留下了一部诗集《欧玛莱·也门尼诗集》。另外，他还写了一部历史书籍《埃及历代大臣》。也门尼后来被萨拉丁杀死了。

伊本·祖拉格是法蒂玛王朝时代重要的历史学家。他为法蒂玛王朝初期的重要人物昭海尔等人都写过传记，著有《埃及法官传》，不过没有完成。另一位历史学家阿里·哈曼·沙卜希，生活在哈里发哈基木时期，曾长期担任图书馆馆长。他留下了大量的历史著作，其中以《伊拉克、叙利亚、半岛、埃及各地珍闻》最为重要。

法蒂玛王朝建立大学和提供学术的目的是为自己的政治服务，借提倡学术的名义，宣传什叶派教义，为法蒂玛王朝从历史和宗教上寻找立足点。宰相雅尔孤卜·吉里斯本是犹太教徒，后来改奉伊斯兰教。他制定了"土地法"、"税收制"等政府法规，还写了一部《伊斯兰教法》。法蒂玛王朝规定这部法典为国家的正式法典，并指定为爱资哈尔大学的教材，法官和法律学家都必须学习研究，并设置奖金，鼓励背诵这部法典。

990年，哈里发阿齐兹在爱资哈尔清真寺附近建立了一所教律家学会，由宰相雅尔孤卜·吉里斯主持。学会收集了大量宗教典籍，定期召开会议，讨论教律问题。教律学家享受优厚的俸禄。

哈里发哈基木在位时，虽然他性情乖张，但大力提倡学术，于1010年创建了科学馆，设立基金，吸纳学者从事天文学、医学以及阿拉伯语法学的研究。哈基木本人对占星学特别感兴趣，在开罗西南部木干丹山上建立了一座观象台。每天黎明前，他骑着毛驴只身上山，观测天象。当时的天文学家伊本·优努斯（Ibn al-Yunus，952—1009年）曾制作了一套历表，称为"哈基木历表"。它使用浑天仪和方位圆实测的结果修正了当时通行的历表。

法蒂玛王朝的埃及是一个多民族、多宗教的国家。埃及土著居民是科普特人，外来居民有阿拉伯人、希腊人、罗马人、波斯人和突厥人等，主要的宗教有犹太教、基督教和伊斯兰教三派。各民族各宗教都有自己的节日和庆典，有的节日甚至全国共同欢庆，例如和风节，本是科普特人的传统节日，但穆斯林也同样欢庆这个节日。每当和风节来临，埃及人家家户户都来到尼罗河畔的各个园林中，享受明媚春光，和煦清风，共庆一元复始、万象更新之喜。

泛滥节也是埃及举国共同欢庆的节日，埃及自法老时代就开始重视尼罗河的每年泛滥，因为它是关系到全国年成好坏的大事。每年的七八月份，尼罗河水如期泛滥时举行全国大典。哈里发与文武百官一起，亲临尼罗河与民同庆。骑兵组成的仪仗队排在最前面，他们身穿盔甲，盔甲上装饰有金珠宝石，接着是哈里发侍卫驼队，驼队后面是若干步兵队。

波斯旅行家纳绥里·库斯鲁曾亲眼目睹过哈里发举行泛滥节的情景：

"哈里发的贴身卫士是300名波斯德伊来姆部落的士兵。这些卫士，身着锦服，有的手执鹤嘴锄，有的手撑锦伞。还有许多儿童随着行列，沿途向两旁群众喷洒香水。大队人马走向旧城福斯塔特附近尼罗河港湾，到达河港时，人们停下来默默祈祷，向尼罗河表示崇敬。接着，执鹤嘴锄的士兵登上小艇，驶向尼罗河堤坝，人人动手用鹤嘴锄凿开水坝。霎时，河水滚滚流出，奔流向田野沟渠。这时群众欢声雷动。最后，一批包括盲哑人在内的群众，又登上小艇，驶进水坝，表达他们对丰收在望的喜悦心情。"

法蒂玛王朝时期，阿拉伯语在埃及得到了广泛普及。11世纪初，即阿拉伯人进入埃及约400年后，阿拉伯语在埃及不仅成为占绝大多数人的埃及穆斯林所使用的语言，而且成为占少数人口的非穆斯林使用的语言。埃及基督教会也开始使用阿拉伯语从事著述。当时的大主教赛义德·伊本·巴特里克曾用阿拉伯语写了一部埃及教会的历史。基督教徒在教堂做礼拜、唱圣诗、讲福音都使用阿拉伯语。文人学者著书立说也使用阿拉伯语。因此，阿拉伯语已成为埃及全民的语言，埃及已经演变成为一个纯粹的阿拉伯—伊斯兰国家。

五、阿尤布王朝

萨拉丁是阿尤布王朝（1171—1250年）的建立者，也是抵抗十字军侵略的著名英雄。他为人精明强干，以军事才能和政治手腕著称。为了抵御十字军的来犯，萨拉丁在开罗南部莫干丹山建筑了一座坚固的堡垒，后人称之为萨拉丁堡垒。堡垒中掘了一口井，深280尺，以防敌人包围时供士兵饮水之用，这座水井保留至今。萨拉丁屡次击退了十字军的进攻，使埃及从多年混乱的局势中安定下来，而在抵御十字军的同时，萨拉丁还派兵攻占了南部和红海沿岸。至1174年，阿尤布王朝已经成为一个强大的国家，萨拉丁宣布埃及独立。1175年，阿拔斯哈里发被迫宣布承认萨拉丁的政权，并正式任命萨拉丁为埃及苏丹。

阿尤布王朝的版图囊括了埃及、努比亚和阿拉伯半岛西部等地区。接下来，萨拉丁挥师北上，准备光复巴勒斯坦，统一叙利亚，实现建立萨拉丁帝国

萨拉丁城堡

的梦想。1187年6月，萨拉丁率领6万军队从埃及进入巴勒斯坦，与十字军交战于加利利湖西侧的赫汀，一举歼灭了耶路撒冷国王库伊率领的2万大军和欧洲十字军主力。同年10月，萨拉丁攻陷耶路撒冷，连克地中海东岸贝鲁特、西顿等多座城市和要塞，只有安条克等3座城市没有拿下，处于十字军的占领之下。

萨拉丁收复耶路撒冷的壮举震撼了整个欧洲的基督教世界。于是，德意志国王红胡子腓特烈一世（Fridrich I，约1122—1190年）、英国“狮心王”理查一世（Richard I，1157—1199年）和法王腓力二世（Philippe II，1165—1223年）亲率十字军发动了第三次东征。沿海城市阿克是双方争夺的焦点。经过长达两年的围攻，1191年，十字军终于攻陷阿克（Acre）。攻陷阿克后英法两王发生争吵，而腓特烈一世早已在小亚细亚渡河时淹死。法王腓力二世决定打道回府，英王理查一世也无力再战，遂与萨拉丁缔约休战。条约规定，十字军保有从提尔到雅法的沿海地带，内地和耶路撒冷则属于萨拉丁的辖区，基督徒享有朝拜耶路撒冷圣地的权利。

萨拉丁不仅是流芳百世的阿拉伯英雄，而且政绩卓著，他统治的时代被称作“穆斯林团结复兴的时代”。阿尤布王朝尊崇逊尼派伊斯兰教，恢复了逊尼派伊斯兰教在埃及的统治地位。萨拉丁致力于伊斯兰学术文化事业，他招贤纳士，款待学者，奖励学术，积极促进伊斯兰教的发展和传播。他不仅充实和发展爱资哈尔大学，而且在大马士革和耶路撒冷等地的清真寺开办学校。萨拉丁被誉为“伊斯兰教高等学校的建设者”。

1193年，萨拉丁在大马士革病逝。由于他死前没有指定继承人，于是王位继承问题立刻引起争斗，盛极一时的阿尤布王朝发生分裂。萨拉丁有17个儿子，加上他的几个弟弟和本家族的近亲，他们纷纷夺取领地，各自割据。

1218年，十字军利用阿尤布王朝分裂的机会发动攻势，占领了贝鲁特（Beirut）和耶路撒冷（Jerusalem）。第二年，十字军占领尼罗河入海口处的重镇达米亚特（Damietta），并沿尼罗河进攻埃及内地。1221年，阿尤布王朝反攻，收复达米亚特，迫使十字军撤出埃及。1242年，撒列哈苏丹继位后，派突厥将领拜伯尔斯率军进入巴勒斯坦，借助花剌子模突厥人的支持，于1244年再次收复耶路撒冷。

1249年，法王路易九世（Louis IX，1214—1270年）率领十字军第七次进攻埃及。十字军攻占达米亚特，并进军开罗。正值此时，苏丹撒列哈病故，其子图兰沙继任苏丹。图兰沙派军队击败十字军，俘虏法王路易九世，并将十字军逐出埃及。

与阿拔斯王朝、法蒂玛王朝一样，阿尤布王朝也重用突厥奴隶兵团。他们常侍苏丹左右，骄横跋扈。1250年，图兰沙试图削弱他们的势力，结果却被杀害。图兰沙的继母，女奴出身的舍哲尔自立为王，并将她的名字铸在新的钱币上。接着，舍哲尔与突厥将领艾伊贝克（突厥语意为“月亮之子”）结婚，共掌政权，由艾伊贝克出任苏丹，阿尤布王朝结束。从此，埃及进入马木路克王朝时期。

阿尤布王朝虽然只维持了79年的统治，但抵抗十字军的侵犯几乎贯穿了整个历史，它保卫东方的功绩是不可磨灭的。阿尤布王朝不仅把东方伊斯兰国家从西方十字军的侵略中拯救出来，而且对埃及和叙利亚的经济和文化发展也发挥了不小的作用。他们在对外战争中还不断致力于水利和灌溉系统的建造，发展农业生产，提高人民的生活水平。此外，阿尤布王朝还与威尼斯等意大利城市订立一系列的贸易条约，促进了埃及对外贸易的发展。

六、马木路克王朝

马木路克（Mamluk，又译马木留克）一词意为奴隶。马木路克王朝是由外籍奴隶（主要是突厥人）出身的将领在埃及建立的军事寡头政权。马木路克王朝大体可以分为前后两个阶段。前期马木路克（约1250—1382年）主要是突厥人和蒙古人，因为他们驻扎在尼罗河三角洲附近的一个绿洲上，所以称为河洲系，或伯海里系（Bahri Mumluk，埃及方言把尼罗河称为伯海里）。后期马木路克（约1382—1517年）主要是来自高加索山以北地区的塞加西亚人，因为他们驻扎在开罗郊外的碉堡，所以称为碉堡系，或布尔吉系（Burji，意为碉堡）。由于马木路克王朝缺乏明确的苏丹继任制度，马木路克军团首领相互倾轧，轮流操纵政局，苏丹更迭频繁。马木路克王朝期间共有47位苏丹相继执政，平均执政时间不足6年。尽管如此，马木路克王朝不失为中古埃及的鼎盛时期。

马木路克人属于突厥族，要了解马木路克在埃及的历史，必须先追溯突厥人与阿拉伯人的关系。突厥人最早聚居在中亚细亚的阿姆河一带。5世纪时突厥人从中亚西迁，过着游牧生活。8世纪初，阿拉伯人向东方扩张，统治了中亚，大量突厥人沦为奴隶。由于他们吃苦耐劳，勇敢善战，因此被阿拉伯人编入军队，称为马木路克军团，即奴隶军团。阿拔斯王朝建立后，阿拉伯贵

马木路克骑兵

族之间矛盾日深，而波斯贵族的势力日大，于是，阿拔斯王室重用突厥人。从哈里发麦蒙时代开始，这些马木路克人便成为封建王室的支柱。他们镇压国内暴动，抵抗外来侵略，其势力不断壮大。埃及的突伦王朝和伊赫西德王朝都是由突厥人建立的半独立王朝。13世纪中叶，阿尤布王朝衰落的时候，马木路克军团的首领经常使用武力反对王室。他们还企图推翻阿尤布王朝另建自己的王朝。

1250年，阿尤布王朝灭亡，马木路克军团首领伊兹丁·艾伊贝克（Izz al-Din Aybak，1250—1257年在位）出任苏丹，成为马木路克王朝的第一任苏丹。艾伊贝克死后，由他的儿子曼苏尔·阿里（Al-Mansur Ali，1257—1259年在位）继位。由于阿里年幼（只有十几岁），实际权力操纵在大将古突兹（Saif ad-Din Qutuz，1259—1260年在位）手里。古突兹废黜年幼的阿里，篡夺苏丹大权，成为马木路克王朝第三任苏丹。马木路克王朝的真正奠基人是第四任苏丹拜伯尔斯（Baibars，又译拜巴尔一世，1223—1277年），他素以抗击蒙古军和十字军而著称。

1258年，蒙古军统帅旭烈兀进攻巴格达，阿拔斯王朝灭亡。1260年，旭烈兀西进，占领叙利亚，接着长驱直入，直抵巴勒斯坦，进逼埃及。当时驻守在叙利亚北方的马木路克军统率拜伯尔斯退回埃及，与古突兹联合共同抗击蒙古军，由于士气高昂，出师大捷，重新夺回了蒙古军的前沿重镇加沙（Gaza）。接着，古突兹准备率军收复被蒙古军占领的叙利亚失地，但这时蒙古军统帅怯的不花率领的援军赶到，与正在准备东进的埃及穆斯林军在阿因·查鲁特展开了一场拉锯战（Battle of Ain Jalut，又译阿音札鲁特战役）。战争进行得非常艰难，时进时退，死伤惨重，横尸遍野，但穆斯林军队凭着顽强的毅力最终获得了胜利。

阿因·查鲁特战役胜利后，拜伯尔斯杀死古突兹，在开罗登上了苏丹宝

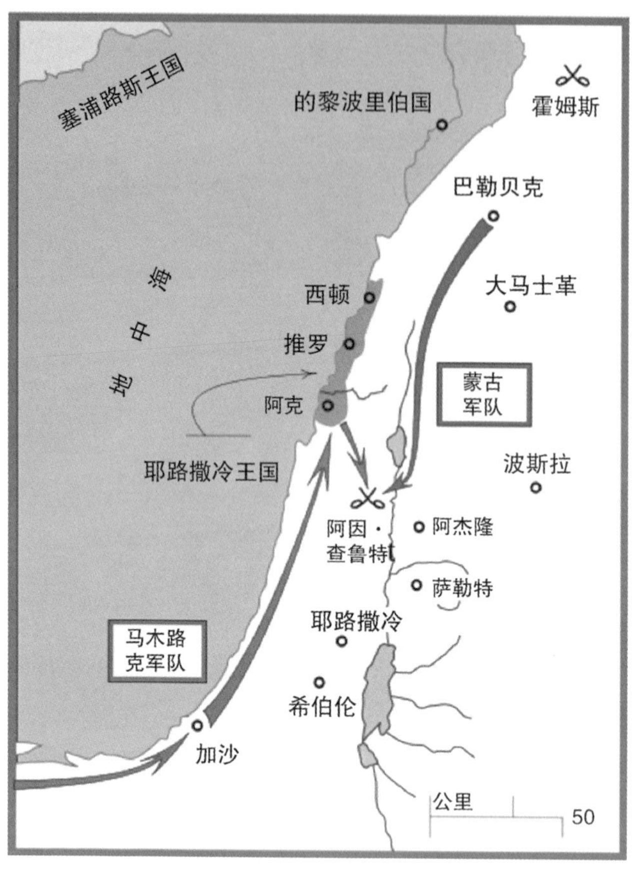

阿因·查鲁特战役示意图

座。拜伯尔斯恢复了哈里发制度，将阿拔斯王朝后裔阿布·卡西姆迎往开罗就任哈里发，尊称阿布·卡西姆为穆斯坦绥尔。拜伯尔斯从哈里发那里获得了统治埃及、叙利亚、两河流域上游和阿拉伯半岛西部的权力册封，使得他自己在整个穆斯林世界中的地位大大提高。马木路克王朝时期，哈里发形同虚设，没有任何权力，等同于囚禁在堡垒中的犯人，过着与世隔绝的生活。哈里发的唯一职责就是为新的苏丹主持就职仪式。

拜伯尔斯即位后，重建陆军和海军，增强军事实力，抗击蒙古军，还在叙利亚和巴勒斯坦地区摧毁了十字军占领的大小堡垒，大挫十字军的锐气，为埃及赢得了一个和平安定的社会局面。拜伯尔斯全心致力于国家的建设，重视农业，修建堤坝，开掘水井，发展经济。他在位17年，把埃及治理得井井有序，繁荣兴盛。拜伯尔斯还颁布法令来提高全民的道德素质，杜绝荒淫腐败的风气，在全国范围内禁止卖酒和饮酒，将大批危害社会的坏分子放逐国外。拜伯尔斯十分重视阿拉伯伊斯兰的文化事业，在开罗创建了以他的名字命名的学院，聘请著名学者从事教学，同时建立了一座图书馆，还开办孤儿院，向孤儿提供食宿。

1277年，拜伯尔斯逝世，他的两个儿子先后继任苏丹。两人或年幼或无能都无所表现，每人在位都不足一年。外号为艾勒菲（意为“千金奴”）的盖拉温（Al Mansur Qalawun，又译嘉拉温，1279—1290年在位）篡夺了苏丹大权，成为马木路克王朝的第七任苏丹。盖拉温是马木路克王朝时期有作为的著名的苏丹之一。

盖拉温在霍姆斯大败蒙古军

盖拉温即位后，蒙古军不甘心失败，再次来犯。盖拉温派军迎敌，在霍姆斯（Homs）大败蒙古军。霍姆斯战役是继阿因·查鲁特战役之后抗击蒙古军的又一次重大胜利。盖拉温为人正直刚毅，很有作为，可以与他的前任拜伯尔斯相媲美。盖拉温兴建了许多建筑物，包括清真寺和医院。他特别重视眼科医学，1284年，他捐资100万第纳尔在开罗创办了一所眼科专门医院，在阿拉伯世界享有盛名。1915年，埃及政府对该医院进行了扩充重建，它至今仍屹立在开罗市中心。

盖拉温死后，他的儿子艾什赖弗（Al-Ashraf Khalil，约1262—1293年）得到权贵的支持被拥上苏丹宝座。他英勇善战，残酷无情。他继承了父亲盖拉温的遗志，讨伐十字军。1291年，艾什赖弗率军攻克阿克，给十字军造成重大伤亡。接着，西顿和贝鲁特等海港相继被攻下，地中海东岸的十字军占领区全部被夺回，从此结束了十字军占领穆斯林东方的历史，“十字军战魂”从此在东方彻底消亡。由于艾什赖弗残酷无情，四面树敌，在位仅3年就被大臣刺杀。他的弟弟纳绥尔·穆罕默德（Al-Nasir Muhammad，1285—1341年）继位。

纳绥尔是马木路克王朝在位时间最长的苏丹。他曾3次即位，两度被废。纳绥尔继续讨伐蒙古军。1303年，蒙古军惨败东撤，开罗城张灯结彩，喜气洋洋，纳绥尔与将士们痛饮柠檬水共同庆祝胜利。

纳绥尔执政时期，埃及马木路克王朝进入一个繁荣安定的时代，也是马木路克王朝的鼎盛时期。开罗成为一个强大的统一的帝国首都。国家版图辽阔，除埃及和叙利亚外，马木路克王朝还统治着也门以及阿拉伯半岛西部地区。

纳绥尔致力于抗击外敌和国家建设，修建学校、清真寺和浴池等公共设施。他对埃及的经济和文化发展都有较大的贡献，但他贪图安逸，奢侈腐化，挥霍无度。据说他为了给儿子设婚宴，一次就宰杀了2万头牲畜。马木路克王朝开始由盛转衰。

纳绥尔之后的继承人一个比一个软弱无能，伯海里系（河洲系）马木路克的统治逐渐被布尔吉系（碉堡系）马木路克取代。马木路克王朝进入后期阶段，即布尔吉系马木路克王朝时期。

马木路克王朝后期的绝大多数苏丹，懦弱无能，骄横暴戾，昏庸无知，马木路克王朝进入最黑暗的时期。在这段时期，群雄争霸，内战不休，田地荒芜，民不聊生。尤其雪上加霜的是1348年，鼠疫从欧洲传入埃及，并在埃及、巴勒斯坦及周围地区持续流行7年之久。据统计，仅在开罗就夺去了30万人的生命。马木路克王朝走向衰亡的边缘。

图曼贝伊

新航路的开辟敲响了马木路克王朝的丧钟。1498年，葡萄牙航海家达·伽玛发现了绕道好望角的航道，使得远东、印度和阿拉伯半岛等地的商品，无需经过叙利亚和埃及的港口，就可以直接运到欧洲。因此，埃及马木路克王朝失去了国家岁入的一个主要来源，国力日趋枯竭。

正当马木路克王朝处于风雨飘摇之际，在小亚细亚兴起了奥斯曼土耳其人，他们对马木路克王朝构成了严重威胁。1516年，奥斯曼土耳其军队在叙利亚北部阿勒颇附近的达比克草原战胜马木路克军队，进而占领整个叙利亚。1517年，奥斯曼土耳其军队在开罗附近再败马木路克军队，攻陷开罗。马木路克王朝末代苏丹图曼贝伊（Tuman bay II，约1476—1517年）被俘身亡，全军覆灭，马木路克王朝灭亡。

马木路克王朝时期是埃及历史上一个比较重要的阶段，在文化方面也取得了一定的成就。

马木路克王朝时期重视城市建设。巍峨的王宫、壮观的清真寺在开罗各地拔地而起。苏丹纳绥尔为其妻子建造的爱布勒格皇宫至今矗立在尼罗河畔。皇宫墙壁上饰以珠翠，镶以金玉，十分华丽。马木路克王朝时期进一步使用巨石建造清真寺，它们直到今天仍矗立在开罗的大街小巷。马木路克王朝前期的建筑代表是拜伯尔斯清真寺和哈桑清真寺。后期的清真寺建筑日趋小巧，但精雕细刻，更加美丽雄浑，后期的建筑代表是莫干丹山下的嘎伊特贝清真寺。清真寺内装饰奢华，礼拜堂内安放《古兰经》的经框都是用宝石和黄金镶嵌的，旁边的宣教台和诵经台上的装饰更是巧夺天工，清真寺内的挂灯和窗子是用精美的彩色玻璃制成的。

马木路克王朝时期，埃及手工业发达，有纺织业、制陶业、玻璃制造业和制革业等，在西方世界享有盛誉。特别是金属工艺品，如瓶饰、香炉、铜壶、铜盘和铜烛台等，琳琅满目，在马木路克王朝时期十分流行。

14世纪埃及的对外贸易也取得了极大的发展。埃及地处国际交通要道，自古以来对外贸易就很发达。十字军战争结束后，东西方交通畅通，埃及的对外贸易更加扩大。14世纪中叶，外国在埃及设立了处理自己利益的领事馆，埃及方面修建了旅馆和房舍为西方商人提供方便，并向他们提供种种优惠条件。马木路克王朝垄断了由东方通往西方的商道，东方的丝织品、香料、胡椒和药品等，经过印度、埃塞俄比亚和亚丁进入红海，经埃及运到亚历山大港，再输运到地中海东西各地。埃及从中征收商品关税，使埃及获得了丰厚的收入。据统计，14世纪末15世纪初，埃及控制这条商道获得的捐税，每年达7万第纳尔。

制作精美的马木路克铜壶

马木路克王朝重视通讯事业，设置了巴利德（邮务部）机构，在全国建立了严密的通讯网。开罗西南部莫干丹山上的萨拉丁堡垒为

伊本·赫勒敦

全国通讯中心，辐射到红海西岸、地中海北岸，甚至远达巴勒斯坦的加沙港。萨拉丁堡通讯中心与各地通讯每周两次。

马木路克王朝提倡教育，重视学术，出现了大批的著名学者。伊本·赫勒敦（Ibn Khaldun，1332—1406年）著有《伊本·赫勒敦史》，共7册，其中的《绪论》则为本书精华。他是突尼斯人，长期居住在埃及，对阿拉伯伊斯兰历史学的贡献甚大，被称为历史哲学的开创者。

麦格里基（Al-Maqrizi，1364—1442年）是马木路克王朝时期另一位杰出学者。他一生埋头著述，涉及历史、地理和教律等学科。他撰写的《埃及志》一书，详细记述了阿拉伯人统治时代的埃及历史、政治、经济、学术和文化，是有关埃及历史的名著，后来的历史学家撰写埃及中世纪史都离不开这部著作。麦格里基还撰写了3卷本的《名人传》，介绍了与他同时代的埃及名人。后来，库特比·哈木莱比续写了《名人传外篇》。

由于埃及风沙大，因此自古以来眼疾是埃及的常见病，对眼科的研究极受重视。眼科医学是埃及的领先学科。医学家伊本·纳基德著的《经验疗法》是论眼科疾病的珍贵典籍。

阿因·查鲁特战役是穆斯林历史上一次划时代的重大胜利。自成吉思汗以来的半个世纪，蒙古铁骑横扫亚洲，进逼欧洲，于1258年灭亡历时500余年的阿拔斯帝国后，接着又夺取了幅员辽阔的西亚重地叙利亚，以咄咄逼人之势进犯埃及。地处欧亚非三洲交界地的埃及眼看就要被踩在蒙古铁骑之下，形势可谓万分危急。蒙古军队气势汹汹，不可一世，亚欧国家大难临头，无不胆战心惊，惊慌失措。就在这千钧一发之际，埃及穆斯林军队以钢铁般的意志稳住了阵脚，奋勇战斗，唤回了穆斯林的战魂，终于获得了辉煌的胜利，遏止了蒙古军队的进攻。历史不能改写。试想，如果埃及沦入蒙古军队之手，那么，埃及的历史、西方的历史，乃至整个世界的历史必将重写。因此，阿因·查鲁特虽为弹丸之地，却关系着穆斯林国家的存亡，也关系到整个西方世界的安危。可以说，阿因·查鲁特战役是扭转世界历史的一次重大战役。

阿因·查鲁特战役的胜利应该归功于马木路克军团杰出的统率拜伯尔斯。拜伯尔斯是叙利亚马木路克军团的首领，当时为了争夺苏丹宝座，与以古突兹为首的埃及马木路克军团处于敌对状态。面对蒙古军队的大兵压境，埃及处在生死存亡关头。拜伯尔斯心地坦荡，深明大义。为了拯救埃及，保卫伊斯兰世界，他庄严地提出坚决服从古突兹，团结起来共同对付蒙古军队。拜伯尔斯智勇双全，指挥有力，身先士卒，鼓舞了马木路克军团的士气，增强了埃及人民抗战的决心。拜伯尔斯可谓在阿因·查鲁特战役中立下了汗马功劳。但是，阿因·查鲁特战役胜利后，拜伯尔斯却没有得到应该享有的胜利果实。据说，战前古突兹曾允诺过，打败蒙古军队后将委任拜伯尔斯为叙利亚北部重镇阿勒颇地区的驻军长官。战争胜利后，古突兹却背弃诺言，仅赠送拜伯尔斯几个突厥姑娘作为犒赏。拜伯尔斯非常恼火，于是在班师返回埃及的途中刺杀了古突兹，登上了苏丹宝座。

对于拜伯尔斯与古突兹两人的行为，历史学家向来持有不同的评说。其实，为了争权夺利而导致的刺杀事件在突厥军队中极为平常。从阿拔斯王朝后期突厥人当权时起，到阿尤布王朝、马木路克王朝时期，这样的悲剧司空见惯。拜伯尔斯和古突兹他们都是以武力手段夺取政权、自立为王的人物，历史又何必去深究孰是孰非呢？

七、奥斯曼土耳其帝国统治下的埃及

奥斯曼人（Ottoman）起源于中亚细亚一个叫古兹的突厥部落，他们是西突厥人的一支，早先在伊朗高原东部地区从事游牧，信奉伊斯兰教。13世纪初蒙古军队西征，他们被迫向西迁徙，到达小亚细亚东部草原地区。在塞尔柱人的支持下，他们不断向小亚细亚拜占庭帝国的属地扩张。1288年，他们的首领奥斯曼（Osman I，约1258—1326年）得到塞尔柱王国苏丹阿拉·丁的支持，获得半独立地位。奥斯曼继续向西扩张，攻占了拜占庭帝国在小亚细亚的大片土地，并围攻拜占庭帝国的旧都尼西亚（即伊兹尼克）。

蒙古军队的西征使塞尔柱人受到重创，元气大伤。1299年，塞尔柱人失去了自己的大部分领土，苏丹阿拉·丁死去。于是，奥斯曼宣布完全独立，建立以自己的名字命名的奥斯曼王国。奥斯曼成为后来奥斯曼土耳其帝国的奠基人。

1326年，奥斯曼去世，他的儿子乌尔汗（Orhan，1281—1362年）继位。乌尔汗通过征战和扩张，使奥斯曼王国更加稳固。1421年，木拉德二世（Murad II，1404—1451年）即位后，奥斯曼土耳其人在小亚细亚取得了决定性胜利。1451年穆罕默德二世（Mehmed II，1432—1481年）继位后，于1453年率军攻占了拜占庭帝国的首都君士坦丁堡，拜占庭帝国灭亡。奥斯曼土耳其帝国的新纪元从此开始。奥斯曼土耳其人将君士坦丁堡改称为伊斯坦布尔（Istanbul），使之成为奥斯曼土耳其帝国的首都。

奥斯曼土耳其人不仅取代了拜占庭帝国，还成为阿拉伯帝国元首哈里发的继承人，实行政教合一的政治制度。奥斯曼土耳其帝国的元首既称苏丹（Sultan），又称哈里发（Khalifah）。在16世纪的百年内奥斯曼土耳其人征服了西亚和北非的全部阿拉伯国家，并且在被征服地区设置行省，行省的最高长官称为帕夏（Pasha），由奥斯曼土耳其人担任。帕夏必须效忠苏丹，并以巨额财富向苏丹进贡，只有这样才能保住帕夏的位置。

1517年，奥斯曼土耳其帝国的军队攻陷埃及首都开罗，从此埃及沦为奥斯曼土耳其帝国的一个行省。

在接下来的300多年时间里，虽然埃及无论在何种形式上都是奥斯曼土耳其帝国的一个行省，但是埃及却保持了自身的独特性。奥斯曼土耳其帝国统治者以一种独特的方式统治埃及，他们早就意识到埃及需要特殊对待，因为在奥斯曼土耳其帝国征服埃及之前，埃及早就出现了土耳其人，很多马木路克在血缘、语言和文化上就是土耳其人。奥斯曼土耳其帝国的苏丹赛利姆一世（Selim I，1512—1520年在位）掌控埃及后，在这里逗留了几个月，但他几乎未对他的新的行省——埃及，进行任何行政管理的改革。赛利姆一世把叙利亚与埃及分离开来，并把一个组织严密的行省政府强加给了叙利亚，而对埃及则没有进行这样的重组。赛利姆一世把埃及政府委托给了强有力的马木路克首领。因此我们可以说，奥斯曼土耳其人征服埃及，尽管意味着马木路克政权的结束，但并不意味着马木路克的终结。相反，马木路克再次繁荣发展起来，一种新的马木路克制度盛行于奥斯曼土耳其帝国统治时期的埃及。那些参加对抗奥斯曼土耳其帝国的马木路克受到管制，但很多其他马木路克泰然处之，还有一些马木路克积极地与入侵者合作，从而得到了慷慨的奖赏。马木路克制度非常适合奥斯曼土耳其帝国制度，他们既为奥斯曼土耳其帝国服务，又为他们自己服务。马木路克制度有助于保持埃及在奥斯曼土耳其帝国内的独特性。马木路克很快就重新插入埃及的整个军事组织，并再次成为埃及最强大的势力。

奥斯曼土耳其帝国派来的埃及总督(即帕夏),他们不懂埃及方言,也不了解埃及的情况,因此任期极为短暂。从1517年奥斯曼土耳其人统治埃及开始,到1798年法国人到来之前的约300年里,埃及更换了110个帕夏。帕夏坐镇开罗,征收赋税,并依靠马木路克组成的侍卫队维持治安。帕夏之下是贝伊(Bey),他们担任地方军政首脑,可由马木路克担任。贝伊之间常常相互倾轧,争权夺利的斗争十分激烈。贝伊之间的仇恨如此不可调和,以至于帕夏可以利用这种仇恨,使一个派别对抗另一个派别,并有机会处死一些可恨的贝伊。这样,奥斯曼土耳其统治者与马木路克军团的后裔,狼狈为奸,沆瀣一气,形成了对埃及人民的双重压迫。18世纪初叶,奥斯曼土耳其帝国日趋衰落,他们在埃及的统治也开始发生动摇,马木路克军团成为埃及实际上的统治者,埃及仅仅在名义上属于奥斯曼土耳其帝国。

因为埃及是奥斯曼土耳其帝国的一个行省,所以它的很多资源都流入帝国国库,然而,埃及不但没有停滞不前,反而在奥斯曼土耳其帝国统治下获得了全面发展。埃及人口迅速增长,从大约300万人增加到1798年的450万人,甚至在政治动乱的18世纪也是埃及经济繁荣的时代。但并非整个埃及都步调一致地发展,进步的同时还伴随着倒退,亚历山大港继续其衰落过程,直到它最终变成了一个小渔村。当然,2 000多年前亚历山大大帝最初来到这里时它就是一个小渔村。亚历山大港不再是贸易中心,从未从1356年十字军对它的破坏中恢复过来。另外,开罗仍是东方的大城市之一,尽管它只是行省的省会。开罗人口在奥斯曼土耳其帝国统治初期不足10万人,但到18世纪末期法国人入侵时人口翻了一倍。

奥斯曼土耳其人对埃及的影响是十分微妙的,他们的人数从来就不多,最晚到18世纪末,在埃及的奥斯曼土耳其人只有约1万名,占埃及总人口的很小一部分。但是,奥斯曼土耳其人在习惯、衣着和生活方式等方面都对埃及产生了深远的影响。很多土耳其词汇进入了埃及的口语系统。尽管奥斯曼土耳其人是傲慢的,并享有较高的地位,但是他们没有被视作外来占领势力,而是被视作埃及社会的基本组成部分。奥斯曼土耳其人在埃及缔造了根深蒂固的等级观念,广大的埃及人被称为菲拉赫(Fellah,即农民),统治者被称为帕夏、贝伊。尽管1952年埃及革命后曾经禁止使用帕夏、贝伊之类的头衔,但是此类头衔仍在埃及流行。

在奥斯曼土耳其帝国统治后期,马木路克企图东山再起,赶走奥斯曼土耳其总督,重新恢复马木路克王朝,再次登上埃及历史的舞台。1768年,马木路克的强大首领阿里·贝伊竟用武力赶走了奥斯曼土耳其帝国驻埃及的帕夏，宣布埃及独立。他试着穿戴王室的服装，甚至把自己的名字铸造在硬币上以代替苏丹的名字，并自称埃及苏丹。阿里·贝伊统治埃及不足3年，在内讧中战死。

阿里·贝伊死后，贝伊内部争夺最高权力的斗争随之发生，其结果对于埃及来说是非常可怕的，群雄逐鹿，兵荒马乱，民不聊生。贝伊派系冲突严重破坏了埃及的经济，政治动荡伴随着尼罗河洪水过度泛滥同时发生，瘟疫也给埃及人口带来破坏性影响，天灾和人祸使得埃及的局面在18世纪最后的20年里严重恶化。

1798年，法国拿破仑入侵埃及，最终结束了这一切，从此埃及的历史进入近代时期。

作者点评：

作为古老文明创造者的埃及，不管其遭遇如何曲折，在它的各个历史时期中，始终表现了独立发展的力量。在阿拉伯帝国统治时期，埃及较早摆脱了阿拔斯王朝的统治。著名的突伦王朝（868—905年）虽然只存在了很短的时间，但它却是埃及历史发展的重要转折点。突伦在位16年间，在政治、经济、军事和文化上都颇有建树，建立了一个幅员辽阔的、富庶的、实际上独立的王朝。突伦王朝的建立标志着埃及自托勒密王朝以来重新成为一个独立国家。埃及其后又经历了伊赫西德王朝、法蒂玛王朝、阿尤布王朝、马木路克王朝等许多王朝的更迭，但它在整个中世纪时期基本上维持了自己的独立。法蒂玛王朝时期的埃及是一个多民族、多宗教的繁荣昌盛的国家，阿拉伯文化在埃及绽放出艳丽的花朵，首都开罗成为阿拉伯伊斯兰文化中的三大中心之一。阿拉伯语已经发展成为埃及全民的语言，埃及已经演变成为一个阿拉伯伊斯兰国家。

马木路克王朝时期是埃及历史上一个十分重要的阶段。马木路克王朝重视城市建设、提倡教育、赞助学术，促进了埃及文化的繁荣。中世纪的著名历史学家伊本·赫勒敦（Ibn Khaldun，1332—1406年）曾这样写道："人们能够想象的东西总是超过其看到的东西，因为想象的空间更大；但在开罗除外，因为它超过人们能够想象的一切事物。"

在奥斯曼土耳其帝国统治时期，埃及也一直保持着半独立的地位，特别是穆罕默德·阿里王朝以来，埃及完全脱离了奥斯曼土耳其帝国的发展轨道，并为近代埃及民族国家的形成奠定了坚实的社会经济基础。

第九章　近代埃及

资本主义的本性是向外扩张。最早走上资本主义发展道路的西方国家都是以掠夺殖民地来加速其发展的。18世纪末，西方资本主义列强英国和法国掠夺海外殖民地的斗争日趋激烈，埃及地处欧亚非三大洲的交汇地，其重要的地理位置自然成为英法两国争夺的主要对象。

一、法国入侵埃及

1789年法国大革命后，法国成为欧洲大陆最强大的国家。为彻底击败以英国为首的反法联盟并取得世界霸权，1797年，督政府命令拿破仑（Napoléon Bonaparte，1769—1821年）跨海进攻英国。拿破仑深知法国海军远不是英国海军的对手，迟迟不肯行动。同年8月，拿破仑致函法国外长塔列朗表示反英斗争必须在东方进行，法国应夺取埃及。拿破仑在日记中提到远征埃及有三个目的：第一在尼罗河畔建立一块法国殖民地；第二为法国商品行销非洲、阿拉伯半岛和叙利亚开辟市场；第三以埃及为进攻据点，开赴印度。由此可见，拿破仑之所以计划首先进攻埃及，是因为埃及扼欧亚非三洲的咽喉，如果占领埃及不仅可以控制中东和近东，而且可以夺取英国在地中海的贸易，进一步征服印度。

拿破仑的狂妄计划获得了支持。1798年，督政府授命拿破仑为东方军司令，率领海陆两军进攻埃及。同年5月，拿破仑统帅350艘战舰，35 000名士兵在土伦港集结，随后开赴战场。7月1日，拿破仑的战舰驶入亚历山大港。当拿破仑大军压境时，驻守亚历山大港的兵力薄弱，守军如蝗虫般仓皇逃跑，然而，亚历山大港的人民却不分男女老幼顽强抵抗，他们用刀枪棍棒和石块，抗击法军，坚守城池，奋勇杀敌。法军付出惨重的代价才占领了亚历山大港。

拿破仑占领亚历山大港

穆拉德贝伊

法军将领克莱贝尔和梅诺受伤，拿破仑也险些丧命。法军在亚历山大港到处黏贴和散发传单，声称入侵埃及是为了惩罚那些暴虐者，恢复埃及人的权利，处处充满了自由、平等、博爱等娓娓动听的词句。

接着，拿破仑军队向埃及首都开罗推进。7月13日，拿破仑率先头部队6 000人，在苏拉希特镇与穆拉德贝伊率领的3 000骑兵和9 000农民军相遇。两军交锋，穆拉德贝伊的骑兵很快就败下阵来，而手持刀枪棍棒的农民军却顽强进行抵抗。这时，一艘满载火药的马木路克战船突然被法舰击中，“火药立即爆炸，大火四起，吞噬了全船的官兵，血肉横飞”。穆拉德贝伊惊恐万分，丢下辎重和火炮，逃之夭夭，直奔开罗。

金字塔战役

法军渐渐逼近埃及首都开罗。7月21日，法军与马木路克军队在金字塔附近进行决战。由于双方兵力悬殊太大，马木路克军队节节败退。7月24日，法军进入开罗，并完全占领了尼罗河三角洲地区。拿破仑进入开罗后，为笼络人心，装出一副十分虔诚的样子，宣称皈依伊斯兰教。他头缠头巾，身穿长袍，到清真寺做礼拜。拿破仑还用名利收买埃及上层人物，使一些逃亡在外的伊斯兰教长老、富商大贾以及地方显贵在名利地位的诱惑下返回开罗，如爱资哈尔清真寺教长阿卜杜拉·舍尔哥威回到开罗，担任开罗政务会和全埃及政务总会的主席，成为法军的忠实奴仆。拿破仑千方百计网罗这些人，使他们成为法国统治埃及人民的工具，并通过他们号召埃及人民放下武器，停止抵抗，甘当臣民。拿破仑一方面利用名利收买埃及上层人物；另一方面用暴力镇压人民的斗争，宣称“所有臣民，如拿起武器反对法军，将被夷为平地”。为了监视埃及民众，他下令各家各户在夜间必须在门前点灯，许多居民因此遭敲诈勒索。在拿破仑的怂恿下，法军屠掠无辜百姓，纵火焚烧整个村庄，大肆劫掠牛羊马匹，致使埃及人民蒙受极大的灾难。

拿破仑在统治方面加强对埃及人民的压榨，竭力搜刮掠夺。拿破仑制定严密的税收制度，由法国税吏负责征收。广大农民成为法国殖民者的佃农，生活在水深火热之中。拿破仑还强行向埃及各地商人索取“贷款”，聚敛财富。开罗政务会刚成立后不久，法国人就召开会议，要求商人提供50万第亚尔的贷款。同时向亚历山大港等其他城市的商人索取数额不等的“贷款”，这些“贷款”其实是永远不能兑现的期票。据统计，法国殖民当局在占领埃及的短短两个多月内，通过种种方式共敛取400多万法郎。

拿破仑的暴行引起了埃及人民的巨大愤慨，开罗弥漫在恐怖和悲愤的气氛中。爱资哈尔清真寺成为埃及人民起义的爆发地，10月22日，成千上万的学生和居民聚集在爱资哈尔清真寺，清真寺附近的大街上也挤满了人群，伊斯兰教长老们进行演说，激励人们起来反对外国侵略者。埃及民众群情激愤，沸腾起来，于是举行示威游行。法军闻讯后立刻前去镇压，向群众开枪射击，埃及民众手持刀枪棍棒与法军进行搏斗，于是武装起义开始了。起义群众很快占领了开罗城区的许多重要据点。正在外地视察的拿破仑闻讯后急忙调兵占

开罗人民举行起义，反对法国人的暴行

领城区内外制高点，从两面炮轰爱资哈尔清真寺，起义群众面对拿破仑的炮口威胁没有被吓倒，而是决心与法军血战到底。爱资哈尔清真寺在炮火中几乎被击毁，周围地区一片瓦砾，数以千计的埃及民众倒在血泊中。持续两天的开罗人民首次起义失败了，法军开进爱资哈尔清真寺，“他们将马匹拴在壁龛前，在课室和走廊里横冲直撞，他们砸碎全部挂灯和饰物，毁坏学生和文书的衣柜……他们把《古兰经》撕得粉碎，扔在地上，用脚和靴子恣意践踏……”

法军占领爱资哈尔清真寺后，残酷镇压开罗民众。他们大肆逮捕居民，将大批居民捆绑起来，游街示众，然后投入监牢，严刑拷打。而对身带武器者则进行砍头，天黑以后将尸体抛入尼罗河之中。

开罗人民首次起义虽然失败了，但是这次起义在埃及人民斗争史上具有深远的意义，它吹响了武装反抗西方殖民主义的号角，揭开了埃及近代反帝斗争历史的第一页。

早在拿破仑在法国土伦港集结准备远征埃及时，英国就开始密切关注法军的动向。英国首相皮特误认为法军将北上进攻爱尔兰，于是特派海军上将纳尔逊（Horatio Nelson，1st Viscount Nelson，1758—1805年）率舰队在直布罗陀海峡等候截击，但一直没有等到。待得知法军的真正意图后，纳尔逊立即命令舰队全速前进直赴埃及。由于纳尔逊行动过于迅速，反而比拿破仑提前抵达亚历山大港，结果到达亚历山大港后未见到一艘法舰。英军一无所获急忙折回克里特岛。两天后，法国舰队才抵达亚历山大港。

1798年8月，当拿破仑军队在埃及处处挨打的时候，英国舰队在纳尔逊的指挥下，在亚历山大港附近的阿布基尔（Aboukir）港与法国舰队展开激战，结果法军大败，法国在亚历山大港的大部分舰队被全部歼灭，拿破仑与法国的联系因此断绝。在英国的煽动之下，奥斯曼土耳其苏丹发布诏书，宣布法军为敌人，并派遣军队进攻埃及的法军。因此，拿破仑在埃及的处境岌岌可危。面临英土联军的进攻，拿破仑决定孤注一掷，主动出击，决定向东北方面的叙利亚海岸冒险。1799年2月，他率领军队越过西奈半岛，攻占阿里什、加沙和雅法。在雅法（Jaffa）城内，拿破仑军队犯下了滔天罪行，将雅法城的居民全部杀死，致使整个城市尸横遍野，血流成河。接下来，法军在进攻阿克要塞时遇到奥斯曼土耳其军队和该城军民的顽强抵抗，法军遭到惨败。这时，法军在欧洲的战局也不利，法国国内的政局出现不稳。于是，拿破仑决定悄悄溜回法国，他的东方侵略计划终成泡影。拿破仑在日记中写道：“我的愿望驱使我奔向东方，伟大的远征令人神往。为此，我将欧洲置之脑后，可是，这些美梦和理想已被埋入阿克城下。”

8月22日，拿破仑带领一批亲信离开埃及，并任命克莱贝尔（Jean Baptiste Kléber，1753—1800年）将军继任远征军总司令，收拾在埃及的残局。克莱贝尔一面指控拿破仑使埃及陷入经济衰竭、民怨沸腾之中，一面步他的后尘，进一步鱼肉埃及人民，以维持法国在埃及的统治。法军在埃及的处境十分狼狈，埃及人民拒绝交纳租税，武装斗争的烈火在上下埃及燃烧起来，一场急风暴雨即将来临。

此时，奥斯曼土耳其首相尤素福率领的大军已开抵加沙，准备进攻埃及。英国舰队也完全控制了埃及沿海海域。克莱贝尔内外交困，陷入绝境，于是决定与土耳其单独媾和。1800年1月，法土双方签订《阿里什和约》。和约规定：法军分阶段地撤离埃及；土耳其及其盟国英国和俄国保证法军安全撤回法国，不能在海上袭击；法军撤离后，埃及仍归土耳其所有。《阿里什和约》的签订意味着法国入侵埃及彻底失败。

英国居心叵测，不愿看到法国与土耳其单独和谈，更担心全副武装的法军撤回欧洲将增强法国的反英实力。因此，英国坚持法军必须缴械投降，否则，英国将拒绝承认与法军签订的任何和约，并且英国将禁止任何运载法军的舰只通过地中海。

在求和无望的情况下，克莱贝尔决定铤而走险，拒绝撤军。1800年3月20日，克莱贝尔在艾因舍姆斯向土军发起突然进攻。土军猝不及防，一触即溃，败退至叙利亚。

开罗人民得知法国拒不撤军的消息后，群情激愤，积极准备发动武装起义。开罗的商业区——布拉格区的居民擂响了开罗人民第二次起义的战鼓。开罗人民发扬革命精神，在短短的24小时内建起了3座兵工厂：一座制造大炮，一座修理枪炮，另一座制造枪炮弹药。全城居民纷纷把自己所能收集到的铁器和铜器送往兵工厂，铁工、木工和冶工都不分昼夜，赶造武器。

在这次起义中，布拉格区遭受了史无前例的浩劫。历史学家迦白鲁谛曾亲历其景。他记载说：“法军从尼罗河登岸后，用大炮轰击布拉格区。可是布拉格区的居民奋勇抗敌，不惜投身于枪林弹雨之中，一直战到精疲力竭。敌人从四面八方赶来，大肆屠杀，终于占领了布拉格区。这时大街小巷，死尸遍地，大火在每一所屋子焚烧着……法国人的残暴罪行，不是用笔墨书卷所能写得完的。”

法军占领布拉格区后，继续攻占爱资哈尔清真寺以及其他区域，开罗又完全陷入法军统治之下。开罗人民第二次起义持续了52天，是法军占领时期埃及人民最英勇、最壮阔的一次反侵略斗争。起义被镇压后的一个多月，法军总司令克莱贝尔于1800年6月14日在住宅花园里被青年学生刺杀。梅努出任法军总司令。虽然他仿效拿破仑，宣称皈依伊斯兰教，并娶埃及女子为妻，但最终并不能挽救法军在埃及失败的命运。1801年3月，英土联军两次攻入埃及。法军受到埃及人民来自内部，英土联军从外部的内外夹击，节节溃败。梅努于8月31日宣布投降，9月2日，法军被迫撤离埃及。埃及重新归于奥斯曼土耳其帝国的统治，而事实上则为英国所控制。

法军远征埃及虽然只有3年多的时间，但这一事件产生的影响是复杂而深远的。拿破仑的火与剑打破了埃及闭关自守的大门，其他西方资本主义国家也接踵而至，埃及被卷入复杂的国际政治漩涡之中，成为西方列强的逐鹿之地，蒙受长期的苦难。

拿破仑的专家组在埃及考察

随着拿破仑的入侵，西方资产阶级的思想理论、政治观念、科学技术和生活方式等像一股决堤的洪流，冲击着这个古老的金字塔国度。埃及与西方文化的突然接触使得埃及人从中世纪的酣梦中惊醒过来，由此开始了追赶西方的漫长历程。

法国入侵埃及是一次以强凌弱的殖民战争，是法国历史上不光彩的一页，但是拿破仑在殖民埃及期间，对埃及文化作出的贡献却功不可没。拿破仑敏感地意识到埃及这个东方文明古国在人类文明史上占有极其特殊的地位，因此精心挑选了175名有学问的文职人员，组成东征军科学与艺术委员会。他们都是各领域、各专业最拔尖的专家，精通数学、物理学、化学、机械制造、天文、地理、医学、植物、建筑、水利、考古、文学、艺术和语言等学科。1798年8月23日，拿破仑建立了埃及研究院，由法兰西科学院院士蒙日任院长，拿破仑自己担任副院长。研究院分数学、物理、政治经济和文学艺术四个部，配备有设备先进的实验室和藏书丰富的图书馆，还定期出版一份学术刊物。拿破仑在埃及还建立了几家医院，创建了阿拉伯文印刷厂。同时，东征军科学与艺术委员会对埃及进行了全面的考察，他们用了多年时间编写了一部巨著《埃及记述》（Description de l'Égypte）。《埃及记述》内容丰富，卷帙浩繁，涉及埃及的历史、地理、农业、手工业、贸易、动物、植物、矿藏、风土人情和文学艺术等各个方面，是研究埃及的一部珍贵的百科全书。

《埃及记述》一书的封面

拿破仑远征埃及打开了埃及的大门，同时无意中也打开了古埃及文明的大门，这就是被称为开启古埃及文明之门钥匙的罗塞塔石碑的发现。它的发现从而诞生了一门学科——埃及学。

1799年8月，法国士兵在尼罗河西支流罗塞塔（Rosetta）入海口附近修筑防御工事。工程兵军官布沙德指挥一群士兵挖战壕时，偶然挖掘出一块布满稀奇古怪文字的石碑。当时，法国士兵对这类埃及古物已经司空见惯，因此在场的许多人对这块残碑并不觉得有什么稀奇，但就是这块似乎司空见惯的石碑最终成为打开古埃及文明迷宫的钥匙。

罗塞塔石碑（Rosetta Stone）约有桌面大小，长约115厘米，宽约73厘米，厚约28厘米。碑体为磨光的黑色玄武岩。在石碑的一面镌刻着3段文字，经过2 000多年的风沙侵蚀，已经变得有些模糊了。第一段是古埃及圣书体文字，共11行；第二段是比较潦草的世俗体文字，共32行；第三段是希腊文，共54行。希腊文，这是可以看得懂的。布沙德对希腊文略知一二，断定这件埃及古物可能非同寻常，便下令把它扛了回去。他哪里知道他面前这块不起眼的石碑，竟成了一把解开古埃及圣书体文字之谜的钥匙。

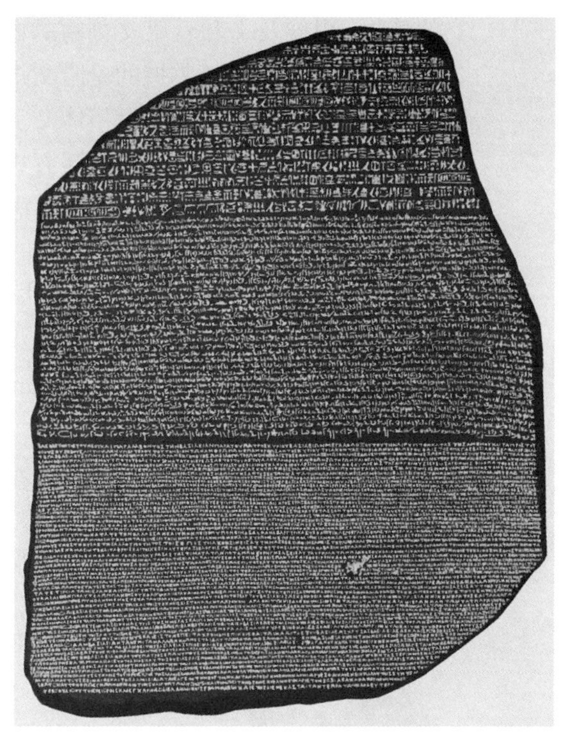

罗塞塔石碑

石碑很快就被送往开罗，供拿破仑在那里创建的埃及研究院的学者进行研究。拿破仑对这项工作十分重视，立即下令从巴黎召来两名学者，把石碑做成几件复制品，并将拓片分送到欧洲各国进行研究。这块石碑就以它的发现地命名，称为罗塞塔石碑。

罗塞塔石碑的内容是公元前196年埃及祭司为托勒密五世（Ptolemy V，公元前204—前181年在位）刻写的颂词公告。公元前204年，托勒密五世继位后，曾对埃及祭司广施恩典，包括修葺神庙、赠与谷物、减轻神庙赋税等。出于对国王的感恩戴德，公元前196年，埃及境内的祭司们云集圣城孟斐斯，决定在全国各地神庙竖立托勒密五世的雕像以示纪念，并把国王出生和即位的日子定为节日。

罗塞塔石碑内容本身并没有多大的历史意义。铭文的最后一段话说，祭司们想将此消息晓喻天下，决定把他们的决议原文用埃及语和希腊语两种语言、三种文字，即古埃及圣书体文字、世俗体文字和希腊文字发布出来。这段话非常关键，学者们极为兴奋，他们知道，罗塞塔石碑是一种官方文告，它刻写的三种文字对照的碑文，目的是让各族人群都能看得懂。碑文证实了学者的猜想：用埃及文和希腊文刻写的内容应该是完全相同的。如果是这样，凭借当时欧洲学者熟练掌握的希腊文知识，对此进行准确无误的翻译，就有可能探明古埃及圣书体文字和世俗体文字，重新展现埃及所有被遗忘的历史，了解这个一度强大的东方民族的生活方式、风俗习惯以及他们的思想。

《埃及信使报》曾经说过，罗塞塔石碑上可以找到通往这个过去的王国的钥匙，通过它有可能"用埃及人之口来说明埃及"。在正确地译出那段希腊文以后，再设法找到希腊文字与那些古埃及圣书体文字之间的关系，这应该是并不十分困难的。罗塞塔石碑恰好为揭开古埃及文字之谜提供了一把钥匙。学者们喜出望外，跃跃欲试。罗塞塔石碑的发现鼓舞着他们去作出新的努力，从而揭开古埃及文字之谜的面纱。

1801年3月，英土联军再次攻入埃及，8月，法军宣布投降。拿破仑在埃及的军事冒险以彻底失败告终。根据双方协议，作为战败方，法国人必须无条件地交出他们在埃及发掘的一切古物。虽然法国人千方百计想保住罗塞塔石碑，但最后还是未能如愿。1802年2月，罗塞塔石碑被英国人运往伦敦，陈列在大英博物馆，该石碑上的标签写着："不列颠军队征服的战利品。"

法国学者商博良

1822年9月，法国杰出的语言学家商博良（Jean-François Champollion，1790—1832年）终于将罗塞塔石碑上的古埃及文字成功破译，从此一门新兴学科——埃及学诞生了。

历经岁月的沧桑，直到现在罗塞塔石碑仍静静地竖立在伦敦大英博物馆埃及分馆的入口处，每日接受无数游人的造访，成为大英博物馆的镇馆之宝之一。

二、 穆罕默德·阿里王朝

1801年，拿破仑的军队撤离埃及后，埃及出现了3种相互倾轧的势力。第一种势力是土耳其人。1801年3月，在英国军队的支持下，土耳其帕夏重返埃及。当时奥斯曼土耳其帝国各省的分离运动日益扩大，土耳其帕夏得不到帝国中央的有力支持，因此处境十分困难，加上埃及人民的武装斗争，土耳其帕夏的地位朝不保夕。第二种势力是马木路克军团。在法国入侵埃及期间，马木路克的力量遭受法军致命的打击，其主力已不复存在。他们变成几股流寇骚扰于上下埃及。第三种势力是英国军队。拿破仑军队撤离埃及后，英国军队赖在埃及沿海一带不走，企图长期占领埃及。

穆罕默德·阿里

在这种混乱而动荡的年代里，在反对土耳其人和马木路克人的斗争中，穆罕默德·阿里扮演了一个十分令人瞩目的角色。

穆罕默德·阿里（Muhammad Ali of Egypt，1769—1849年）原系阿尔巴尼亚人，1769年出生于希腊沿海城镇卡瓦拉，10岁时阿里跟随父亲贩卖烟草，14岁时，他失去双亲成为孤儿，为了谋生他未成年就参加了卡瓦拉的城防军。他体格健壮，机智勇敢，很快就博得了长官的赏识，成为军队中一个小头领。1787年，阿里娶了一位富孀为妻，靠她的资助重操旧业，经营烟草。他善于交际，结交了许多朋友，其中法国驻卡瓦拉的领事利昂对他影响很大。1801年，阿里应征入伍，随对法作战的土耳其军队来到埃及。由于他能征善战，足智多谋，很快就得到了埃及总督、土耳其军队指挥官胡斯劳帕夏的青睐。

穆罕默德·阿里城府很深，善弄权术，具有远大的抱负，他借助埃及人民的力量，巧妙地策划并利用各种矛盾，一步步攀上权力的顶峰。1805年5月，阿里当上了埃及总督。7月，奥斯曼土耳其苏丹被迫承认阿里为埃及总督，并赠予他帕夏封号，阿里王朝由此建立，从此以后，埃及人民很大程度上摆脱了奥斯曼土耳其人的统治，赢得了实际上的独立。

阿里执政初期，埃及仍处于内忧外患之中，英法对埃及虎视眈眈，土耳其对阿里王朝的兴起如芒在背。1801年，法军从埃及撤走后，英国以借口“帮助”土耳其政府为名，派兵驻扎在埃及沿岸，后来在埃及人民的反抗下，英军只好撤走，但是英国占领埃及的野心并没有放弃。

1807年3月16日,英军6 000人在弗雷泽的率领下抵达亚历山大港。亚历山大港守军系土耳其人,他们不战而降,亚历山大港失陷。接着,英军进攻亚历山大港不远处的罗塞塔。罗塞塔地势十分险要,英军打算把它作为进攻埃及内地的一个据点。英军本以为弹丸之地的罗塞塔必然会唾手可得,但没有想到的是,罗塞塔竟成为埋葬英军的坟墓。罗塞塔守军誓死守城,守军将领阿里・塞纳克利智勇双全,他运用诱敌深入的战术,给英军造成了很大的伤亡。罗塞塔战役的胜利鼓舞了埃及人民的士气。4月,英军再次进攻罗塞塔,罗塞塔告急,开罗和埃及各地组成义勇军前去支援。罗塞塔军民英勇善战,士气高昂,他们高呼"大哉安拉",使英军闻风丧胆,英军两次进攻罗塞塔均以失败告终。

这时的欧洲,局势也发生了变化。拿破仑在西方横扫欧洲大陆,气焰十分高涨。英国政府为了应对西方的局势,无暇更多顾及埃及。于是,1807年9月14日,英国与埃及阿里政府签订了和约。9月19日,英军撤出亚历山大港。

罗塞塔两次战役是埃及人民继抗击拿破仑侵略之后的又一次重大胜利。

在击退英国的武装侵略后,阿里把斗争的矛头指向了国内。国内对阿里政权威胁最大的是伊斯兰教长老和马木路克势力。阿里是依靠伊斯兰教长老的支持起家的,这些长老名义上是宗教人士,实际上是封建地主。他们主要依靠掌管的宗教地产,承包土地税,剥削农民。英国武装入侵埃及失败后,埃及国内伊斯兰教长老的地位日益提高,他们的代表人物奥马尔・麦克莱姆甚至与阿里平起平坐。奥马尔・麦克莱姆是一位民族英雄,在抗法和抗英斗争中作出了不可磨灭的功绩,但在抗击法军和英军胜利后,以他为首的伊斯兰教长老开始变得骄奢淫逸起来,为广大人民所痛恨。奥马尔・麦克莱姆口出狂言说:"穆罕默德・阿里是我把他扶上台的,我保证也能把他赶下台。"因此他成为阿里的一个心头大患。随着阿里政权的羽翼丰满,他决心除去这一心头大患。阿里采取分化瓦解的策略,利用长老之间的矛盾,集中力量打击奥马尔・麦克莱姆,剥夺了他长老的权力,并将他流放到杜姆亚特。从此,伊斯兰教长老不再是埃及政治舞台上一股举足轻重的力量。

接下来,阿里要铲除的是马木路克势力。1811年3月,阿里以庆祝儿子图松出兵阿拉伯半岛攻打瓦哈比人为名,邀请马木路克大小头领470多人去萨拉丁城堡赴宴。待马木路克大小头领都进入城堡后,大门随之关闭,除一人逃跑外,阿里将他们一网打尽。接着他又在各地进行搜捕,共消灭马木路克1 000多人,从此横行埃及长达数百年之久的马木路克势力全部铲除干净。

穆罕默德・阿里野心勃勃。在掌握了埃及政权后,他表面上向奥斯曼土

阿里在萨拉丁城堡将马木路克大小头领一网打尽

耳其苏丹称臣纳贡，其实内心却想摆脱土耳其人的统治。他曾这样说过："我作为一个不知名的冒险家来到埃及，我一步步地向前迈进。如今我已在这里站稳脚跟……我从来就没有什么主人。"阿里的最终目标是建立一个以埃及为中心的家族式的强盛的阿拉伯帝国。

为了实现他的政治野心，阿里在政治、经济、军事和文化等方面进行了自上而下的全面改革。

1. 农业改革。1814年，阿里政府下令取消包税制度，将全部包税领地收归国有，实际上为阿里个人所有。为了巩固自己的地位，阿里将大批的土地分封给皇亲国戚和达官贵人。他们成为新兴的地主阶级，成为阿里王朝的统治支柱。分封的土地约占全国土地面积的一半。国家把另一半土地分成小块租给农民耕种，每户约3—5费丹，农民只有使用权，按时缴租，从而建立了农民直接依附于国家的关系。

农业改革方面另一项措施是发展经济作物，特别是重视棉花的种植，因为棉花在欧洲具有广阔的市场。此外，还广泛种植靛青、甘蔗、亚麻和橄榄等经济作物。阿里统治期间，埃及共引进了近200种新的农作物、水果、蔬菜和树木。如今埃及人吃的蔬菜和水果大多是那时引进的。阿里政府兴修水利，加固堤坝，疏通旧渠，大大促进了农业的发展。

2. 工业改革。阿里政府引进技术力量，大力发展工业，创办了第一批近代机器工业。阿里政府着重发展军事工业，建立了硝石厂、火药厂、军火厂和造船厂等。同时，阿里政府积极发展民用工业和农副产品加工业，如创办纺纱厂、织布厂、呢绒厂、染料厂，以及磨面厂、榨油厂、造纸厂等。阿里政府在开罗建立了埃及历史上第一座铸造厂，以便制造国内所需的机器和设备，致力于把埃及建设成为一个工业国。阿里政府一面引进欧洲先进设备，一面在国内进行仿制，一旦试验成功便停止进口；一面聘请外国技师，一面培养本国技师，鼓励埃及人“谁首先学成，政府将给他以高薪，提拔他当工长”。随着本国技师的成长，一批批外国技师便被打发回国。

虽然阿里政府创办的工厂就其规模、设备和内部分工而言，与资本主义性质的工厂相仿，但工人的地位却不同于资本主义社会中的雇佣工人，而是与封建社会中的农奴相似。工人大多是破产的手工业者、城市平民和农民，他们是被强征而来的。工人的劳动强度很大，工资很低，有时还被克扣，甚至还遭受毒打、体罚和监禁。

3. 军事改革。军事是维护埃及民族独立，建立阿拉伯帝国的重要保证。阿里决定创建一支拥有新式武器装备的正规的新军。1820年，他在阿斯旺创办第一所步兵学校，聘请法国人和意大利人做教官。法国军官塞夫上校任校长，并派遣留学生赴法国和意大利等国学习军事。

阿里大力发展海军。1810年起至19世纪20年代中期，埃及建立了两支舰队，即地中海舰队和红海舰队。舰船除开罗造船厂自己建造外，大多从国外订购。1827年，埃及舰队的主力地中海舰队在那瓦里诺海战中几乎全部被歼。由于与欧洲大国关系恶化，从国外订购舰船已不大可能。于是，阿里决定依靠埃及本国的人力和物力重建埃及舰队。1829年，埃及政府修建亚历山大造船厂，规模很大。1834年，法国元帅马尔蒙参观了这家造船厂，他写道：“这个厂建立不足6年，就造了10艘主力舰……埃及是一个缺乏木材、铁矿和铜矿的国家。正是在这个国家里建成了造船厂，并在短期内把海军扩展到如此惊人的地步。”1839年，埃及已拥有战舰32艘，海军15 543人，一跃成为地中海东部最强大的海军国家。

阿里建设海军

为了配合新军的建立，阿里政府大力发展医学。1826年，设立医科学校，毕业的学生多数被派到军校服务，每一个军营都配备医生。阿里政府还创建医院，今天耸立在尼罗河畔的盖斯·阿因大医院就是阿里时代医科学校的旧址所在。

4. 贸易改革。阿里政府发展交通事业，修复旧路，开辟新路，制造帆船，创办尼罗河航运公司，使国内交通四通八达，扩建亚历山大港，使它成为国际性的商港。为了促进贸易发展，阿里政府改革币制。当时埃及使用的是土耳其货币，欧洲货币也大量在市场上流通。1834年，阿里决定铸造埃及货币，确定埃及货币与其他国家货币的比值。币制的统一有利于发展贸易，繁荣市场。由于政府控制了工农业生产，商人不能从生产者手中直接购买产品，只好向政府购买，因而出口贸易必然掌握在政府手中。阿里政府强制推行专卖政策，几乎垄断了全部农业和手工业商品。阿里政府从发展贸易中获利最丰。

5. 教育改革。当时埃及的教育状况十分落后，埃及人多数为文盲。即使数量很少的能接受教育者，也只是在清真寺学习一些宗教常识而已。阿里政府在埃及各地新建许多专科学校，如医科学校、炮兵学校、工程学校和农科学校，以培养专门的人才。为了向这些专科学校输送具有一定科学和文化知识的学生，政府还创办了世俗小学和中学。这些学校最初由军事部门管理，因为当时办学校的目的是为军事服务，后来逐渐设立了专门的教育管理机构。

阿里政府派遣留学生到欧洲各国学习深造。据数字统计，从1813年至1847年，埃及共派出留学生311名。这些留学生绝大部分被派往法国，少数被派到英国和意大利等国。他们留学的科目主要有军事、医学、生物、化学和农学等学科。

阿里政府还创办语言学院，培养翻译人员，将国外大批关于军事和科技的书籍翻译成阿拉伯文和土耳其文。在翻译过程中，翻译人员遇到了很大的困难，因为阿拉伯文中缺乏与西方科学相对应的术语。于是，语言学家展开了对阿拉伯文的研究，他们创造新的术语，改革阿拉伯文的词汇和语法，使它适合于表达新科学和新技术。直到今日，阿拉伯各国一致承认埃及的阿拉伯文是标准的阿拉伯文。

为了推动文化教育事业的发展，阿里政府还创办了印刷厂。1821年，埃及第一家印刷厂布拉格印刷厂（也叫帕夏印刷厂）正式创建。1828年，埃及创办了第一份报纸《埃及事件报》，报道国内外发生的重大事件。

阿里政府除了以上这些改革措施外，还仿效欧洲国家改革行政制度。在中央设立高级国务会议，领导政府各部工作。国务会议下设陆军、海军、教育和建设等部。为了便于统治，阿里政府简化了行政区划，把原来16个区归并为7个

阿里与他的官员们在议政

省，各省下设若干县和乡。这样从中央到地方建立起一套完备的行政机构。

阿里政府为了巩固政权，采取严厉的手段整顿社会治安，使社会秩序大为改观。据朱马尔记载："穆罕默德·阿里政权取得的一个最重要的和最令人愕然的成果是整顿了社会秩序。过去，人们不要说跨进沙漠，就是在田间也会遭到抢劫，如今即便穿过离尼罗河遥远的地区也平安无事。"

阿里在国内进行各项改革的同时，不断向外扩张，以掠夺新的领土，奴役其他民族，建立一个幅员辽阔的阿拉伯帝国。

1. 侵占阿拉伯半岛。1811年阿里派儿子图松率军侵入阿拉伯半岛，进攻麦加和麦地那。埃及军队在阿拉伯半岛遇到阿拉伯人民的英勇抵抗，伤亡惨重。1816年，阿里派儿子易卜拉欣再次出征阿拉伯半岛，每到一处就破坏水井，焚毁房屋，屠戮百姓。1818年9月，埃及军队占领了阿拉伯半岛的大部分地区，阿拉伯半岛成为埃及的属地。埃及人民在长达7年的战争中付出了沉重代价，丧失了10万条生命。

2. 吞并苏丹。苏丹位于埃及南部，早在7世纪时阿拉伯人征服了苏丹北部。苏丹自古以来以盛产黄金和宝石著称。为了霸占苏丹的金矿、宝石和其他资源，掠夺苏丹财富，虏获苏丹青年来扩充埃及军队，阿里决定入侵苏丹。1870年，阿里开始进攻苏丹，经过3年的战争，埃及占领了苏丹的大部分土地。苏丹被占领后，名义上属于奥斯曼土耳其帝国，实际上成为阿里个人的战利品。

3. 镇压希腊人民起义。1821年，希腊人民反抗土耳其人的暴政，起义遍布各地。土耳其苏丹要求阿里帮助进行镇压，条件是把叙利亚划归埃及作为埃及出兵的报酬。1824年7月，阿里派儿子易卜拉欣率领17 000步兵、700骑兵，以及4个中队的炮兵，乘舰船越过地中海抵达爱琴海，占领了那瓦里诺。由于西方列强之间矛盾错综复杂，国际局势发生

阿里派儿子易卜拉欣率军出征

了急剧变化。1827年,英、法、俄三国以支持希腊独立为名,出动舰队在那瓦里诺大败土耳其和埃及海军。埃及损失惨重,舰队几乎全部被歼灭。1828年10月,易卜拉欣带领残兵败将返回埃及。这次长达4年的战争消耗了埃及大量的人力和物力,有3万名士兵丧命,把埃及广大人民推向了苦难的深渊。

4. 土埃战争。希腊战争结束后,埃及损失惨重。阿里要求土耳其苏丹履行诺言,把叙利亚划归埃及,但土耳其苏丹只答应给阿里一个小小的克里特岛。阿里大为恼火,决定对土耳其动武。1831年11月,阿里借口以阿克(巴勒斯坦一带)帕夏阿卜杜拉扣留逃往巴勒斯坦的埃及农民为名,命令儿子易卜拉欣进军叙利亚。于是第一次土埃战争爆发。埃及军队接连攻陷耶路撒冷、雅法和大马士革等地,并很快攻入小亚细亚。土耳其军队无力抵抗。土耳其苏丹在惊慌失措中宣部阿里为叛徒,取消他的埃及总督职位,并连续增派海陆军迎战,但他们根本不是埃及军队的对手,节节败退。接着,易卜拉欣从海陆两路进逼伊斯坦布尔。奥斯曼土耳其帝国危在旦夕。由于西方列强干涉,土耳其政权免遭倾覆。

沙皇俄国力求维持它在土耳其的既得利益,于是出兵援助土耳其。英、法、奥等国为了阻止沙俄势力南下,共同向土耳其和埃及施加压力,要求他们尽快达成停战协议。1833年4月,土耳其与埃及双方签订《土埃停战协定》(也称《科达西亚和约》)。协定规定埃及撤出小亚细亚,叙利亚、巴勒斯坦和黎巴嫩等地划归埃及管理。土耳其苏丹宣布恢复阿里埃及总督的职位。埃及仍属于奥斯曼土耳其帝国的一个省区,每年向土耳其纳贡15万埃镑。

5. 第二次土埃战争。阿里的对外扩张与西方列强特别是英国利益发生了冲突。从18世纪以来英国一直控制着地中海到印度的航线,并把波斯湾划为自己的势力范围。英国企图夺取埃及,使埃及成为英国向阿拉伯各国以及非洲大陆扩张的跳板。阿里政府的日益强大和不断扩张,威胁着英国通往印度的生命线,侵犯了英国在波斯湾和伊拉克的势力范围。于是,英国决定挑起土耳其与阿里政府之间的冲突。第一次土埃战争中,土耳其方面的失败使土耳其苏丹十分不甘心,战后,他聘请普鲁士军官为他训练新军,决心报复埃及。在这种火候下,英国便怂恿土耳其讨伐阿里,第二次土埃战争一触即发。

1839年春天,土耳其对埃及发动进攻。6月,埃及军队在易卜拉欣的率领下发动反攻。土耳其军队溃败。7月,土耳其舰队司令艾哈迈德·法齐率领全部舰队向阿里投降。奥斯曼土耳其帝国再次危在旦夕。欧洲列强的再次干涉,再次改变了奥斯曼土耳其帝国倾覆的命运。欧洲列强不愿让阿里坐大。1840

年7月15日，英、俄、普、奥与土耳其五国在伦敦签订了《伦敦条约》，即《解决近东事件的条约》。条约规定：埃及王位由阿里家族世袭，阿克省归阿里终身管辖，埃及从克里特岛、叙利亚和阿拉伯半岛地区撤军。埃及归还土耳其舰队，保证每年向苏丹纳贡。条约还规定，如果阿里在10天内不接受条约，则剥夺其管辖阿克省的权力；如果20天内不接受条约，则剥削其一切权力，并诉诸武力。

《伦敦条约》实际上是西方列强向埃及发出的最后通牒，企图迫使阿里就范。阿里态度十分强硬，拒绝接受这个条约，他说："同盟国想用武力迫使我屈服，那就请便，我一定恭候。"阿里下令加固城防，积极备战，迎接来犯之敌。

1840年9月，英奥联合舰队（主要是英国舰队）封锁叙利亚海岸，炮轰贝鲁特和其他港口。埃及守军损失惨重。土耳其苏丹宣布革除阿里的一切职务。接着，英土联军在贝鲁特登陆，很快占领了黎巴嫩沿海城市。这时，叙利亚、黎巴嫩和巴勒斯坦等地也举行了反对埃及统治的起义，导致埃及军队腹背受敌。1840年秋，埃及军队被迫撤出驻叙利亚和黎巴嫩的军队。

英国乘机向埃及施加压力。1840年11月初，部分英国舰队开往亚历山大港，炫耀武力。埃及陷入绝境，只好向英国屈服。11月5日阿里被迫与英国签订《英埃协定》。阿里保全了其统治地位和埃及的世袭领地，而丧失了阿拉伯半岛、叙利亚、小亚细亚和克里特岛等地。埃及归还土耳其海军，把陆军缩减至18 000人，取消了造船厂等军事工业。

阿里清真寺

阿里发动的侵略扩张战争损伤了埃及的元气，加重了埃及人民的苦难，给英法两国进一步侵略埃及和其他阿拉伯地区提供了更有利的条件。

穆罕默德·阿里是埃及近代史上一位杰出人物。阿里虽然是阿尔巴尼亚人，但他把自己的命运和希望完全与埃及联系起来，关心的是整个埃及的兴衰。阿里统治埃及期间，他用极端的手段消灭了在埃及肆虐数百年的马木路克势力，结束了埃及长期动乱和分裂的局面，实现了埃及的统一和安定。阿里在埃及国内进行的自上而下的改革，引进了西方先进的科学技术，兴办了第一批近代机器工业，培养和造就了第一批新型知识分子，从而使埃及变成“当时奥斯曼土耳其帝国的唯一有生命力部分”。这些为埃及的独立奠定了现实的基础，也为后来埃及资本主义的发展创造了有利的条件。但是，阿里改革的目的不是为了改善人民的生活，而是为了富国强兵，对外扩张，建立庞大的阿拉伯帝国。他的穷兵黩武，连绵不断的战争耗尽了埃及的人力和物力，将埃及人民推向了苦难的深渊。

埃及人民这样评价阿里说：“他建造了一座宫殿，但毁掉的是整个埃及。”综观阿里的一生，应该说他是埃及近代史上一位杰出人物。马克思赞誉他为“唯一能用真正的头脑代替‘讲究的头巾’（指土耳其苏丹）的人”。

三、赛义德与苏伊士运河的修建

阿拔斯一世

在西方列强的控制下，阿里在忧郁中度过了他的晚年。1849年阿里死后，他的孙子阿拔斯一世（Abbas I of Egypt，1812—1854年）继任。阿拔斯一世年轻时曾被要求接受过严格的军事和行政管理方面的训练，希望他能继承祖业，但结果证明他是一个只知享乐、庸碌无能的纨绔子弟。阿拔斯一世认为祖父的改革，并没有给埃及带来任何好处，相反却招致了欧洲列强的干涉，因此阿拔斯一世决定改弦易辙，彻底摒弃阿里的改革，埃及重新向土耳其苏丹称臣纳贡。阿拔斯一世关闭阿里创办的工厂、技校、普通小学和中学，并将热心改革的知识分子逐出埃及。然而，阿拔斯一世采取的闭关自守的政策，并没有制止西方列强对埃及的渗透，相反，埃及开始沦为西方国家的原料供应地和工业产品销售市场。

赛义德

阿拔斯一世上台后培植亲信、排斥异己招致开国功臣和王室成员的不满。为了换取英国的支持，阿拔斯一世同意英国修筑亚历山大港至开罗的铁路，这是西方列强在埃及也是在非洲修建的第一条铁路。据数字统计，英国修筑这条铁路仅花了750万法郎，然而埃及国库却支付了3.25亿法郎，英国从中赚取了十分可观的高额利润。

1854年7月13日，阿拔斯一世在王宫中被刺身亡。继阿拔斯一世之后，赛义德（Muhammad Said，1822—1863年）成为埃及的统治者。赛义德是阿里的儿子之一，自幼受到德国教师的培养，后又留学法国，深受西方文化熏陶，具有自由主义思想和西方的政治倾向。赛义德鼓吹经济自由和门户开放政策，希望借助西方力量发展埃及的文化和教育事业。

赛义德改革了土地制和田赋制。1854年他宣布份地持有者死后可以将土地传给自己的继承人。1858年他颁布全国改革土地制的法令，规定份地持有者享有买卖和馈赠土地以及捐赠土地给寺院使之成为宗教田产的权利。这样，份地持有者成为土地的实际主人。田赋制度方面也作了相应的调整，普遍征收货币地租，废除集体纳税制，实行个人纳税制，并向王室领地和边缘地征税。土地制度的改革，私有制的逐步确立，有助于提高土地持有者经营和耕种土地的积极性，有助于发展农业生产。赛义德取消商品入市税，废除专卖制，允许农民自由种植和销售农产品。赛义德的这些措施有利于调动农业生产者的积极性，为资本主义关系的发展创造了先决条件。赛义德为了加强埃及的地位，重整了军队，改革了兵役制，改善了士兵的待遇，实行义务兵役制，规定各阶层人民，不论地位高低都要服役。他还起用一批土著埃及人，提拔他们为高级军官。

但是，赛义德过分信赖欧洲人，把许多关乎国计民生的公共事业，如铁路、银行、运河、水电、航运和文化教育等交给外国人经办，并授予他们种种特权，因此欧洲人蜂拥而至，来埃及“淘金”。一大批外资企业很快在埃及建立起来，其中规模较大的有1856年英国人开办的埃及银行和1860年创建的莱姆勒电车公司；1857年法国人创办的亚历山大自来水公司和埃及磨面公司。欧洲人通过开办企业，控制了埃及的一部分经济命脉。

赛义德推行的经济自由和门户开放政策，虽然对活跃埃及经济，促进对外贸易发挥了一定作用，但是它在更大程度上迎合了欧洲殖民列强对外扩张的需要，埃及主权遭到践踏，特别是他把苏伊士运河（Suez Canal）的开凿权租让给法国人，为埃及埋下了祸根。

修筑一条运河将地中海与红海接连起来，早在法老时代就已经作了尝试。此后的波斯帝国、托勒密王朝、罗马帝国以及阿拉伯大将阿慕尔征服埃及后都先后作出过努力，但真正修筑连接地中海与红海的运河则是19世纪的事情。苏伊士运河的开通是西方殖民列强侵略和争夺东方的产物。

1798年，拿破仑占领埃及后不久，亲自率领工程师，从苏伊士运河北上寻找法老运河的踪迹，并作了勘察和测量。一年后拿破仑在埃及受挫以及迫于国内局势，仓皇溜回了法国，开凿运河的计划自然被搁置起来。1833年，第一次土埃战争以后，英国企图打通地中海与红海的航道。为了实现这个计划，英国军官韦格霍恩由亚历山大港，经苏伊士运河，南下红海，直达孟买，对这一航线作了实地考察。

与此同时，法国派遣所谓的宗教团体圣西门会借传教之名到埃及，暗自从事运河的调查。1846年，圣西门会邀请法英等国家的工程师，组织“苏伊士运河研究会”，拟定苏伊士运河的开凿计划。

法国外交家勒塞普

埃及阿里政府考虑到运河的开凿会加强列强在埃及的势力，因此拒绝西方列强开凿运河的要求。奥斯曼土耳其方面也不同意在自己帝国的领土范围内开凿国际性的运河，担心这样会加强埃及的势力，使埃及更有可能脱离土耳其。

1851年，英国从埃及政府那里取得了亚历山大至开罗的铁路修筑权，法国人妒嫉万分。拿破仑三世认定未来的苏伊士运河是加强法国在东方的阵地，也是恢复法国在印度洋区域丧失地位的捷径。因此法国方面竭力兜售运河计划。

法国对开凿苏伊士运河的活动是与斐迪南·德·勒塞普（Ferdinand de Lesseps，1805—1894年）这个名字分不开的。勒塞普生于法国凡尔赛，他的父亲是个外交官，曾跟随拿破仑入侵埃及，法军撤离埃及后，任驻埃及领事，后又支持阿里夺取政权，因此与阿里关系甚密。勒塞普继承父业，1845年，他出任驻埃及领事。由于他父亲与阿里的交情，勒塞普自然受到了阿里的青睐。当时赛义德尚未成年，阿里委任勒塞普教他骑马射击，因此勒塞普与赛义德两人成了莫逆之交。卸任驻埃及领事后，勒塞普回到法国成为一个投机商人。

1854年，赛义德继任埃及总督，勒塞普得知后立即赶赴埃及以表祝贺。其实，勒塞普此次前来埃及是重任在身，他是受法国政府委托向埃及推销苏伊士运河计划的。叙旧酒酣之际，勒塞普向赛义德提出了运河计划，他甜言蜜语向赛义德描述了一幅美好的图景：运河一旦凿成，将造福埃及，荫及子孙。赛义德的英名将永垂青史。赛义德被他诱人的言辞所迷惑，表示接受他的计划。一个争论了几十年未见分晓的重大问题，竟这样如此轻率地决定了。1854年10月23日，法国与埃及正式签订了《关于修建和使用沟通地中海和红海的苏伊士运河及附属建筑的租让合同》。

合同公布后立即在国际上引起了轩然大波。法国政府欢欣鼓舞，特授给赛义德一枚光荣军团勋章。由于运河开通后可以大大缩短东西方航程，因此俄国、意大利和西班牙等西方国家都支持运河计划。然而英国却十分恼火，它敏感地意识到一旦运河开通，其他国家特别是法国的船只就会很容易地进入印度洋各地，并且，法国将在埃及拥有强大的力量，进而为打击英国在印度洋的势力提供方便。由于当时英法两国正联合对俄国进行克里米亚战争，所以英国不好公开表示反对运河计划。

运河计划正在紧锣密鼓地进行，1856年1月5日，赛义德与勒塞普又签订了一项新的运河租让合同，扩大了运河的特权范围。合同规定，埃及出让运河开凿权和管理权给勒塞普的运河公司；埃及无偿提供工程所需的土地和石料；埃及提供4/5的劳动力，公司付给他们报酬，工资由公司决定；埃及负责开挖通达施工区的淡水渠；运河公司自通航之日起享有占有运河99年的权利，期满后归埃及所有；租期内埃及每年可分享公司15%的净利。

1854年和1856年两次合同签订之后，赛义德洋洋得意，自命不凡，深信自己将要创造出不朽的业绩。其实，赛义德的决定是脱离埃及实际的。当时埃及无论在人力、物力和财力上都相当虚弱，苏伊士运河的修建只能把埃及拖向苦难的深渊。

1857年，勒塞普正式成立苏伊士海运运河公司，运河公司筹措资金很不顺利。公司预定发行2亿法郎的股票，法国购取股票总数的52%，4%的股票有少数西班牙人、荷兰人和意大利人认购。英国拒绝购买运河股票。在公司面临垮台的情况下，勒塞普玩弄花招，利用赛义德给他的已签名盖章的空白支票替赛义德认购了剩下的44%的股票。起初赛义德拒付这笔总数约9 000万法郎的钱款，但还是被迫接受了。埃及国力衰竭，为了支付运河和王室的巨大开支，赛义德不得不大举外债，债台高筑。1862年，赛义德向英国借进埃及近代史上的第一笔外债，总数约为3 292 800埃镑。

1859年4月25日，苏伊士运河正式破土动工。法国50年来的运河计划得以实施。运河动工的前两年，公司采取自由招工的办法，结果找到的劳工数量很少。到第二年年底只有1 700名劳工，因此工程进展缓慢。1861年，法国政府要求赛义德增加劳工人数，加快运河工程的进展。8月，赛义德颁布劳工法令，强征劳工，实行月轮换制，每月都有6万劳工往返和困顿在运河工地上。赛义德还裁减军队，下令军队提前复员，要求士兵一脱下军装就整队赶到运河工地。

由于苏伊士地峡地处沙漠地带，炎热无雨，饮水十分缺乏，渴死的劳工像被收割的庄稼那样一片一片倒下。工地的生活条件十分恶劣，伙食粗劣，蚊蝇成群，瘟疫盛行。开凿运河全靠人力，靠人的双手用笨重的锹镐和简陋的筐子挖土运送，与4 000年前法老时代开凿运河的方法没有什么两样。劳工的工资极低，每天两皮阿斯左右，童工的工资更低，每天只有半个皮阿斯，劳工的工资还经常遭到工头的克扣。在法国殖民主义者的压榨下，埃及劳工被迫劳动了10年。在炎炎烈日下，滚滚沙漠中，饥饿和瘟疫夺去了埃及人民12万条生命，运河两岸白骨累累。后来，埃及总统纳赛尔回顾这段历史时说："这条运河是用我们的生命，我们的血汗，我们的尸骨换来的。"

埃及不仅为苏伊士运河的开凿付出了巨大的生命代价，而且背上了巨额的债务。运河开通后，它为埃及人民带来的不是繁荣和幸福，而是饥饿和贫穷，是1亿英镑的外债，是不断的灾祸和死亡。西方列强为了控制运河展开了激烈的争夺，最终导致埃及全部领土被英国长期占领，埃及人民遭受了野蛮的殖民奴役。

四、伊斯梅尔的欧化改革

1863年，赛义德死去，伊斯梅尔（Isma' il Pasha，1830—1895年）继任埃及总督。伊斯梅尔帕夏统治埃及16年间，崇洋媚外，醉心于欧化改革，使得埃及的政治、财政和司法大权逐渐被英法等列强所控制，埃及成为一个半殖民地国家。伊斯梅尔帕夏统治时期是埃及近代史上的转折点。

伊斯梅尔帕夏

伊斯梅尔帕夏自幼留学法国，深受西方文化影响。担任埃及总督后，他野心勃勃，希望恢复祖父阿里的光辉事业，在政治、军事和经济等各方面进行了一系列的欧化改革，梦想把埃及变成一个欧洲国家。伊斯梅尔帕夏曾经这样说："我们的国家已经不在非洲，我们现在是欧洲的一部分了。"

为了向欧洲各国表明自己是一个开明的君主，博取西方财界的信任，以便获得更多的贷款，伊斯梅尔帕夏于1866年设立咨议会。议会每年召开两次。议员们对伊斯梅尔帕夏俯首听命，议会通过的决议和法令对伊斯梅尔帕夏毫无约束力。议会的召开和延期，议员们的产生和变更，以及议长的任命，都由伊斯梅尔帕夏决定，因此咨议会完全是伊斯梅尔帕夏的御用工具。据记载，有一次议长请议员们对政府表态，要支持政府的议员站到右侧，反对政府的站到左侧，持中间态度的站到中间，话音未落，全体议员都涌向右侧，嘴巴里还咕哝着说："我们如何能反对政府呢？"正如学者指出的那样，伊斯梅尔帕夏建立议会的真正目的是要在"表面上造成一种君主立宪的样子，允许某些公众参与权力，避免了自己被指责为独裁"。

伊斯梅尔帕夏力图摆脱土耳其苏丹的羁绊，他用300万埃镑巨款贿赂土耳其苏丹，改变了埃及帕夏继承法，埃及帕夏由原来的阿里王室中最长者继位改为已故帕夏的长子继承。从此，伊斯梅尔帕夏的子孙可以世代相传埃及帕夏的职位。1867年，伊斯梅尔帕夏利用金钱和外交手腕获得更大的权力：他以及其后的继承者被授予赫底威（Khedive，又译赫迪夫）的称号，地位高于奥斯曼土耳其帝国其他行省总督。另外，埃及政府还获得独自处理内政和财务等权力。伊斯梅尔帕夏俨然以独立国君主自居。

在军事方面，伊斯梅尔帕夏重建军队，派遣军官留学法国，按照法军体制重组军队，聘请欧洲军官特别是法国军官负责创办军事院校。他修复了亚历山大造船厂和部分兵工厂，以便自造战舰和枪炮，还从国外购买了一批武器

英国《笨拙》漫画：1867年，伊斯梅尔帕夏访问英国

和战舰。至1873年，埃及已经拥有陆军12万人，战舰18艘，但是由于缺乏统一领导、装备不良、训练不足等原因，这支军队战斗力不是很强。伊斯梅尔帕夏利用这支军队帮助土耳其苏丹先后镇压了阿拉伯半岛西南部以及克里特岛的人民起义，并于1876—1878年卷入土俄战争。同时，伊斯梅尔帕夏积极向南扩张，企图在东非建立一个埃及帝国。伊斯梅尔帕夏的扩张野心与英国的殖民计划相吻合，因此英国积极鼓励伊斯梅尔帕夏向非洲扩张，企图借助埃及之手扩大英国在非洲的势力范围。通过10年的扩张，埃及的势力南达赤道附近，东抵亚丁湾。但是，埃及军队在1875—1876年进攻埃塞俄比亚时，遭到当地人民的顽强抵抗，几乎全军覆没，死亡8 500人，损失300万埃镑。埃及军队的惨败结束了埃及在非洲的扩张，同时加速了伊斯梅尔帕夏政权的垮台。

在经济方面，伊斯梅尔帕夏利用美国南北战争期间棉价暴涨之机，大力扩大棉田。同时，他利用西印度群岛发生种植园危机，蔗糖产量下降之机，积极发展甘蔗生产。为了加强棉花和甘蔗的种植，伊斯梅尔帕夏征集全国农民轮流服徭役，耗资1 200万埃镑。他在全埃及开挖112条水渠，其中易卜拉欣水渠最长，全长267公里，宽14米，动用10万民工，花了6年时间建成。此外，他还修筑了水坝426座，进口蒸汽排灌机，这对农业发展发挥了积极作用。

伊斯梅尔帕夏执政期间，积极恢复和发展工业。政府投入资金进口成套设备，聘请外国技师，主要发展制糖工业和军事工业。为了适应农业发展，方便棉花的出口，政府大力修建铁路，改善交通和通讯设施，扩建港口，发展内河和远洋航运事业。伊斯梅尔帕夏统治期间共修建铁路1 456公里，耗资133万埃镑，敷设电报和电话线4 000公里，还设立了国家邮政总局。

在教育方面，伊斯梅尔帕夏创办了工程、法律、师范和医学4所高等院校，兴办电讯、测绘和财会等技术学校，还创建了许多世俗中小学。除国家大力兴办学校外，许多民间机构、个人和外国宗教团体也参与办学。伊斯梅尔帕夏统治期间，学校数目大增，其中有两所女子学校，这些学校大部分实行免费教育。

伊斯梅尔帕夏追求西方生活方式和物质享受，在衣食住行方面全部仿效欧洲宫廷。他大兴土木，扩建开罗和亚历山大港，修建了近30座富丽堂皇的宫苑和其他建筑物，著名的有阿比丁宫、尼罗河宫、吉萨宫和皇家歌剧院等。仅修建吉萨宫就花费了1 393 374埃镑。扩建后开罗面目一新，迅速成为一座拥有30多万人口的新兴城市，被誉为“第二个巴黎”。伊斯梅尔帕夏在宫中佳丽如云，妻妾成群，自以为生活在“东方的巴黎”，领略着欧洲皇帝所享受的一切。

伊斯梅尔帕夏奢侈豪华，好大喜功。1869年11月，全长166公里的苏伊士运河正式通航。为了显示自己的豪华，抬高自己一国之君的地位，伊斯梅尔帕夏邀请各国元首前来埃及参加苏伊士运河通航庆祝仪式，花费了140万埃镑。

19世纪通航初期的苏伊士运河

伊斯梅尔帕夏的改革虽然取得了积极的成效，改革后的埃及面貌焕然一新，呈现出一派大发展大繁荣的局面，使埃及走上了发展资本主义的道路，似乎这个古老的东方国家一夜之间就赶上了欧洲国家的发展步伐。然而，这一切仅黄粱一梦而已，很快就破灭了。伊斯梅尔帕夏的改革有其致命的弱点：改革完全脱离埃及国内实力，企图通过接受西方贷款，大举外债，来实现埃及的欧化。这恰好为西方资本主义大规模地侵入埃及敞开了大门，最终导致埃及财政破产，国家主权丧失。

由于赛义德统治时期遗留下来的巨债已经成为埃及沉重的负担，伊斯梅尔帕夏即位初期在财政问题上比较谨慎，他曾表示要“建立财政制度和厉行节约”，但是伊斯梅尔帕夏不切实际地企图通过欧化改革，实施振兴埃及的计划，使他很快就背弃了自己的诺言。随着改革措施接二连三地出台，一项一项工程陆续上马，加上宫廷生活的奢靡，对外战争，等等，使得国家预算日益膨胀。伊斯梅尔政府根本无力应付各项庞大的开支，国家财政愈来愈困难。于是，伊斯梅尔帕夏不顾国家安危，大举内债和外债，内债大多是强制性的，如期不还，使埃及人民深受其苦。外债利息高昂，条件苛刻。埃及政府每年必须拿出国库的大部分收入去偿还利息，财政日益恶化。1864年，伊斯梅尔帕夏以下埃及3个省的土地税为抵押，借进第一笔外债570万埃镑。从此开始，埃及在债务的泥潭中越陷越深，无法自拔。埃及政府先通过发行公债借进短期贷款，然后再以政府收入或王室田产作抵押，举借长期贷款，来还清短期贷款，接着再发行公债，借进短期贷款，循环往复，终于使埃及债台高筑，无力偿还。

埃及财政陷入困境，挥霍浪费的伊斯梅尔帕夏虽然负有不可推卸的责任，但是根本原因在于英法等列强的扩张和渗透。英法等列强都是出于剥削和掠夺之目的才向埃及提供贷款的，绝不是为了帮助埃及发展经济，走上欧化的道路。英法等国发放的贷款利息极高，还附有控制性的条件。不仅如此，英法等国还通过提供贷款和认购公债的手段，攫取了种种经济特权，为他们进行直接投资、开辟市场打开了方便之门。伊斯梅尔政府从这些国家获取贷款后，便授予他们建筑工程的承包权，而外国承包国则乘机大肆向埃及政府勒索，获利甚多。例如，埃及政府为铺设铁路付给外国公司32 500万法郎，而实际费用只有7 500万法郎。英法等列强通过这种间接投资，逐渐控制了埃及的财政大权，使之深陷泥潭不能自拔。伊斯梅尔政府别无他途，只好进一步走向出卖国家主权和继续借款的道路。因此，正如西方学者所言：“伊斯梅尔是导致欧洲经济控制埃及的祸首。”

1875年下半年，埃及财政状况恶化。伊斯梅尔政府必须在11月底之前拿出320万埃镑支付到期的债务。但是，埃及政府国库空虚，唯一的家底是埃及在苏伊士运河公司拥有的股票。伊斯梅尔帕夏孤注一掷，准备出售股票。1875年11月25日，英国乘机捷足先登，以397万埃镑的低廉价格，从伊斯梅尔的手中买下了全部埃及的股票，埃及从此失去了对苏伊士运河的控制权。英国由于买下了这些股票，不仅使它在运河公司拥有很大的发言权，影响运河的命运，而且英国可以借此干预埃及的事务。当年，一位法国评论家曾一针见血地指出：英国购买苏伊士运河股票“完全是一种政治行为，包含着危险的因素。虽然这件事情并不等于对埃及的占领，但却是占领的开端”。

伊斯梅尔帕夏出卖苏伊士运河股票如同杯水车薪，埃及政府并未因此摆脱困境，来年的债务仍然无钱偿还。伊斯梅尔帕夏于1876年4月宣布财政破产，请求债权国帮助埃及解决财政问题。以英法为首的债权国家借机直接干涉埃及内政。1876年11月，埃及政府不得不完全接受英法两国提出的要求，由英国人担任埃及国家财政收入和预算总监，法国人担任埃及国家支出总监，规定全部预算非经总监同意，不得任意开支。所有债权国决定把埃及的国债与伊斯梅尔帕夏的私债合并处理，公私外债总额达9 100万英镑。埃及每年支付的债务达600多万埃镑，约占国家总收入的2/3，英法两国的“双重监督”制度的建立，意味着埃及财政大权的丧失，埃及的经济独立权被彻底剥夺。埃及人民遭到了西方资本更加残酷的剥削。

英法列强进一步在政治上控制埃及。1878年，英法指控伊斯梅尔帕夏治国无方，造成赤字累累，要求他放弃独裁，改变现行政治制度。伊斯梅尔帕夏被迫授权英法殖民主义者的忠实走狗努巴尔组阁。1878年年底，努巴尔结束流放国外的生活，回到埃及组阁。他自任首相兼外长和司法大臣，任命英国人威尔逊为财政大臣，法国人布里尼叶为建设大臣，实际上这两名洋大臣主宰一切，努巴尔只不过是他们手中的工具而已。因此，埃及人民讥讽地称这届内阁为“欧洲内阁”。欧洲内阁的成立使得埃及的行政权不再完整，埃及逐渐沦为英法的半殖民地。

由于西方列强逐渐控制了埃及的政治和财政大权，外国侨民在埃及享有的特权也日益增多。各国领事有权审理本国侨民在埃及所犯的案件，领事法庭成为高于埃及法庭之上的最高法庭。领事法庭按本国的法律和领事的意愿进行裁判，往往庇护外国侨民，欺压埃及当地居民。1876年，埃及宣布财政破产以后，各国侨民之间经常为了分赃不平而发生纠纷。于是，西方列强强迫伊斯梅尔帕夏于1876年颁布命令，成立由英、法、美、奥、匈、比、丹、德、希、荷、俄、西、瑞典和挪威等14个国家所组成的“混合法庭”。混合法庭权力很大，不仅可以处理各国侨民之间的纠纷和案件，处理各国侨民与埃及人民之间的纠纷，而且有权干涉和控制埃及政府的权力。埃及在公布任何法律之前，必须接受混合法庭的意见，否则不能生效。混合法庭的设立标志着埃及的立法和司法大权的丧失，埃及进一步沦为西方列强的附庸。

五、 祖国党的建立与阿拉比运动

双重监督体制、“欧洲内阁”以及混合法庭的设立，严重损害了埃及的主权独立和埃及人民的利益，也深深刺伤了埃及人民的民族感情，同时促进了埃及人民民族意识的高涨。1879年，埃及产生了历史上第一个资产阶级的政党——祖国党。祖国党的领袖是埃及土著军人艾哈迈德·阿拉比（Ahmed Orabi，1841—1911年）。阿拉比14岁时应征入伍，20岁时晋升为陆军中校。他忠诚爱国，为人正直，善于团结各族各界人士。祖国党致力于“把祖国从屈辱、贫穷和痛苦的深渊中拯救出来”，第一次提出了“埃及是埃及人的埃及”的口号。其主要成员是知识分子、埃及土著军官、青年学生和开明议员。他们主张埃及是一个具有建立自己独立国家的民族，号召维护其间的一切主权，确立宪政制度，决心与外国侵略者以及国内封建势力进行坚决的斗争。祖国党的矛头直接指向伊斯梅尔帕夏和首相努巴尔以及英国国籍和法国国籍的两个部长，因而引起了英法两国的震怒和伊斯梅尔帕夏的恐慌。

艾哈迈德·阿拉比

1879年年初，“欧洲内阁”首相努巴尔（Nubar Pascià，1825—1899年）借口缩减政府开支以偿还债务，决定把2 500名埃及土著军官转为后备役军官，薪饷减半，政府拖欠他们的军饷一笔勾销。这些被解职的土著军官异常愤怒，他们云集开罗，在威尔逊把持的财政部楼前游行示威，抗议努巴尔的行为。当游行队伍经过邻近财政部的外交部时,努巴尔恰巧从里面出来。于是游行的军官和士兵蜂拥而上,揪住努巴尔的衣襟把他从车上拽了下来,打了他一记耳光,又给了他一拳。此时,威尔逊正巧路过,见此情景,他挥舞手杖,急忙上前解救努巴尔。示威者怒火中烧,揪住威尔逊的胡须,把他和努巴尔一起带到了财政部,把他们关押起来,接着占领了财政部大楼。

迫于国内局势的压力,伊斯梅尔帕夏只好于3月15日罢免了努巴尔的首相职务,同时任命自己的长子陶菲克(Muhammed Tewfik Pasha,1852—1892年)出来组阁。伊斯梅尔帕夏认为罢免努巴尔可以暂时缓和人民的情绪,而陶菲克是一个著名的亲英分子,由他出来组阁又可以减轻英国方面的阻力。陶菲克帕夏组阁后宣布解散议会,英法两部长仍然留在内阁,这样更加引起了埃及人民的愤慨,反对外国干涉的斗争更加剧烈。为了缓和民愤,伊斯梅尔帕夏愿意接受祖国党的要求,不顾英国政府的强烈反对,于4月7日解散了内阁,改组政府,任命与祖国党接近的宪政主义者谢里夫(Muhammad Sharif Pasha,1826—1887年)为首相,辞退两名欧洲部长,并委托谢里夫起草宪法。

西方列强英、法、俄、德、意、奥等担心伊斯梅尔帕夏与民族主义者结成联盟,不好控制埃及,于是决定推翻伊斯梅尔政权。5月19日,英法向伊斯梅尔帕夏发出最后通牒,要求伊斯梅尔帕夏下台,两国政府将保证他每年获得一笔年薪和他的长子陶菲克的继承权。如果他拒绝服从,则将被废黜和剥夺一切权利。伊斯梅尔帕夏向土耳其苏丹求情,但一无所获。1879年5月26日,土耳其苏丹按英法旨意废黜伊斯梅尔帕夏,同时立陶菲克为埃及的赫底威。伊斯梅尔帕夏走投无路,不得不收拾行囊,带着宫妃从亚历山大港登上轮船,悄悄地离开埃及,到意大利过寓公生活去了。1895年,他病死于土耳其。

英法废黜伊斯梅尔帕夏,让他的儿子陶菲克继任赫底威是因为陶菲克比伊斯梅尔帕夏更顺从西方人。陶菲克帕夏性格懦弱,唯英法之命是从。在陶菲克帕夏统治时期,埃及人民经历了历史上最艰苦、最悲惨、最黑暗的岁月。

陶菲克帕夏上台后秉承英法的旨意,拒绝批准谢里夫提出的宪法草案,并且将改良主义者贾迈勒丁逐出埃及,任命反动的里亚德(Riyad Pasha,1836—1911年)出任首相。1879年9月,陶菲克帕夏下令恢复双重控制,任命英国人贝林少校为财政收入总监,法国人布里尼尔为财政支出总监,内阁事务完全由他们控制。另外,陶菲克帕夏对埃及土著军人的压制较过去更为厉害,他指示仇视土著军人的陆军大臣奥斯曼·李夫基大量裁减埃及土著下级军官的名额。这一举措引起埃及土著军人更强烈的不满,他们在首领阿拉比

陶菲克帕夏与其妻子和孩子

的领导下掀起了轰轰烈烈的反抗运动。

1881年1月，以阿拉比为首的埃及土著军官向陶菲克帕夏请愿，指控李夫基歧视和迫害埃及土著军人，要求撤其职务。1月17日，阿拉比向首相里亚德提交了请愿书，一个星期以后，里亚德召见阿拉比等人时气势汹汹地说："你们递交的这份东西是要判处绞刑的！你们想干什么?想改组内阁？想组织什么样的内阁？想让谁来组阁啊？"阿拉比反唇相讥说："帕夏先生，难道埃及是一个只生了8个孩子就不会再生的女人！"阿拉比所说的8个孩子是指里亚德及其7个部长，里亚德听了极为恼怒，但没有发作，佯称"认真研究"便匆匆结束了这次召见。

陶菲克帕夏决定严惩阿拉比及其战友。2月1日，英籍埃军总参谋长斯通为首的特别军事法庭以"思想反动，行为不端"逮捕了阿拉比等人。消息传出后，埃及土著军人义愤填膺，纷纷要求前去营救。王宫警卫的官兵在穆罕默德·奥贝德少校的率领下首先行动起来，他们包围了尼罗河宫，冲进陆军部大楼，救出阿拉比等人。历史上把这一次事件称为"尼罗河宫事件"。阿拉比被救出后带领士兵，在军乐的凯歌声中，浩浩荡荡地前往王公所在地阿比丁广场示威。第一团的士兵也闻讯赶来参加示威，成千上万的开罗市民聚集在街道两旁和广场的四周表示声援。

陶菲克帕夏心急如焚，想调兵进行镇压，但无兵可调。英法两国领事深恐事态发展下去会损害两国的利益，便要求陶菲克帕夏暂时答应阿拉比的请求。陶菲克帕夏只好下令撤换李夫基，任命巴鲁底为陆军部长，答应改善埃及土著军人待遇，修订与埃及土著军官的任命和晋升等有关的军事法案。

尼罗河宫事件的胜利使阿拉比名声大震，他成为众望所归的领袖，广大人民团结在他的周围对他寄予莫大的希望。陶菲克帕夏对尼罗河宫事件怀恨在心，伺机反扑。陶菲克帕夏撤掉了巴鲁底，任命他的内弟达乌德·亚昆取而代之。达乌德·亚昆与李夫基为一丘之貉，蔑视土著军官。他上台后规定所有军官不得参与政治，不得擅离职守，不得在家中或市区聚会。同时，在阿拉比等人的住宅周围布满密探，监视他们的行动。

1881年9月9日，阿拉比再次在阿比丁广场举行武装示威，要求内阁辞职，要求实施宪法。广大民众聚集周围助威，声势浩大。陶菲克帕夏传令阿拉比晋见。阿拉比持刀纵马，后跟30名军官，晋见陶菲克帕夏。阿拉比义正词严地向陶菲克帕夏陈述了全军和全民族的要求。这些要求包括，打倒里亚德独裁政府；建立欧洲式议会；按土耳其苏丹敕令，军队增至最高额1.8万人；批准改善土著军人待遇。英法两国和陶菲克帕夏迫于形势暂时作了让步。9月10日，陶菲克帕夏下令改组内阁。14日，任命谢里夫为首相，巴鲁底出任陆军部长。消息传来，埃及举国欢腾。但是，以谢里夫为代表的大地主阶级害怕人民的力量，转而与英法两国及其走狗封建王室相妥协。谢里夫一上台即宣布军队不得干预政治，把阿拉比的军队调往东方省的拉斯·瓦迪。10月4日，埃及举行全国大选，当选的议员中地主豪绅占多数。1881年12月底，谢里夫提出了一部宪法（称为基本法）。宪法剥夺了议会讨论和通过预算的权力，因此引起议员的强烈反对。1882年1月7日，英法两国向陶菲克帕夏提出一份联合备忘录，支持其限制议会权力的立场。

谢里夫的倒戈媚外，陶菲克帕夏的卖国求荣，英法殖民主义者的野蛮行径，引起全国人民的极大愤怒，军人最为激烈。谢里夫在全国人民的谴责下被迫于2月2日下台。2月4日，巴鲁底组阁，这届内阁不同于以往的“欧洲内阁”，该内阁中祖国党成员占多数。阿拉比出任陆军部长，并成为内阁的实际领导人。巴鲁底内阁执政时间不长（仅3个月），但是做了许多兴利除弊的大事。

内阁解雇了一批西方列强安插在政府中的外国官吏，解除了一批庸碌无能的军官，提拔了几百名土著军人为中下级军官，授予阿拉比等人将军衔和帕夏称号，从而使土著军官掌握了大部分兵权。内阁还增加军费，扩建军队，购买武器，加固城防。同时，内阁取消了奴隶制，废除了农村中盛行的徭役制和鞭笞征税制。内阁还决定开设本国农业银行，保护农民免遭外国高利贷的盘剥。

巴鲁底内阁的这些举措得到了埃及广大人民的热情支持。因为这些举措打击了英法殖民势力，削弱了陶菲克帕夏的独裁统治。

英法两国与巴鲁底内阁势不两立，英法领事馆指使少数土、契军官阴谋叛乱，组织暗杀团，谋害阿拉比等人，颠覆民族内阁。阿拉比及时挫败了这个阴谋，逮捕了以前陆军部长李夫基为首的叛乱分子，剥夺了46名军官的军衔，并把他们流放到苏丹。陶菲克帕夏秉承英法旨意，拒绝批准这项决定，并将此案报呈土耳其苏丹。这次经历使阿拉比认识到必须废黜陶菲克帕夏，"摆脱整个穆罕默德·阿里家族的统治"。但是，阿拉比这一主张付诸行动的阻力极大，姑且不说西方列强和土耳其宗主国的反对，即使在祖国党内部也产生了分歧。以苏尔坦议长为首的温和派议员竭力反对废黜陶菲克帕夏。

1882年2月12日，即巴鲁底内阁成立后的一个星期，英国外交大臣格兰维尔向法国政府提议，两国各派6艘战舰到埃及海面进行武装挑衅。法国欣然表示同意。5月19日，英法舰队开抵亚历山大港，并向埃及提出联合备忘录，要求巴鲁底内阁立即辞职，将阿拉比逐出国。

英法的武装挑衅和无理要求激怒了埃及人民，亚历山大港全体军官电告陶菲克帕夏和苏尔坦说，他们绝不同意巴鲁底内阁辞职，更不同意撤换阿拉比。开罗军官也作出了类似反应。各地知识分子、学生、商人、部分议员、农民和手工业者也纷纷派代表到王宫请愿，要求陶菲克帕夏拒绝接受英法联合备忘录。

5月27日，陶菲克帕夏不顾埃及人民的反对正式接受了英法联合备忘录，解散了巴鲁底内阁，并且试图领导内阁，恢复独裁统治。阿拉比慷慨陈词，提议包围王宫，废黜陶菲克帕夏。但是，阿拉比的提议却遭到议员的反对，他们大多是地主豪绅，同赫底威陶菲克有着千丝万缕的联系。他们害怕洋枪洋炮，更害怕农民起来抗捐抗税，夺取他们的土地，因此在斗争的关键时刻发生了动摇。议长苏尔坦公开宣布自己站在陶菲克帕夏一边，甚至污蔑阿拉比提出废黜陶菲克帕夏是要把埃及拱手送给英国人。阿拉比只好同意把废黜陶菲克帕夏问题暂时搁置，仅提出恢复他的陆军大臣职务。在人民运动的强大压力下，陶菲克帕夏恢复了阿拉比陆军部长的职务。

六、英国武装进攻埃及

1882年6月11日，一个英籍马耳他人在埃及亚历山大港租了当地居民的一头驴子四处游荡。他不仅不给钱反而行凶杀人，激起了当地居民的围攻。这时周围的侨民开枪射击，打死打伤埃及居民多人。亚历山大港全体居民怒不可遏，手持棍棒，奋起反抗，杀死了一些侨民。这一事件为英国武装入侵埃及提供了借口，两天以后，陶菲克帕夏携带王室亲信逃往亚历山大港，谋求英法舰队的保护，并与英法政府相勾结。

在英法两国争夺埃及的角逐中，英国一心想排挤法国，从而达到独霸埃及的目的，但是，一直苦于没有找到合适的机会。可是就在英法舰队开到亚历山大港期间，英国找到了难得的机会。这时，德国宰相俾斯麦为了加剧英法之间的矛盾，表示支持英国单独武装占领埃及的行动。法国因而陷于孤立状态。同时，法国正全力武装侵略摩洛哥，无暇顾及埃及。法国面临德国的威胁，不得不把兵力集中在欧洲，并与英国保持一定的友好关系。法国不甘心退出埃及的政治舞台，于是建议召开国际会议，讨论埃及问题，以挫败英国的入侵计划。6月23日，英、法、德、俄、意等大国在伊斯坦布尔开会，通过了一份议定书，规定缔约国不得占领埃及和在埃及谋求任何特权。意大利提出一项协议：会议期间各国不得对埃及单独采取行动。英国坚持附加一句——“在不得已的情况下例外”。这就为英国破坏协议，入侵埃及埋下了伏笔。

1882年7月10日，六国会议进行期间，英国乘法国舰队驶离亚历山大港之际，挑起冲突。英国舰队司令西摩借口埃及修筑工事，威胁英法舰队，向埃及发出通牒，要求埃及在黎明前交出亚历山大港全部炮台，否则将开炮射击，摧毁炮台。

1882年7月11日清晨，英国舰队开炮轰击，打响了武装入侵埃及的第一枪。在这场力量悬殊的战争中，亚历山大港军民表现出英勇无畏的献身精神。英国的轰炸从黎明持续到傍晚，沿海要塞均被炸毁，大片民房变成瓦砾一片。

亚历山大港在平静中度过了一夜。第二天清晨，英军继续炮轰，大火在亚历山大港内四处蔓延。埃及军民并未屈服，继续顽强抵抗。在民族存亡的紧急关头，阿拉比不顾个人安危，挺身而出，领导埃及人民抗击英军，在埃及反殖民斗争史上谱写了光辉的篇章。7月12日中午，阿拉比见亚历山大港不

1882年7月11日清晨，英国舰队开炮轰击亚历山大港

能再守，于是下令军民撤退。他派遣军队到城中协助居民转移后方，并将城中的物资全部带走，无法带走的则加以破坏。亚历山大港全部守军和15万居民很快撤离了亚历山大港。7月13日，英军占领了亚历山大港。

英军的暴行给埃及人民带来了深重的灾难。“亚历山大港的居民离开了满目废墟、一片火海的故乡。一部分搭上火车，开往内地。大部分徒步而行，他们扶老携幼，沿铁路线走去，不知道走向何方。饥饿、痛苦侵袭着他们……他们穿着破烂的衣服，携带着简单的行李。有的呻吟着，有的呼喊着，有的跛行着”。

英国的武装入侵使埃及人民的爱国热情空前高涨。他们不分民族和宗教，团结一致，奋勇抗战。正当全国上下齐心协力抗击英军时，陶菲克帕夏甘愿接受英军的保护，并向登堂入室的强盗表示谢意。7月17日，陶菲克帕夏发表声明，说英国无意占领埃及，英军炮轰亚历山大港完全是由于阿拉比等人违抗旨意、修筑工事、安装大炮所致。他命令阿拉比放下武器，停止抵抗，到亚历山大港听候发落。

阿拉比召集各宗教团体、部分议员、政府官员、商人和社会各界代表在开罗举行国民大会，揭露陶菲克帕夏，并组成全国国防委员会，履行中央政府的职责，取代盘踞在亚历山大港的陶菲克帕夏的政权。全国国防委员会委任阿拉比为全国总司令，并授予他“埃及保卫者”的光荣称号。阿拉比成为埃及全民族的领袖。

8月初，英国政府任命沃尔斯利为远征军总司令，开始向亚历山大港东南30公里处的道瓦尔村防线发起猛烈进攻。埃及士兵在阿拉比的领导下，士气高昂，奋勇杀敌，击退了英军的多次进攻。经过3个星期的血战，英军损伤惨重，毫无进展。但是，由于阿拉比对殖民者的本性认识不足，英国侵略者“明修栈道，暗渡陈仓”，阿拉比在战略上出现了严重的失误，因而付出了惨重的代价。

早在英军炮轰亚历山大港，占领亚历山大港之后，英军的入侵立刻引起了欧洲列强的注意。欧洲列强担心如果在苏伊士运河地区发生战争，必然会影响到各国船只的通行，因此就苏伊士运河的安全问题，欧洲列强在伊斯坦布尔召开会议。英国政府表示只要阿拉比的军队不在苏伊士运河地区设防，英军则绝不在这一地区作战，运河的安全自然可以保证。阿拉比轻信了英国方面的承诺，他认为英国不敢公然触犯列强的利益，贸然进攻苏伊士运河地区。阿拉比对运河地区既未设防，也没有做相应的保卫准备工作，而是把全部力量放在亚历山大地区西线防卫上。

其实，英军进攻苏伊士运河地区是侵略埃及的既定计划。英国陆军部早已制定了“必须占领苏伊士运河和伊斯梅利亚”的侵略方针。因为从伊斯梅利亚进攻埃及首都开罗比从亚历山大港进攻开罗方便得多。从伊斯梅利亚到开罗只有159公里，而从亚历山大港到开罗则有208公里。另外，伊斯梅利亚与开罗之间是一片荒漠，人烟稀少，而亚历山大港与开罗之间却是三角洲地区，河渠纵横，人烟稠密，又值尼罗河河水泛滥时节，当地居民可以利用河水泛滥阻挡英军。

阿拉比没有识破英军这种“声西击东”的策略，他全力防卫西线，放松了对东线的防卫，使得苏伊士运河地区处于无防守的状态。阿拉比的下属军官曾提议堵塞运河，中断航线，堵截伊斯梅利亚水渠，切断塞得港和苏伊士城的淡水供应，从而阻止英军从东线进行偷袭。消息传到运河公司负责人勒塞普的耳中，他十分担心埃及人堵塞运河，于是转告阿拉比说：“你不要堵塞我的运河。我在这里，你不用害怕。假如有一个英国士兵进入运河，必然有一个法国士兵跟着进去，我可以负全部责任。”阿拉比听信了勒塞普的“诺言”。

8月19日，进攻西线的英军佯装进攻阿布基尔。阿拉比信以为真，调兵遣将进行迎战。但是，当天晚上，英军主力乘坐8艘铁甲舰和18艘运输船只向苏伊士运河挺进。20日，英国舰队向运河地区发动了猛烈攻势，当日下午即占领了塞得港、伊斯梅利亚和苏伊士港，整个运河沿岸地区全部陷入英军之手。

接着，英军以伊斯梅利亚为据点向开罗推进。阿拉比匆匆将兵力从西线调到东线，在离开罗数十公里的泰勒凯比尔筑起一道新的防线，准备与英军决一死战。

英军占领伊斯梅利亚南部的盖萨辛以后并没有立即进攻泰勒凯比尔防线，而是等候援军的到来，并通过公开投敌的苏尔坦议长和英国间谍去收买东部省区的一些部落酋长和埃及军队中的败类。9月6日，土耳其苏丹在英国政府的压力下发表声明宣布阿拉比为叛逆者，这大大动摇了埃及军队和人民的信心。

9月13日，英军发起了总攻。沃尔斯利带领1 100名步兵、2 000名骑兵、60门大炮，在被收买的部落酋长的带路下，穿过沙漠直抵泰勒凯比尔前沿阵地。守卫泰勒凯比尔防线的埃及军队大部分是缺乏训练的新兵，或是不懂得使用步枪的农民和纪律松弛的贝都因人，由于双方力量悬殊甚大，泰勒凯比尔沦陷。

阿拉比急忙退回开罗，决定在城郊修筑防线，继续抵抗英军，但是，泰勒凯比尔防线的突破已使得埃及人心涣散。9月14日，英军兵临开罗城下，阿拉比发现开罗城防要塞仅剩下1 000名乡丁和40名骑兵。在这种情况下，阿拉比被迫投降，开罗沦陷。

9月25日，陶菲克帕夏在英军的保护下返回首都开罗，不知羞耻地回到了阿比丁宫。陶菲克帕夏返回开罗后即疯狂地逮捕抗战的爱国人士。大批爱国军官、士兵、知识分子、宗教人士和平民被捕入狱，总数达29 000人。阿拉比也被捕入狱，被判处死刑。但由于阿拉比在埃及人民中享有崇高的威望，因此，英国当局和埃及封建王室不敢立即杀害阿拉比，而把他流放到锡兰（今斯里兰卡）。

英国军队就这样占领了埃及，把1亿法郎的赔款强加在埃及人民的头上，还要埃及人民担负英军的占领费。从此，埃及名义上仍属于奥斯曼土耳其帝国，实际上已经沦为英国的殖民地。

作者点评：

1798年拿破仑入侵埃及这样一个历史事件，对埃及的历史产生了无可估量的影响。法国人入侵埃及，同时打开了埃及的两扇大门：一扇是近代埃及的大门；另一扇是古代埃及的大门。虽然法国人对埃及的占领仅仅持续了不到3年的时间，法国人的目标一项也没有实现，但这段短暂的历史插曲却宣告了近代埃及的诞生。尽管这次占领之后，法国和英国都没有在埃及逗留，但却使埃及直接进入了巴黎和伦敦的外交视野，而且这种关注维持了一个半世纪之久。因此，法国占领埃及是短暂的，但影响却是持久的。国门洞开后的埃及，西方资产阶级的思想理论、政治观念、科学技术和生活方式，像潮水般冲击着这个古老的国度，埃及人从中世纪的酣梦中惊醒过来，从此开始了追赶西方的漫长征程。

拿破仑的士兵在埃及修筑防御工事时，偶然挖出来的罗塞塔石碑，随着1822年法国语言学家商博良对该石碑文字的成功破译，从此人们找到了打开古埃及文明世界大门的钥匙。一门新兴学科——埃及学的诞生，使得西方人可以更深入地了解古埃及文明，当然，这门学科在某种程度上也成为西方发达国家掌控埃及的一种工具。

穆罕默德·阿里王朝的建立，结束了埃及长期动乱和分裂的局面，实现了埃及的统一和安定，尤其是阿里的改革，引进了西方先进的科学技术，为埃及

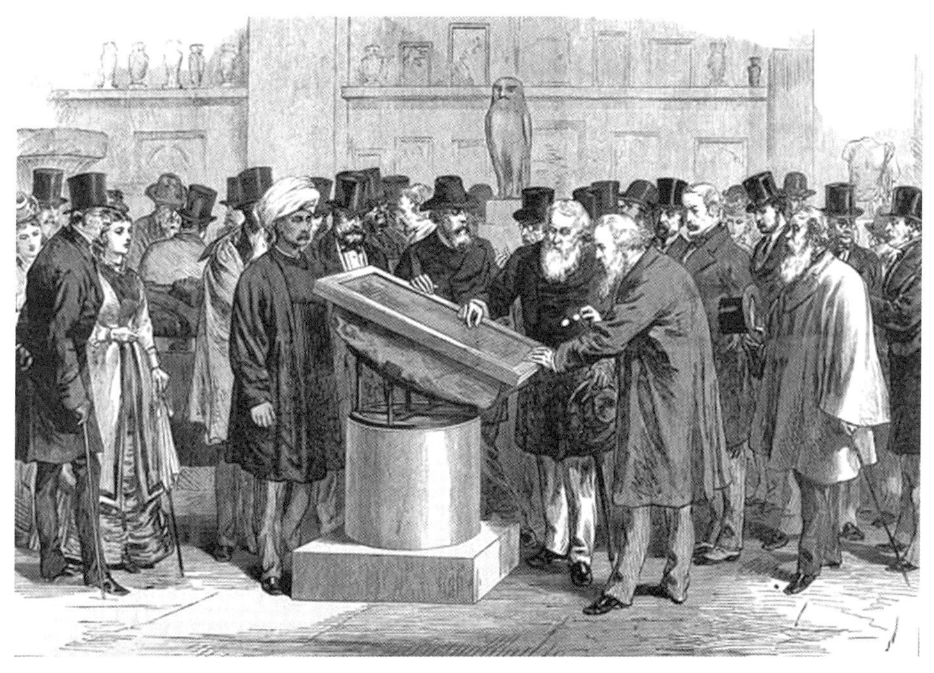

专家们在伦敦举行的第一次国际东方学代表大会上考察罗塞塔石碑

资本主义的发展创造了有利条件，阿里也成为近代埃及的奠基人。但遗憾的是，阿里的子孙却一步步把埃及引向深渊。阿拔斯一世的闭关锁国政策，并没有制住西方列强对埃及的渗透，相反埃及逐渐沦为西方国家的原料供应地和工业产品销售市场；赛义德鼓吹经济自由和门户开放政策，却迎合了欧洲列强对外扩张的需要，使得埃及主权遭到践踏，尤其是苏伊士运河的开凿，使得埃及国力衰竭，债台高筑，西方列强为控制运河展开了激烈的争夺，导致埃及领土被英国长期占领，人民饱受殖民奴役；伊斯梅尔帕夏的崇洋媚外、奢侈糜烂、好大喜功、数典忘祖，不切实际的欧化改革，导致埃及财政破产，主权丧失，双重监督、"欧洲内阁"、混合法庭的出现，使得埃及进一步沦为西方列强的附庸。其后埃及的历史与西方列强的历史相互缠绕，难以摆脱；埃及的命运与西方的命运相互纠缠，难以自拔。从此，"埃及是埃及人的埃及"成为埃及有识之士的理想和追求，他们致力于把埃及从屈辱、贫穷和痛苦的深渊中拯救出来。他们踏上了一条前赴后继、艰苦卓绝的民族解放之路。

第十章 19世纪埃及的思想与文化

西方殖民主义者对埃及的入侵、控制和渗透，使得埃及进一步沦为西方列强的附庸。埃及人民蒙受耻辱，促使了埃及民族意识的觉醒。在西方文化的冲击下，一批接受过西方文化影响的埃及知识分子率先在思想文化领域掀起了一场救亡图存的运动，将埃及的文化事业推进到一个新的繁荣时期。

一、救亡图存运动

当时在埃及主要流行着两种思想：西方资产阶级自由思想和东方泛伊斯兰主义思想。

西方资产阶级自由思想的代表人物是埃及著名的思想家、教育家和翻译家里法阿·艾尔—塔哈塔维（Rifa'a al-Tahtawi，1801—1873年）。1801年，塔哈塔维出生于苏哈格的一个名叫塔哈塔的小镇，他早年曾在爱资哈尔大学接受传统教育。1826年，塔哈塔维等人被埃及阿里政府派往法国留学。1831年，塔哈塔维学成归国。为了将西方大量的军事和科技成就引进埃及，塔哈塔维创办了语言学校，从事翻译工作。他在翻译、教育和新闻等领域都取得了惊人的成就。塔哈塔维研究法国启蒙运动的代表人物卢梭、伏尔泰和孟德斯鸠的思想，向埃及同胞介绍了法国自由派的政治主张。塔哈塔维在法国留学期间亲眼目睹了1830年法国七月革命。他

埃及著名思想家、教育家艾尔-塔哈塔维

认为波旁王朝在七月革命中被推翻，是由于国王背离宪法、反对议会决定、限制人民自由、修改宪法的结果。塔哈塔维主张保护国家资源，发展民族工商业，反对地主和资本家对农民和工人的残酷剥削。他还主张解放妇女，认为决定妇女贞洁的不是揭去面纱或戴上面纱，而是教育的好坏、对丈夫的忠诚以及夫妻间的相亲相爱。

塔哈塔维主持翻译了《拿破仑法典》等数百部西方著作，对埃及人民接纳西方资产阶级思想发挥了积极作用。另外，他著书立说，在1834年出版的《巴黎游记》中，记述了他对欧洲社会文化的观感和印象，阐明了立法机构应监督执行机构等立宪原则。1869年出版的《埃及的本质问题》一书中，他强调了向广大人民进行爱国主义教育的必要性。他说："埃及曾创造出辉煌灿烂的文化，埃及的文明古迹可追溯到4 300年以前……用现代文明来恢复埃及的古代光荣已成为每一个爱国者的奋斗目标。"塔哈塔维对传播西方资产阶级自由思想作出了巨大贡献。

东方泛伊斯兰主义思想的代表人物是哲马伦丁（Jamal ad-Din al-Afghani，又译贾迈勒丁·阿富汗尼，1838—1897年）。1838年，哲马伦丁出身于阿富汗的一个名门望族家庭。他博学多才，对宗教学、历史学、逻辑学和哲学都有精深的研究，通晓阿拉伯语、阿富汗语和波斯语。他痛恨西方殖民者对东方伊斯兰国家的侵略和掠夺，号召东方伊斯兰各国团结一致，共同奋斗，摆脱西方殖民主义的奴役，恢复国家的独立和自由。

哲马伦丁

哲马伦丁是近代伊斯兰各国政治意识的鼓动者，埃及受其思想影响最深。1871年，哲马伦丁应伊斯梅尔帕夏的邀请前来埃及讲学，任爱资哈尔大学教授多年。他打破了爱资哈尔大学那种死记硬背、不求甚解的陈规陋习，着重培养学生的独立思考和研究能力。哲马伦丁呼唤埃及人民的觉醒，1878年，哲马伦丁在一次群众集会上进行了这样的演讲。他说："埃及人正在奴役中生活着！在暴政下生活着！埃及人民面临着残忍的、贪婪的外国侵略！埃及人民正在身受侵略者的烈火焚烧……埃及同胞们，你们应当起来反抗！君不见伟大的金字塔，巍峨的寺庙和寺院，瑰奇的古代遗迹，坚固的古代堡垒……这一切不都是埃及祖先不朽的光荣吗？”

哲马伦丁吸引了一大批学生慕名而来，其中包括成为埃及民族运动领袖人物的阿拉比和穆罕默德·阿卜杜等人。

二、创办报纸

面对西方文化的冲击，埃及在新闻和出版方面也取得了较大的发展。拿破仑占领埃及后，把从梵蒂冈掠夺来的一部阿拉伯文印刷机带到开罗，用来印刷宣传品。穆罕默德·阿里统治埃及时期曾派尼科拉·马萨布基到意大利米兰学习印刷技术，学成回国后马萨布基在亚历山大港建立了第一家印刷所。1822年，该印刷所迁到布拉格成为著名的布拉格印刷局。

1827年，埃及出现了第一份月报《赫底威报》，它是用阿拉伯文和土耳其文两种文字出版的，最初发行量很小，由帕夏的办公室分发给中央政府官员和各省官员，其内容仅限于政府法令和决定。从严格意义上讲，它还不是今天意义上的报纸。1828年出版的《埃及事件报》是一份详细报道全国事件、政府决定和规章制度的报纸，发行量日渐扩大，用两种文字出版。1832年，亚历山大港出现了另一种报纸《现代埃及》，它为法文报纸，是由外国侨民创办的。阿里政府支持该报，旨在希望这份面向外国读者的报纸能成为捍卫他统治政策的工具。

1863年伊斯梅尔帕夏上台以后，为了推动他的欧化改革，他给予新闻出版以鼓励和资助。1886年，他资助了《尼罗河谷报》作为宣传其政策的喉舌。在教育和文化领域还资助了最早一批由学者创办的学术性报刊，如医学杂志《医王报》、教育杂志《埃及回声报》。1874年，埃及军队出版了自己的报纸《埃及战斗报》。1875年，叙利亚移民塔克拉兄弟在亚历山大港创办了著名的《金字塔报》，这是埃及第一份利用电报收集境外消息的报纸，该报还大量刊登广告以增加报社收入。

哲马伦丁在埃及的活动进一步推动了非官方报刊的出版。1877年，来自叙利亚的萨利姆·纳卡什创办了《埃及报》，反对欧洲控制埃及。1879年，他又创办了《商报》，但很快就被政府取缔。1880年，布迪布·伊沙克在巴黎出版了《开罗报》，攻击陶菲克政府。此外，还有抨击伊斯梅尔帕夏的《湖静报》和《公正报》，其创办者贾科布·沙怒亚被伊斯梅尔帕夏驱逐出国后，他在巴黎继续出版报纸。

穆罕默德·阿卜杜

阿拉比运动之后，新闻界政治分化加剧，出现了亲阿拉比、反阿拉比和亲赫底威的不同派别。其中《埃及妇女报》、《被保护者报》和《功利报》都是支持阿拉比的报纸。陶菲克帕夏也办了自己的报纸《证言报》，以对抗敌视他的报刊。1882年，英国占领埃及后，报纸成为批评英国政策的工具。由于政治环境的改变，这一时期的报刊无论是国内办的还是流亡者办的都是短命的，也都是不定期的。

1882年，埃及反英斗争失败后，埃及著名的哲学家、民族独立运动的领袖人物之一穆罕默德·阿卜杜（Muhammad Abduh，又译穆罕默德·阿布都，1849—1905年）被放逐到叙利亚。他在国外继续从事反英斗争。1884年，他与哲马伦丁在巴黎成立了“团结会”，旨在团结东方各民族，反抗外国侵略。他还创办了《团结报》，表达了广大埃及人民反对英国占领，争取民族独立的呼声，同时无情地谴责埃及赫底威陶菲克的反动行为。英国政府企图笼络穆罕默德·阿卜杜，邀请他去伦敦谈判。阿卜杜立场坚定地说：“埃及与英国的关系是羊与狼的关系，埃及人民的要求是英国撤兵，建立自己的独立自由的国家……英国不撤兵，埃及人民的斗争将永不罢休。”

英国政府采取无耻的手段，与法国政府勾结起来，封闭了《团结报》，并限制团结会的活动。

1895年，埃及新闻界出现了明显分化，由叙利亚移民办的某些刊物，如《导报》、《金字塔报》、《文摘报》等，认同英国在埃及的政策，部分原因是他们认定一个在先进的欧洲大国控制下的稳定的政府是实现埃及世俗化民族独立的最好途径。

埃及新闻业的发展使受过西方文化熏陶的埃及官员、作家和文人学士有机会公开表达某些观点，并逐渐对舆论的形成产生影响。

三、 革新阿拉伯语

随着埃及民族独立运动的不断发展，如何充分地激励人民的爱国意识，形成强大的民族力量，成为一个急需解决的问题。由于旧时的语言晦涩难懂，不能很好地表情达意，动员群众，于是出现了革新阿拉伯语的运动。在这方面，1870年阿里・穆巴拉克（Ali Mubalak）建立的师范学院发挥了积极作用。师范学院把简明的阿拉伯语和阿拉伯古典文化遗产教授给学生，培养了一批新的语文人才。

语文的革新对文学创作产生了积极的影响，诗人们对那种传统的内容平淡，毫无生气，窒息人民精神，不能表达人民自由愿望的腐朽诗歌再也不能容忍了，他们要求恢复伊斯兰教早期诗歌简洁明快的风格，因而被称为复兴派。复兴派诗人使诗歌恢复了生气，诗歌成为滋润人民心田的甘霖。最有影响的复兴派诗人有巴鲁迪（Mahmoud Sami el-Baroudi，1838—1904年）、艾哈迈德・邵基（Ahmed Shawqi，1868—1932年）和哈菲兹（Hafez Ibrahim，1872—1932年）等。

哈菲兹

巴鲁迪曾任内阁首相，后因参加阿拉比运动而被流放锡兰。他的诗反映了时代和民族的精神，是埃及近代著名的伟大的爱国诗人。邵基出生于一个豪华的贵族家庭，在宫廷工作20多年，因此被称为宫廷诗人。他的诗铿锵优美，享有“诗王”之美誉。他还写过几部抒发民族情感的话剧，如《克利奥帕特拉之死》、《阿里贝克》等。哈菲兹勤奋好学，自幼喜欢诗歌。他的诗通俗豪放，具有浓厚的人民性和时代特色，被称为“尼罗河诗人”。

这个时期的埃及散文打破了过去僵硬和死板的格局，恢复了自然流畅、简洁明快的特点。杂文、戏剧和小说等新的文学体裁应运而生，一批反映阿拉伯文化成就的作品应时而生。这一时期的历史作品和文学作品鲜有严格的界限，历史作品大多充满浪漫主义色彩，文学作品又常常采用历史故事的体裁。迁居埃及的黎巴嫩作家朱尔吉・泽丹（Jurji Zaydan，1861—1914年），著有5卷本的《伊斯兰文明史》，是一部史料翔实、观点新颖的伊斯兰文化史专著，被译成多种文字；编有4卷本的《阿拉伯文学史》，被选为大学教科书，具有广泛影响力。他还利用创办的《新月》杂志，编辑出版了大量的阿拉伯伊斯兰历史故事。这些作品情节曲折生动，颇富吸引力，在当时对促进埃及人民爱国热情的高涨发挥了积极的作用。

另外，19世纪末，葛绥木·艾敏（Qasim Amin，1863—1908年）提出了解放妇女的主张，成为解放妇女的倡导者。艾敏撰写了《妇女解放》和《新妇女》等著作，主张妇女应该受教育，应该获得同男子一样的权利，提倡妇女脱去面罩，进入社会，担负起各种社会责任。艾敏发起的解放妇女的运动，可以说是一次具有重大意义的社会革命。

四、西方造访者

英国埃及学之父威尔金森爵士

19世纪的埃及比以往更欢迎西方造访者，随着埃及国门的打开，空前多的西方旅行者利用这种开放机会，蜂拥而至。他们中的很多人是因为被古埃及的陵墓、神庙和金字塔所吸引。大多数人来到埃及参观游览后就离开了，但也有一些人试图进一步了解埃及，因此在埃及居留下来。

英国学者加德纳·威尔金森（John Gardner Wilkinson，1797—1875年）爵士，被公认为英国埃及学的奠基者。1821年威尔金森来到埃及，在埃及逗留了12年之久。威尔金森对前人所没有勘察过的埃及古迹进行了详细的勘察，其中包括对阿玛尔纳的勘察，他绘制了第一张阿玛尔纳城市的草图。在哈瓦拉，他找到了中王国时期的国王阿蒙尼姆赫特三世的金字塔附近迷宫的位置。他是第一个细致描摹贝尼·哈桑墓室壁画的人，由于他对古埃及艺术的法则具有深入了解，使得他对古埃及的壁画、雕刻和铭文进行的描摹和复制非常准确。威尔金森最著名的著作是《古埃及的风俗和习惯》一书，该书共分3卷，其价值的重要性在于它是使用作者亲身考察的证据研究古埃及文明的第一部严肃著作。该书给他带来了很大的声望，作为最畅销的古埃及文化通俗读本历时长达半个世纪之久。在该书的写作手法上，威尔金森也作了重大的突破，他是按照主题，如建筑、艺术、宗教和日常生活等不同主题，系统讲述古埃及文明的第一人。威尔金森综合大量翔实可靠的资料和证据，用通俗易懂的语言，向世人描绘了一幅古埃及文明的历史画卷，无人能够比肩。1839年，鉴于他对埃及学作出的突出贡献，威尔金森被封为爵士。

爱德华·威廉·李恩（Edward William Lane，1801—1876年）是英国著名的阿拉伯学者。1825年，他开始赴埃及考察，1826–1827年间沿尼罗河进行旅行。

英国著名阿拉伯学者李恩

李恩对埃及古迹绘制了大量的草图，其中一些现收藏于牛津大学的葛里菲斯研究院。李恩对埃及学最重大的贡献是1836年出版的《现代埃及的风俗和习惯》一书。这部书描绘了当代埃及的生活习惯和风土人情等，与威尔金森的《古埃及的风俗和习惯》一书形成了姊妹篇，两者可以相互补充，可谓交相辉映。

曾跟随威尔金森一同去埃及考察的还有一位英国旅行家詹姆斯·波尔顿（James Burton，1788—1862年）。波尔顿最初是作为穆罕默德·阿里政府请来的外国专家来到埃及的。他在埃及的任务是进行地理勘探，寻找煤矿。幸运的是，由于他邂逅了威尔金森，从而萌发了对埃及学的兴趣。1824年，他跟随威尔金森在埃及东沙漠进行考察，第二年他又跟随李恩在底比斯进行发掘。波尔顿在埃及期间描摹了大量的准确的古埃及纪念碑铭文，以及一些建筑物的草图多幅。现在他的一些作品收藏于大英博物馆。

与威尔金森同时代的旅行家还有苏格兰人罗波特·赫伊（Robert Hay，1799—1863年）。他于1824—1828年间，以及1829—1834年间两次在埃及参观考察，其间他描摹了大量的纪念碑铭文以及墓室壁画。赫伊的作品分成49卷，现收藏于大英博物馆，另外该馆还收藏了他的一些信件和日记。赫伊的作品具有重大意义的原因在于他描摹的很多遗迹后来遭到了破坏，后人无法再亲临现场进行考察，正是赫伊的记载为后人提供了宝贵的资料，所以意义十分重大。

对埃及古迹的摹拓保存了大量的埃及古迹资料，对这些古埃及人留下的纪念碑铭文、坟墓壁画等的准确摹制，为以后埃及学的研究提供了宝贵的资料来源。另外更具有重要意义的是，古埃及的一些建筑、纪念碑等由于风化和侵蚀等原因，有的无法继续经受时间的考验，逐渐变得破损，甚至被沙漠掩埋而消失了。正是前人在碑铭学方面所作出的努力，才使得古埃及的古迹得以继续被后人所知，因此这种记载更为可贵。

1842—1845年间，理查德·莱普修斯（Karl Richard Lepsius，1810—1884年）率领的普鲁士考察团来到埃及，他们考察了金字塔和孟斐斯附近的古墓群。在法尤姆，莱普修斯找到了莫里斯湖的位置，并发掘了迷宫，还给这些遗址绘制了大量的线条图。莱普修斯考察团的目的不是尽快搞到一批文物，而是对埃及古物进行编目和更多的了解。莱普修斯的考察团中配备了优秀的艺术家和绘图专家等，他们可以准确地摹制古迹。莱普修斯第一批收获是古王国时期的几处遗迹，发现了以前无人得知的30座金字塔的痕迹和残余，从而把金字塔的总数目增加到67个。他还调查了130处马斯塔巴墓，这是在他之前的考古学家忽视了的古迹。莱普修斯在阿玛尔纳发现了一批资料，可以初步反映阿蒙霍特普四世的生平。他还是第一个测量出帝王谷各处古迹尺寸的人，他指导人们把神庙墙壁上的浮雕和铭文翻制模型，并复制了载有国王姓名的许多装饰图案。莱普修斯最早研究了尼罗河流域第一瀑布外的地区，参观了古代埃塞俄比亚首都梅罗伊，发现了埃塞俄比亚文明。他在底比斯考察了6个月，极力赞赏古埃及第18王朝和第19王朝的丰功伟绩。莱普修斯回国后被任命为柏林博物馆馆长，实际上他是柏林博物馆的创始人，柏林埃及博物馆里的文物大多是莱普修斯在埃及考察时的收获。1859年，12卷本的《埃及和埃塞俄比亚的古迹》（Denkmäler aus Ägypten und Äthiopien）作为莱普修斯考察队的成果而出版。莱普修斯去世后，另外5卷也于1897—1913年间陆续出版。《埃及和埃塞俄比亚的古迹》涉猎广泛，内容丰富，是第一次准确描摹埃及古迹遗址的大部头出版物，其中包括古埃及每一处遗址的壁画以及铭文的详细内容，该书成为研究埃及学的最基本的著作。

德国埃及学之父莱普修斯

英国著名女作家爱德华兹

1866年，莱普修斯再次赴埃及苏伊士运河地区以及东三角洲地区考察。他在塔尼斯（Tanis）遗址发现了一块双语的石碑——克诺普斯敕令（The Decree of Canopus），该碑是用古埃及圣书体文字、世俗体文字和希腊文字写的一篇长篇铭文。该石碑的发现使埃及学家可以对商博良破译的古埃及文字的体系进行检验和确认。

或许世界上没有任何一个国家能像埃及那样，成为众多的旅行见闻录的主题。其中有两个埃及旅行见闻集最为著名：一个是英国女作家埃默里·爱德华兹（Amelia Edwards，1831—1892年）的《沿尼罗河上溯千里记》；另一个是露西·达夫·戈登（Lucie, Lady Duff-Gordon，1821—1869年）的《来自埃及的书信》。埃默里·爱德华兹出生在伦敦，早年曾做过新闻记者，是一位著名的小说家。1873年，一个偶然的机会使她得以去埃及旅游，她用生花妙笔记载了自己在埃及的游历，于1877年出版了自己在埃及的游记《沿尼罗河上溯千里记》（A Thousand Miles up the Nile），引起了很大的轰动，激起了更多的欧洲人对埃及的兴趣，也使得爱德华兹声名鹊起。爱德华兹亲眼目睹了埃及古迹正在遭受大规模的破坏，感到甚为痛心，这种感触大大影响了她后来的生活。为了引起公众的关注，她写了很多的文章，作了很多的演讲，充分利用自己优秀的演说才能，号召成立一个专门的考古组织。1882年设立了埃及探测基金会，爱德华兹担任了第一任秘书，对英国埃及学的发展作出了巨大贡献。

露西·达夫·戈登是另一位多才多艺的作家，她当初来到埃及只是希望能减轻自己的肺结核病，却在这里找到了她在英国缺少的爱和家的感觉。她的《来自埃及的书信》中显现了非同寻常的深邃见识。另外，弗洛伦斯·南丁格尔（Florence Nightingale，1820—1910年）也写有一部《来自埃及的书信：1849—1850年在尼罗河的旅行》一书。

大卫·罗伯兹

对于19世纪的西方艺术家来说，埃及也具有磁石般的吸引力。艺术家纷纷来到埃及，从充满东方魅力的埃及题材中寻求带给他们的灵感，竭尽全力记录埃及丰富的主题，无论是错综复杂的伊斯兰建筑，还是神秘的古代埃及建筑，都成为画家笔下的对象。英国皇家画师大卫·罗伯兹（David Roberts，1796—1864年）是一位颇负盛名的水彩画家和艺术家，他于1838—1840年游览埃及和中东地区，沿途创作了许多幅水彩画,后来结集成《埃及和努比亚》版画出版,流传甚广,影响深远。

19世纪中期,到埃及大规模旅行时代已经到来,英国人托马斯·库克(Thomas Cook,1808—1892年)变成了安排包办旅游的一个重要名字,也由此成为世界近代旅游业之父。开罗创办了两家最早的欧洲风格的旅馆。1847年,第一部《埃及旅行者手册》出版,之后又出现了多个版本的埃及旅行手册。

五、 本土埃及学的艰难起步

1822年,法国学者商博良成功破译罗塞塔石碑文字,标志着对古埃及文字的解读成功。从此,一门以解读古埃及文字、文献为基础,研究古代埃及政治、经济、文化和宗教等方面的综合性学科——埃及学呱呱坠地。由于特殊的历史、宗教以及其他方面的原因,长期以来埃及学发展成为一门主要是由西方国家,如法国、英国和德国等国学者研究的学问,并被西方国家所操控。相反,埃及学在埃及本土的起步和发展却滞后得多,而且其发展可谓举步维艰。

一些曾在欧洲留学具有爱国热情的埃及知识分子,对商博良破译古埃及文字深受鼓舞,他们思考如何让埃及学这样一门研究古代埃及文明的学问,在埃及本土生根发芽,让埃及同胞们也能了解先辈们创造的曾在人类历史上产生广泛影响的文明瑰宝。埃及著名的思想家、教育家、翻译家、西方资产阶级自由思想的代表人物塔哈塔维,对本土埃及学的发展作出了卓越贡献。

自1798年拿破仑打开埃及的大门后,大批的欧洲人蜂拥而至,尼罗河畔一时成为殖民主义者任意攫取文物的挖掘场,大量埃及文物遭到无情破坏。面对埃及文物遭受西方殖民者任意掠夺的局面,塔哈塔维深感痛心,他进言埃及总督阿里采取措施,保护埃及文物。1835年8月15日,阿里政府正式颁布法令,对欧洲人肆意掠夺埃及文物的行为进行限制。法令明确规定,任何西方国家在埃及发掘的任何文物都必须悉数交至语言学校,由校长塔哈塔维对文物的去留作出决定。

为了让自己的本土同胞系统地掌握埃及学知识,塔哈塔维想创办一个专门的机构,向本土同胞传授埃及学。1869年,在塔哈塔维的大力呼吁下,埃及政府创办了古埃及语学校,聘请德国著名埃及学家海因利希·布鲁格施

(Heinrich Karl Brugsch, 1827—1894年)向埃及人讲授古埃及语，发展埃及学。古埃及语学校首次录取了10名埃及学生，艾哈迈德·卡迈勒(Ahmad Kamal, 1851—1923年)是其中最著名的一位。

法国埃及学学者、埃及古物局第一任局长马里耶特

作为埃及本土的一名埃及学学者，如何发展埃及学，卡迈勒面临的任务十分艰巨。卡迈勒决定在两个方面进行着手。一是确立自己为一名专业的埃及学学者，跻身国际埃及学学者的行列。为了实现这个目标，他用法语写作了大量论著。二是劝诫他的埃及同胞认同古埃及文化，使埃及民众对古埃及文化产生感情和兴趣。为了达到这个目标，他使用母语阿拉伯语撰写了大量作品。但是，时任埃及古物局局长的法国埃及学学者奥古斯特·马里耶特(Auguste Mariette, 1821—1881年)，出于一个西方殖民者的狭隘之情，担心埃及人一旦掌握了古埃及文字的技能，会影响到埃及学由西方人所垄断的地位。马里耶特由此费尽心机，极力阻挠本土埃及学的发展。

德国埃及学家布鲁格施在后来的自传中回忆说，当时的埃及总督对他的工作十分满意，埃及教育部部长也表示赞赏，但是埃及古物局局长、法国埃及学学者马里耶特，却担心将来埃及方面会聘用掌握了古埃及文字的埃及人进入开罗博物馆工作，会影响到法国人所垄断的埃及古物的研究和管理工作。布鲁格施多次劝告马里耶特打消这个疑虑，但是马里耶特仍旧疑心重重。马里耶特不久后竟然下达命令，不允许埃及人在博物馆内抄写古埃及文字铭文，神庙参观处凡发现可疑人员，也一律把他们驱赶走。

由于马里耶特不允许古埃及语学校的毕业生进入埃及古物局工作，古埃及语学校即失去了其存在的基础。1874年，古埃及语学校创办不足5年即被迫关闭，德国埃及学家布鲁格施也只好返回了德国。马里耶特，一名法国埃及学学者，一名西方殖民主义者，将埃及人发展埃及学的美好愿望化为泡影。刚刚生根破土的本土埃及学，眼睁睁地被西方殖民主义者所扼杀，着实令人痛心。

作者点评:

一位西方埃及学学者曾坦言:“西方人创造了埃及学,并逐步将它传授给埃及人。埃及人对此充满感激,但是埃及人对这门学问却不得不付出高昂的代价。”

埃及学自19世纪在法国诞生以来,一直被欧美西方发达国家所掌控。令人欣喜的是,自20世纪20年代以来,随着埃及民族意识的觉醒和民族解放运动的不断高涨,埃及学这门诞生于西方的学问已经在埃及本土生根发芽。本土埃及学开拓者筚路蓝缕,迈出了艰难的第一步,但是由于长期遭受西方殖民者的统治,刚刚起步的埃及学屡屡遭受西方殖民者的打击和破坏。艾哈迈德·卡迈勒遭受的种种责难应该放置于帝国主义、殖民主义语境中去理解。它是西方帝国主义、殖民主义奴役、压迫和打击被殖民国家淋漓尽致的体现。

第十一章 英国统治下的埃及

1882年，英国武装占领埃及后，由于埃及人民的强烈反抗，欧洲列强间关系的错综复杂，英国不敢直接吞并埃及，使埃及成为英国的殖民地或保护国。英国一再宣称英国军队在埃及仅仅是“暂时的占领”。英国根据1840年《伦敦条约》的规定，继续承认埃及是奥斯曼土耳其帝国的一个行省。为了欺世惑众，英国首相格莱斯顿（William Ewart Gladstone，1809—1898年）假惺惺地说：“我们不会采取(长期占领埃及的)措施，因为这样的措施与女王陛下政府的原则和观点相违背，与我们对欧洲的承诺相违背。”然而，史实证明这个声明完全是欺人之谈。英军无定期地驻留埃及，赖在埃及不走，事实上埃及已经沦为英国的殖民地。

1882年10月30日，即英国占领埃及一个多月后，英国政府便立即派驻土耳其大使达弗林以英国高级代表的身份去埃及考察。达弗林提出了一整套统治埃及的方案，它成为英国统治埃及的基石。达弗林吸取“欧洲内阁”失败的教训，主张英国人不进入埃及内阁，而是在中央和地方的要害部门担任顾问和总监，给予埃及各级官吏以“必要的忠告”。这种“忠告”是强制性的，埃及人必须接受，不得违抗。因此达弗林的殖民政策被称为“忠告政策”，达弗林的殖民政策主要是由贝林少校付诸实施的。

一、东方暴君克罗默勋爵的暴政

贝林（Evelyn Baring，1st Earl of Cromer，1841—1917年）是英国最富有的金融寡头之一，1869年毕业于英国皇家军事参谋学院。1877年和1879年，贝林先后在埃及国债总局和英法双重监督机构中充任英国代表。1883年9月，贝林出任英国驻埃及总领事兼英国驻埃及“高级代表”，连续统治埃及达24

克罗默勋爵，统治埃及24年（1883—1907年）

年之久。他专横跋扈，阴险狡诈，是一个典型的殖民主义者，由此被称为东方暴君。1901年，英国政府为了表彰他的“功绩”，授予贝林克罗默勋爵（Lord Cromer）封号。

贝林按照达弗林的建议，在埃及推行忠告政策。埃及政府中重要职务由英国人和其他欧洲人把持，次要职务由埃及人担任。这个政策被形象地比喻为“英国的头脑、埃及的手”。贝林在埃及上下安排了大批欧洲人，裁减埃及官员。据记载，1890年埃及的海关、邮政、交通、工程、警察、法院、监察、司法、内政和财政等机关，实际掌握在39个英国顾问的手里。这39个人的薪金达37 000埃镑。

英国占领埃及后不久便指使陶菲克帕夏解散埃及军队，委派英国军官贝林重建军队，由英国军官伍德任埃及总司令兼总参谋长，他与其他70多名英国军官牢牢地控制了这支军队。贝林被任命为埃及警察总监兼局长，把持了警察大权。贝林上任后进一步削弱埃及的军事力量，把埃及海军舰队由18艘减少到6艘，一部分内河航运船只被英军故意击沉，一部分被转卖给英国公司，剩下的几艘船只供英国总监巡视使用。贝林关闭了9所军事院校，只剩下1所，规模很小，只有100多名学生。另外，埃及所有的兵工厂和造船厂都被关闭，机器设备被变卖。埃及军队所需的武器弹药全部从英国进口。

控制埃及的财政权是确保英国独占埃及的关键。英国占领埃及前，埃及的财政受英法等欧洲列强的支配。1883年，达弗林授意陶菲克帕夏取消双重监督，任命英国人科尔文为埃及财政顾问，他权力很大，可以出席内阁会议，编造政府预算，监督埃及政府偿还外债和履行其他国际义务。英国政府为了维持在埃及的统治，必须避免埃及财政的破产。1880年，英、法、德、奥、意五国与埃及签订的“清算法”规定，埃及政府必须把收入的一半用于偿还外债，非经土耳其和债权国的许可不得举借外债。现在，英国想独揽埃及的财权，则必须摆脱“清算法”的羁绊。1885年，在英国的倡议下，英、法、德、意、奥、俄、土七国在伦敦召开会议，对“清算法”作了某些修改，使英国在支配埃及财政收入方面获得了较大的自由。从1889年起，埃及财政情况开始好转，收支基本平衡，并出现盈余。这是克罗默勋爵敲诈勒索、搜刮民财、增加收入、紧缩开支的结果，并不是他自吹自擂的什么奇迹。埃及政府收入主要来源于各种各样的赋税。赋税分直接税和间接税两大类，直接税主要是指土地税和房产税，土地税是各种赋税中最主要的赋税。为了增加土地税，克罗默勋爵下令重新丈量土地，编造地亩册，简化纳税手续。他为此还兴修水利，扩大耕地面积。间接税名目很多，包括关税、免服兵役税、港口灯塔税、捕鱼税、印花税和诉讼税，等等。

为了从经济上掠夺埃及，英国殖民当局在埃及大力推行“农业经济专业化”政策，强调埃及土地肥沃，河水充足，气候炎热，适合种植棉花，结果导致埃及经济加速向单一经济方向发展，埃及成为英国纺织工业的原料供应基地。从英国占领初期到第一次世界大战前夕，埃及棉花播种面积由占总播种面积的11.5%上升到22.5%，棉花产量直线上升，由1886年的279万坎塔尔增加到1914年的766万坎塔尔，埃及成为一个地地道道的棉花种植园。由于棉花播种面积扩大，粮食种植面积相应减少，曾以粮仓著称的埃及变成缺粮国，需要从国外进口。埃及人民遭受了英国商人在棉花输出和粮食输入方面的双重盘剥。

英国竭力限制埃及工业的发展。克罗默勋爵借口埃及因缺乏燃料、技术和资金，不宜发展工业，摧残埃及民族工业的发展，致使多种洋货充斥埃及市场，民族工业奄奄一息。罗斯坦在《埃及之被侵占与被奴役》一书中这样评价说，“在工业方面，克罗默勋爵的所作所为仅限于破坏”，“英国人在统治埃及的28年中非但没有建立任何工业，反而消灭了一切能使工业获得某些进步的可能性”。

英国利用军事占领埃及的便利条件，加紧对埃及的资本输出。埃及不仅成为英国的原料供应基地和商品销售市场，而且变成他们的重要投资场所。英国利用埃及的廉价原料和劳动力兴办纺织厂、制糖厂、榨油厂，以及电车、电话、煤气等行业，控制了埃及国民经济的各个部门。

贝林统治埃及期间，摧残埃及的民族教育，免费教育被取消，许多学校被关闭，教育经费被大大削减，只占预算的1%。据数字统计，1882—1902年间，埃及的教育经费还不足修建阿斯旺水坝费用的一半。英国当局还实行英化教育，规定小学三年级起一律使用英语授课，本国教师逐渐被外国教师所取代。英国当局竭力阻止使用阿拉伯语，担心“阿拉伯语会给埃及人带来民族的狂热”。

贝林在埃及臭名昭著，他的魔掌伸展到埃及的各个部门，在埃及可谓干尽了坏事。英国占领当局为了维护英国的殖民统治，选择埃及大地主作为其统治埃及的社会基础。1891年，埃及政府在贝林授意下颁布法令，承认土地所有者享有完全的土地所有权，从而使埃及大部分土地被私人占有。然后，英国占领当局公开出售被抵押的王室领地，购买者大多是埃及大地主。在英国保护伞的支撑下，埃及大地主捞到了好处。因此，他们在政治上也就更加依附于英国。占埃及人口绝大多数的农民的生活越来越艰难，农村贫富悬殊日趋加剧，大批农民丧失土地变成佃农或雇农。据数字统计，1907年全埃及农村人口为225万人，其中40.2%为佃农，36.4%为雇农，广大人民生活在水深火热之中。贝林曾亲笔描述过他治理下的埃及农村贫富悬殊的情况："我亲眼看见一个乡村，农民亲手造成的房屋仅是一些土墙，没有窗户，出入必须俯伏。人住在里面，犹如狗或狐狸伏在洞中。在这些土房附近还有一座高楼，占地千米，门窗俱全，还有阳台石柱，空气阳光非常充足，周围还有树林花圃……这座楼房是本村地主的住宅。"

二、英埃共管苏丹

英国殖民主义者戈登

苏丹自1820年穆罕默德·阿里占领以后门户洞开，西方探险家和科学家的实地考察，为欧洲人去苏丹殖民和经商开辟了道路。西方列强在侵略苏丹的过程中，英国人捷足先登，抢先一步。伊斯梅尔帕夏统治埃及时期，许多英国人以埃及政府派驻苏丹官员的名义，在苏丹积极推行殖民政策。1869年，英国想借助埃及向非洲中部地区渗透，任命英国大探险家贝克组织探险队到苏丹南部地区考察。1872年，伊斯梅尔帕夏在英国外交部的操纵下任命贝克为苏丹总督，两年后戈登（Charles George Gordon，1833—1885年）接替贝克。戈登曾参加英法联军侵略中国，火烧圆明园，镇压太平天国运动，是一个凶狠阴险的殖民主义者。

苏丹成为埃及的属地以后，埃及统治者把

苏丹视作掠夺对象和流放地。埃及政府向苏丹各部落征收沉重的赋税。埃及官吏把在苏丹任职看作是政府对他们的一种惩罚。他们在任职期间热衷于营私舞弊，中饱私囊，聚敛财富。

戈登任苏丹总督后，一方面用高官厚禄拉拢一批苏丹上层贵族，挑拨他们与埃及人之间的关系；另一方面对苏丹实行暴力统治，安插亲信，委任欧洲人担任要职，以扩大英国在苏丹的势力。

马赫迪

埃及官吏的横征暴敛和欧洲官吏的血腥统治，引起了广大苏丹人民的愤恨。他们一致要求驱逐埃及人和欧洲官吏。这样就引发了1881年席卷苏丹的马赫迪起义。

马赫迪原名穆罕默德·艾哈迈德（Muhammad Ahmad，1844—1885年），出生于一个贫苦的造船工家庭，是一个虔诚的伊斯兰教苏菲派教徒。1871年，他在白尼罗河中的阿巴岛洁身苦修，宣传他的教义。他认为现今的穆斯林社会已背离安拉所指引的道路，主张恢复伊斯兰教早期的纯洁性，严格遵守《古兰经》和圣训所提出的社会生活准则。他痛斥埃及政府和欧洲人对苏丹人民的剥削和压迫，鼓动人民起来造反。1881年6月，穆罕默德·艾哈迈德自称马赫迪（Al-Mahdi，即救世主），率领苏丹人民起义。

阿巴岛初战告捷后，马赫迪率领士兵迅速向科尔多凡山区转移。起义军声威远震，响应者甚众，队伍迅速壮大，由最初的300人发展到10多万人。

马赫迪起义使占领埃及的英国十分忧虑。英国渴望独占苏丹，这样既可以巩固英国对埃及的统治，又可以确保大英帝国交通线的安全。但是，此时英国政府刚刚占领埃及，抽调大批英军去镇压苏丹马赫迪起义显得力不从心。英国政府便授意埃及政府任命英国人希克斯（William Hicks，1830—1883年）为苏丹部队总司令，进剿起义军。

WILLIAM HICKS PASHA.

希克斯

1883年3月，希克斯率领13 000名埃及援兵抵达喀土穆。这些埃及援兵大多参加过阿拉比的军队，英国占领埃及后被遣返回乡，因此对英国殖民主义者充满厌恶和不满。他们不肯去苏丹作战，认为这是英国当局精心策划的一个阴谋，想借机把他们除掉。埃及援兵士气低落，缺乏战斗力。马赫迪方面据估计有正规部队69 000人，还有众多的民兵。他们为民族生存和解放而战，士气高涨。11月，在希甘战役中，马赫迪军队几乎全歼了希克斯的远征军，希克斯本人丧命。

希甘战役成为马赫迪起义的重大转折点，战争的胜利极大地鼓舞了苏丹人民的斗志，掀起了新的革命浪潮。

英国政府迫于形势，决定暂时放弃苏丹，保住埃及。于是，英国指示埃及政府将全部军队和官吏撤出苏丹。对埃及来说，放弃苏丹，意味着将丧失250万平方公里的领土和大量的财富。英国政府不顾埃及内阁的反对，坚持要求埃及撤军。1884年1月，埃及内阁首相谢里夫被迫下台。英国殖民主义者的忠实走狗努巴尔走马上任内阁首相后，决定撤回全部埃及军队和官吏，放弃整个苏丹，并再次起用戈登。1884年2月，戈登以苏丹总督的身份再次出现在喀土穆。英国政府指示戈登在埃及撤离苏丹后，纠集苏丹地方势力建立一个形式上独立，实际上从属于英国的国家。

戈登背着埃及政府致函马赫迪，希望他放下武器停止抵抗，并允诺授予他埃米尔称号，赠予珍贵礼物。马赫迪没有被戈登的诡计所迷惑，他断然拒绝接受埃米尔称号，退回了戈登的赠礼。戈登恼羞成怒，决定亲自上阵对付马赫迪起义军。

1885年1月5日，马赫迪率军6万人，攻入喀土穆，起义军奋不顾身，冲破敌人防线，直袭总督府。这时，戈登正从办公室跑到楼梯口。一个满腔怒火的起义军战士，手持长矛，直刺戈登胸膛。这个双手沾满中国人民和苏丹人民鲜血的英国刽子手当场毙命。起义军杀死戈登，解放了喀土穆，使英国政府大为震惊。

正当马赫迪乘胜追击，夺取全面胜利之时，1885年6月，他猝然病逝。他生前亲密的弟子阿卜杜拉成为马赫迪的继承人。起义军在阿卜杜拉的领导下势如破竹，很快夺取了除赤道省和红海诸港口以外的全部苏丹领土，一个独立的苏丹封建神权国家——马赫迪国兴起。

英国政府不甘心失去苏丹。1896年3月，英国政府派英籍埃军总司令基切纳率领1万多埃及士兵，以赫底威的名义进攻苏丹。1898年，马赫迪起义军经过两年多的奋勇抵抗后，9月2日，在恩图曼战役中惨遭失败。9月4日，喀土穆失陷。英籍埃军总司令基切纳在总督府升起了埃及和英国国旗，从此苏丹置于英国的统治之下。苏丹人民轰轰烈烈的反英斗争遭到了失败。

1899年1月19日，英国与埃及签订了一个共管苏丹的协定，协定规定苏丹总督掌握全国军政大权，总督人选由英国政府推荐，埃及赫底威任命，未经英国政府同意不得解除其职务；第一任总督为英国人基切纳，各部部长、各省省长也为英国人；县区行政负责人由埃及人担任，但必须接受英国视察的监督；未经英国政府许可各国不得向苏丹派驻领事。

协定虽然规定英国和埃及共管苏丹，但是实际权利完全被英国人把持。显然，苏丹实际上已经沦为英国的殖民地，被纳入了英国的势力范围。

三、丹沙微惨案

英国殖民者对埃及的血腥统治燃起了埃及人民心头的怒火，尤其是在东方暴君克罗默勋爵的残酷统治下，人民稍有反抗，就会遭到监禁、酷刑、流放甚至死刑。埃及赫底威陶菲克完全屈服于克罗默勋爵的淫威，躲在皇宫中苟且偷安。1892年，陶菲克帕夏去世，他的儿子继位，称为阿拔斯二世（Abbas II of Egypt，1874—1944年）。阿拔斯二世即位后，企图削弱英国人的势力，加强自己的封建统治，结果却遭到了克罗默勋爵的压制，使得英国政府加强了对埃及的压迫。阿拔斯二世为了加强自己的统治，经常利用埃及人民反对英国人的民族情绪，特别拉拢一些资产阶级的爱国人士，例如支持穆斯塔法·卡米勒创办《旗帜》月刊。英国统治者对阿拔斯二世大为不满，终因有所顾忌没有废黜他。

阿拔斯二世

20世纪初，埃及人民深受俄国1905—1907年革命和青年土耳其运动的影响，埃及民族独立运动进入高潮，著名的丹沙微惨案（Denshawai Incident）就是埃及民族运动高潮的开端。

1906年6月13日，一群英国军官由开罗前往亚历山大港，途经姆努夫省的丹沙微村。该村地少人多，许多农家以养鸽为生。5名英国军官突然心血来潮，要猎鸽取乐。按照规定，猎鸽者必须事先得到村长的许可，并在离村庄200米外的地方捕猎，以免误伤百姓和践踏庄稼。英国军官未经村长许可，私自闯进村里，恣意践踏庄稼，向落在打谷场上啄食的鸽子开枪射击。一位埃及长者上前劝阻，英国军官置若罔闻，继续猎杀，还焚烧了打谷场，击伤了一名埃及村妇。丹沙微全村男女老幼皆呼："洋鬼子杀人放火了！"英国军官淫威大发，又开枪打伤3人。村民们出于愤怒，用土块和棍棒还击，夺走英国军官的武器，扣押了3人，其余2人抱头鼠窜，其中1人因中暑死亡。英国统治者目睹埃及人民反英情绪的日益高涨，深恐反英情绪在农村中蔓延，于是以闹事为借口，决定在丹沙微村采取恐怖手段。

英国当局封锁了丹沙微村，逮捕了250人。克罗默勋爵认定丹沙微事件属于"谋杀案"，下令在丹沙微村架设绞架，严惩"凶手"。经过法庭审讯，4个农民被判处绞刑，2人被判处服终身苦役，1人被判处服15年苦役，6人被判处服7年苦役，3人被判处监禁一年并鞭笞50皮鞭。

英国殖民者为震慑埃及民众和满足复仇欲望，用野蛮恐怖的方式来执行判决。他们在英国军官死亡之地架起绞架，把丹沙微惨案发生的时刻定为行刑时间，将"凶手"押赴刑场，并把丹沙微村的人及邻村农民赶来观看。在场的埃及民众无不悲愤交集，妇女和儿童则失声恸哭。

丹沙微惨案激起了埃及人民对英国殖民者的无比愤恨。诗人易卜拉欣·哈菲兹挥笔写下了这样的诗，怒斥英国当局的卑劣行径：

统治的人们，
对我们如此"友情"，难道你们健忘？
约束你们的军队吧！
他们到处射猎，践踏地方！
你们射不到野鸽，
却让被奴役的人们遭殃。
我们还没有打碎颈上的枷锁，
我们跟野鸽的命运一样。
你们冤枉和屠杀无辜，
其实他们（指英国军官）是死于太阳。
难道是"异端裁判所"重见？

难道是尼禄的暴政重返？

丹沙微惨案引起埃及上下全国人民的悲愤和谴责，在英国控制下的埃及议会也通过决议，要求释放在丹沙微惨案中被捕的埃及农民，修改议会制度和修改宪法，取消非常法令，改变当时整个埃及行政系统被英国人垄断的现象，削减英国人的特权，并限制外国人在文化、教育和经济方面的特权。面对埃及举国上下反英运动的日益高涨，英国政府不得不作出一些让步，统治埃及24年之久的臭名昭著的东方暴君克罗默勋爵于1907年4月终于下台。这是丹沙微惨案的直接结果，也是埃及人民反英斗争的一次伟大胜利。

5月，艾尔登・哥斯特继任英国驻埃及最高代表兼总领事。哥斯特是英国大资本家利益的代表者，他的统治政策必然与克罗默勋爵的政策如出一辙，甚至更加阴险毒辣。哥斯特赴埃及后的首要任务是拉拢埃及赫底威阿拔斯二世，扑灭日益高涨的埃及民族反英运动。埃及人民坚决反对哥斯特的政策，掀起了民族运动的新的波澜。

四、埃及民族运动的新高潮

英国武装占领埃及后，埃及人民与英国殖民者之间的矛盾上升为埃及社会的主要矛盾。阿拉比领导的反英斗争失败后，埃及的民族运动暂时处于低潮。“野火烧不尽，春风吹又生”，埃及人民的斗争从未间断过。不久，埃及人民的民族运动再次兴起，代表埃及新兴资产阶级和自由派地主利益的知识分子，再次肩负起埃及人民反英斗争的重任。年轻的政治家、评论家穆斯塔法・卡米勒（Mustafa Kamil Pasha，1874—1908年）是其中的杰出代表。

穆斯塔法・卡米勒帕夏

1874年，卡米勒出生于开罗的一个知识分子家庭，20岁时获法国土伦学院法学学士学位。卡米勒年轻时就立下了凌云壮志，立志成为“用写作、讲演和奋斗来解放祖国的人”，“要使年迈的埃及重新焕发青春”。卡米勒在学校读书时，创办了《学校》月刊，旨在向青年学生灌输爱国主义思想，为维护祖国的独立和自由而奋斗。

卡米勒斗争目标明确，即反对英国占领，争取埃及的独立和自由。在斗争形式上，他反对依靠军队进行斗争，主张诉诸公众舆论，对人民进行爱国主义教育，使自由和民主精神在人民心中发扬光大。他说："埃及正在受难，我们应该从英国的桎梏中解救出来……我们不想采取革命的道路，因为我们是以性情温和、热爱和平、憎恨残杀、厌恶犯罪而著称的民族。"

卡米勒经常在《金字塔报》和《支持者报》上撰写文章，并进行演讲宣传，强调"满足于外国占领是可耻的卖国行径，反对外国占领才是值得骄傲的高尚举止"。他大胆地揭露了克罗默勋爵的丑恶行径，因此在埃及知识分子中引起了强烈反响，许多人受到鼓舞，团结在卡米勒周围，把他尊为埃及民族的希望和领袖。

由于缺乏斗争经验，卡米勒把埃及独立和自由的希望寄托在殖民列强之间的矛盾上，一心想利用欧洲列强之间的矛盾，尤其是英法之间的矛盾迫使英国撤军，因此对法国寄予很大希望。1895年，卡米勒向法国议会议长提交了一份请愿书，恳请法国政府支持埃及恢复独立和自由。他的这些想法是幼稚的，也是不现实的。1904年，《英法协约》(Entente Cordiale)签订后，打破了卡米勒对法国抱有的美好幻想。

1906年丹沙微惨案发生后，使卡米勒等爱国知识分子更加擦亮了眼睛，也更加成熟起来。卡米勒抱病为埃及的独立和自由而奔波，7月14日他去伦敦发表演说，痛斥克罗默勋爵的血腥统治，呼吁英国人民支持埃及人民的正义斗争。埃及民族运动进入了一个新的高潮。

为了有组织地领导埃及人民进行斗争，1907年，卡米勒决定成立祖国党(又名新祖国党，以区别于阿拉比建立的祖国党)，各界代表纷纷响应。12月，新祖国党正式成立。卡米勒被推选为党的终身主席。新祖国党把反对英国占领，争取英国撤军作为头等重要目标，因此新祖国党又被称为撤军党。新祖国党是埃及近代史上第一个有明确纲领的、组织较为严密的、影响较大的、现代意义的政党。

1908年2月10日，卡米勒与世长辞，年仅34岁。全国人民深切哀悼，埃及各界共有25万人参加了他的葬礼。

卡米勒是埃及近代史上一位杰出的政治家和评论家，他用写作和演说无情抨击了英国殖民者的血腥统治，把埃及民族运动推向前进。卡米勒去世后，穆罕默德·法里德(Mohammad Farid，1868—1969年)继任新祖国党主席。法里德遵循卡米勒制定的路线，把要求英国撤军作为压倒一切的中心任务。他宣布："我们只要求撤军，因为撤军是结束占领的唯一良药。"

法里德开始注意广泛地联系群众，支持工人建立工会，组织农民成立协会，关心他们的疾苦，重视他们的斗争。随着国际工人运动的发展，埃及也出现了工人运动。法里德所处的年代正是埃及工人运动蓬勃兴起的年代。1908年8月和10月，埃及烟草工人举行两次总罢工，要求提高工资，缩短工作时间。10月，开罗电车工人举行罢工，要求缩短工作时间，增加工资，虽然这次罢工以失败告终，但却显示了埃及工人的决心。1909年，开罗手工业工人工会成立。这是埃及历史上第一个规模较大的埃及工人组织，其章程由新祖国党拟定，法里德的好友担任首任主席。不久后，亚历山大港等地也相继成立了类似的手工业工人工会。法里德关心农民，指出埃及农民是世界上最贫困的农民，“应当组织农民协会，必须减轻地租，改善农民的生活”。

法里德

法里德受卡米勒思想的影响，主张普及小学教育，使男女儿童都有上学的机会，在城市开设夜校，教育广大工农群众知道自己的权利和义务，懂得建立工会和农会的意义。

新祖国党建立工会和农会，开设夜校的真正用意在于争取埃及人民群众的支持，扩大新祖国党领导的民族运动的社会基础。

1908年7月，青年土耳其党人革命的成功在埃及引起了极大的反响，祖国党随即发起了请愿运动。阿拔斯二世热衷于与英国勾结，不敢惹怒英国占领当局，对新祖国党的请愿运动置若罔闻。9月26日，阿拔斯二世出访回国之际，新祖国党人在亚历山大港组织了近千人的示威游行。

1911年1月，埃及政府以莫须有的罪名逮捕了法里德。在被关押期间，法里德拒绝接受赫底威的赦免。7月，法里德刑满出狱。当时任英国驻埃及代表兼总领事的是基切纳。基切纳是一个狂热的殖民主义者，为了全面控制埃及，他奉英国政府之命恢复克罗默勋爵的暴政，竭尽全力打击新祖国党，扼杀埃及农民运动。埃及国内陷入白色恐怖之中，新祖国党人被四处搜捕，新祖国党机关报被关闭。法里德只好逃亡国外。在国外逃亡期间，他出席了1912年9月在瑞士日内瓦召开的世界和平大会，并经大会常设委员会批准，成立了尼罗河流域和平协会。1913年，他参加了在荷兰海牙召开的世界和平大会。1914年2月，他参加了在伦敦召开的世界被压迫种族大会。

法里德等领导人的出走，严重削弱了新祖国党的力量，加深了党内的意见分歧。到1914年第一次世界大战爆发时，新祖国党在埃及国内的活动基本停止，无力领导埃及的民族运动。

五、 第一次世界大战中的埃及

20世纪初，世界已经被西方列强瓜分完毕，其中英国占领的殖民地最多，面积是法国的3倍，德国的11倍。作为后起之秀的德国开始推行世界政策，以咄咄逼人的姿态要求按照新的实力重新瓜分世界。于是，英德矛盾成为帝国主义国家之间的主要矛盾。英国和德国都寻找同盟者以壮大自己的力量，于是欧洲便形成了分别以德国和英国为首的两大相互对立的军事集团：三国同盟和三国协约。第一次世界大战（1914—1918年）就是帝国主义国家之间争夺殖民地矛盾尖锐化的结果。

由于中近东地区具有极为重要的战略地位，第一次世界大战一开始，两大军事集团就全力争夺中近东地区。德国虽然以一部分兵力集中在西欧，但它的目的仍是企图先占领中近东，切断英国通往印度的交通线，然后集中兵力在欧洲战场上打败英国，夺取英国在世界各地的殖民地。英国的目的是不仅要维持在中近东地区的优势地位，而且要战胜德国，攫取德国在非洲的殖民地，独占奥斯曼土耳其帝国的全部“遗产”，恢复昔日世界霸权的荣耀。

在这种情况下，埃及的地位在第一次世界大战中便显得格外突出，成为敌对双方力争之地。埃及对英国来说在整个东方甚至整个战局中举足轻重。英国必须加大力气加强对埃及的统治，阻止德国势力侵入，并力图取消奥斯曼土耳其帝国对于埃及的“宗主权”，改变埃及的国际地位。

1914年12月2日，英国驻埃及总司令约翰·麦克斯威尔在埃及正式公布戒严法令，将埃及置于英国的军事管制之下。12月5日，土耳其加入同盟国。英国即于12月18日宣布结束土耳其对埃及的宗主权，“埃及自即日起成为英国的保护国”。次日，英国下令废黜正在伊斯坦布尔与土耳其苏丹密谋反对英国的赫底威阿拔斯二世。阿拔斯二世在君士坦丁堡曾发表声明，要求英军撤出埃及，显然他已倒向德国方面。英国早就想把他废黜，只是没有找到合适的借口，土耳其宣战使英国找到了机会。于是，英国扶植阿拔斯二世的叔父侯赛因·卡米勒上台，并要求他放弃赫底威称号，改称苏丹以示与土耳其苏丹相抗衡。从此，英国对埃及的“暂时占领”结束，埃及正式沦为英国的殖民地。英国派麦克马洪担任驻埃及英国高级代表。

为了进一步控制埃及，把埃及纳入英国的战争轨道，麦克马洪指使新上任的侯赛因·鲁世底内阁通过一系列法令：禁止埃及人与英国的敌对国往来；授予英国军队在埃及领土和港口进行战争的权利；颁布集会法，施行军事管制。埃及人民坚决反对英国的暴行，结果大量的爱国志士被逮捕，他们或被监禁或被流放。在英国军队的管制下，广大埃及人民过着悲惨的生活。

第一次世界大战爆发后，英国把埃及当作协约国在中近东的重要军事基地。协约国在这里集结军队，存放武器，为协约国在中近东取胜提供可靠的保证，但埃及人民却为此付出了惨重的代价。英国军事当局在埃及大量抓丁拉夫，组织埃及劳工队和骆驼队。据数字统计，约有117万人被征集，加上后勤人员，共有250万埃及人被征集开赴战场，修筑工事，铺设铁路，挖掘水井甚至充当炮灰。他们大多数是贫苦的农民，有的年龄还不满14岁，有的年迈七旬。他们的劳动条件十分恶劣，常常衣不蔽体，食不果腹，许多人身患疾病，如同沙漠中的苍蝇般死去。英国军事当局还强行廉价收购农民的粮食、牲口和饲料，供驻军使用。埃及农民粮食所剩无几，不足糊口，有时甚至需要高价买进粮食，然后低价卖出，以免遭受英国官吏的鞭笞。

第一次世界大战期间，英国驻埃及军队人数激增，他们驻扎在埃及的各城镇和农村，胡作非为，殴打百姓，调戏妇女，勒索钱财，把埃及人称为劣等民族，因此为埃及人民所痛恨。

第一次世界大战期间，埃及经济在英国殖民政策的指导下，畸形发展。1914年大战爆发，国际市场上棉价暴跌。埃及傀儡政府奉英籍财政顾问之命令，非但没有确定棉花的最低收购价格，没有发放农业贷款，反而命令税吏不择手段地逼迫农民按时纳税，农民不得不廉价出售棉花。1915年起棉价逐渐上升，但广大埃及农民并没有得到多大好处。英国军事当局指使埃及政府在不同年月采取不同措施来压榨埃及农民。与此同时，由于驻军的增加和进口的减少，粮食和布匹等生活必需品供不应求，价格上涨。英国当局违背国际上通用的货币保证制度，指使埃及政府滥发纸币，从而导致通货膨胀，货币贬值，广大埃及人民深受其害。

第一次世界大战期间，因帝国主义国家忙于战争，在经济上暂时放松了对埃及的控制，使得埃及民族资本得到长足的发展。埃及民族工业的恢复和发展，使工人阶级队伍得以进一步扩大。1917年，俄国十月革命的胜利为工人阶级指明了方向。1918年，亚历山大港、开罗和塞得港等主要城市建立了第一批社会主义小组。埃及工人在第一次世界大战中饱受战争的痛苦，觉悟明显提高，这一切为他们参加政治斗争，登上历史的舞台准备了条件。

第一次世界大战带来的巨大伤痛，使埃及广大人民强烈意识到，只有把帝国主义势力赶出去，埃及才能获得独立和自由，因此从1919年开始，埃及人民集聚起空前未有的力量展开了反对帝国主义的民族独立斗争。

六、 华夫脱运动与埃及的独立

柴鲁尔

1914年，英国宣布埃及为保护国时，曾声明第一次世界大战结束后埃及可以获得独立。第一次世界大战后，英国拒不履行大战结束后埃及即可获得独立的诺言，而且拟定所谓的“宪法草案”，规定把战前的立法议会改为参议院，规定埃及法院采用英国法律，审判时使用英语。这个草案的颁布，意味着英国无意履行诺言，而是决心继续使埃及成为英国的保护国。于是，英国的行为引起埃及全国各阶层民众的一致抗议。1919年年初，埃及形成了反帝斗争的统一战线，领导这个统一战线的是代表民族资产阶级的柴鲁尔（Saad Zaghloul，又译萨德·扎格卢勒，1859—1927年）。

柴鲁尔出身于尼罗河畔的一个乡村教长家庭，曾在爱资哈尔大学学习过法律和哲学，毕业后当过新闻记者和律师，1882年因参加阿拉比起义曾被监禁。柴鲁尔与首相穆斯塔法·法赫米的女儿结婚后，历任最高法院参事、教育部长、司法部长和立法议会副议长。

1918年11月13日，即第一次世界大战结束后的第三天，柴鲁尔与另外两位民族主义首领进见英国高级专员温盖特，以埃及人民的名义，要求英国取消保护权，承认埃及独立，并要求到伦敦进行谈判。温盖特拒绝了他们的要求。

柴鲁尔团结立法议会的代表和资产阶级的代表人物组成7人代表团，受权向巴黎和会提出埃及的民族独立要求。因阿拉伯语中将代表团称为华夫脱(Wafd),故柴鲁尔领导的组织称为华夫脱党。代表团组成之时,即华夫脱党成立之日。华夫脱党总部设在开罗,各地设有支部,以民族独立为基本纲领,得到了广大埃及人民尤其是青年学生和知识分子的支持。

柴鲁尔为首的华夫脱党以埃及全国人民的名义正式宣布英国的保护权无效,并准备赴伦敦谈判。1919年3月8日,英国驻埃及总司令奉伦敦的命令逮捕了柴鲁尔等4人,把他们放逐到马耳他岛,这激起了埃及人民的极大愤恨。

柴鲁尔等人被捕后的第二日,即3月9日,爱资哈尔大学学生宣布罢课,举行示威游行。学生运动很快发展成为全民运动。工人罢工,商人罢市,电车停止运行,破坏铁路和通讯的事件层出不穷。开罗民众包围了英国的武装部队和军营,并在各地突破军警建筑的防御工事,整个开罗成了战场。妇女们也踊跃加入斗争的行列之中,这在埃及历史上还是第一次。起义很快席卷了全国。在亚历山大港,声势浩大的工人游行队伍与英军发生了流血冲突。在上埃及,起义民众曾一度控制了阿西尤特、半尼亚和阿斯旺3省。在下埃及,达格赫里亚、舍尔基亚和格尔比亚等省完全被起义者所控制。

英国政府面对埃及人民如火如荼的反抗斗争,吓得惊慌失措。3月下旬,曾在巴勒斯坦作战的艾伦将军被任命为英国驻埃及高级专员,他率领6万军队对埃及人民进行血腥镇压,3 000多人死于英军的屠刀之下。但埃及人民并没有被血腥镇压吓倒,反英斗争反而愈演愈烈。4月8日,英国政府释放柴鲁尔等人,以暂时平息埃及人民的反英情绪。柴鲁尔率代表团从马耳他岛直赴巴黎,向参加巴黎和会的美法代表呼吁,要求根据“民族自决”的原则来解决埃及问题。但柴鲁尔等人的呼吁毫无结果。1919年4月22日,美国总统威尔逊正式承认英国对埃及的保护关系。6月,《凡尔赛和约》明确规定了英国对埃及的保护关系。

在巴黎的遭遇使华夫脱党感到十分沮丧,消息传来后埃及举国愤慨,反英斗争再度高涨起来。

1919年年底,英国政府派遣以米尔纳勋爵为首的调查团到达埃及,试图探讨解决埃及问题的方案。埃及人民坚决反对米尔纳调查团,全国举行了声势浩大的示威游行。米尔纳代表团在埃及四面碰壁,于1920年3月初返回英国。

1920年7月,英国政府根据米尔纳勋爵的建议,邀请柴鲁尔代表团到伦敦进行谈判。英国提出一份关于英埃关系的备忘录,基本内容是:英国撤销在埃及的保护权，承认埃及独立；英国继续在埃及驻军，以保障大英帝国的交通线；埃及不得自由建立对外关系和任命本国的外交代表；英国有权向埃及司法、财政两部门派遣顾问。显而易见，埃及得到的不过是形式上的独立，英国仍旧保留着实际上的统治权，柴鲁尔代表团拒绝了这个备忘录。谈判没有达成协议。

1921年4月，柴鲁尔回到埃及受到了全国人民的热烈欢迎。埃及人民反英运动又汹涌澎湃地开展起来。7月，埃及方面又派以首相阿德里为首的代表团去伦敦继续谈判。由于英国继续坚持原来的草案，阿德里不能与英国达成协议，谈判再次失败。

1921年12月3日，英国驻埃及高级专员艾伦比向埃及苏丹发出最后通牒，强调埃及与英国不可分割的必要性，声称不仅苏伊士运河地区，而且整个尼罗河流域对大不列颠都非常重要。对此，埃及各界民众无比愤慨，示威风潮再起。柴鲁尔发表宣言，反对英国当局和埃及政府出卖埃及人民的阴谋。阿德里内阁被迫辞职。

12月23日，英国当局再次逮捕了柴鲁尔等人，将他们流放到印度洋南部的塞舍尔群岛，后来转送到直布罗陀要塞。

柴鲁尔的被捕点燃了埃及人民起义的烈火。开罗和亚历山大港民众发动了大规模的示威运动，反英运动顿时风起云涌，蔓延全国。12月24日，埃及各大城市爆发了工人、职员和律师的大罢工，学生的大罢课。英国当局在开罗逮捕了180人，在亚历山大港逮捕了380人。在血腥的镇压下，埃及民众起义暂时被镇压下去。但是人民的斗争仍在继续。埃及局势仍十分严重，"所有对大英帝国至关重要的交通线"面临着"柴鲁尔和华夫脱所领导的大规模革命的威胁"。

1922年2月28日，英国政府发表了一个声明，宣布终止对埃及的保护权，承认埃及是独立的主权国家。声明同时提出英国保留四点特权：

1. 英军驻防苏伊士运河；

2. 英国守卫埃及，抵抗外来的侵略；

3. 保护埃及境内外国侨民及其财产；

4. 继续管理苏丹。

至此，埃及终于"摆脱"了英国的殖民统治，在名义上成了独立的主权国家。其实这种状况从最好的方面来说，也只是民族自治，而非真正的独立，因为埃及如此多的主权因素都受到限制。很多埃及人也意识到他们的"独立"

是靠另一个国家的宣言获得的，因此这是一种侮辱。埃及人民为取消英国在埃及的特权和争取国家的彻底独立，需要继续坚持斗争。

福瓦德一世

1922年3月1日，埃及苏丹福瓦德改称国王，即福瓦德一世（Fuad I of Egypt，1868—1936年），宣布埃及为君主立宪国。4月3日，福瓦德一世任命萨尔瓦特为首相组织内阁，并兼任宪法起草委员会主席。1923年4月19日，《宪法》公布。《宪法》规定政府向议会负责，对封建专制王权作了某些限制，但是国王仍保留许多大权。1923年《宪法》在一定程度上使埃及资产阶级在政治和经济上有了发展的机会，而埃及劳动人民的权利却完全被排斥于宪法之外。

1923年，英国允许被流放的华夫脱党领袖柴鲁尔等人获释返回埃及。1924年年初，埃及举行了第一次议会选举，华夫脱党大获全胜，组成以柴鲁尔为首的民族资产阶级的内阁。

英国原本希望埃及产生一个亲英的政府，以便面对一个容易驾驭的对手。埃及王室也希望产生一个忠于王室的内阁，但柴鲁尔内阁的上台显然是英国政府和埃及王室所不愿看到的。因此，柴鲁尔内阁一上台，英国方面就策划让它垮台。埃及国内自由立宪党人阴谋搞掉柴鲁尔内阁，恢复他们失去的权利。国王福瓦德一世也急于换上一个听命的内阁。因此，华夫脱党面临种种威胁，局势严峻。

1924年11月19日，英籍埃军总司令兼英国驻苏丹总督李·斯特克在开罗遭遇暗杀。这一事件立即被英国用来作为除掉柴鲁尔内阁的借口。11月22日，英国驻埃及专员艾伦比派军队占领埃及议会和内阁大厦，向柴鲁尔提出最后通牒，要求埃及政府赔偿50万英镑，惩办凶手，严厉镇压示威游行，限24小时内从苏丹撤走全部埃及官兵。

柴鲁尔内阁拒绝接受英国的无理要求，但终因没有力量继续支持下去，11月24日，柴鲁尔内阁被迫辞职。

从1923年以后，埃及主要存在着三大政治力量：英帝国主义势力、埃及王室和大地主大资产阶级集团以及柴鲁尔为代表的华夫脱党。他们各有自己的目标，华夫脱党的目标是撤销英国对埃及的4项特权，限制埃及王室的权利；埃及王室和大地主大资产阶级集团则亲善英国，他们的目标是取消1923年《宪法》，恢复阿里家族的封建专制统治；英帝国主义用心险恶，他们在埃及政治上翻云覆雨，今天拉拢这一派，明天又扶植另一派，导致埃及内阁更迭频繁。

1924年柴鲁尔内阁的下台给渴望扩大君权的国王提供了机会。福瓦德一世任命独立人士、第一任参议院主席艾哈迈德·齐瓦尔（Ahmad Ziwar）为新首相，接着解散了议会。为了避免再次出现华夫脱党在议会占多数局面，国王恢复了两级选举程序，重新划分选区，组织了由他控制的联盟党。1925年3月举行议会选举，结果华夫脱党再次赢得绝对多数议席，柴鲁尔并且当选议长。福瓦德一世十分失望，他于3月23日再次解散议会，并且迟迟不肯举行新的选举，导致埃及在此后14个月内没有议会。议会空缺期间，在国王福瓦德一世的支持下，齐瓦尔政府再次修改选举法，目的是防止华夫脱党掌权。齐瓦尔政府还颁布了新的选举法，对选民和候选人都规定了财产资格。

国王破坏宪法的行为引起了强烈反对，华夫脱党人与立宪自由党人秘密集会，通过对齐瓦尔政府的不信任案。

1926年1月，为了稳定埃及局势，英国新任驻埃及专员劳埃德劝埃及政府废除有关财产资格限制的选举法。迫于内外压力，齐瓦尔政府恢复了1924年的选举法。在1926年5月的议会选举中，华夫脱党再次获得了决定性胜利。华夫脱党废除了1924年12月以后无议会期间内颁布的所有法律，并通过大赦法案，释放了在这期间拘留的所有政治犯，宣布华夫脱党与李·斯特克案件无关。这引起了劳埃德的不满。英国借机把巡洋舰开到亚历山大港，迫使柴鲁尔放弃组阁。柴鲁尔同意由华夫脱党人与自由党人组织联合政府，由阿德利·亚昆（Adli Yakan）出任首相。

1927年4月18日，萨尔瓦特（Abdel Khaliq Sarwat Pasha，1873—1928年）继阿德利·亚昆出任首相后，到伦敦与英国首相张伯伦进行谈判，经过不断磋商，拟定了一个“萨尔瓦特—张伯伦协定草案”。这个草案完全承认了英国在允许埃及“独立”的声明中所保留的4项特权，对于英国驻军问题，埃及同意英国继续在埃及驻军10年，10年后还可以协商是否撤军。这个卖国的协定草案公布后，引起埃及各阶层民众愤然反对。萨尔瓦特内阁在全国人民的压力下，不得不于1928年3月辞职。

1927年8月23日，华夫脱党的首领柴鲁尔，这位把毕生精力都献给埃及民族革命事业的先驱者与世长辞，埃及举国悲痛。曾担任柴鲁尔秘书多年的纳哈斯（Mustafa el-Nahhas，1879—1965年）继任华夫脱党领袖。纳哈斯的政治才能远不如柴鲁尔。

1928年3月，以华夫脱党领袖纳哈斯为首的，由各党派组成的混合内阁成立。由于各个党派完全从自己的利益出发，在外交政策上意见分歧，内讧不已。这届内阁仅维持了3个月就垮台了。1928年6月，在英国支持下，代表大地主大资产阶级利益的立宪自由党首领马哈姆德（Muhammad Mahmoud Pasha，1877—1941年）组织政府。马哈姆德是一个彻头彻尾的亲英分子，他秉承国王福瓦德一世的旨意，贯彻亲英路线，加强封建王室的权利。

1928年7月，国王福瓦德一世下令再次解散议会，停止1923年《宪法》，并宣布议会选举延期3年。马哈姆德内阁以恢复地方秩序和谋求国内统一为借口，完全拥护国王这一反动举措。

1929年年底，埃及举行全国选举，立宪自由党遭到惨败，华夫脱党取得了绝对优势，随后组成以纳哈斯为首的新政府。华夫脱党越来越屈从于英国的压力，华夫脱党上台后力图与英国进行谈判，对最终解决英埃关系充满信心。1930年3月，以纳哈斯为首的代表团赴伦敦，与英国外相韩德森举行谈判，由于纳哈斯政府无法接受英国在尼罗河流域的驻军权和对苏丹的占有权要求，故谈判仍以失败告终。6月17日，纳哈斯被迫辞职，西德基（Isma’il Sidqi，1875—1950年）组阁。西德基内阁由一群封建买办集团、大地主和金融巨头组成，十分反动。

西德基内阁成立后，宣布再次停止1923年《宪法》，封闭议会。1930年10月，西德基政府颁布了一部新宪法，这部宪法加强了国王权力，而对选民则在年龄和财产方面作了限制。

华夫脱党和自由立宪党强烈抗议西德基破坏宪法的行为。1931年3月，两党联合签署了《国民公约》，组成护宪统一战线，并要求召开国民代表大会，审议他们提出的纲领。同时，反动宪法的颁布，也引起了全国人民的反抗。民众成千上万地冲进各个选区，政府军队用机枪扫射，民众死伤无数。

1929—1933年的资本主义世界经济危机，给埃及经济也带来了深刻的影响。经济危机期间，棉花价格急剧下降，成千上万的埃及农民因棉价下跌而倾家荡产。危机之后，物价腾贵，埃及民众挣扎在死亡线上。1931—1933年间，埃及的经济危机达到最严重的时候，工人的罢工斗争从未停止。工人恢复了曾经被政府解散了的工会组织。西德基政府除了残酷镇压工人运动外，还采取欺骗工人的手段。1932年,西德基政府邀请英国劳工问题专家巴特勒到埃及拟定《劳工法》。在巴特勒的建议下,西德基政府把工人组织置于警察的直接控制下。在埃及警察总署设立了劳工局,所有工人与企业主之间的冲突,必须提交劳工局进行仲裁。政府除了以英国人主持劳工局之外,还利用王室近亲、镇压工人运动的能手阿拔斯·哈里姆来扮演“工人领袖”的角色,组织“埃及工人联合会”。尽管这些手段毒辣,但并不能阻止埃及工人运动的发展。

1933年9月,西德基因大贪污案下台,叶哈亚(Abdel Fattah Yahya Pasha,1876—1951年)出任首相。1934年上半年,埃及工人发动了要求提高工资,要求工会取得合法地位的大罢工。工会联合会与军警进行了激烈的武装冲突,工人阶级的罢工得到了埃及各阶层民众的支持,在国内掀起了全民性的反帝示威大游行,提出了“英国是我们的敌人”的口号。

这时意大利正准备吞并埃塞俄比亚,觊觎埃及和苏丹。第二次世界大战的爆发已经迫在眉睫。英国为了维持自己在中近东的殖民统治,不肯轻易放弃埃及这一重要的战略基地。英国决定抛弃镇压民族运动不力的叶哈亚政府,另找谈判的对象,签订英埃同盟条约,巩固埃及这个战略要地。

1935年11月13日,正值埃及国庆节,埃及人民的反英斗争达到高潮,军警对手无寸铁的游行队伍开枪射击,打死打伤多人。但是埃及人民不畏强暴,反英浪潮迅即蔓延至全国各地。于是,12月13日,英国方面不得不宣布恢复1923年《宪法》和1924年《选举法》。1936年5月,埃及举行全国选举,华夫脱党获胜组阁,纳哈斯任首相。不久,纳哈斯率领由华夫脱党、自由立宪党和人民党组成的代表团到伦敦与英国谈判。8月26日,双方签订了《英埃同盟条约》,其有效期为20年。其主要内容包括:英国终止对埃及的军事占领,但在平时英国有权在苏伊士运河驻军1万人和飞行员400人;英国保护埃及不受外来侵略,战时英国有权将埃及的全部交通置于自己的管理之下,埃及有义务向英军提供物资;英国空军有权使用埃及机场,可以在埃及领空任意飞行;英国继续占用亚历山大港海军基地8年;埃及军队只能由英国军事代表团训练,埃军的装备必须向英国购买,埃及军官留学只能派到英国,恢复1899年的“英埃共管苏丹协定”,允许埃及军队进入苏丹。根据条约,英国同意取消外国在埃及的领事裁判权。领事裁判权之取消,对埃及来说固然是民族独立斗争的一个胜利,但对英国来说则是求之不得的。英国很早就不愿意别的国家在埃及保持特权。《英埃同盟条约》既确定了英国在埃及的特权,又达到独享特权的目的。

《英埃同盟条约》实现了英国多年孜孜以求的野心，把埃及变成了它事实上的殖民地，取得了统治埃及的合法地位。但是对广大埃及人民来说，《英埃同盟条约》无疑是一个严重损害埃及民族利益的屈辱性条约。华夫脱党与英国签订的这个条约，一方面是由于当时国际形势日益紧张，意大利军队正威胁着埃及和苏丹，埃及没有单独应对的能力；另一方面华夫脱党为了本身的利益，不能不与英国相妥协，条约的签订在埃及遭到了强烈的反对。华夫脱党在埃及人民中的威信一落千丈。曾与华夫脱党共同参加英埃谈判的立宪自由党和人民党利用埃及人民对条约的不满情绪，转过来攻击华夫脱党，企图推翻华夫脱党内阁，夺取政权。同时，华夫脱党内部也发生了内讧。一部分人以左翼的姿态公开攻击纳哈斯，并退出华夫脱党，另外组织萨地党（因柴鲁尔全名为萨地柴鲁尔，取名萨地党旨在表明他们是真正的柴鲁尔党）。

1937年，国际局势日趋紧张，意大利军队在埃及西部和利比亚沙漠活动频繁。英国认为华夫脱党的任务已经完成，不愿让其继续执政，企图扶植一个更听命于伦敦的内阁。

1937年7月，福瓦德一世的儿子法鲁克（Farouk of Egypt，1920—1965

法鲁克（前排左四）与纳哈斯（前排左二）等内阁成员

年）正式亲政。12月，英国迫使法鲁克免掉首相纳哈斯的职务，并解散纳哈斯政府。立宪自由党首领亲英分子马哈姆德被任命组阁。1938年2月，马哈姆德解散了华夫脱党占4/5议席的议会。在4月举行的选举中，华夫脱党遭到前所未有的惨败。它的失败也意味着埃及议会制度的失败。

在埃及与华夫脱党衰落形成对比的是激进组织的兴起。当法西斯主义和纳粹主义对西欧民主制度发起挑战时，在埃及也出现了反对立宪民主制的政治团体。这些团体认为民主制度挽救不了埃及。若想解决社会和政治冲突，使用暴力则是不可避免的。在这些激进的政治组织中，影响最大的是穆斯林兄弟会和青年埃及学会。

穆斯林兄弟会（Muslim Brotherhood）是由沙伊赫哈桑·班纳（Hassan al-Banna，1906—1949年），于1928年建立的一个宗教团体。起初它是一个温和的世俗穆斯林的宗教协会，20世纪30年代开始向暴力政治运动演变。班纳预言将来他要领导一个完全摈除西方文化和西方价值观念的纯穆斯林国家。穆斯林兄弟会把神秘主义的传统方式与现代组织方法结合起来，迅速将其影响渗透到整个阿拉伯世界。

青年埃及协会（Young Egypt Party）成立于1933年，是一个主要由大城市的中学生组成的社团，其创始人是律师艾哈迈德·侯赛因（Ahmed Husayn）。该组织宣扬埃及辉煌的过去，主张对埃及社会和政治进行彻底改造，希冀埃及有一个辉煌的未来。1934年1月，它在公布组织的纲领和基本原则中宣称：作为新一代的埃及青年人应创建包括埃及和苏丹的埃及帝国，与阿拉伯国家结成联盟，并成为伊斯兰世界的领袖，还要求取消外国人在埃及的特权，把外国公司收归国有，在国家的保护和支持下发展民族经济，要求协会成员把信仰与行动结合起来，为了建立强大的埃及帝国，不惜牺牲生命。1938年，青年埃及协会改组为正式的政党。

这两个组织崇尚暴力，宗教狂热，反欧排外，反对现有的立宪制和议会制是他们政治上的突出特点。

作者点评：

当1882年英国人占领埃及时，他们的目标很简单，而且很有限，即恢复埃及总督的权威，然后撤出。1883年，英国首相格莱斯顿明确表达了这一意图。但这个目标包含两难选择：如果英国人离开了，埃及的政治形势将再次变得令人难以接受（至少从英国人的角度来看是这样），一个民族主义者的政府可能将在埃及再次成立，他们会拒绝债务，甚至事态发展到比以前更糟糕的地步。另外，如果英国人急于离开，那么他们很可能失去刚刚获得不久的对苏伊士运河的控制，这正是英国外交真正要考虑的事情。事实证明，英国完全是自欺欺人。英国对埃及的统治持续了74年之久。克罗默勋爵对英国占领埃及的原因表达得更是冠冕堂皇，他认为埃及人不能统治自己，需要在英国的监护下进行长期准备。他断言说："埃及还没有生产出一个完全适合做管理者的人。"这种荒谬的观点被广泛传播到英国，塞西尔勋爵的作品中无情地把埃及人描绘成无能的、装模作样的孩子，他们从来不能正确地理解事情，不能把重要的事情与琐事区分开来。

埃及学历史上最轰动的事件——图坦哈蒙墓的发现，恰巧发生在该历史时期。当时，虽然英国已经名义上被迫承认埃及独立，但是埃及并没有真正独立，英国在埃及仍旧享有许多特权。1922年11月4日，英国考古学家霍华德·卡特在埃及充满传奇色彩的帝王谷发现了古埃及国王图坦哈蒙的陵墓。很快，国际关注的焦点都集中到了埃及。卡特着实没有想到图坦哈蒙墓的考古发掘，竟然引发了一场纷繁复杂的政治风波。埃及媒体声称："卡特不是在英国挖掘他的祖坟，而是在埃及国土上挖掘法老坟墓。"后来媒体很快还报道说，卡特正准备把图坦哈蒙墓中发掘出来的珍宝运往英国。于是，埃及政府很快作出反应，宣称拥有对埃及法老及其珍宝的全部处理权。图坦哈蒙墓事件在国际上大大发酵，有力激发了埃及人民民族意识的高涨。埃及国家民族党（华夫脱党）人对此事件进行了猛烈攻击，促使埃及人民反英情绪的空前高涨，也导致卡特在埃及的发掘几度中断。图坦哈蒙墓引发的风波，以及卡特在埃及遭遇的种种，有力见证了埃及民族主义运动的高涨，显示了埃及人民反对英国占领的坚强决心。

第十二章 第二次世界大战与埃及共和国的建立

1939年9月1日，德国进攻波兰，揭开了第二次世界大战的战幕。早在第二次世界大战爆发前，轴心国家就竭力鼓动埃及的反英情绪，企图把埃及纳入自己的势力范围。以国王法鲁克一世为首的王室集团日益表现出亲德的倾向。埃及人民对第一次世界大战的惨痛遭遇记忆犹新，因此坚决反对卷入第二次世界大战的漩涡，但是一些知识分子和军人对德意轴心国抱有幻想，希望英国失败，德意两国能够帮助埃及获得独立。

一、第二次世界大战中的埃及

1939年9月3日，英国对德宣战。埃及政府被迫断绝了与德国的外交关系。1940年6月，意大利正式宣布站在德国方面参战。英国方面要求埃及政府逮捕意大利驻埃及大使，并监视意大利侨民，但遭到埃及内阁首相阿里·马雪尔（Ali Mahir Pasha，1882—1960年）的拒绝。英国随即逮捕了阿里·马雪尔。在英国的压力下，埃及国王法鲁克一世被迫任命亲英分子驻英大使哈桑·撒布里（Hassan Sabry Pasha，1879—1940年）组阁。

英国认为埃及保持中立地位对英国更为有利，英国驻埃及大使兰浦生曾公开表示说："英国无意让埃及宣战，英国政府担心如果埃及宣战，必然和第一次世界大战后的阿拉伯一样，会给英国带来许多的麻烦。"同时，英国担心埃及宣战后，埃及人民会更多地武装起来，转过来反对自己。因此，英国并不希望埃及正式向轴心国宣战。这样，英国可以根据《英埃同盟条约》的规定，把埃及作为战争基地，迫使埃及担负战争义务，提供战争物资，而埃及又不能享受战争胜利以后的任何权利。这正是英国之所以要埃及保持中立的原因和目的。

法鲁克一世

埃及国王法鲁克一世本来与意大利有着深厚的渊源，他的祖母是意大利人，因此对意大利有着深厚的感情，他的宫廷侍从也大多为意大利人。意大利宣战后，法鲁克一世暗中与意大利保持着联系。埃及亲轴心国分子秘密与意大利进行了会谈。意大利用德意轴心国的名义发表声明："德意轴心进攻埃及的目的在于歼灭英国军队，把近东从英国统治下解放出来。德意两国对埃及的态度是'埃及是埃及人的'，两国决心维护埃及的独立和主权。"

1940年9月，意大利军队突破埃及西线的英国军队防线，直抵西迪巴腊尼。根据1940年8月埃及议会决议："埃及在战争中严守中立，若德意军队侵犯，则必保境参战。"这个时候，埃及应当正式向轴心国宣战。但是由于宫廷集团对轴心国心存幻想，故对于宣战一直犹豫不决。1940年11月，首相哈桑·撒布里在议会中受主战派和中立派议员的夹攻，暴卒身亡。侯赛因·西里组阁后，仍采取观望态度。

1941年春，隆美尔率领德国军队在北非登陆，进攻埃及的西线，连续击败英军，直逼亚历山大港。英军大为震惊。英国担心埃及宫廷集团与轴心国相勾结，因此决定再一次支持华夫脱党来组阁。华夫脱党自1937年下台以后，与埃及宫廷集团一直存在着很大矛盾。英国利用华夫脱党再次组阁，不仅企图缓和埃及人民的反英情绪，而且为了打击宫廷集团，孤立国王法鲁克一世。

1942年年初，英国向国王法鲁克一世提议改组埃及内阁，由华夫脱党首领纳哈斯担任首相。国王法鲁克一世见战事正向着有利于轴心国方向发展，拒绝了英国的要求。于是，英国军队在2月4日包围了阿比丁王宫。

英军进入内宫，解除了内宫卫队的武装，割断了王宫的电话线，冲进法鲁克一世的内室，迫使法鲁克一世下令撤换首相侯赛因·西利（Hussein Sirri

Pasha, 1894—1960年), 任命纳哈斯(Mustafa el-Nahhas, 1879—1965年)组阁。于是,纳哈斯内阁连夜产生。这一事件历史上称为二月事件。

二月事件使华夫脱党得到了权力,但却失去了民心。因为一个主张民族主义和立宪民主制的政党,为了上台执政,甘愿接受外国的刺刀保护。纳哈斯组阁后宣布将"认真地"承担埃及在《英埃同盟条约》中规定的义务。纳哈斯政府大量发行纸币,造成惊人的通货膨胀,引起物价飞涨,广大工人和农民的生活贫困不堪。因此,华夫脱党已无可挽回地走向了衰落。

1942年7月,隆美尔(Erwin Johannes Eugen Rommel, 1891—1944年)率领的德国军队进逼离亚历山大港仅100公里的阿拉曼(El Alamein),开罗告急。埃及国内人心惶惶,外国侨民和犹太人纷纷逃离埃及。据说,此时的纳哈斯政府为了防止轴心国万一获胜可能带来的后果,纳哈斯给隆美尔写了一封亲笔信,信中保证埃及人真正同情地站在轴心国这边,与英国人的合作纯粹是由于环境所迫。不过,这封信并没有送到隆美尔手中,原因是送信人不想拿自己的生命冒险。

德军由于战线太长,军队给养补充不上。相反,英国于1942年10月23日晚对阿拉曼以西的德军发起反攻,德军惨败。阿拉曼战役被英国首相丘吉尔称为大英帝国"命运的关键"。阿拉曼战役的胜利使北非战局呈现转折,轴心国再也无法在北非发动进攻了。

1944年秋天,北非的战争已经结束。德国法西斯军队节节溃败,埃及地区的一切危险完全消除。此时,英国认为没有继续利用纳哈斯内阁的必要了。1944年10月,纳哈斯被迫辞职,华夫脱党下台。曾经以左翼姿态离开华夫脱党,另组建萨地党的艾哈默德·马雪尔(Ahmed Maher, 1888—1945年)受命组阁,参加内阁的有自由立宪党、华夫脱党独立联盟和民族主义党。马雪尔对法鲁克一世唯命是从,宣布他将与英国真诚合作,忠实履行埃及的义务。1945年2月24日,马雪尔被亲德分子刺死,他的伙伴努克拉希(Mahmoud an-Nukrashi Pasha, 1888—1948年)继任首相。2月26日,努克拉希政府对轴心国正式宣战。

二、战后埃及的民族独立运动

早在第二次世界大战期间,埃及人民已经清楚地看到《英埃同盟条约》的严重性。英国根据这一条约,迫使埃及方面付出了巨大的人力、物力和财力,而埃及最终则落得民穷财尽。因此，第二次世界大战结束后，埃及人民坚决要求废除《英埃同盟条约》，要求英国撤军。

努克拉希内阁本打算在第二次世界大战结束后与英国进一步搞好关系。在第二次世界大战刚刚结束之时，努克拉希就公开表示："英埃两国曾做了60多年的朋友，两国的友谊虽然并非一直是和谐的，但是到了目前，这些不友好的关系已经告以结束。大战后，两国之间的友谊是从来没有这样巩固的。"但是，面对埃及人民要求英国撤军的空前强烈的呼声，努克拉希不得不于1945年12月20日，向英国提出一个软弱的照会，要求修改《英埃同盟条约》以适应新的国际形势。英国政府态度强硬，声称"1936年英埃同盟条约完全是合理的，英国政府的政策是建立在两国相互的友谊的基础上的"。英国驻埃及大使兰浦生的回答更为直截了当："英军仍将继续驻在埃及，决不撤走。"

努克拉希政府对于英国的答复表示沉默，并继续与英国相妥协。于是，埃及国内重新点燃起了反帝斗争的烈火。工人罢工、学生示威游行开始持续不断。努克拉希政府出动大批军警进行镇压。

1946年2月，为庆祝国王法鲁克一世的生日，埃及政府机关以及开罗的大街上张灯结彩。开罗大学的学生便到大街上捣毁各处的灯火。2月7日，埃及各大中学生组织了"埃及学生联合委员会"。2月9日，埃及大中学生数千人组织示威游行，涌向阿比丁王宫，高呼"英国军队滚出埃及"、"打倒法鲁克"、"反对与英国谈判"的口号。当游行队伍到达阿拔斯大桥的时候，英军早已将大桥封锁，大批军警向学生开枪射击，制造了阿拔斯大桥惨案。在这场惨案中，50多人受伤，数人被杀死。

阿拔斯大桥惨案引起了全国人民的愤怒。埃及各大城市相继举行示威大游行，反对英国的暴行。努克拉希无力应对，只好在全国人民的唾骂声中，被迫于2月15日辞职下台。

1946年2月16日，英国捧出老牌政客、大买办资本家西德基再次出来组阁。西德基上台后对英国只谈合作，不提撤军，并继续对学生运动进行镇压。2月17日，工人和学生共同组织成立了"工人学生联合会"，决定以2月21日为"英国滚出埃及斗争日"，号召全国在这一天举行总罢工、总罢市。

1946年2月21日，开罗举行了10万人的示威大游行，要求"废除英埃条约"，"埃及真正独立"。当游行队伍到达伊斯梅尔广场时，遭到英国装甲车上的机枪扫射，民众纷纷倒地，被杀者23人，重伤者数百人，英国装甲车碾压着民众的尸体扬长而去。

埃及首相西德基为了掩盖他的反动罪行，公开诬蔑工人暴动，并挑拨工人与学生的团结。工人和学生联合会发表宣言，抗议首相进行卑鄙的挑拨。全国各地还印刷了大量的传单和小册子，号召全国人民从革命中争取自由。有的宣传册上这样写道：

埃及只有在革命中才会解放，
不可能在妥协和恳求中获偿。
昨日的斗争仅是火花灿烂，
今天必须让它变为爆发的火山！
……
奋起吧！兄弟们！
把过去的泪痕擦干，
投入到生活的战场！

1946年3月4日，工人学生联合会举行全国追悼会，哀悼2月21日牺牲的烈士。早晨，全国工人罢工，学生罢课，商店关门，开罗数十万民众游行。当游行民众经过英国海军居住的地方时，他们看见悬挂的英国国旗，群情激愤，将英国国旗扯破。英军立即开枪射击，埃及民众死28人，受伤342人。西德基政府受英国指派，大规模地逮捕工人和学生，埃及笼罩在血腥的恐怖之中。

大逮捕之后，西德基开始与英国方面谈判，在半年多的谈判中，英国一直不谈撤军问题，相反却讨论英埃军事合作问题。1946年10月26日，英埃双方签订了《西德基—贝文秘密协定》。该协定企图把1936年《英埃同盟条约》重新巩固下来。协定内容泄漏后，埃及人民万分愤怒，不顾反动政府的压迫，于11月24日掀起了排山倒海的示威游行，坚决要求推翻西德基政府。于是，西德基不得不在人民的唾骂声中下台。

1946年12月9日，努克拉希再次出任首相。努克拉希内阁与英国谈判未果。1947年8月，努克拉希政府把英埃问题提交联合国安理会，要求英国无条件从埃及撤军，并废除英国管辖苏丹的特权。但是埃及的合理要求却遭到英美集团的反对，安理会对埃及的要求没有作出任何决定。

安理会在否决埃及合理要求以后，英美两国又制造了一个更大的阴谋——发动巴勒斯坦战争，利用犹太大资产阶级分子为工具，打击和压迫巴勒斯坦的阿拉伯人。

三、埃及与巴勒斯坦战争

在古代，犹太人曾在巴勒斯坦建立过强大的国家。公元前1世纪，罗马人占领巴勒斯坦以后，对犹太人实行残酷统治，绝大多数犹太人被驱逐出巴勒斯坦，流散到世界各地。19世纪时，由于犹太人在一些国家遭受排挤和迫害，因此出现了犹太复国主义运动，领导者号召世界各地的犹太人重返巴勒斯坦，再建犹太国家。由于巴勒斯坦地处欧、亚、非三洲交汇地，具有十分重要的战略地位，同时又具有丰富的矿产资源，因此殖民主义、帝国主义觊觎已久。英国把巴勒斯坦看作是海上生命线苏伊士运河的东部屏障，又是维护它在中东殖民统治的重要基地，因而大力扶持犹太复国主义。1917年11月，英国出于攫取巴勒斯坦的目的，发表了《贝尔福宣言》，"赞成在巴勒斯坦建立一个犹太民族之家，并愿尽最大努力促其实现"。《贝尔福宣言》对犹太复国主义运动的发展和中东历史进程产生了深远影响。

美国为了在中东取得战略据点，保障它在中东的利益，也积极支持犹太复国主义。1919年的巴黎和会上，美国提出建议邀请犹太人回到巴勒斯坦定居，并保证一切的实际援助。1922年，美国国会通过了帮助犹太人在巴勒斯坦建立"犹太家园"的决议。第二次世界大战期间，美国国会通过了一系列主张犹太移民无限制地进入巴勒斯坦，并在巴勒斯坦建立国家的决议。返回巴勒斯坦的犹太人数量猛增，由第一次世界大战后的8万人，增加到第二次世界大战后的70万人。1945年，美国总统杜鲁门宣称帮助犹太人建立犹太国家。

美国支持犹太复国的目的不仅是把巴勒斯坦作为一个夺取中东石油的据点，而且还想利用犹太资产阶级作为美国侵略阿拉伯国家的代理人。美国的野心引起了英国的强烈反对，英国拉拢若干阿拉伯国家的统治者以抵制美国的势力。正是在这样的形势下，造成了巴勒斯坦阿拉伯人与犹太人相互对立的局面。

1947年11月，联合国通过决议："结束委任统治，阿拉伯、犹太两民族分治独立。"1948年5月，在英国宣布结束委任统治的同时，犹太人受美国的指使和支持，立刻宣布成立以色列国，把100多万阿拉伯人置于自己的统治之下。

由于英美殖民主义者挑起了阿犹冲突，各阿拉伯国家与以色列之间的战争开始爆发，埃及参加了对以色列的战争。1948年5月15日，战争开始后，埃及军队很快占领了加沙地带沿海重要地区，给了以色列军队以沉重打击。

美国眼看以色列军队就要瓦解，于是立即向联合国安理会提议双方停火。5月29日，安理会通过美国提议，要求双方停火一个月。美国的用意是给以色列军队以喘息机会，以补充军火物资。以色列从美国和英国手中得到了大批武器，特别是飞机和大炮，而阿拉伯军队则毫无所获。7月8日，阿以战争再起，以色列军队处于绝对优势，迅速从阿拉伯人手中夺取了大部分地区。以色列军队占领了耶路撒冷的大部分，并向红海方面伸展，在亚喀巴湾的西北岸建立了港口伊拉斯。伊拉斯港成为美国威胁埃及和其他阿拉伯国家的军事基地。

1949年2月，在美国和英国的压迫下巴勒斯坦战争停止。战后，以色列控制了20 700平方公里，大大超过了联合国安理会规定的范围，致使联合国计划中成立阿拉伯国家的方案无法实现。而阿拉伯国家也一直不承认以色列的国界。战争期间，有将近百万的阿拉伯人背井离乡，流浪逃亡，无家可归。

阿以战争期间，埃及法鲁克王朝实行血腥统治，大肆搜刮，荒淫无耻。努克拉希政府以战争为借口颁布戒严法令，将数百爱国人士投入监狱，激起了广大人民的无比愤恨。1948年8月10日，埃及人民举行示威游行，学生撕毁了法鲁克一世的画像。12月28日，努克拉希被青年学生刺杀。

巴勒斯坦战争期间，埃及财政和经济发生了严重危机。民众、士兵和下级军官的不满情绪日益高涨。一场反对帝国主义和封建主义的革命烈火已经熊熊燃烧起来，埃及反帝反封斗争的最终胜利已经曙光初现。

四、 埃及共和国的诞生

第二次世界大战期间，埃及民族工业虽然取得了暂时的发展，但是战后，由于英美商品大量涌入埃及，加上埃及本民族的工业产品成本较高，无法与外国商人竞争，民族工业受到严重打击，全国工人失业现象日益严重。由于美国的棉花对资本主义市场的垄断，埃及的棉花虽然降低了价格，但仍无法与美国棉花在市场上竞争。因此，作为埃及主要出口物资的棉花生产受到了很大的影响，导致棉花大量积压。同时，埃及粮食不能自给，要从国外进口大量的粮食，人口数量的增加导致粮食供给发生恐慌，所以大量的埃及民众在死亡线上挣扎。全国人民怨声载道，反对帝国主义和封建主义的斗争再度高涨。

1950年1月，国王法鲁克一世为了缓和民众的不满情绪，又推出华夫脱党组阁，纳哈斯再次出任首相。11月16日，纳哈斯政府要求英国撤军，英国政府态度强硬，表示不放弃任何一个基地。11月20日，埃及各大城市的学生举行罢课，要求英国撤军。1951年8月，埃及全国范围内举行了大规模的示威游行和罢工。

这时，英国得到了美国幕后支持，美国增派军队到埃及占领军事要地，特别是进驻苏伊士运河地区。其实，美国是另有阴谋的，第二次世界大战后美国积极在中东地区推行扩张政策。美国对中东国家丰富的石油资源十分垂涎。埃及的苏伊士运河地区有着丰富的石油储量，而且距离地中海很近，因此美国十分关注，妄想未来在政治和经济上控制苏伊士运河以及整个埃及、中东地区。不过，由于英国早已在埃及占有突出的军事地位，并与埃及封建势力长期勾结，因此美国在英埃问题上尽量要两面手法，一方面千方百计寻找机会取代英国在埃及的地位；另一方面积极支持英国镇压埃及人民的民族独立运动。虽然英美在争夺地中海和埃及的统治权上发生了矛盾，但是在镇压中东民族的独立斗争上却是完全一致的。这次美国增派军队进入埃及苏伊士运河地区，就是要帮助英国镇压埃及民族独立运动，妄想通过武力来吓倒埃及人民。

1951年8月26日，正值《英埃同盟条约》签订15周年，开罗的工人和学生举行了空前壮大的示威游行。游行群众集中在美国和英国大使馆门前，高呼“反对帝国主义”、“废除英埃条约”等口号。在埃及人民的压力下，纳哈斯政府于10月10日向议会提出关于废除1936年《英埃同盟条约》和1899年《英埃共管苏丹协定》的决议。10月15日，埃及方面正式宣布废除这两个条约。英国立即作出反应，宣布不承认埃及方面片面的废除。

美国看到英国在埃及的势力越来越动摇，大有瓦解之势，于是阴谋取而代之。1951年9—10月间，华盛顿与伦敦就中东问题进行了谈判，提出了建立中东司令部的计划。建立中东司令部的目的很清楚，那就是，一方面进一步压迫和奴役中东国家的人民；另一方面企图建立以埃及为中心的反对苏联等社会主义国家的基地。该计划规定，英美军队占领埃及和其他中东国家，美国派军队到苏伊士运河地区补充英军，实际上意味着英国同意以英美两国对埃及的共同占领代替英国的独占。于是，在美国的策动下，美、英、法、土四国联合向埃及提出建议，要求埃及参加中东司令部，并说如果埃及同意参加，英国同意废除《英埃同盟条约》，而且英军撤军，但前提是埃及同意中东司令部根据地设立在埃及境内，参与国的军队可以驻在埃及。

埃及人民清楚地看到了这个阴谋，坚决反对这个提议。埃及政府在全国人民团结一致的压力下拒绝了四国建议。

接下来，埃及人民在开罗和亚历山大港等地举行了声势浩大的示威游行，特别是在运河地区的示威游行民众情绪空前高昂。1951年10—12月间，苏伊士运河地区形成了大规模的反帝斗争。为了进行镇压，英国把大量军队调往埃及进行血腥屠杀。苏伊士运河地区的工人代表团组织运河地区工作的8万埃及工人全体罢工，使整个苏伊士运河地区的交通和日常工作陷入停顿。1951年12月26日，英国《泰晤士报》声称："由于埃及人民爱国精神的高涨，英国军队在埃及的处境非常紧张……"可见，苏伊士运河地区的斗争严重地震撼了英国殖民者和封建王朝统治的基础。

埃及人民在苏伊士运河地区进行武装斗争期间，华夫脱党没有积极支持苏伊士运河地区工人的罢工，也没有积极支援群众的斗争，表现得十分软弱，这就为英国策划下一步的阴谋提供了可乘之机。英国决定不理睬华夫脱党内阁，直接与埃及封建王室进行勾结。在苏伊士运河地区战斗激烈展开的时候，伦敦与开罗王宫进行了十分频繁的接触。1951年12月底，国王法鲁克一世任用英国走狗哈费兹·阿非非为内宫大臣，任命埃及驻英国大使阿布德·梵它哈为内宫外交顾问。接着，英国又策划了一个更凶恶、更毒辣的阴谋——开罗纵火案。

1952年1月26日，为了反抗英国的阴谋和暴行，开罗50万群众举行了示威游行。约在中午时刻，开罗天空中忽然间黑烟弥漫，大街上乱成一片，两家大戏院——皇家戏院和里弗尔影视院发生大火。接着，大火向四面八方蔓延，市中心的大旅馆、电影院、商店和银行都发生了大火，开罗成为一片火海，熊熊大火经过一天才被扑灭。在大火混乱之际，250多名工人和学生被逮捕，这就是令人发指的开罗纵火案。

开罗纵火案是英帝国主义在美国的支持下，勾结埃及反动王室制造的阴谋事件。英美帝国主义制造这一纵火案的目的是要把责任强加到华夫脱党政府身上，从而迫使它下台，同时又可以以埃及境内秩序混乱，外国侨民的生命和财产没有保障为借口，坚持长期武装占领埃及。

英美的阴谋暂时得逞了，大量埃及爱国人士被关进监狱，人民武装斗争暂时停息下来，华夫脱党内阁也倒台了。1952年1月27日，国王法鲁克一世罢免首相纳哈斯，任命心腹、宫廷集团的首领阿里·马雪尔组阁。马雪尔上台后立即解散了议会，然后又以开罗纵火案为借口进行血腥镇压，在全国范围进行了大搜捕，成千上万的爱国人士被投进监狱。英国当局借口埃及局势混乱，声称要进军开罗，强迫30万埃及居民迁出苏伊士运河地区。

埃及封建统治阶级上层贪污腐败，营私舞弊事件层出不穷。在短短5个月的时间内，内阁更换了5次，但仍旧不能安定局势，更不能缓和广大人民的愤恨之情。埃及全国被恐怖和黑暗所笼罩，这预示着一场更大的风暴即将来临。这时，一种新的政治力量——自由军官组织登上了埃及的政治舞台。

作为自由军官的纳赛尔（中间）

自由军官组织的创建者是加麦尔·阿卜杜勒·纳赛尔（Gamal Abdel Nasser，1918—1970年）。纳赛尔1918年1月出生于亚历山大港。他的家境并不富裕，属于下层中产阶级，父亲是邮电局小职员。3岁时，纳赛尔跟随父亲来到艾斯尤特市。7岁时，纳赛尔因父亲工作调动被送到开罗上学。1936年，纳赛尔中学毕业，立志报考皇家军官学院，实现自己的凌云壮志，但由于主考鄙视他的出身，结果纳赛尔名落孙山。1937年3月，纳赛尔如愿以偿辗转进入了开罗军事学院学习。1938年夏，纳赛尔以优异的成绩毕业，被任命为陆军少尉，后被派到苏丹服役3年，1941年年底调回埃及，1942年9月晋升为陆军上尉，重返苏丹，1943年2月调回开罗，被任命为军事学院教官，不久结婚成家，有了美满家庭。

1948年巴勒斯坦战争爆发，埃及军队屡屡受挫，但战争结束后，国王法鲁克一世却堂而皇之地举行阅兵式，庆祝凯旋。纳赛尔对国王掩饰战败事实、愚弄百姓的行为十分气愤，并认识到埃及战败的根源在于以国王为首的统治集团的腐败。纳赛尔和战友们发誓要推翻这个腐败的政权。

1949年12月，纳赛尔与其他军官决定成立一个秘密组织，即自由军官组织。纳赛尔与萨达特等10名军官组成执行委员会，该组织的成员主要是青年中下级军官。自由军官组织准备于1954年发动政变推翻法鲁克王朝统治，赶走英国军队，在埃及建立民主议会制度。

1952年1月26日，开罗纵火案事件的发生，使自由军官组织决定提前发动革命。7月20日夜，纳赛尔主持召开了自由军官组织执行委员会会议，决定发动起义。7月23日凌晨，自由军官组织趁国王法鲁克一世和内阁大臣在亚历山大港避暑之际，率领300多名士兵在坦克和装甲车的掩护下，迅速包围了陆军司令部，逮捕了总参谋长和部分高级军官，兵不血刃地占领了机场、火车站和电报局等，控制了整个开罗。早上，萨达特以纳吉布将军的名义在电台向埃及人民宣读了一份声明，声明中说："为了反对王室的暴政和政府的腐败，埃及军队已经起义，夺取了政权。"军队的武装起义得到了埃及人民的拥护和支持。

1952年7月26日，反动封建国王法鲁克一世被废黜。当天，他携带家眷，从亚历山大港王宫的后花园登船离开埃及，前往他的流亡地意大利。18年后，他死在了罗马的夜总会里，结束了他不光彩的流亡生活。

革命成功后，自由军官组织的执行委员会改名为革命指导委员会，成员由9人扩大到14人，增加了纳吉布等人。穆罕默德·纳吉布（Muhammad Naguib，1901—1984年）被推选为革命指导委员会主席兼武装部队总司令，纳赛尔任革命指导委员会副主席。虽然纳吉布任革命指导委员会主席，但所有决定必须经委员会多数通过方能生效。实际上，纳赛尔依然是最高权力机构的真正领袖。

1952年9月，埃及组织了新政府，没收了封建王室的土地，颁布了《土地改革法》，规定地主每人占有土地不得超过100费丹，超过的部分由政府征购，征购的土地卖给农民。1952年12月10日，废除维护封建统治者利益的1923年《宪法》。1953年1月，宣布解散所有政党并没收其财产。1953年2月10日，埃及公布临时宪法，规定革命指导委员会主席行使国家最高权力。6月18日，埃及宣布成立共和国，永远废除君主制度，由纳吉布担任共和国总统兼总理，纳赛尔任副总理兼内政部长。

埃及共和国的建立使埃及获得了民族独立，结束了穆罕默德·阿里王朝近一个半世纪的统治，埃及的民族经济和社会发展也迈入了一个新时代。

英军驻留埃及是英国殖民统治的象征和支柱，只有英军撤出埃及，埃及人民才能实现民族的真正独立。由于埃及与英国政府在苏丹问题上的分歧，使得英国撤军无从谈起。苏丹人民在英国的鼓动下，则谋求独立发展的道路。于是，纳赛尔政府作出了明智的抉择，即放弃一个世纪以来埃及所坚持的"苏丹是埃及领土不可分割的组成部分"的主张，承认苏丹的自决权。1953年2月，埃及与英国就苏丹问题达成协议。协议规定：苏丹经过3年过渡期后选举产生立法会议，由立法会议决定苏丹是脱离埃及独立，还是与埃及联合。然后，英埃两国立即撤军，结束对苏丹的"共管"。1956年年初，一个独立的主权国家苏丹产生。

苏丹问题的解决在英埃之间创造了和解气氛，纳赛尔政权进而通过谈判来解决英国撤军问题。1953年4月，英埃双方在开罗举行谈判，谈判期间英国从中作梗，破坏谈判，而埃及方面则把原来分散的反英游击队组成统一的"民族解放民兵组织"，指派1 200名军官对他们进行强化训练，并向他们提供大量武器。苏伊士运河地区反英斗争如火如荼地发展起来，英军感到惴惴不安。另外，美国为了取代英国在中东的势力，也力促英国撤军。1954年10月，英国不得不与埃及签订了撤军协议。协议规定，废除1936年《英埃同盟条约》，英军在20个月内全部撤离埃及，苏伊士运河基地现存设施交由埃及控制，但要由1 200名英国文职技术人员维持使用。协议有效期7年，在此期间，阿拉伯共同防御条约国家（条约签订于1950年，至1953年，参加条约的国家有埃及、沙特阿拉伯、约旦、叙利亚、黎巴嫩、伊拉克、也门和利比亚8国）以及土耳其，一旦受到武装进攻，英军则即可重返苏伊士运河基地，埃及保证向英军提供使用苏伊士运河基地和埃及港口等必要便利。

1956年6月13日，最后一批英国士兵撤离埃及，英国对埃及长达74年的军事占领宣告终结，埃及洗刷了耻辱。6月18日，纳赛尔眼含热泪在塞得港前英国海军俱乐部升起了埃及国旗，这是埃及人民维护国家主权和领土完整的又一次重大胜利。

作者点评：

1923年埃及颁布有史以来第一部宪法，从此开始了君主立宪制时期。虽然宪政没有获得最终成功，但埃及毕竟经历了建立现代议会制度的洗礼。有人把它称为"宪政实验"，也有人把它称为"自由实验"。有人把埃及的这段历史称为"议会时期"，也有人把这段历史称为"自由主义时期"。埃及宪政诞生之时，"欧洲仍处在民主被视作万应灵药的阶段上，埃及人的抱负就是进入西方民主社会"。

我们以第二次世界大战爆发为界，把埃及的君主立宪制时期分为前后两个阶段。君主立宪制前期是埃及政党政治的黄金时期，华夫脱党是最主要的民族主义力量和政党组织，民族独立是其核心诉求。由于其强大的社会基础和不妥协立场，华夫脱党成为第二次世界大战前埃及政治生活中主导性政党力量。柴鲁尔时期的华夫脱党，因坚持完全独立的立场而广受民众的拥护，英国人每一次逮捕柴鲁尔，或者埃及国王法鲁克一世每一次逼迫华夫脱党内阁下台，都会激起埃及民众大规模的抗议游行。1927年柴鲁尔去世后，华夫脱党越来越趋向温和。1936年《英埃同盟条约》的签订，标志着华夫脱党开始实行与英国合作的政策，从而失去了对民众的吸引力。尤其是1942年二月事件的发生，使得华夫脱党名声扫地。作为宪政制度的主要支柱的华夫脱党，本来是埃及反英民族独立运动的代表，现在却要借助英国人的力量来实现组阁的愿望，变得对英国俯首帖耳，百依百顺，从此失去了民众的信任，也注定宪政制度的垮台不过是早晚的事。另外，华夫脱党的腐败丑闻也大大消弱了华夫脱党的生命力。

第二次世界大战结束之后，埃及政府经历了走马灯似的变幻，但是他们都无法说服英国人撤出埃及，于是，各种激进组织纷纷拿起武器，用广泛的恐怖活动袭击英国人和腐败政客，致使埃及政坛混乱不堪，暗杀和爆炸层出不穷。实践证明，华夫脱党既不能解决埃及社会所面临的经济困局，也无法真正实现埃及民族独立和宪政民主，它和旧制度一起走到了历史的尽头。1952年以纳赛尔为首的自由军官组织发动“七·二三革命”，勇敢地担当起挽救国家和民族的历史重任，废黜了国王法鲁克一世，埃及君主立宪制宣告寿终正寝。不过，埃及的宪政实验具有其不可低估的积极意义，那就是言论自由和思想自由的原则逐渐在埃及社会中扎根，这为后来萨达特总统取消一党专政制度，实行多党议会民主制度奠定了基础。

第十三章 纳赛尔时期

1953年6月18日，埃及共和国成立之后，由于纳吉布将军具有很高的名望，他被推举为埃及共和国首位总理，纳赛尔担任副总理。其实“革命的真正领袖”是纳赛尔。纳吉布只是自由军官组织选举的“前台人物”和“摆设”。在对革命目标和方法的理解上，纳吉布与革命指导委员会之间存在着很大的差异。在纳吉布看来，在推翻君主制建立了共和国之后，革命即告完成，军人应该回到兵营，恢复议会生活，建立文人政权。因此，他要求扩大自己在革命指导委员会中的权力，反对自由军官在政府中供职。革命指导委员会看穿了纳吉布的野心，逐渐疏远纳吉布，突出宣传纳赛尔，称他为革命的中流砥柱。纳吉布心怀不满，于是极力拉拢旧政客，尤其是与穆斯林兄弟会厮混在一起。

1953年年底，纳吉布与穆斯林兄弟会秘密会谈，要求结束军人统治，排斥以纳赛尔为首的自由军官，提议设立由亲纳吉布的军官和穆斯林兄弟会的代表，联合组成秘密协商会议来共同制定国家的大政方针，向握有实权的纳赛尔发起挑战。

一、纳吉布下台

1954年2月，穆斯林的反政府示威被镇压之后，2月23日，纳吉布突然向革命指导委员会提出辞呈。由于革命指导委员会低估了纳吉布的影响，接受了纳吉布的辞呈，任命纳赛尔为革命指导委员会主席和政府总理。接着，埃及军队包围了纳吉布的住所，把他软禁起来，由此引发了一场严重的政治危机。在华夫脱党、穆斯林兄弟会和社会党分子的鼓动下，开罗爆发了支持纳吉布的示威游行。驻守开罗的骑兵部队在革命指导委员会毛希丁的支持下首先发难，指责纳赛尔为独断专行，擅自解除纳吉布的职务，严正要求恢复纳吉布的

穆罕默德·纳吉布

总统职位。亚历山大港部分军官也发表声明拥护纳吉布，局势瞬息万变。革命指导委员会为避免军队内部发生火并，从而毁灭革命，被迫作出了一系列让步：同意纳吉布复位，担任总统和政府总理等职位。纳赛尔屈居原位，任副总理；决定1954年7月举行立法会议选举，制定新宪法，选举新总统。3月25日声明容许成立政党，革命指导委员会不另行建党，它将在立法会议选举之日自行解散。

1954年3月25日，决议颁布后，纳赛尔情绪低落，感到非常悲观。他掩面哭泣，认为革命即将夭折。在这紧急关头，军队和工人群众挺身而出，他们要求革命指导委员会继续执政。3月27日，支持纳赛尔的军官举行会议，明确表示决不允许旧制度复辟。拥有近百万之众的交通工会连续两天举行罢工，市内交通顿时中断，其他行业工会起而响应，一些农民也前来声援，“打倒纳吉布”、“革命万岁”的口号不绝于耳。

在形势明显扭转的情况下，1954年3月29日，革命指导委员会宣布延期执行3月决议。接着，革命指导委员会采取了强硬措施，清除各省、市政务会以及新闻机构中的不良分子；剥夺在1942年以后至1952年革命前担任过大臣职务者为期10年的政治权利和公民权利；改组记者联合会执委会，其要员由政府委派；审判旧政客，剪除纳吉布的许多党羽。

在巨大的政治压力下，1954年4月27日，纳吉布深感势穷力孤，只好宣布辞去总理职务，纳赛尔取代纳吉布担任总理和革命指导委员会主席职务。纳赛尔改组内阁，重要部长职位均由革命指导委员会委员担任，并且逮捕和处置了一批阴谋反叛的军官。

1954年10月26日，穆斯林兄弟会寻衅闹事，制造事端。他们趁纳赛尔在亚历山大港发表演说之机，连发数枪试图谋杀纳赛尔。纳赛尔侥幸未被击中，他镇定自若地向群众说：“他们要杀死纳赛尔，就让他们杀吧。他只是许多人中间的一个，不管他活着也好，死了也好，革命总要进行下去。”于是，政府再次宣布穆斯林兄弟会为非法，逮捕了2 943人，把其中的1 121人提交法庭审判。由于在审判过程中发现纳吉布与穆斯林兄弟会勾结妄图颠覆政府，11月14日，纳吉布被解除一切职务。纳赛尔代理总统职务。

纳吉布的下台为纳赛尔政权的巩固扫清了一大障碍，标志着埃及旧的政治势力彻底失败。1956年1月16日，埃及政府颁布新宪法草案。6月23日，举行公民投票，新宪法获得通过，纳赛尔当选为埃及共和国第一任总统。

二、苏伊士运河事件

1952年7月23日革命成功后，纳赛尔政府便致力于发展民族经济。为了改变国家的经济落后状况，埃及政府决定在上埃及阿斯旺附近的尼罗河峡谷间修筑一座高坝，以解决发展工农业必不可少的能源和灌溉问题。高坝工程规模浩大，比胡夫大金字塔还要大17倍。整个工程耗资约13亿美元，工期将超过10年。

高坝工程面临的最大困难是资金问题。从1954年起，埃及政府就开始与世界银行讨论国际资金贷款问题，同时争取英美等国的资助。世界银行组织以埃及政府不稳定为借口不予埃及贷款。而英美两国则不予理会。

1955年9月，埃及与捷克斯洛伐克签订了价值8 000万美元的武器协定，埃及进口苏联战斗机、轰炸机和坦克等现代化武器。此外，苏联政府还准备援助埃及政府修筑阿斯旺高坝工程，提供1亿英镑的贷款、材料和技术人员。

埃及与捷克斯洛伐克武器贸易协定的消息在西方国家中引起了轩然大波。英国首相艾登主张要不惜一切代价"把俄罗斯熊排斥在尼罗河流域之外"。美国国务卿约翰·福斯特·杜勒斯（John Foster Dulles）虽不像艾登那样的焦急，但也忧心忡忡，担心埃及投靠苏联，势必为共产主义渗入中东敞开大门。为了阻止埃及倒向苏联一边，1955年12月，英美两国表示在高坝工程第一阶段，愿意向埃及赠款7 000万美元，其中英国1 400万美元，美国5 600万美元，并在以后的适当时间提供1.3亿美元的贷款。世界银行也向埃及提供了2亿美元的贷款。但接下来，由于奉行和平的中立政策，埃及的表现却大大刺痛了英美。1955年11月，约旦在土耳其的推动下表示准备参加《巴格达条约组织》，该组织是英国操纵下的妄图控制阿拉伯人的侵略性的军事条约组织。埃及政府则通过"阿拉伯之声"电台无情揭露了《巴格达条约组织》的险恶用心，劝说阿拉伯国家不要加入，以免受到变相的外来统治。约旦改变了立场，阿拉伯国家除了伊拉克外都没有参加。英国非常气愤，决定一定要铲除这个“埃及独裁者”。1956年5月30日，纳赛尔正式承认中华人民共和国，埃及成为非洲第一个承认并与中国建交的国家。6月，苏联外长访问埃及，表示要给埃及多方面的援助，纳赛尔宣布将与苏联全面合作。这一系列举动，尤其是与中国建交，使美国火冒三丈，美国断定埃及已经彻底倒向共产主义集团。于是，英国和美国决定撤销对埃及的援助。在他们看来，贫穷落后的埃及离开了西方的援助将一事无成。

1956年7月19日，美国国务院以埃及财政恶化为借口，宣布撤销对埃及的赠款。第二天，英国也采取了同样的行动，世界银行的贷款也随之烟消云散。

纳赛尔对英美两国的背信弃义和恶意中伤非常恼怒，但他没有被西方大国的压力所屈服，而是作出了有力的反击。7月23日，纳赛尔政府决定将苏伊士运河收归国有，用运河的收入来支付高坝工程的费用。

1956年7月26日，纳赛尔在塞得港向聚集在广场上的群众发表了情绪激昂的演说："为了开凿苏伊士运河，我们就有12万儿女在强迫军役之中丧失了生命。为了建设苏伊士运河我们曾经付出了800万英镑。这条运河是在埃及的领土上，它是埃及的一部分，并且属于埃及。为了维护国家的主权和尊严，公民们，今天苏伊士运河已经收归国有了。"纳赛尔详尽地讲述了阿斯旺高坝贷款谈判的经过，指出西方大国和世界银行提出的贷款条件是控制埃及经济独立的阴谋，撤回贷款是因为埃及拒绝支持军事集团，奉行不结盟的外交政策。他强调埃及是一个自由独立的国家，决不会仰人鼻息。

纳赛尔在塞得港苏伊士运河旁升起了埃及国旗，庆祝英军撤出埃及

苏伊士运河公司收归国有意义重大，这充分表明了埃及政府维护民族独立的坚定意志，是对西方帝国主义的一次公开的沉重打击。消息传开，举国上下一片欢腾，埃及人民欣喜若狂，载歌载舞，欢庆这一具有历史意义的时刻。

苏伊士运河收归国有的消息

使西方各国大为震惊。英国首相艾登气急败坏，不顾外交礼节中断在首相府招待伊拉克国王费萨尔的宴会，立即召开内阁紧急会议商讨对策。法国政府得知苏伊士运河收归国有的消息后勃然大怒，声称埃及的行动造成了严重的局势。英法两国力主运用一切手段包括武装入侵强迫埃及就范。美国企图利用苏伊士运河事件，一方面向埃及施加政治和经济压力；另一方面极力鼓吹用和平方式解决争端，以达到既使埃及屈服又使埃及感到美国是埃及的“保护人”，进而取代英法，达到称霸中东的目的。

1956年8月2日，英、法、美三国外长在伦敦开会，会后向埃及发表联合声明，称埃及收回苏伊士运河为非法，谎称苏伊士运河公司是一家“始终具有国际性质”的国际机构，埃及政府无权将它收回国有，并要求建立一个在国际监督之下的管理机构来保障苏伊士运河的航行自由。

埃及政府义正词严地驳斥了三国的声明。1956年8月16日，英、法、美三国在伦敦召开22国会议，以多数票通过美国国务卿杜勒斯提出的“苏伊士运河委员会”计划。9月23日，英法在联合国安理会上再次要求对苏伊士运河进行“国际管制”，安理会否决了英法的提案。英法黔驴技穷，最终决定挑起战争。由于以色列是埃及的宿敌，1949年巴勒斯坦战争结束后，埃及与以色列仍然处于战争状态，埃及对以色列实行海上封锁，不准其船只通过苏伊士运河，因此，以色列对埃及怀恨在心。10月，以色列在取得了法国提供的海上和空中保护的承诺和英国答应炸毁埃及空中力量的保护以后，以色列甘愿充当三国入侵埃及的急先锋。10月24日，英、法、以三方一致决定对埃及采取军事行动。首先，以色列进兵加沙、西奈半岛，把埃及的陆军吸引过来。然后，英法空袭埃及的防御体系，英法军队登陆并占领苏伊士运河地区。最后，英、法、以三军会合全歼埃及陆军。

1956年10月29日傍晚，以色列出动45 000名士兵，分4路向埃及的西奈半岛发起全面进攻。10月30日，纳赛尔下令进行全国总动员。当日，英法根据事先预谋，向埃及和以色列发出最后通牒，要求双方停止海陆空一切战争行动，并把军队各自撤离距苏伊士运河10英里处，由英法军队进驻苏伊士运河地区。通牒限定在12小时之内作出答复，否则将出兵干预。如果接受这些条件，则意味着埃及主权的丧失和大片领土的沦陷。于是，纳赛尔断然拒绝了这些无理要求。

1956年10月31日，英法两国出动240多架飞机对埃及各地的机场、港口、铁路、公路桥梁、兵营和医院进行了轮番轰炸。停放在机场的苏式飞机成为重点轰炸目标，大多数飞机来不及起飞就被炸毁。埃及的电台发射塔被炸毁，造成全国广播一度中断。埃及国家和民族正面临着生死存亡的严峻考验。

1956年11月2日，纳赛尔置生死于度外，在敌机随时可能空袭的情况下，乘坐敞篷车按照伊斯兰教的传统方式，到古老的爱资哈尔清真寺讲坛发表演讲。他镇定自若，语言坚定地向同胞表示："我将同你们一起抵御任何入侵，战斗到最后一滴血……我和我的子女将留在开罗，我们决不投降，我们将建设祖国，创造历史，创造未来……战争将取得胜利。"

全国人民同仇敌忾，踊跃报名投入战斗，报效祖国。纳赛尔吸取1882年阿拉比抗英斗争的教训，下令炸毁47艘船只来堵塞苏伊士运河，以防敌舰像当年那样经运河长驱直入，一日内连克三城占领整个苏伊士运河区的情景。

1956年11月5日，15 000名英法伞兵空降到苏伊士运河北口的塞得港。6日，一支由约100艘战舰、7艘航空母舰、数百艘登陆舰和约80艘商船组成的巨大舰队，运载着75 000名英法官兵，抵达塞得港，在数百架飞机掩护下登陆。英法联军妄图速战速决攻克塞得港，进而占领整个苏伊士运河区，直逼首都开罗。英雄的塞得港军民坚强不屈，奋勇杀敌，与侵入市区的英法联军展开

苏伊士运河一瞥

了肉搏战，连十三四岁的儿童都拿起了武器。在塞得港口保卫战中，埃及人民付出了巨大的牺牲，约有2 000名官兵，1 000名市民英勇献身。塞得港保卫战意义重大，它挫败了英法联军速战速决的计划。纳赛尔说："塞得港保卫了整个祖国，正是塞得港人民的牺牲和勇敢造成了帝国主义的失败。"

英、法、以三国入侵埃及在国际社会中引起了强烈反响，许多国家掀起了声援埃及人民斗争的热潮，多数阿拉伯国家与英法断交，切断了石油供应。中国政府决定向埃及捐赠2 000万瑞士法郎和大批物资。英国国内9个城市举行游行、罢工和罢课，在野党工党对执政党保守党提出弹劾案，一些人退党，外交大臣辞职。在联合国，大国之间的较量和角逐也异常激烈。美国担心英法的行为会把阿拉伯国家推入苏联的怀抱，从而破坏美国的中东战略，因而一反常态出面反对英法。苏联对苏伊士运河事件的发展十分关注，赫鲁晓夫（Nikita Khrushchev，1894—1971年）声称："支持纳赛尔的资产阶级政权对苏联有利，因为有理由相信这个政权能削弱英法在近东的殖民主义'势力'。"

1956年11月2日，联大以压倒多数票通过了美国的决议案，要求各方立即停火，外国军队立即撤出埃及。但是英法不识时务，拒绝接受停火决议。11月3日，联大又通过了两项决议：限定各方在12小时内停火；在48小时内建立一支最高限额为6 000人的联合国紧急部队去维持和平。11月5日，苏联领导人赫鲁晓夫写信给英法两国，警告英法必须立即撤出埃及，否则苏联将向埃及派出志愿军，甚至对英法两国使用导弹。他说："如果拥有各种现代化毁灭性武器的更强大的国家向英国和法国进攻的话，那么英法两国会处于怎么样的境地呢？"11月6日，美国总统艾森豪威尔也打电话给英国首相艾登说："如果你想保持英美团结与和平的话，我要求你立即下令停火。"

面对埃及人民的顽强抵抗和世界舆论的压力，英法两国被迫于1956年11月6日晚宣布停火，并于12月22日将其军队全部撤出埃及。1957年3月8日，以色列军队从西奈半岛撤走。

苏伊士运河事件是第二次世界大战后具有重要历史意义的事件，它对国际政治格局和中东地区主要力量之间的对比产生了深刻的影响。英法两国在中东舞台上的重要地位被美国所取代，美国成为西方在中东地区的代言人。

在苏伊士运河战争中，埃及作为被侵略国，遭受了严重的军事失败和人员物资的损失，但是它却在政治和精神上赢得了胜利。埃及人民用鲜血和生命捍卫国家主权和民族独立的斗争，在世界人民尤其是第三世界人民中树立了不畏强暴、敢于斗争的形象，大大提高了埃及的国际地位，开罗成为阿拉伯世界的中心。以色列在这场战争中暴露出来的侵略性使它声名扫地，世界舆论再次转向同情巴勒斯坦难民和遭受侵略的阿拉伯国家。

三、纳赛尔的社会主义和阿拉伯民族主义

1952年革命成功以后，纳赛尔就开始探索埃及的发展道路。纳赛尔最初的探索反映在1954年出版的《革命哲学》一书中。他指出"实现经济自由和政治自由"是埃及摆脱民族危机的必由之路，埃及注定要经历这两种革命，即正确民族自由的政治革命和实现社会公正的社会革命。在这里经济自由和政治自由含义不明，只是一些抽象的概念。1955年2月，纳赛尔在一次讲话中首次提到社会主义一词。此后他越来越明确地把社会主义作为埃及的发展道路，并且不断地对社会主义的含义作出解释。1957年12月，纳赛尔正式提出建立一个"民主合作的社会主义社会"口号。1962年制定的《民族宪章》是纳赛尔社会主义理论的总结，也是指导国家政治、经济、文化、外交和政策的纲领性文件，标志着纳赛尔的社会主义已经定型。宪章中确定埃及信奉"科学社会主义"，认为埃及选择社会主义道路是一种历史的必然。纳赛尔的社会主义理论可以概括如下：

1. 人民控制所有生产资料但并不废除私有制。

2. 推行计划经济，加速国民经济的发展。

3. 承认埃及社会存在阶级矛盾和阶级斗争，主张利用国家机器，采取调和折中的手段来限制政治斗争，使之尽可能地和平解决。

4. 埃及国家利益与阿拉伯世界不可分割，只有在阿拉伯民族范围内发起社会主义革命，解除一切反动势力，阿拉伯经济方能起飞，阿拉伯统一才能实现。

5. 声称社会主义源于伊斯兰教，世界上第一个社会主义国家建立于伊斯兰教初期，穆罕默德是它的创始人，但同时坚持政教分离，不容许宗教干预政治。

纳赛尔出身行伍，缺乏理论素养，无法真正领悟到理论指导的重大意义。他一直对马克思主义持否定态度，纳赛尔的社会主义完全是根据需要，从形形色色的社会主义、马克思主义、阿拉伯民族主义以及伊斯兰教中胡乱地摘取一些互不连贯乃至自相矛盾的思想和观点，加以汇总拼凑而成。由于纳赛尔对社会主义的理解不是从历史发展的客观规律出发，因此他的社会主义理论与

马克思的理论大相径庭，两者有着本质的区别。根据马克思主义的观点，在阶级社会中，从来就没有超阶级的国家和政权，埃及自然也不例外。由于以纳赛尔为首的军人政权官僚集团大多出身于中小资产阶级，因此他们控制的国家必然是资产阶级的国家。国有化并不等同于社会主义，纳赛尔政府实行的国有化措施其实质是国家资本主义，是私有制的一种形式。计划经济也不等于社会主义，资本主义也有计划。

因此，国内外的一些学者把纳赛尔时代的埃及列入“社会主义国家”，或称纳赛尔选择的道路为向社会主义方向转变的“非资本主义道路”，都是不妥当的。在埃及，纳赛尔的社会主义理论是国家生活的唯一指导思想，它在埃及的社会改革和经济建设中得到了很好的贯彻和体现。

纳赛尔领导埃及人民获得了民族的独立，使埃及彻底摆脱了西方列强的控制，埃及发展成为颇具国际影响的主权国家。尤其是苏伊士战争结束后，纳赛尔政权在国际社会中声威大震，纳赛尔不仅被视作埃及国家独立和民族尊严的象征，而且俨然成为全体阿拉伯人的政治领袖。纳赛尔恰合时宜地抛出了他的阿拉伯民族主义思想，纳赛尔认为阿拉伯各国人民同属于一个民族，阿拉伯民族是一个团结的民族，阿拉伯民族因受殖民主义的统治而四分五裂。他深信在其召唤下，阿拉伯国家能走向统一，成为一个强大的国家，重现昔日阿拉伯帝国的雄风，跻身世界强国之列。在纳赛尔的指导下，阿拉伯民族主义思潮风靡一时。1956年埃及宪法明确宣布“埃及是阿拉伯民族的一部分”。当然，阿拉伯民族主义思想对于阿拉伯各国人民团结起来进行反帝斗争的事业起到了积极的推动作用，纳赛尔在这方面的功绩不容抹杀。

但是，纳赛尔不承认阿拉伯各国人民是一个多元的分裂的民族，不承认阿拉伯国家因长期分裂而形成的巨大差异。在实践中，埃及又以“老大”自居，不尊重别国人民，夸大埃及在阿拉伯国家反帝斗争中的作用，称埃及为阿拉伯斗争的“先锋”和阿拉伯统一的“核心”，把埃及与其他阿拉伯国家的关系比喻为“头颅和躯干”的关系，妄图称霸于阿拉伯世界。其结果导致结为盟友的阿拉伯国家反目为仇，埃及与叙利亚的统一与分裂就是最好的例证。叙利亚自1946年独立以后，国内政局动荡不稳，军事政变不断发生，内阁更迭层出不穷。1956年，叙利亚成立国民联合政府，奉行中立的不结盟政策。叙利亚拒绝参加英国操纵下的《巴格达条约组织》，同时反对美国总统艾森豪威尔提出的中东政策。于是，以美国为首的西方国家将叙利亚民族主义政府视为眼中钉，阴谋推翻叙利亚的国民联合政府，同时拟订武装入侵计划。

叙利亚各政党在如何摆脱困境上意见分歧。复兴党坚持仿效埃及，建立"民主、合作的社会主义"社会，主张与埃及组成统一的联邦国家。1956年7月，叙利亚与埃及就组成联邦事宜进行磋商。1957年10月，埃及率领国民议会代表团到叙利亚进一步磋商组成联邦事宜，两国关系日益密切。纳赛尔虽然大肆鼓吹阿拉伯民族主义和阿拉伯统一，但是在对于埃及与叙利亚的统一问题上态度比较谨慎，因为他目睹叙利亚政局十分不稳定，两国统一如同建立在沙滩上，缺乏坚实的基础，因此纳赛尔非常担忧，坚持不要匆忙行事，提议暂缓合并。

但是，叙利亚复兴党领导人竭力鼓动叙军总参谋长比兹里等为代表的青年军官亲自出马促成两国统一。叙利亚10多名代表在比兹里的率领下飞抵开罗，直奔纳赛尔官邸，竭力劝说纳赛尔进行两国合并和统一。经过4个小时的激烈争辩，纳赛尔终于接受合并。1958年2月1日，纳赛尔与叙利亚总统库阿特利在开罗正式签署关于成立阿拉伯联合共和国的协议。2月21日，阿拉伯联合共和国宣告成立，纳赛尔任第一任阿拉伯联合共和国总统。3月6日，首届内阁组成，在纳赛尔任命的4名副总统中埃及人和叙利亚人各两名。在任命的34名部长中，埃及人占20名，叙利亚人占14名。埃及人在中央政府中占据要职，掌握国防、内政、外交和工业等部门；叙利亚人掌管次要部门。此外，为了方便行政管理，在埃及和叙利亚各成立一个由本地部长组成的执行委员会作为中央政府的执行机构。但在1959年10月，纳赛尔任命阿米尔为叙利亚的总统代表，全权处理该地区事务。叙利亚人对这种权力分配十分不满，复兴党人尤其强烈。他们自认为在两国统一中立下了功劳，理应掌握大权，却在内阁中无足轻重，因而深感不快。对此，纳赛尔不但没有及时进行疏导，反而态度强硬地说："谁不乐意，请便！"这导致双方日益对立。1959年12月3日，复兴党阁员集体辞职以示抗议。纳赛尔下令逮捕复兴党人，致使原本积极推动统一的政治力量最终与纳赛尔分道扬镳。

1961年7月，纳赛尔未经两地议员组成的国民议会的讨论和批准，擅自颁布"社会主义法令"，在叙利亚开展了大规模的国有化运动。叙利亚工商业者对此大为不满，而共产党人则批评这一法令"具有不可告人的目的"，实属旨在加强经济的垄断性质和"完全消灭和吞并叙利亚的经济"。纳赛尔觉察到了叙利亚局势不稳，于1961年8月宣布取消两地的执行会议，成立统一内阁，以加强中央对地方的控制。这引起了叙利亚人更大的不满。1961年9月28日，大马士革驻军发动政变，阿拉伯联合共和国副总统、陆军元帅阿米尔

（Abdel Hakim Amer，1919—1967年）被软禁。纳赛尔闻讯后十分震惊，立即到开罗电台发表讲话，谴责叙利亚的分裂行为，同时派出空降部队前去镇压。但为时已晚，9月29日，叙利亚脱离埃及，阿拉伯联合共和国名存实亡。12月，埃及宣布废除阿拉伯联合共和国。

四、阿斯旺高坝与埃及的经济建设

1960年，在苏联的援助下阿斯旺高坝工程破土动工。1月9日，纳赛尔出席了阿斯旺高坝工程的奠基仪式，高坝工程正式兴建。埃及政府设立专门机构——高坝局和阿斯旺区域规划局来领导高坝工程建设。经过数以千计的埃及工程技术人员和工人的10年辛勤劳动，阿斯旺高坝于1970年竣工。

阿斯旺高坝位于阿斯旺水库以南6.5公里处，这里尼罗河河床较窄，而且靠近建筑原料的产地。阿斯旺高坝长3 600米，其中520米位于尼罗河两岸之间，其余部分向两岸延伸。坝高111米，坝底宽980米，坝顶宽40米，呈金

本书作者参观阿斯旺高坝

1964年，纳赛尔与苏联领导人赫鲁晓夫（右）一起出席仪式，推进阿斯旺高坝建设。赫鲁晓夫将阿斯旺高坝称为“世界第八大奇观”

字塔形状。阿斯旺高坝拦截水流后，形成长500公里，平均宽10公里的世界上最大的人工湖。埃及人民为纪念纳赛尔的功绩，命名为纳赛尔湖。纳赛尔湖最大容量为1 640亿立方米，每年可正常供水840亿立方米。阿斯旺高坝装有12台水轮发电机组，总装机容量为210万千瓦，年发电量为100亿千瓦。1970年7月，电站开始全负荷运转。

阿斯旺高坝的建成给埃及的经济和社会发展带来了巨大效益。阿斯旺高坝有效控制了尼罗河水位季节性的涨落，避免了特大洪水所造成的重大损失，使埃及年年获得稳定的水量，保障了农业的发展。埃及耕地面积从580万费丹增加到740万费丹。种植农作物面积从1952年的20万费丹增加到1992年的118.5万费丹，农作物的产量也逐年增加。阿斯旺高坝电站每年平均提供电能80亿千瓦时，占全国总发电量的一半以上，保证了埃及大型工程项目的用电，以及农村用电，促进了经济发展。阿斯旺高坝还大大改善了尼罗河的航运条件，振兴了尼罗河的旅游业，湖区吸引了成千上万的游客。此外，纳赛尔湖成为世界上鱼类最丰富的湖泊，年捕捞量在4万吨左右。阿斯旺高坝每年为埃及增加直接收入2.35亿埃镑，使埃及国民收入增加了1/4。

独立后的埃及是一个典型的农业国家。为了解决土地高度集中的问题，纳赛尔政府曾3次颁布土地改革法。政府无偿没收了王室土地，限制了大地主的部分土地，使严重阻碍生产发展的封建和半封建地主作为一个阶级渐渐趋于衰败和消亡。政府分地使得部分贫农和佃农受益，未分得土地的大部分佃农也因地租几乎长期固定不变而增加了收入，成了事实上的半自耕农。土地改革在一定程度上缓解了阶级矛盾，调动了农民的生产积极性。

在土地改革的同时，纳赛尔政府不惜花费巨额资金大力开垦荒地，垦荒地点主要是在西部沙漠地带。到1970年阿斯旺高坝竣工时，政府共开垦荒地和整治沙漠80.5万费丹，创造了埃及垦荒史上的奇迹。

与土地改革紧密相连的还有合作化运动。埃及独立后，政府在农业部下面设立了合作社局，负责促进和指导农业合作社，包括向合作社提供低息贷款和化肥、种子、农机等生产资料。1952年埃及共有合作社1 727个，社员45万人。纳赛尔政府在进行第一次土地改革时，预计到土地分散的状况不利于采用先进的生产方式，因而明文规定，土地改革受益者必须加入土改合作社。1968年，埃及共建立了650个土改合作社。

纳赛尔政府在农业方面推行的这些改革措施，调整了农业生产关系，促进了农业发展，为埃及农村资本主义的发展奠定了坚实的基础。

埃及本是一个工业落后、经济单一发展的国家。通过工业化实现国家现代化，使埃及跻身强国之列，是纳赛尔政府的理想和追求。纳赛尔政府从实际出发，较好地处理了经济各部门之间的发展关系，将大部分工业投资用于发展以纺织和食品业为主的基本消费品和建材、化肥、化学制品、纸张等中间产品，这充分考虑到了国内消费品和出口创汇的需要。纳赛尔政府不断增加国家对工业的资金投入，同时实行诸多优惠政策，减免相关税收，鼓励私人投资。

苏伊士运河战争之后，纳赛尔政府大幅度调整了经济政策，大力推行国有化政策。数以千计的外国公司和企业被埃及政府接管，外国资本在埃及经济生活中的垄断地位不复存在。此后，经济国有化的对象由外国资本转向国内的私人资本。1960年，埃及两大私人财团米绥尔银行和国民银行及其下属公司被收归国有。但埃及的国有化进程操之过急，涉及面过宽。1961年发动的大规模国有化运动，不仅囊括了全部大企业，而且包括了一批中等企业，政府对允许保留的私营企业限制过多，束缚过死，挫伤了私营企业的积极性。

在大规模国有化运动展开之前，埃及国家计划委员会拟订了第一个国民经济发展五年计划（1960—1965年）。计划要求5年内国民收入平均增长7%，工业年平均增长14%，但是实际情况并不尽如人意。由于外汇匮乏，无力进口生产资料，致使一系列计划未能圆满完成，或中途夭折。不过总的来说，无论是工业还是国民收入，增长速度还是比较快的，并且解决了130万人的就业问题。

纳赛尔时代埃及的工业化程度明显提高。1952—1967年间，埃及10人以上的工业企业由3 445家增至5 128家，增长幅度约为50%，10人以上工业企业的从业人数由27.3万人增至57万人，增长幅度超过100%。纳赛尔时代埃及工业发展的突出现象是诸多现代工业部门的迅速崛起，其中冶金、机械和化工的增长幅度尤为明显。现代工业的迅速发展标志着埃及的工业结构趋于合理，进而形成了较为完整的工业体系。工业化程度的提高进而加速了城市化的发展。1950—1976年，埃及首都开罗的人口从220万人增加到680万人，亚历山大港的人口从100万人增至230万人。

五、 纳赛尔的集权统治与外交

1952年，以纳赛尔为首的自由军官组织夺取政权以后，埃及传统的政治秩序趋于崩溃，尖锐的民族对立和共同的民族利益，制约着埃及国内的社会矛盾。纳赛尔政权极力排斥传统的政治势力，纳赛尔作为国家独立和民族尊严的象征，凌驾于埃及民众之上，拥有绝对的统治权利，进而形成集权主义的政治倾向。“在纳赛尔看来，政治只是被视作领袖的责任，而没有被视作民众的责任；民众被排除于政治之外”。纳赛尔集权统治主要表现为总统集权、军人执政和一党独行。

1956年临时宪法的制定标志着纳赛尔集权政治的确立。该宪法是按照美国宪法拟订的，但总统的权力远远大于美国总统。宪法规定埃及采取共和政体，实行总统制。总统集军政大权于一身，既是国家元首和政府首脑，又是武装部队最高统帅和国防会议主席。总统不仅有权任免部长，领导内阁，而且有权颁布法律和解散议会。

纳赛尔作为总统，位于国家权力的顶峰。鉴于总统权力过大可能导致个人独裁，1962年特别设立国家最高权力机构——总统委员会，作为恢复集体领导的一个步骤，但总统的权力未受削弱，总统委员会成员的去留由总统一个人定夺。因此，总统的权力并没有受到大的影响。

纳赛尔出身行伍，在他眼里，唯一可靠的力量是军队和军人。纳赛尔时期历届政府的组成体现出军人掌权的特点。1953年成立的革命指导委员会14名委员中，除纳吉布外，其余全部是自由军官。1954—1970年间，纳赛尔一直占据总统职位，副总统职位自设立之日起，由阿米尔、卡迈勒丁、萨拉丁等自由军官担任。在1953—1970年的16届内阁中，共有131人入阁，其中军人44人，文人87人。军人的任期平均5年，文人3年。总理职务非军人莫

萨达特、纳赛尔和阿米尔

属，纳赛尔兼任12届内阁总理，其余4届总理也全部是军人。内阁的重要部门，如陆军部、内政部、情报部和军工生产部等始终由自由军官把持。一些技术性较强的部门，如外交部、工业部、财政部、商业部和司法部等，则由技术官僚负责。他们在政治上仰自由军官鼻息，他们的权力有限，接受总统和副总理领导。军人在内阁中的比例一般占1/4—1/2。

“七·二三革命”之后，纳赛尔任命一批自由军官和无党派爱国军官担任军内要职，把绝大部分自由军官和大批军官陆续调离军队，安置在政府和公营企业的领导岗位上，使尽可能多的军官参与政权，以加强和巩固军人政权，消除隐患，防止政变。1962年，埃及政府还颁布法令，规定凡人事局、各部委及公营企业如果需要增添人员，应优先从军方选择合适的现役或退役军人担任，以确保军人享有优先担任公职的权利。纳赛尔还鼓励青年军官到普通大学学习，攻读学位。20世纪50年代末，首批技术军官脱颖而出，开始担任技术部门的领导职务。

纳赛尔时代埃及政治体制的第三个特点是一党独行。1952年，自由军官发动政变以后，纳赛尔解散一切政党。纳赛尔一再声称他反对任何形式的党派制度，声称一党制不适合埃及，因为它意味着政治垄断；多党制也不适合埃及，因为它是外国西方势力渗入埃及的一种手段。然而，纳赛尔在取缔政党以后，先后建立了3个政治组织：解放大会、民族联盟和阿拉伯社会主义联盟。这3个组织都具有比较完备的组织系统，包括中央的最高决策机构和执行机构，各省、市、县、乡的办事机构。3个组织的领导人除纳吉布暂时担任过解放大会主席之外，一直由纳赛尔担任。虽然纳赛尔再三声明无论解放大会、民族联盟还是阿拉伯社会主义联盟都不是政党，而是“体现人民意志的联盟”。事实上，这3个组织是地地道道的政党，是充当纳赛尔政权工具的唯一合法政党。1963年6月，纳赛尔召集他的心腹阿里·萨布里、侯赛因·海卡尔等人在阿拉伯社会主义联盟内部建立“社会主义者先锋队”组织，以加强对阿拉伯社会主义联盟的领导。纳赛尔指示阿米尔等人在他们各自管辖的部门发展成员，这些成员成为纳赛尔政权的骨干人物。该组织秘密存在了数年，直到1966年8月纳赛尔才公开了先锋队组织，这时该组织拥有会员数千人。

纳赛尔这种以军人为核心的军人集权式的政治体制在埃及历史上发挥了积极的作用，革命初期埃及国内政局动荡，外有西方帝国主义的强大压力，人民热切希望建立一个政治稳定、经济发展的国家，纳赛尔的集权政治无疑发挥了重要作用。但是，由于阶级的局限，军人政权在反对大地主和大资产阶级压迫的同时，又害怕人民，藐视人民，对人民进行严密控制和监视，人民的积极性和创造性被大大扼杀。集权政治年经日久使得在革命初期原本富有朝气和活力的自由军官渐渐官僚化，沾染上了旧官僚的习气，论资排辈，任人唯亲，互相推诿，以权谋私，贪污受贿，使得政府机构的效率越来越差。同时也为腐败的滋生提供了温床。

纳赛尔执政时期正值国际上苏联和美国为首的东西方冷战之中。和平中立，不与东西方国家结盟成为埃及外交政策的基石，纳赛尔把埃及的外交政策称为积极的中立政策。所谓积极的中立，就是不回避世界矛盾，通过参与国际事务，谋求国际进步和正义的实现，同时不与任何国家集团结盟。1956年7月，纳赛尔与铁托、尼赫鲁三国首脑在南斯拉夫的布里俄尼岛进行会晤，筹划开展不结盟运动。在他们的积极倡导和组织下，不结盟国家会议于1961年、1964年、1970年分别在南斯拉夫的贝尔格莱德、埃及的开罗、赞比亚的卢萨卡成功举行。会议的主题是反对帝国主义和新老殖民主义。不结盟运动成为广大第三世界国家反帝国主义、反殖民主义斗争的一支强大的力量，它对消除殖民主义，支持被压迫人民的解放斗争，缓和国际紧张局势发挥了积极作用。纳赛尔作为不结盟运动先驱者和创始人之一，对不结盟运动的产生和发展作出了不可磨灭的贡献。他呼吁不同社会制度的国家和平共处，相互尊重主权和领土完整，反对帝国主义的干涉和颠覆。积极的中立政策使埃及成为阿拉伯国家的中心和非洲民族解放运动的基地，赢得了第三世界各国的普遍赞誉，埃及的国际地位日益提高。但是，纳赛尔在处理与其他阿拉伯国家的关系时却抛弃了这些原则，出现过严重的失误。在他看来，既然阿拉伯国家各国人民同属于一个民族，埃及就是阿拉伯统一事业的先锋，他自己是整个阿拉伯民族的领袖人物，因此，所有阿拉伯国家必须无条件接受阿拉伯民族主义，服从他的个人意志。在这种思想支配下，埃及直接或间接干涉阿拉伯国家事务的事件不断发生，致使埃及与一些阿拉伯国家关系紧张乃至破裂，埃及出兵干涉也门内战就是一个惨痛的教训。

也门位于阿拉伯半岛的西南隅，从9世纪起，什叶派的支派宰德派教长在也门建立了政教合一的封建王国。1839年，英国占领亚丁后，也门被肢解为南北两部分，南也门沦为英国的保护地，北也门仍实行教长制，社会长期处于愚昧落后的封闭状态。20世纪40年代，具有进步思想的青年军官和知识分子发起了也门自由者运动。1962年9月26日，也门自由军官组织的首领阿卜杜拉·萨拉勒（Abdullah al-Sallal，1917—1994年）在萨那发动政变，推翻教长统治，夺取了政权，阿拉伯也门共和国宣告诞生。在政变前夕，萨拉勒曾转告纳赛尔，希望能获得他的支持。纳赛尔当即表示："你们干吧，我将履行我的一切义务。"

1962年10月2日，纳赛尔派出4架埃及轻型战斗机和一个连的埃及突击队飞抵也门。萨达特接踵而至，与萨拉勒签订共同防御条约。

被萨拉勒推翻的教长巴德尔（Muhammad al-Badr，1926—1996年）在宰德派部落的掩护下死里逃生，经北部地区逃至沙特阿拉伯。沙特阿拉伯国王得知也门发生革命后十分不安，唯恐革命浪潮越过边界殃及自身。于是，他向巴德尔提供金钱和武器，支持和鼓动也门反动部落反对共和政权。约旦也加盟沙特阿拉伯，建立反对埃及和也门革命联合司令部。这样，也门内战爆发。

1963年年初，也门战争的格局基本形成，政府军和当时已在也门的埃及军队控制着西部沿海平原；巴德尔的王党军队控制着北部山区和东部沙漠、草原地带。

纳赛尔使用苏制巨型运输机在埃及与也门之间架起了空中桥梁，试图一举摧毁巴德尔的王党军队。埃及军队利用飞机、坦克和火箭等现代化武器向王党军队发起进攻，但是埃及对也门的地理、社会、宗教和部落状况了解甚少，尤其是对山区作战毫无经验，王党军队虽然装备低劣，但熟悉地形，剽悍好战，善于翻山越岭，采用游击战术出奇制胜，使埃军和共和军损失惨重。纳赛尔为了挽回面子，大举增兵也门，同时在也门修建机场和仓库等军事设施。埃军的狂轰滥炸，滥杀无辜，激起了也门人民对埃及的仇视。另外，埃及官员把在本国实行的军人统治移植到也门，骄傲自大，不可一世，要求当地人民绝对服从，人们稍有不满就会被秘密逮捕。身为也门总统的萨拉勒平庸无能，俯首听命，仰赖于埃及。由于埃及官员的骄横跋扈，萨拉勒的俯首听命，也门社会内部矛盾重重，致使也门人民对埃及军事介入的不满情绪高涨。共和派也产生了分化。主张结束内战，恢复和平，也门人民自决，摆脱埃及人统治的呼声在也门人民中间日益增长，埃军进退维谷。

1963年4月，在美国总统肯尼迪的斡旋下，埃及与沙特阿拉伯达成如下协议：沙特阿拉伯停止援助也门王党分子，不准他们使用沙特领土；埃及撤出在也门的军队；在也门边界建立非军事区，由联合国安理会派观察国监督协议的执行。由于双方缺乏诚意，协议本身含糊不清，使双方不但没有履行协议，反而扩大援助，都想在正式停火前多占些地盘，结果也门内战加剧。此后双方打打停停，几次达成协议，又几次破裂。在和平无望的情况下，纳赛尔一方面向也门增派更多的军队；另一方面加强了对也门共和国内部事务的干预。

1967年6月，埃及在第三次中东战争中惨败，无力继续支撑也门内战。8月，阿拉伯国家首脑会议在喀土穆召开，纳赛尔与沙特王储费萨尔达成协议：埃及立即撤军；沙特停止援助也门王党分子；成立由埃及、沙特和苏丹组成的三国委员会监督协议执行。10月3日，集结在荷台达的埃军撤离，市内爆发大规模的反埃游行，上百名埃军官兵被打死。12月8日，最后一批埃军撤出也门。

埃及军队撤出也门以后，也门内战继续进行。共和军发动民众粉碎了王党分子的进攻，拯救了共和国。1970年3月，共和派与沙特签署协议：沙特停止援助王党分子，共和派同意王党分子以个人身份参加共和政府。7月，沙特阿拉伯承认也门共和国，并与也门共和国正式建立外交关系，持续8年的也门内战终于结束。

也门内战持续时间之长是始料未及的，它给参与这场战争的埃及带来的损失是巨大的。埃及政府为了支持也门共和政权劳师远征，据统计，约有1万名埃及官兵死于这场战争，1962—1967年埃及军费开支总计10亿英镑，其中相当大的一部分消耗在也门战场。此外，也门内战对埃及在第三次中东战争中的失败有着不小的影响。埃及被迫在两线作战，不能集中力量对付以色列。

埃及政府对也门内政的干预，破坏了国与国之间应该遵循的不干预他国内政的基本原则，遭到了国际社会和埃及国内人民的广泛批评。

六、第三次中东战争

苏伊士运河战争结束后，中东问题的核心即巴勒斯坦问题丝毫没有解决。以色列依然占领着巴勒斯坦阿拉伯国的大片领土，大批的巴勒斯坦人过着颠沛流离、无家可归的生活。

1959年，巴勒斯坦爱国青年阿拉法特（Yasser Arafat，1929—2004年）创建了巴勒斯坦民族解放运动组织，简称法塔赫，他们主张采用武装斗争推翻犹太复国主义政权，解放巴勒斯坦领土。

纳赛尔真诚地支持巴勒斯坦人民的民族解放事业，他曾提出“战争是解决巴勒斯坦的唯一方法”。但是，两次中东战争的遭遇，使纳赛尔深刻认识到巴勒斯坦问题的复杂性和困难性，并对阿以双方的力量对比有了清醒的认识。他指出，以色列在美国的支持下，要战胜以色列是不可能的，阿以对阵应该在美国势力衰弱或能够挫其锐气的时候进行，国际时势不容许阿拉伯人在一次战斗中获得决定性的最终胜利。纳赛尔对阿以问题的认识应该说是比较清醒冷静的。纳赛尔通过媒体宣称，埃及绝不采取冒险行动使埃及陷入单独与以色列人的战争之中，他的保守态度遭到了来自其他阿拉伯国家的谴责和批评。

阿拉法特在月刊《我们的巴勒斯坦》中强烈批评纳赛尔只会高谈阔论，而不付诸行动，甚至讽刺他胆小如鼠。

此时在叙利亚，适逢复兴社会党人执政，他们宣称毫无保留地支持巴勒斯坦民族解放事业，鼓吹以人民战争来骚扰和削弱以色列，指示叙以接壤地区戈兰高地的叙利亚炮兵，炮轰在加利利非军事区进行非法垦殖的以色列人。叙利亚看到叙以边境冲突不断，而埃以边境却相对平静，因此也指责纳赛尔奉行对以投降的政策。

为了维护埃及在阿拉伯世界的领袖地位和形象，纳赛尔不得不采取措施。1963年12月23日，纳赛尔呼吁召开阿拉伯国家首脑会议，共同讨论对以决策。1964年1月，首届阿拉伯国家首脑会议在埃及首都开罗召开，会议决定成立阿拉伯国家联合指挥部，尽快组建巴勒斯坦解放组织。

1964年6月，巴勒斯坦解放组织（简称巴解组织）正式诞生，总部设在约旦首都安曼。巴解组织成立以后，实际上只有埃及和叙利亚给予较大的物质和政治支持，但两国动机不同，埃及把它看作是疏导巴勒斯坦人民民族情绪的工具，试图通过它来约束和限制针对以色列的军事行动，避免阿以战争。而叙利亚则希望巴解组织成为一支武装打击以色列的军事力量。在叙利亚的支持下，1965年元旦，法塔赫创建的突击队，打响了反以武装斗争的第一枪，宣告巴勒斯坦人民斗争进入了一个新的阶段。

1965年，西方媒体披露了以色列秘密制造核反应堆的事件。纳赛尔于是发表声明强调，“必须在以色列能够正式生产核武器之前对它发动一场防御战争”。叙利亚立即作出反应，嘲笑纳赛尔“所谓防御战争只不过是纳赛尔欺骗阿拉伯世界的又一个妥协方案”而已。面对批评和攻击纳赛尔不得不作出实际行动。

20世纪60年代，美苏两个超级大国为争夺世界霸权，加紧了对中东地区的扩张和渗透。美国总统约翰逊在回忆录中这样写道：“苏联在这个战略地区扩展新势力，威胁着我们在欧洲的地位。”美国除派第六舰队游弋在地中海保护以色列外，还加紧武装以色列，企图借以色列重点打击纳赛尔，抑制阿拉伯民族主义浪潮在阿拉伯世界的蔓延。1966年2月，美国向以色列提供了新型坦克650辆和各式飞机250多架。美国还支持沙特阿拉伯和约旦在也门同埃及较量，企图搞垮纳赛尔政权，以保障红海南大门的畅通无阻和美国在阿拉伯半岛的石油利益不受侵犯。

1966年下半年，以叙、以约边境炮声隆隆。以色列军队开始发动武力威胁，以色列飞机不时侵入叙利亚领空，袭击戈兰高地。1966年11月4日，纳赛尔同意与叙利亚建立新的防御同盟，两国签订共同防御条约。

1967年4月7日，以色列出动飞机炸毁叙利亚边境的大炮，击落叙利亚飞机，并飞到大马士革上空示威。作为叙利亚的盟国的埃及不得不作出反应。4月10日，纳赛尔把他的空军司令派驻大马士革与叙利亚讨论对以作战计划。

以色列情报机构为了诱使埃及卷入战争，有意拍发了一封绝密电报。电报上谎称以色列已在叙利亚边境集结了11—13个旅的兵力，拟定5月17日对叙利亚发动袭击。苏联截获这个情报后十分焦急。1967年5月12日，苏联将情报转告埃及政府，建议埃及增兵西奈半岛，援助叙利亚。5月14日，埃及向西奈半岛增兵两个师。5月18日，埃及要求3 400名联合国紧急部队全部撤离西奈。5月22日，埃及封锁蒂朗海峡。这三个步骤使阿以局势骤然升级。

苏联提供的情报对纳赛尔对以色列政策的改变起到了推波助澜的作用。另外，纳赛尔热情奔放，感情冲动，约旦和沙特等国的宣传机构对埃及喋喋不休的谩骂和攻击使纳赛尔比较恼怒。这也是他改变对以政策的一个原因。为了打击以色列的嚣张气焰，收回属于埃及主权势力范围内的蒂朗海峡，消除1956年战争的不良后果，提高埃及在阿拉伯世界中逐渐降低的威望，纳赛尔认为这个险是值得一冒的。

埃及宣布封锁蒂朗海峡后，以色列立即宣布进行全国总动员，征召后备役军人，修筑民防工事，全国进入临战状态。1967年6月1日，以色列改组内阁，任命西奈战争的英雄摩西·达扬为国防部长。纳赛尔意识到战争已迫在眉睫，但是在美国和苏联两国的劝告和压力下，他一直保证“我们决不打第一枪，我们决不首先发起进攻”。

1967年6月4日，以色列内阁召开紧急会议，确定发动闪电袭击的具体时机。此时，以色列已经在埃及边境集结军队65 000人，坦克650辆；在叙利亚边境集结军队25 000人，坦克100辆，在约旦边境集结军队5万人，坦克350辆。1967年6月5日早晨8时45分，以色列空军倾巢而出，向上下埃及的17个机场目标发动闪电袭击，第三次中东战争爆发。经过近3个小时的空袭，埃及空军几乎损失殆尽。由于埃及毫无防备，埃及340架作战飞机中有300架被炸毁。然后，以色列空军又掉过头来攻击叙利亚和约旦机场。当天叙利亚、约旦和埃及三国共损失飞机416架。阿拉伯国家丧失了制空权。

以色列空袭成功的原因在于获得了美国的有力支援，美国不仅向以色列提供间谍卫星搜集的情报，而且还干扰埃及的雷达网，窃听埃及的通讯联络。以色列在战前就已破获埃及的军事密码，掌握了埃及最高指挥人员的动态，因此能够选择最佳的空袭时机。以色列空袭埃及时，正值埃及总参谋长阿米尔和空军司令马哈茂德以及其他一些高级军事首脑，同乘一架飞机从开罗前往西奈前线视察。这样，在最关键的时刻，他们与部队脱离了联系，无法下达命令。更可悲的是，阿米尔和空军指挥官为了掩饰过错，一再谎报军情，炮制一份份“捷报”，致使最高统帅纳赛尔好长一段时间一直蒙在鼓里。

以色列在飞机空袭后，紧接着又派出坦克部队，分三路向西奈半岛全面推进。驻守西奈的埃军进行了顽强的抵抗，但由于缺少空军援助，难以抵挡以军飞机和坦克的猛烈攻击。至6月6日早晨，西奈行政中心和军事指挥部所在地阿里什以及战略要地阿布奥格拉相继失守，通往塞得港和西奈腹地的大门洞开。早晨6时许，阿米尔发布了埃军从西奈半岛全线撤退到苏伊士运河西岸的命令。纳赛尔认为埃军没有必要全线撤退，因此否决了这道命令，正奉命撤退的第四装甲师不得不返回西奈。但是，阿米尔又重新下达了立即撤退的命令。命令的反复无常，使得埃军撤退陷入一片混乱之中，各路军队一齐涌向公路，争先恐后地奔向苏伊士运河西岸，致使交通堵塞，大批坦克、大炮和军车丢弃在路边，在以军的空袭下伤亡惨重。6月8日，以色列军队占领了整个西奈半岛和约旦河西岸地区。6月9日，以军向叙利亚发动全面进攻，6月10日占领了戈兰高地。

苏联为保全自己在中东的利益，急切要求立即停火。美国对以色列开战以来的战况进展拍手称快，但又担心苏联卷入，因此也要求以色列停火。6月10日，阿以战争正式停火，为期6日的第三次中东战争宣告结束。

6月10日，以军坦克攻占戈兰高地

在短短6日的阿以战争（以色列称之为“六日战争”，阿拉伯国家称之为“六月战争”）中，阿拉伯国家损失惨重，整个西奈半岛、加沙地带、东耶路撒冷、约旦河西岸和戈兰高地被占领。41万阿拉伯人流离失所，沦为难民。军队伤亡、被俘和失踪人数达2万人，损失坦克约1 000辆，飞机约450架，其中埃及损失最大。据纳赛尔称，埃及80%的军事装备被毁，1万名士兵和1 500名军官阵亡，5 000名士兵和500 名军官被俘。而以色列死亡人数仅809人，损失坦克394辆，飞机40架，然而却占领了68 500平方公里阿拉伯国家的领土，比战前所占面积扩大了两倍。

阿以战争的失败是纳赛尔当政以来蒙受的最大打击和耻辱，号称阿拉伯世界第一大国的埃及竟被区区200万人的以色列打败，而且败得如此之惨，这不能不令广大埃及民众感到震惊、愕然和悲愤。

1967年6月9日傍晚，纳赛尔在电视中露面。他神情沮丧，面容憔悴。他以颤抖的声音宣读了一份简短的声明，宣布他对战争的失利负有全部责任，决定辞去一切职务。他号召全国人民团结起来，并说：“这是行动的时刻，而不是悲伤的时刻。”

开罗人民听到纳赛尔宣布辞职的消息以后，显示了少有的理智和空前的团结。埃及人民原谅了纳赛尔的过错，体谅他的艰难处境，期盼他在国家危亡的关键时刻振作精神，带领埃及民众在布满荆棘的道路上继续前进。于是，埃及历史上实属罕见的一幕发生了，开罗数百万群众自发地涌上街头，人民高呼"纳赛尔，纳赛尔，不要离开我们，我们需要你"等口号，震耳欲聋，其间还夹杂着人们悲戚的哭泣声。开罗人民把纳赛尔的宅邸围得水泄不通，恳请他收回辞呈留任总统。

1967年，开罗民众集会恳请纳赛尔收回辞呈

纳赛尔在电视中宣读完辞职声明后回到家中，他服了几片安眠药，以期在睡梦中忘掉一切，但开罗民众的呼声强烈地震撼了他的心灵。经过慎重考虑，纳赛尔决定顺应民意，收回辞呈。广大埃及人民欢呼雀跃，他们热切期待着纳赛尔总统汲取教训，重整旗鼓，尽快恢复国家的尊严。

七、励精图治与巨星陨落

尽管埃及人民对纳赛尔无比宽容，但还是无法接受战败的痛苦现实，于是要求追究战败责任的呼声高涨起来，埃及军队成为众矢之的。纳赛尔本人对军队的现状也十分不满，他认为正是由于军事指挥的混乱和某些将领的渎职才使得埃及蒙受战败的屈辱，陆军元帅阿米尔成为人们关注的焦点。

阿米尔与纳赛尔是同窗好友，两人过往甚密，私交很深。他们共同创建了自由军官组织，领导发动了"七·二三"革命。革命成功后，阿米尔被委以重任，曾长期担任武装部队总司令。但是，阿米尔才疏学浅，缺乏统帅全军的能力，并且身居显赫地位变得利欲熏心，喜欢提拔亲故，培植个人势力。

阿米尔的所作所为引起了纳赛尔的关注和猜疑。1962年，纳赛尔提议设立总统委员会，试图解除阿米尔武装部队总司令的职务，而委之以有名无实的武装部队副统帅。阿米尔强烈反对并以辞职形式相威胁。纳赛尔考虑到社会安定的需要，只好退让。

阿米尔安插亲信牢牢地控制着军队，几乎一手遮天，对最高统帅纳赛尔的某些决定也置若罔闻，军队的日常事务由阿米尔的心腹国防部长白德朗统管，而阿米尔自己则沉湎于声色犬马之中，生活极其糜烂。

六月战争结束后，纳赛尔提出辞职，阿米尔和白德朗也效仿纳赛尔提出辞职。但当纳赛尔在公众要求下收回辞呈后，一批高级军官也向纳赛尔施加压力，要求纳赛尔恢复阿米尔的职务，并把装甲车开到纳赛尔官邸以武力相威胁。形势紧迫，纳赛尔拒不同意阿米尔复职，当即任命穆罕默德·法齐为武装部队总司令，解除了4名寻衅滋事的中将的职务，并成立了以总统为首的特别委员会审查渎职的高级将领。阿米尔因此对纳赛尔大为不满。

1967年8月，纳赛尔从军事情报局获悉，阿米尔一伙正在策划兵变。纳赛尔决定先发制人，他邀请阿米尔于8月25日到家中做客。阿米尔以为纳赛尔会与他握手言欢，作出让步。当阿米尔步入纳赛尔的家门时，他才发现情况不妙，但一切为时已晚。阿米尔被软禁。纳赛尔在其他高级官员的陪同下对阿米尔进行了长达数小时的盘问。与此同时，武装部队总司令法齐率领人马包围了阿米尔的官邸，逮捕了以白德朗为首的所有隐匿者，解除了他们的武装。

1967年9月13日，阿米尔见阴谋败露，服毒身亡。特别法庭对白德朗一伙进行了持续3个月的审讯。尽管审讯是秘密进行的，但媒体披露军队上层的腐败和黑暗等事实令人触目惊心。在人民心目中被奉为神明的纳赛尔的形象也逊色不少。

1968年2月，工人和学生举行了示威游行，抗议法庭对白德朗等人的判决过于宽大。这是1954年以来发生的首次反对当局的示威游行。

纳赛尔意识到国势不稳，于3月3日发表了“变革令”，宣布将清洗他的政权中腐败的“权力中心”，重建健康的政治秩序和国防。接着，他改组了内阁，自任国家元首、武装部队最高统帅、政府总理和阿拉伯社会主义联盟秘书长，集党、政、军大权于一身，从而牢牢巩固了他的地位。

纳赛尔着手重建和整饬军队。他改组军队领导，撤换了许多不称职的军官，亲自选拔和提升了一批年轻有为的军官；取消征兵抽签制，注重把素质优秀的青年征召入伍，努力提高士兵的文化水平；加强军队的实战演练，拓宽开罗到亚历山大港的公路，紧急时权作临时机场。纳赛尔决心通过建立一支装备精良、训练有素的军队，从而报仇雪耻，收复失地。纳赛尔对苏联霸权主义本质认识不清，继续对苏联抱有幻想，此时埃及在政治和军事上进一步依赖苏联。苏联也自有其打算，即希望借此举把苏联的势力进一步深入中东。勃列日涅夫为了挽回苏联在中东地区的影响，允诺将免费补偿埃及所损失的全部武器。苏联派出大批军事顾问和技术人员帮助埃及进行训练和装备。到1967年10月底，埃及的飞机数量已经达到六月战争战前水平，坦克增至700辆，苏伊士运河防线增加了一批大炮。苏联专家告诉纳赛尔说，埃及防线已经稳固，能够抵挡住以色列军队的任何进攻。

纳赛尔坚信"用武力夺去的东西只有用武力夺回"。于是，埃及决定对以色列发动消耗战。埃军频繁潜入西奈半岛，偷袭以军，使以军伤亡不断，困顿不堪，运河两岸炮声隆隆。但是，以色列仰仗美国支持，获得了大量美式先进战斗机，然后凭借空中优势侵入埃及领空，轰炸运河两岸的埃军营地，还深入埃及腹地进行狂轰滥炸。于是，纳赛尔亲赴苏联，请求苏方提供可与敌机相匹敌的新型战斗轰炸机，但勃列日涅夫没有满足他的要求。埃及因无法对付强大的以色列空军，1968年9月，被迫停止炮击，以减少以军的轰炸，保护埃及国内的重要设施。

1969年3月9日，埃军总参谋长里亚德在苏伊士运河前线视察时被打死，埃及举国上下义愤填膺，强烈要求当局恢复军事行动。

1970年1月，纳赛尔秘密访问了莫斯科，告诉苏联整个埃及缺乏保护和安全，随时有遭以机空袭的危险，请求苏联向埃及提供萨姆III型导弹。苏联领导人婉言拒绝。纳赛尔在被逼无奈的情况下，坦白地告诉苏联领导人说："我是一个每天在自己国家挨轰炸的领导人，我的军队无所掩蔽，人民赤身裸体，毫无防卫。我有勇气把这样一个不幸的事实告诉人民：不管他们喜欢不喜欢，美国人是世界的主人。我不准备做一个向美国人投降的人，但是接替我的职位的人将不得不这么做。"

苏联领导人唯恐失去埃及，只好勉强答应了纳赛尔的要求。1970年4月，苏联向埃及提供了萨姆III型导弹，4架米格25型飞机以及技术人员，这些先进武器对以色列起了一定的威慑作用，以色列空军不再敢闯入埃及腹地。

两年多的消耗战，埃及不仅在人员和物质上损失惨重，而且在政治上也付出了高昂的代价。由于埃及一味地迁就和依赖苏联，其主权在一定程度上受到损害，埃及作为不结盟运动发起国的形象和声誉也受到影响。不过，消耗战也起到了一定的积极作用，它引起了国际舆论对阿以问题的关注，促使国际社会更积极地寻求解决该问题的途径。

1967年11月22日,联合国安理会通过242号决议。其主要内容包括:以军撤出在最近冲突中所占的领土;尊重和承认该地区各国的主权、领土完整和政治独立;保证该地区的国际水道的航行自由;公正解决难民问题,等等。这项决议强调了因战争方式获得的领土不给予承认,同时必须遵守彼此不使用武力相威胁的基本原则。不久后,埃以双方都接受了这项决议。纳赛尔同意该决议就意味着他接受了现实,承认了以色列国的存在。这标志着纳赛尔在外交政策上的重大转变。

纳赛尔在多年来与苏联人打交道的痛苦经历中,逐渐体会到寄希望于苏联来解决阿以冲突是不现实的,因为苏联热衷的是争夺中东地区和世界霸权。于是,纳赛尔决定调整埃及外交政策,缓和与美国的关系,他指出:"同美国进行对话,使美国介入的时候已经到了。"

1970年6月20日,美国国务卿威廉·皮尔斯·罗杰斯(William Pierce Rogers,1913—2001年)提出一项新的和平建议:埃及、约旦与以色列停火90天;三国相互承认其主权、领土完整和政治独立;以色列撤出在最近一次阿以冲突中占领的领土。纳赛尔没有马上表态。他再次访问苏联,为获得苏联承诺的电子武器作最后的尝试。然而,访问的结果使纳赛尔心灰意冷。7月23日,埃及正式宣布接受罗杰斯计划。以色列方面也于7月底接受了罗杰斯计划。

1970年8月8日,埃以双方宣布停火90天。在停火正式生效前数小时,埃及悄悄地把萨姆III型导弹运入苏伊士运河地区,以增强其防空力量。以色列借题发挥,坚持要求埃及撤回导弹,否则将中断与联合国秘书长的代表雅林的联系。埃及拒绝了以色列的要求。罗杰斯计划虽然中途夭折,但停火协议却继续生效。

六月战争的失败使埃及蒙受了耻辱,纳赛尔也承受了巨大的精神压力,过度的忧郁使他患上了糖尿病。但纳赛尔仍旧每日长时间地工作,过度劳累使他病情加重,引起并发症的发生。他的小腿动脉硬化,几乎无法正常行走。1968年9月,纳赛尔赴苏联接受温泉治疗,病情稍有好转。但接下来,祸不单行的事情接踵而至。

1969年9月9日,以色列人对埃及发动了一次惊人的偷袭。一支以军小分队乘坐在六月战争中缴获的埃及坦克和装甲车,在埃及东部沿海登陆,攻击了埃及哨所,击毙了红海省省长,击毁了一辆载有40多名乘客的公共汽车。驻守该地的埃军竟毫无察觉,当以军坦克驶过时,一些埃及士兵还以为是友军到来，鼓掌欢迎。纳赛尔惊悉此事后，痛心不已。他没有想到自己呕心沥血重建的军队竟然如此懈怠，这不啻是一个奇耻大辱。他承受不住如此打击，患上了心脏病，卧床不起。

埃及接受罗杰斯计划的消息在阿拉伯国家中引起了轩然大波。叙利亚、伊拉克以及巴解组织立即指责纳赛尔投靠美国，出卖整个阿拉伯民族事业，并声称要把纳赛尔的脑袋揪下来。巴勒斯坦电台也指责纳赛尔为“叛徒”、“杀人犯”和“吸血鬼”。面对这些诽谤和辱骂，纳赛尔如万箭穿心，他的病情骤然恶化。

1970年9月，在约旦的巴勒斯坦游击队因反对约旦政府接受罗杰斯计划而与约旦部队发生流血冲突，数千名巴勒斯坦战士和平民被屠杀。这就是历史上令人痛心的“黑九月事件”。叙利亚急忙向约旦边境调动部队。这场阿拉伯人的自相残杀，使纳赛尔又气又急。考虑到约旦事件的发生与埃及、约旦接受罗杰斯计划有关，纳赛尔决定不顾自己身体的虚弱，邀请阿拉伯各国首脑于9月22日在开罗集合，商讨解决约旦冲突问题。这是纳赛尔主持的最后一次，也是最艰难的一次阿拉伯国家首脑会议。在纳赛尔的斡旋下，9月27日，侯赛因与阿拉法特双方达成立即停火撤离城镇的协议。

纳赛尔身心交瘁，但他仍支撑着虚弱的身躯到机场一一送别与会的首脑。当最后一位客人科威特埃米尔的座机起飞时，纳赛尔心脏病严重复发。傍晚7时许，纳赛尔溘然长逝。

纳赛尔主持的最后一次阿拉伯国家首脑会议。左为阿拉法特，右为侯赛因

时任埃及唯一副总统的萨达特接到紧急电话，要他立即前往纳赛尔官邸。早在1969年，纳赛尔获悉有人阴谋暗杀自己，为担心遭遇不测，因此，纳赛尔在赴摩洛哥出席阿拉伯首脑会议前一天，即1969年12月19日，任命萨达特为副总统。

萨达特火速赶到纳赛尔官邸。这时，纳赛尔已经痛苦地闭上了双眼。萨达特悲痛欲绝，他站在纳赛尔床边，念诵了一段《古兰经》经文："啊！你那平静的灵魂，欣然回到你的真主的身边，你已被接纳，回到我的家里吧，回到忠于真主的人们中间。"

随后，萨达特在电台上宣布了纳赛尔逝世的噩耗，并再次引用了这段经文。后来，这段经文被刻在纳赛尔的墓碑上。

1970年10月1日，纳赛尔的葬礼隆重举行。100多个国家的政府首脑和代表前来悼念，成千上万的人挤在护柩行列的两侧，哀痛至极，向他们崇敬的领袖作最后的诀别。

纳赛尔的一生虽然短暂，但却经历了许多艰难曲折，他为埃及的独立、自由和发展献出了毕生的心血，成为埃及现代史上最杰出的领袖，他对整个埃及以及整个中东地区的影响是深远的。

前来参加纳赛尔葬礼的开罗各界群众

纳赛尔是伟大的，他创建了自由军官组织，发动革命，推翻了法鲁克封建王朝，建立了埃及共和国。他赶走了英国占领军，最终战胜了强大的外族，使埃及摆脱了从属于西方的地位，成为颇具影响力的主权国家。他忧国忧民，励精图治，发展了国民经济，振兴了埃及，缩小了阶级差别，改变了国家贫穷落后的面貌，改善了人民的生活。纳赛尔反对帝国主义、殖民主义，推行积极的中立政策，热情讴歌和支持广大亚非拉地区的民族解放运动，宣扬阿拉伯民族主义。他坚信在自己的召唤下，阿拉伯国家能走向统一，成为一个强大的国家。

但是，纳赛尔不是完人，他的失误也是显而易见的。他对苏联霸权主义的本质认识不清，以致在“六月战争”后日益加深对苏联的依赖，甚至不惜在一定程度上牺牲埃及主权，放弃了不结盟原则。在经济方面，不彻底的土地改革，过度的国有化，对私营经济的过度限制和打击，造成了经济体制僵化，市场机制得不到正常发挥。纳赛尔不顾国力，贪大求洋，投资金额过大，消费增长过快，积累却逐年下降，从而导致收支失衡，外汇紧缺，生产下降，最终导致国库空虚，经济形势严峻。纳赛尔不承认阿拉伯各国因长期分裂而形成的巨大差异，在实践中，埃及以“老大”自居，妄图称霸于阿拉伯世界，不尊重阿拉伯别国人民，恣意干涉他国内政，良好的统一愿望化为了泡影。

埃及人民大都对纳赛尔怀有深深的崇敬之情。纳赛尔为官清廉，一生清白。他生活简朴，与埃及普通农民一样爱吃蚕豆、大米和干酪。他自任总统至去世，一直住在自己的旧居里，而没有搬入豪华的宫苑。他的私人生活非常检点，虽然伊斯兰允许一夫多妻制，但纳赛尔却与原配夫人白头偕老。他除了每

纳赛尔与家人在一起（从左向右分别为女儿穆娜、妻子、女儿胡达、儿子哈基姆、儿子哈莱德、儿子哈密德、纳赛尔）

天忘我的工作以外，看电影、下棋、听歌曲乃是他生活的全部享乐。纳赛尔的一生正如他自己表白的那样，“我没有个人欲望，没有私人生活，没有个人私事”。他身为国家总统，但他的两个叔叔仍在农村种田，一个女儿因考分未达到录取分数线而未被大学录取。纳赛尔去世后只留下610埃镑私人存款。纳赛尔的清廉，使埃及人民甚为敬佩，因此，他的英名将永载史册，流芳百世。

作者点评：

纳赛尔犹如一颗灿烂夺目的“政治彗星”，划过阿拉伯世界的夜空。他是阿拉伯世界一位杰出的政治家和思想家，其政治生涯虽然短暂，但却十分精彩。纳赛尔特殊的贡献在于他指出了通过团结、合并或联邦，来实现阿拉伯世界统一的途径。他号召阿拉伯各国人民只有团结起来，一致努力，才能保卫自己。他以高超的宣传鼓动艺术，充分利用广播电视来宣传阿拉伯民族主义。

纳赛尔开始成为阿拉伯世界的英雄是由于他在1956年7月26日宣布苏伊士运河国有化的果敢行为。在那些如火如荼的反帝斗争的岁月里，他的慷慨激昂和坚定不屈的爱国演讲，深深打动了广大阿拉伯民众的心。纳赛尔是第一个能够理解统一起来的阿拉伯世界地缘政治潜力的政治家，从他登上政治舞台后，就把维护阿拉伯民族的团结和统一作为毕生的政治使命。

纳赛尔是在他的英雄时代去世的。正当他叱咤风云之时，却由于心脏病猝发，遽然辞世。一个政治活动家的身后是非往往成为人们争论不休的话题。试想，如果纳赛尔不是在52岁时由于心脏病猝发而离开人世，那么他的命运可能就大不相同了。无数的历史事实说明，有的人在世时被封为神圣，但随着时间的推移，他的缺点却逐渐越来越明显地暴露出来。有的人在离开政治舞台之后，其形象比在世时更加高大了，而有的人在离开政治舞台之后，其形象则比在世时渺小了。当然，纳赛尔属于前一种情况。

纳赛尔在埃及高高举起阿拉伯民族主义旗帜的同时，也将埃及推向了泛阿拉伯民族主义的泥淖。他把阿拉伯世界的团结和统一作为最重要的国际任务。1956年埃及宪法中明确指出，“埃及是一个主权独立的阿拉伯国家，是阿拉伯民族的一个组成部分”，从而正式宣布了埃及的阿拉伯属性。此后，纳赛尔多次强调埃及的阿拉伯属性，提醒埃及人民绝不能忘记他们的阿拉伯属性。埃及虽然是伊斯兰国家，但是广大埃及人并不愿意把自己视为阿拉伯人。因为阿拉伯人于7世纪征服了他们，他们视阿拉伯人为游牧人或者贝都因人。另外，埃及人也鄙视奥斯曼土耳其人，因为他们曾经奴役埃及人数百年，并在埃及缔造了顽固的等级观念。

纳赛尔拥有绝对权威的秘密在于，军队是埃及的真实力量。他依靠军队，因而处处照顾军队，结果使军人地位不断上升形成一个特权集团。于是，在埃及社会中，“军人资产阶级”成为流行的术语。纳赛尔政府是独裁的权力主义政府，他建立政权后即取消一切政党。1952年革命最大的失败在于民主的缺失。埃及从1952年革命至今，从来就没有真正经历民主的洗礼。

纳赛尔无力解决现代化与传统之间的矛盾，也无力消除阿拉伯民族的文化差异。他一生既有喜剧，也有悲剧。他不仅留下了历史性的记录，而且留下了历史性的负担。纳赛尔并没有解决革命之后埃及国家的发展方向问题，他虽然在理论上提出了阿拉伯社会主义，并在阿拉伯世界产生了影响，但在政治民主化和社会经济发展上，并未取得显著的进展，而且带来许多消极影响。无论是纳赛尔，还是他的后继者，都没有解决好阿拉伯伊斯兰传统与现代化改革之间的矛盾。纳赛尔为了缩短现代化进程，选择了强化民族意识和动员全民族热情的道路。他时而把传统当作阿拉伯革命这台机器的燃料，时而又加以修正，最后以原封不动地保持其文化和权威的方式，套用外国计划化、国有化模式，并将此与传统结为一个整体。这就是他的悲剧所在。

纳赛尔的悲剧是东方民族一代杰出人物的悲剧，他们无法摆脱自己民族传统压负在肩上的沉重负担，又无法抗拒现代化改革的巨大潮流。纳赛尔的悲剧昭示我们，东方的发展中的民族实现现代化的道路是漫长的。有一句埃及民谚说得好：“明天，杏花才能开放！”

第十四章　萨达特时期

纳赛尔的逝世将萨达特——埃及唯一的副总统推上了权力的巅峰。穆罕默德·安瓦尔·萨达特（Anwar El Sadat, 1918—1981年），1918年出生于下埃及一个家境贫寒的农民家庭，母亲是黑人奴隶的后裔。年幼时萨达特在私立学校学习，接受了严格的宗教教育，成为虔诚的穆斯林。萨达特从小接受爱国主义熏陶，对阿拉比、凯末尔等英雄十分钦佩和崇拜，他从这两位民族英雄的斗争历程中领悟到爱国青年只有参军，才能实现远大的政治抱负。1936年，萨达特报考了埃及皇家军事学院。1938年2月，他完成学业开始了戎马生涯。作为一名军人，萨达特与战友们共同探讨国事和未来的前途，他在军营里结识了纳赛尔，两人成为莫逆之交。

在纳赛尔当政的18年间，萨达特在埃及的政治舞台上也是一位头面人物。他先后担任过政府机关报《共和国报》主编、国务部长、伊斯兰大会秘书长、民族联盟总书记和副总统等职务。萨达特积极辅佐纳赛尔，在统治集团的内部斗争中始终与纳赛尔站在一起。每当纳赛尔处于紧急关头，萨达特总是鼎力相助。六月战争后，纳赛尔从昔日世人心目中的英雄变为受人讥讽嘲笑的对象，他的自尊心和名声大受伤害，从而提出了总统辞呈。萨达特多次给纳赛尔打电话鼓励纳赛尔，并召开国民议会，通过授权纳赛尔全权处理政治和军事方面重新建设国家

纳赛尔、萨达特和阿里·萨布里（左三）

的决议，请求纳赛尔留任。接着，萨达特还动员其他领导人一起提出辞呈，便于纳赛尔能根据需要自主地选择助手。在萨达特的竭力帮助下，纳赛尔平安地渡过了难关，萨达特也被纳赛尔委以重任。

纳赛尔尸骨未寒，埃及国家权力之争即拉开了帷幕，总统的继任问题成为众所瞩目的焦点。当时，萨达特还远不是一位众望所归的人物。在众人的眼里，他似乎是个随波逐流的无能之辈，因为他总是唯纳赛尔马首是瞻，以致被一些人诬蔑为“纳赛尔的卷毛狗”。看来萨达特一时还不可能一帆风顺地接管政权。

当时，与萨达特争夺总统职位的还有两个人物。一个是阿拉伯社会主义联盟总书记阿里·萨布里（Ali Sabri，1920—1991年），他自称是“纳赛尔的人”，是纳赛尔遗产真正的继承人，因此他有权利有责任继承纳赛尔的政权。另一个是前副总统毛希丁（Ahmad Fuad Mohieddin，1926—1984年），他自诩具有长期执政的能力和丰富的经验。对萨达特构成威胁最大的是萨布里集团，他们一直执掌大权，控制着阿拉伯社会主义联盟领导机构，并在军队上层和政府重要部门中占据要职。

1964年，埃及临时宪法规定，在共和国总统去世之际，由副总统代任总统60天，然后进行公民投票选举总统，因此应由萨达特暂任代总统。

为了阻止他人谋取总统职位，同时也尽早结束全国动荡、观望的态度，萨达特决定立即进行总统选举。萨布里集团对萨达特的这一决定感到不悦，但未直接反对。他们诡称没有必要匆忙进行总统选举，否则会使人感到好像特意要选举某个人似的，甚至还以恐吓的口吻表示阿拉伯社会主义联盟最高执行委员会在提名总统候选人时会出现分裂。萨达特坚决地宣布以代总统身份作出了选举总统的决定，并义正辞严地警告说，对于背离宪法的阴谋活动他将果断地予以回击，必要时将动用武力。1970年10月15日，萨达特以90.04%的选票当选为埃及总统。10月17日，萨达特宣誓就职。

萨达特当选为埃及总统

萨达特当选总统以后，与萨布里集团的矛盾日益尖锐。萨布里集团势力强大，控制着阿拉伯社会主义联盟中央委员会和最高执委会，内阁中也有不少他们的人。因此，如何战胜萨布里集团，确立总统个人至高无上的权威，巩固自己的地位，推行自己的政策成为萨达特的当务之急。萨达特与萨布里集团展开了激烈的较量。

1970年10月20日，萨达特未经中央委员会推荐直接任命马哈茂德·法齐为总理。12月28日，萨达特未经集体讨论，个人决定取消国家对个人财产的监管（监管开始于1961年，监管对象是法鲁克时代上流社会头面人物的私人财产）。萨布里集团对萨达特的独断行为十分恼火。内政部部长戈马叫嚷说："谁也不知道这个国家要怎么办，我们都是部长，然而却只能从报纸上看到我们事先一无所知的新法令。"

早在1970年8月开始的在联合国特使雅林主持下的埃以和谈，由于双方立场截然相反，谈判直到1971年2月初仍未取得任何进展。为了打破僵局，萨达特于2月4日在议会中提出三点倡议：延长停火至3月7日，以色列从苏伊士运河东岸部分撤军，埃及重新开放苏伊士运河。这一倡议同样未经任何形式的集体讨论，因此引起萨布里集团的不满和非难。萨布里等人指责他滥用权力，扬言要造他的反。

1971年4月，埃及、叙利亚和利比亚三国元首召开会议，签订建立阿拉伯共和国联邦的协议。萨布里恐怕联邦建立后势必要改组机构，重新分配权力，会使他的权力受到削弱，因此表示反对，声称三国联邦是重蹈埃叙合并的覆辙，并指责萨达特越权行事和滥用职权。萨达特也想利用这个机会排斥异己，他声称签署三国联邦协议是继续纳赛尔的未竟事业，并坚持总统有权决定，无需他们批准。双方各执一词，言辞激烈。因为萨布里集团在最高执行委员会中占据多数，结果协议被否决。萨达特旋即提出将该问题提交阿拉伯社会主义联盟中央委员会讨论。

1971年4月25日，在阿拉伯社会主义联盟中央委员会会议中，双方争吵更加激烈，秩序混乱，以致曾一度宣布休会。萨布里集团觉察到萨达特在考虑解散中央委员会，为了保住他们的阵地，于是决定暂且退却。会议再次进行时，萨布里集团只对协议象征性地提出一些修改意见，仅15分钟就通过了协议。当日，内阁和议会也批准了该协议。通过这一回合的权力较量，萨达特增强了取胜的信心，他决心清除萨布里集团这个权力中心。

由于萨布里集团以亲苏著称，为了避免苏联和西方大国的猜疑误解，萨达特会见苏联大使，转告苏联领导人他已决定将萨布里从埃及政治领导人中清除出去，并表示这件事纯属埃及内政，不允许任何人进行干涉。苏联方面便将消息透露给了萨布里。

此后，萨达特与萨布里双方剑拔弩张。萨布里集团煽动不明真相的群众，散发传单谴责萨达特的决定，甚至策划暗杀萨达特。萨达特也积极行动，他除了在阿拉伯社会主义联盟和议会中活动外，还借职务之便，借视察部队之机，召开高级军官会议，争取他们的支持。总统府卫队司令莱西·那西弗原本与萨布里集团关系密切，经过萨达特的劝说，他改变了立场，表示绝对服从总统下达的任何命令。萨达特还成功地将埃军总参谋长穆罕默德·萨迪争取了过来。通过这些高级军官，萨达特牢牢掌握了军队和警察。

五一劳动节这天，萨达特发表讲话，公开谴责了萨布里集团。他指出："任何个人或集团，不管他们是什么人，均无权自称拥有超越人民的能力和力量，也无权……向广大人民发号施令，并利用一些口号或花招作掩护，企图在人民成为自己命运的主人以后，组织一些对人民实行监督的权力中心。"萨布里集团遭到当头一棒，惊慌失色。

1971年5月2日，萨达特免去萨布里副总统和总统空军事务助理的职务，并于当晚通过广播通告全国人民。萨布里集团错误估计了形势，他们决定集体辞职，这样将导致政府倒台或者瘫痪，群众便会举行示威游行，爆发一场政治危机，从而迫使萨达特屈服。萨达特毫不犹豫地接受了他们的辞职。当晚所有辞职者全部被软禁。总统府卫队奉命全面戒备，严防萨布里集团轻举妄动。一切都非常平静。

1971年5月14日，萨达特宣布将以阴谋颠覆政权罪对萨布里集团进行审判。接着，他全面改组了内阁、阿拉伯社会主义联盟、议会和省政府，建立了自己的政权体系。

萨达特通过这场斗争彻底清除了威胁自己权力的萨布里集团，巩固了自己的统治，斗争的结局也为埃及的建设以及中东和平事业的进展提供了条件。

为了使自己的政权合法性得以确认，也为按照自己的意志领导埃及人民走上一条新的道路，萨达特于1971年9月颁布了一部新宪法。1971年《宪法》肯定了"七·二三革命"以来的埃及权力结构，总统执掌和行使行政权，有权任命副总统和内阁成员；总统与内阁共同制定并负责实施国家的总政策；总统主持各种国家专门委员会，这些委员会协助总统制定政策。内阁名义上是最高执行和行政机构，实际上只是总统的办事机构。总统兼任武装部队最高统帅、国家防务委员会主席和警察部队最高指挥，他有权宣布紧急状态，总统不向人民议会负责，而是直接向人民负责。

1971年《宪法》规定，人民议会执掌立法权，批准国家的总政策、经济和社会发展计划、国家的公共财政，监督行政机关工作。但实际上，总统可以通过各种手段，直接或间接地掌握立法权。在特殊情况下和必要时，总统可以根据人民议会2/3多数议员的授权，颁布具有法律效力的总统令。总统有权否决议会通过的法律，有权提前解散议会。这就意味着总统享有超越议会的立法权。另外，总统还可以任命10名议员，间接地影响议会立法。这样一来，人民议会便成为隶属于总统的立法工具，而不是独立的立法机构。

1971年《宪法》确认了司法独立的原则，规定法律主权是国家的统治基础，法律主权和司法独立与司法豁免权是维护权利和自由的两大根本保障。最高宪法法院行使司法监督权，捍卫宪法。在司法活动中，法官只接受法律的权威，任何机构不得干预案件的审判或司法事务。

1971年《宪法》规定埃及为民主和社会主义制度的国家，所有公民在法律面前一律平等，宪法保障新闻自由、印刷自由、出版自由等，禁止行政手段管制、警告、中止和取消报刊。

1971年《宪法》还就经济方面作了一些新的规定，实行国家所有制、合作社所有制和私人所有制三种所有制，禁止对私人财产没收和国有化，规定经济发展计划必须保证提高国民收入，公平分配，提高生活水平，解决失业问题，增加就业机会，工资必须与生产挂钩，限定最低和最高工资的金额，以便在一定程度上缩小收入悬殊的差距。

1971年《宪法》为萨达特实行政治和经济改革提供了法律依据，但埃及当务之急是收复被以色列占领的阿拉伯领土，雪洗国耻。

一、战争与和平

萨达特执政后，把解放被占领土，收复失地作为首要任务。他积极谋求和平解决埃以争端，一再表示为了和平，他准备走遍天涯海角，甘愿冒一切风险。为了“不是从一种软弱的地位出发”乞求和平，而是在“拥有实力”的基础上争取和平，萨达特决定主动采取军事行动，打一场有限战争，以军事上的胜利，迫使以色列撤出它侵占的阿拉伯领土，取得解决中东问题的新突破。

1973年年初，为了做好战争准备，埃及加强了与叙利亚的关系，成立了埃叙武装部队联合司令部，并就有关军事问题达成协议。接着，埃及军队加紧进行军事演习，做好一切战争准备。

1973年10月6日，这天是以色列犹太教的赎罪节，也是阿拉伯人的斋戒日。埃及和叙利亚军队乘此机会，从南北两线同时向以色列军队发动进攻。下午两点钟，200架埃及超音速飞机越过苏伊士运河，袭击以军司令部、机场和防空导弹发射架等军事目标。这次空袭是由空军司令胡斯尼·穆巴拉克亲自指挥的。接着，2 000门大炮一齐轰鸣，使整个西奈半岛成为一片火海。由4 000名士兵组成的埃军先头部队乘坐橡皮艇，高呼“真主伟大，真主同我们在一起”的口号，争先强渡苏伊士运河。在埃军进攻西奈的同时，叙利亚军队也向戈兰高地发动猛攻，以军猝不及防，处处被动。

战争开始后数小时，以军自吹的坚不可摧的巴列夫防线即被摧毁，驻守防线的以军3个装甲旅和一个步兵旅遭到重创，300辆坦克被击毁，埃军取得了初战的重大胜利。

以色列为挽回败局，10月7日起集中1 000辆坦克，15个旅的兵力向叙利

埃及军队渡过苏伊士运河并摧毁巴列夫防线

亚阵地反扑，10月10日突破了叙利亚军队的防线，随后继续进攻，10月13日推进到距离大马士革34公里处，叙利亚战局逆转。

为了支援叙利亚，埃军决定发动攻势。10月14日拂晓，埃军集中了1 000辆坦克，向以军发起攻势。以军集中了900辆坦克进行迎战，双方发生了世界历史上规模最大的坦克会战。但由于空军力量不足，埃军遭到了以色列猛烈的空中打击。在双方激战中，埃及损失坦克250辆，失败而归。10月15日，以军向防卫薄弱的埃及第二军团与第三军团结合部发动进攻，又派兵乔装成埃军偷渡苏伊士运河，在苏伊士运河西岸建立桥头堡，并架起浮桥，以军4个坦克旅，一个机械化旅和一个伞兵旅突入苏伊士运河西岸，埃及形势恶化。

在这种形势下，美苏两国接触频繁。他们担心战争逐步升级从而失去控制，因此急忙安排停火。1973年10月16日，苏联部长会议主席柯西金飞往开罗，要求埃及就地停火。10月20日，美国国务卿基辛格飞抵莫斯科，研究埃以停火提案。10月21日，美国向安理会提交了338号就地停火的决议，10月22日凌晨获准通过。10月22日下午，埃及和以色列都宣布全面接受停火决议，但以色列乘双方宣布停火之机继续在苏伊士运河西岸进攻。10月23日，联合国又一次通过决议，即339号决议，督促埃及和以色列双方立即停火。10月24日，埃、叙、以三方接受停火决议。十月战争即第四次中东战争结束。

埃及士兵举着萨达特的像欢呼胜利

截至双方停火时，埃及军队控制了苏伊士运河东岸3 000平方公里的地区，以色列军队在西岸占领了1 600平方公里的土地。在这次战争中，阿拉伯国家和以色列双方伤亡人数都比较大，埃及方面伤亡和被俘25 031人，以色列方面为12 146人。埃及损失坦克1 100辆，飞机223架。以色列损失坦克840辆，飞机103架。对于这场战争的胜负一直存在不同的意见，但是综合来看，阿拉伯人在这场战争中收获颇丰，以色列不可战胜的谎言被戳穿了，从而大大增强了埃及人和其他国家阿拉伯人的志气和民族自信心。埃及人民热情讴歌这场战争,称它是一场民族解放战争。战争使得总统萨达特在国内外的声望迅速上升,被誉为“跨越运河的英雄”。

十月战争给以色列带来的损失和影响可谓惨重,战争的消耗使以色列经济陷入困境,统治集团受到尖锐的批评,内部争吵不休,互相埋怨和推诿责任。几个月后,以色列总理梅厄和国防部长等人相继下台。战争也使以色列在国际上空前孤立,作为以色列唯一朋友的美国也不再一味支持以色列。因此,十月战争开创了阿以关系的新格局,为和平解决中东问题奠定了基础。

历经十月战争后的埃及一片萧条,经济非常困难,赤字增大,物价高涨,工人罢工不断,社会动乱不堪。萨达特深深感到要想摆脱日益恶化的经济和社会状况必须取得和平,争取和平成为落在萨达特肩上的历史使命。他决定亲自前往耶路撒冷,向以色列表明埃及谋求和平的诚意和决心,希望以色列人也“为和平而斗争,让大家把力量集中到建造和平大厦上来”。1977年11月9日,萨达特在议会中宣布:为了寻求和平,他“准备去天涯海角,准备到以色列议会去”。11月11日,以色列方面作出了积极响应,以色列总理贝京宣布已做好欢迎萨达特的准备。11月17日,萨达特从美国驻埃及大使手中接到以色列总理贝京的正式邀请。

1977年11月19日,萨达特乘专机抵达耶路撒冷。以色列总统、总理和外交部长等国家领导人亲自前往机场迎接,以极其盛大的礼仪欢迎来自敌国的总统萨达特。以色列前总理拉宾在回忆录中生动地描述了他当时的感受:“当以色列军乐队奏起两国国歌,尤其是萨达特总统检阅以色列三军仪仗队的时候,我仿佛进入了梦境,尽管我耳闻目睹了这一切,但发生在我周围的一切似乎令人难以置信。”

从机场到耶路撒冷,一路上都是以色列群众的热烈欢呼声。2 000多名各国记者云集以色列,专门报道萨达特之行。1977年11月20日下午,萨达特在以色列议会发表演说,他表示这次以色列之行是为诚心诚意谋求和平而来,希望埃以双方摧毁互不信任的心理障碍。他指出,“以色列是一个全世界承认的既成事实”,并真心希望以色列能够“安全地与和平地生活在我们中间”。这时收看电视直播的许多以色列人激动地流下了眼泪。萨达特坦率并严肃地提出了实现地区持久和平的条件:结束以色列对阿拉伯领土的占领,实现巴勒斯坦人民的自决权和建国权,遵守联合国宪章的原则和宗旨,处理相互关系,结束战争状态。在结束讲话时,萨达特诚挚地说:“祝你们和平!”赢得了议员们热烈的掌声。

接着，萨达特与贝京（Menachem Begin，1913—1992年）举行了会谈，双方商定，贝京将访问埃及，并将召开有巴勒斯坦人代表参加的日内瓦和平会议。

1977年11月21日，萨达特回到开罗，在从机场到总统府的路上，萨达特受到100万群众的热烈欢迎，欢呼萨达特是和平的英雄。但是，阿拉伯国家对萨达特耶路撒冷之行反应不一。叙利亚等5国和巴勒斯坦解放组织认为萨达特的行动等于承认了以色列，破坏了阿拉伯国家的团结。他们成立了“拒绝阵线”，发表宣言谴责萨达特访问以色列是对埃及和阿拉伯民族的“背叛”，宣布冻结与埃及的外交和政治关系，叙利亚甚至将萨达特访问以色列的日子宣布为全国的“哀悼日”。摩洛哥、阿曼、约旦和苏丹等国对萨达特之行表示理解和支持。其他阿拉伯国家态度不明朗，美国表示支持并称赞萨达特之行，认为这是为中东走向和平迈出了勇敢的一步。欧共体也支持萨达特的行为。而塔斯社则指责萨达特的行为是一种“投降主义政策”。

为了保持和平的良好势头，萨达特回国后邀请有关各方在开罗举行会议，为日内瓦会议作准备。但会议只有埃及、以色列和美国出席，叙利亚、黎巴嫩、约旦、巴解组织和苏联拒绝与会，会议未能取得成果。1977年12月25日，萨达特与贝京在埃及的伊斯梅利亚举行会谈。由于双方在巴勒斯坦问题以及

萨达特、卡特和贝京签署《戴维营协议》

以色列所占阿拉伯领土等方面存在着深刻的分歧，双方未达成原则性的协议。双方仅同意成立政治和军事两个部长级委员会，讨论巴勒斯坦问题和以军所占领土问题。接下来，陆陆续续的埃以和谈逐步陷入僵局，美国积极从中斡旋，总统卡特（Jimmy Carter，1977—1981年任美国总统）邀请萨达特和贝京出席1978年9月5日在华盛顿附近美国总统休养地戴维营（Camp David）举行的首脑会议。

1978年9月5—17日，萨达特、贝京和卡特在戴维营举行首脑会议，讨论中东实现和平问题。由于埃以双方立场对立，观点相异，会谈进展非常艰难，谈判多次濒于破裂，扬言退出会议。美国从中大力斡旋，甚至对双方进行了威胁，埃以双方最终放弃了强硬的立场。9月17日晚，双方签署了《关于实现中东和平的纲要》和《关于签订埃及同以色列之间和平条约的纲要》。这两个文件统称为《戴维营协议》（Camp David Accords）。该协议的签订标志着中东和平进程迈开了一大步，它为埃以和平条约奠定了基础。

《关于实现中东和平的纲要》规定：联合国安理会242号决议是和平解决阿以冲突的基础，双方决心寻求一项公正、全面和持久地解决中东冲突的办法；尊重该地区每个国家的主权、领土完整和政治独立，以及在安全和公认的边境内和平生活的权利；西岸和加沙先实行5年的自治，以军撤出该两地，只在指定的地点驻军。同时，埃及、约旦和以色列的代表不迟于第三年开始就两地的最终地位举行谈判。

《关于签订埃及同以色列之间和平条约的纲要》规定：埃以在纲要签订的3个月内缔结和平条约，在此之后以色列军队分阶段撤出西奈，埃及在西奈行使充分的主权；以色列船只有权在苏伊士运河、蒂朗海峡和亚喀巴湾通行；埃以签订条约后双方建立正常的外交关系。

《戴维营协议》还附有9封公开发表的说明信，其中有萨达特签署的3封，贝京签署的2封，卡特签署的4封。这些信件表明埃以双方在耶路撒冷问题，以及承认巴勒斯坦解放组织和巴勒斯坦建国等问题上有意见分歧。

多数阿拉伯国家反对《戴维营协议》，它们对萨达特与以色列举行和谈的必要性和深远意义甚不理解，因此不愿与以色列言和，甚至指责萨达特“同犹太敌人、帝国主义相勾结”，并决定断绝与埃及的政治和经济关系。其他世界各国也对《戴维营协议》意见不一，西欧和美国对《戴维营协议》普遍表示欢迎，而苏联则激烈反对，攻击该协议“出卖阿拉伯人的利益”。

按照《戴维营协议》的有关规定，1978年10月12日，埃以双方在华盛顿就签订埃以和约问题开始会谈。由于《戴维营协议》就以色列在西岸和加沙停建定居点的期限未作出安排，也没有明确缔约谈判是否与西岸、加沙自治进程相联系，而谈判开始后又增添许多新的分歧，例如以色列撤出西奈的时间表，双方交换大使的时间，西奈的石油开采问题，西奈和加沙开始大选和自治的时间，以军撤出西岸和加沙的时间以及美国对以色列的援助等，再加上双方态度强硬，互不妥协，谈判进行得非常艰苦，多次濒临失败，会谈曾两次中断。

眼看和平的努力即将付之东流，美国总统卡特提出一个新的埃以和约文本，决心孤注一掷，亲自前往埃及和以色列。1979年3月8日，卡特到达埃及与萨达特会谈，结果事情进展非常顺利，一个小时内就解决了几个月来悬而未决的所有问题。3月10日，卡特飞抵以色列与贝京会谈，然而贝京却态度强硬，会谈进行两天毫无结果。卡特十分失望，决定启程回国，然而就在卡特准备离开特拉维夫去机场时，贝京忽然表示愿意接受和约。因此这被戏称为“最后一分钟的奇迹”。

1979年3月26日，埃以双方在华盛顿举行签字仪式。萨达特引用《圣经》中弥赛亚的话说：“让我们携手工作，直到化剑为犁，折矛作镰的那一天到来吧！”表述了埃及人民真诚渴望和平的心情。10月27日，萨达特和贝京获

萨达特和贝京

得了诺贝尔和平奖。

《埃以和约》(Egypt-Israel Peace Treaty)包括条约文本和3个附件,其主要内容有:双方结束战争状态,建立正常外交关系,取消经济制裁;互相尊重对方主权、领土完整和政治独立;以色列在3年内分两阶段撤出西奈半岛,西奈实行非军事化,并在双方边境建立联合国军队驻扎的缓冲区;以色列船只可以在苏伊士运河和蒂朗海峡通行;如果本条约所承担的义务同其他义务发生冲突时,则本条约的义务将具有约束力;和约生效后10个月内开始就巴勒斯坦自治问题举行谈判。

《埃以和约》签订以后,以色列从1979年5月开始从西奈撤军。1980年1月25日,以色列完成第一阶段的撤军,撤出的部分约占整个西奈的2/3。2月26日,埃以正式建立外交关系。同年3月21日,埃以签订协议规定埃及每年向以色列出售石油200万吨。至1982年4月25日,除主权有争议的塔巴外,以色列已按期从西奈的全部土地上撤走。自1979年5月开始的关于西岸和加沙自治问题的谈判,因为约旦和巴勒斯坦人拒绝参加,以及埃以双方在诸如自治机构的权限、东耶路撒冷的地位和犹太人的定居点等许多问题上的分歧,没有取得进展。

《埃以和约》是阿拉伯国家与以色列之间的第一个和平条约。该和约的签订是中东历史上的一个转折点,对中东的政治格局产生了深远的影响。和约在阿拉伯世界乃至整个世界都引起了强烈反响,毁誉不一。绝大多数埃及人支持和约,将萨达特总统奉为和平的英雄,但也有一些埃及人反对和约,指责和约侵犯了埃及在西奈的主权、巴勒斯坦人建立独立国家的权利和阿拉伯国家的权利,声称和约给予以色列"一切",但却没有给予埃及"任何东西"。阿拉伯国家绝大多数在不同程度上反对《埃以和约》。在和约签订的第二天,18个阿拉伯国家的外交部长和财政部长在巴格达举行会议(埃及、苏丹和阿曼没有参加),决定撤回驻开罗的大使;同埃及断绝一切政治和外交关系;停止对埃及的所有援助,并实行石油禁运;中止埃及在阿拉伯国家联盟的成员资格,将阿拉伯国家联盟总部从开罗迁往突尼斯。巴解组织也关闭了在开罗的办事处。西方大国美国对《埃以和约》表示热烈欢迎,而苏联则持反对态度,谴责和约是"背信弃义的协议"。第三世界国家意见分歧。1979年5月,在摩洛哥举行的伊斯兰国家外长会议通过决议,终止埃及参加伊斯兰国家会议的资格。埃及在阿拉伯世界和伊斯兰世界空前孤立。

《埃以和约》的签订开创了和平解决中东问题的新思路,它基本上解决了埃以之间的重大争端，结束了双方持续30多年的战争状态。30多年来的中东战争使埃及承受了巨大损失和牺牲。《埃以和约》的签订使埃及获得了和平的环境，使它可以致力于经济建设，这无疑是符合埃及人民的愿望和利益的。接下来，萨达特总统及时将注意力转移到经济建设上来，提出了“和平、民主和繁荣”的口号。

二、埃苏、埃美关系的大转变

萨达特就任总统之初，表面上继续维持着纳赛尔时代的亲苏政策。其实，萨达特早就对纳赛尔的亲苏政策存有异议。苏联利用提供贷款、提供武器和派遣专家等手段来控制埃及的做法早就引起了萨达特的不满，因此萨达特决定对埃及的外交政策进行重大调整，由亲苏抗美转变为亲美抗苏。

为了表示埃及国家政策的连续性和得到苏联已答应的武器供应，1971年3月，萨达特以总统身份首次访问了莫斯科，要求苏联提供纳赛尔时期答应的萨姆导弹、米格飞机以及其他装备。经过激烈的争论，苏联领导人承诺向埃及提供进攻性武器，但要求埃及在使用这些飞机等装备时要征得苏联的同意。萨达特断然予以拒绝，他义正词严地声明：“我是一个独立国家的首脑，我不能丝毫放弃我的独立行动的权利。”萨达特的举动遭到埃及国内亲苏势力的反对，亲苏派策划推翻萨达特。1971年5月，萨达特采取果敢行动，清除了萨布里亲苏集团，改组了内阁，并接待美国国务卿罗杰斯访问埃及。这一系列事件引起了苏联领导人对萨达特政策的疑虑。5月25日，苏联最高苏维埃主席团主席波德戈尔内（Nikolai Podgorny，1903—1983年）突然访问埃及，埃及应苏方要求于5月27日签署了《埃苏友好合作条约》，条约强调埃苏双方继续发展全面合作的关系，波德戈尔内承诺向埃及提供新式武器和装备。条约签订后，苏联迟迟不兑现向埃及提供先进武器和装备的承诺。萨达特十分恼火，他于1971年10月、1972年2月、1972年4月先后3次访苏，催促苏联领导人兑现诺言，但3次努力均以失败告终。萨达特对苏联背信弃义的行为忍无可忍。1972年7月17日，他郑重宣布辞退21 000名在埃及工作的苏联专家，限他们10天内离开埃及，苏联在埃及的军用设施要么卖给埃及，要么撤回，苏联拒绝把设备卖给埃及，只好连人带物一起撤回。从此，埃及与苏联的关系迅速恶化。1976年3月15日，埃及宣布废除1971年签订的《埃苏友好合作条约》。3月26日，埃及又宣布取消苏联军舰使用亚历山大港等港口的一切便利条件。

1981年9月，埃及政府下令驱逐了苏联驻埃及大使，关闭苏联驻埃及武官处，埃苏关系走到了破裂的边缘。

在埃苏关系恶化的同时，埃美关系却逐步得到加强。萨达特认识到阿以冲突90%的牌掌握在美国手中，也只有美国才能对以色列施加影响。因此，埃及要摆脱困境，就必须与美国改善关系。萨达特上台后，曾采取一系列行动向美国表示友好，但由于美国态度敷衍，埃美关系没有取得实质性的进展。1972年7月，埃及政府驱逐苏联专家这一惊人举动，为建立新的埃美关系铺平了道路。美国看到"苏联的军事存在正在从埃及消除，萨达特在向我们靠拢"。1973年2月和5月，萨达特先后两次派国家安全事务顾问哈菲兹·伊斯梅尔访美，与美国国务卿基辛格举行会谈，期望推进中东和平进程并发展埃美关系。1973年十月战争期间，一度被认为不敢对以色列发动战争的阿拉伯人居然发起两路进攻，在战争一开始把一向号称无敌的以色列军队打得落花流水，这使得美国惊愕不已。美国开始意识到对阿以冲突不能再甩手不管，单靠以色列的军事力量并不能保证以色列的长久安全。于是，美国致力于阿以之间实行停火。由于美国居中调解，埃以之间实现了停火，并于1974年1月达成了第一次脱离接触协议。由此埃美关系迅速发展。1974年2月，埃及与美国正式恢复了外交关系。1974年6月，美国总统尼克松对埃及进行正式访问，埃及举国欢迎，双方决定加强在科学、技术、经济和文化等方面的合作。1975年6月，萨达特作为访问美国的第一位埃及总统，他要求美国向埃及提供军援和经援。美国对经援立即作出响应，答应给予7.5亿美元的项目援助，但未同意提供军援。

1976年3月，埃及宣布废除《埃苏友好合作条约》后，美国立即宣布在下两个财政年度向埃及提供18亿美元的经济援助，并开始向埃及提供军援，同意向埃及出售6架军用运输机。这是美国向埃及提供的第一批军事装备。埃及从此开始大幅度地向美国靠拢，为美国提供机场和港口设施的便利。萨达特甚至建议美国考虑更新和使用红海的巴纳斯角海军基地。1976年，卡特当选为美国总统后，积极推动中东和平进程。埃美关系的改善促使萨达特作出了耶路撒冷之行的大胆决定，从而开创了中东和平之路。美国对此十分欣赏，1978年9月和1979年3月，美国总统卡特先后两次邀请萨达特和以色列总理贝京前往美国谈判，并居间调解，促成埃以双方签订了《戴维营协议》和《埃以和约》。《埃以和约》签订后，埃及更加向美国靠拢，美国每年向埃及提供20多亿美元的经援和军援，埃及成为中东地区仅次于以色列的第二大美援国。

1980年1月，埃及国防部长阿里宣布，美国已经成为埃及最大的武器供应国。埃及则同意向美国提供海、陆、空军过境便利。1981年9月，萨达特在记者招待会上宣布："美国是埃及最友好的国家。"

三、 经济开放和政治开放

萨达特上任时，埃及经济非常困难，财政濒临破产。萨达特对纳赛尔遗留下来的经济困境和经济体制十分不满。他指责纳赛尔"非常愚蠢地搬用了苏联的社会主义模式"。他宣称："60年代，我们进行的所谓的社会主义实践是百分之百的失败。"萨达特决心为埃及社会的全面发展寻求新的道路。

由于当时中东局势动荡不安，埃及与以色列处于战争状态，萨达特无暇顾及国内改革。十月战争结束后，萨达特把工作重心转向国内改革。1974年4月，萨达特颁布了一项涉及各方面工作的纲领性文件，题为《十月文件》。这是萨达特当政后发表的第一个行动纲领，纲领的目标是到20世纪末将埃及建设成为一个现代化国家和社会，使埃及人在一个科学和信仰的社会里得到光明幸福的未来。《十月文件》内容广泛，主要涉及经济和政治两个领域，它的颁布吹响了埃及全面改革的号角。改革的基本方针是全面开放，即经济开放和政治开放。萨达特的经济开放政策包括三个方面：努力利用外资；鼓励本国私人投资；巩固和调整国有企业。

在利用外资方面，埃及政府坚信通过吸收外国资本，加上埃及众多的廉价劳动力，能为埃及本国经济发展提供资金和技术。1974年6月，埃及政府颁布了《关于阿拉伯与外国投资和自由区》的第43号法令，该法令对阿拉伯、外国资本投资，建立合资项目，开辟自由区，建立阿拉伯、外国投资和自由区管理总局等问题作了详细的规定。1977年，政府又颁布了第32号法令，对第43号法令进行了修改和补充。法令规定外国资本可以向工业、金矿、能源、旅游、交通、银行、水力资源、土地改良、畜牧和建筑等领域投资；不对外资企业实行国有化、监管、没收和查封；流入埃及的外资满5年后，可以转让或汇往埃及境外；外企开业后可以免税5年，对国计民生有重要作用的项目可免税8年，土地改良项目可以免税10年；外企产品只要可供出口或者减少埃及进口，其所获利润允许汇出；进出入自由区（埃及先后在开罗、亚历山大港、塞得港和苏伊士建立了4个自由区）的商品除交纳1%的税收外，免交一切关税；政府特别设立"投资和自由区管理总局"来负责处理外国投资事务。据统计，从

1974—1982年，埃及从西方获得投资200多亿美元。

在鼓励本国私人投资方面，1974年1月开始进行非国有化运动，政府宣布取消监管，将一些被国有化的影院和公司归还给原主；提高私营企业向政府承包项目的最高限额，1974年11月将私营企业向政府承包的项目最高额，由每年10万埃镑提高到50万埃镑。同时，增加银行向私营企业发放的贷款额度，不久又恢复了股票和证券交易所，以便使私营企业加快资金周转。另外，政府放宽外汇管制，允许私人以高于官价的"奖励价"购买外汇，并通过自筹外汇进口18种基本日用品之外的所有商品，打破了过去公营部门对外贸的垄断；新投资项目可以享受外企的种种优惠权，如免税等。

这些措施使一度受到压抑的私人资本获得了快速发展，短短几年内，私人投资遍布埃及全国，投资金额由1966—1973年的年均3 770万埃镑，剧增至1981—1983年的年均10.25亿埃镑。

在巩固和调整国有企业方面，埃及政府一方面加大资金投入；另一方面着手加以改革。1976年1月，政府为了提高工作效益，扩大国有企业的自主权，取消了35个控制国有企业的经济组织，允许各企业自主经营，自负盈亏，国企领导人有权决定企业的规模、人数、产品价格和物资进口。如果条件成熟，国有企业可以发行上市股票，企业职工享有优先购买权。甚至，政府还建议一些国有企业将49%的资本以股票形式出售给本国或阿拉伯国家的投资者等。但是，在实际中这些改革措施有的付诸实施，有的受阻未能实施。不过总的来说，这些措施多多少少地改善了国有企业的经营状况，其产值由1975年的30.05亿埃镑增加到1979年的64.57亿埃镑。20世纪70年代埃及拥有国有企业400家，它们规模较大，产值占埃及全国总产值的44%，在国民经济中占据主导地位。它们既是国家执行经济发展规划的基本工具，又是萨达特政权统治埃及的重要经济支柱。

萨达特的经济开放政策调动了方方面面的积极性，在许多方面取得了重大成效。埃及经济增长速度加快，经济增长率超过了历史上最好时期。1975年至1981—1982年度年均增长率达到8.4%，创下了历史纪录。埃及工业结构发生了变化，石油、机械和冶金工业发展迅速，尤其是石油工业后来居上，它在全国生产总值中的比重由1977年5.8%上升到1984—1985年度的15.9%，超过了制造业和采矿业的总和。农业和第三产业也有所发展。长期以来埃及外汇收入的主要来源一度是棉花出口、苏伊士运河和旅游业，这时石油出口和侨汇取代了棉花出口，成为埃及外汇收入的主要来源。埃及的石油产量猛增，出口量也急剧增长，1976年起埃及由石油进口国成为石油输出国。1974年埃及石油产量为750万吨，1981—1982年度达到3 220万吨，其中半数以上供出口，当年创汇24亿埃镑。由于埃及当局于1974年年初开始放宽公民个人出国限制，免除出国签证，加上阿拉伯产油国急需各方面人才和劳力，埃及劳务输出人员大幅度增长，1970年仅为5.8万人，1978年增加到140万人。劳务输出不仅解决了国内部分失业问题，而且侨汇随之大增，1980—1981财政年度创侨汇21亿埃镑。侨汇、石油、运河和旅游成为埃及外汇收入的四大支柱。四大外汇收入从1975年的11.89亿美元上升到1980—1981年度的70亿美元，增加近5倍，这大大改善了埃及的国际收支状况。外汇收入有力地促进了埃及经济的发展。随着经济的发展和海外就业市场的扩大，国家及国民的收入得到了大幅度的增加，广大人民的生活有了明显的改善。这些成就的取得应归功于萨达特的经济开放政策。

萨达特的经济开放政策在埃及发展史上是一个意义重大的事件，它标志着埃及经济发展模式的转变：从近乎关闭的国家计划型统治模式转向开放的自由市场型，从国营转变为国营、私营和合营经济齐头并进，充分发挥三方面的积极性。从经济发展的角度来看，这种新的经济模式既符合埃及的国情和经济发展的需要，也符合世界经济发展的总趋势。

但是，在埃及经济开放过程中，由于缺乏实践经验，以及受到各种社会力量利害冲突的牵制等原因，因此实施过程中产生了不少问题甚至重大失误。从投资情况来看，投资项目多，但实际投产项目少，投放于消费型和服务型项目的资金多，而投放于生产型项目的资金少；产品内销多，外销少；投资银行不仅非法与埃及银行争夺私人存款，而且吸收的埃及人存款大多汇往国外，不用于埃及投资；盲目进口奢侈品和高档消费品，对国内奢侈的消费方式缺乏引导和抑制，导致外资逆差增大，外债负担加重（1974年埃及外债为30亿埃镑，1982年骤升到130亿埃镑）。

经济开放政策实施后，由于相应措施没有及时跟上，因此给埃及带来了严重的社会问题，主要表现在以下几个方面：

1. 非法经济活动猖獗。一些人为了牟取暴利，贪赃枉法，偷税漏税，从事黑市交易，贩卖毒品，走私黄金，严重破坏了社会风气。

2. 贪污腐化行为严重。1975年，一位曾担任过检察官的官员说："在埃及，腐败的普遍性使例外成为惯例，惯例成为例外，贪污腐化成为惯例，诚实成为例外。"贪污涉及不少高级官员。在萨达特去世后不久，司法部门审理了几桩大案，其中埃斯麦特案举国震惊。埃斯麦特是萨达特的弟弟，他利用自己作为总统弟弟这一身份，通过行贿、徇私、贪污公款、伪造官方文件、威胁欺诈、黑市交易和逃税漏税等手段，迅速成为拥有1.5亿美元的大富翁。此案涉及许多高级官员，在判决书中被指名道姓的就有3位现任部长以及国务秘书、前部长、前检察长、前市长、电讯局董事长等。

3. 贫富悬殊，分配不均。实行经济开放政策之后，国民收入两极分化，贫富差别增大。根据世界银行的1980年国家统计资料，埃及最上层5%的人占有国民收入的21.5%，9.8%的人占据全国消费总额的44.5%。1980年埃及中央统计局公布的数字表明：农村中44%的人和城市中33%的人收入微薄，生活在贫困线以下。富人往往拥有好几处甚至几十处住房，而穷人有的只能栖身在公墓和帐篷里。由于两极分化的加剧，导致埃及社会不稳定因素增加，罢工、罢课、示威游行乃至大规模的骚乱不断发生。

与经济开放相对应的是政治开放。政治开放与经济开放并行，目标是建立一个民主和法治的社会。政治开放的主要措施是改革政党制度和取消新闻监督，实行新闻自由。

萨达特在《十月文件》中提出既反对多党制，又拒绝接受一党制。文件主张保留现存的政治组织——阿拉伯社会主义联盟（简称社盟），但社盟应该成为多种政治倾向进行对话的熔炉，这些多种政治倾向可以分成激进、温和与保守三种类型。1976年3月中旬，萨达特在议会讲话中建议在社盟内成立左、中、右3个论坛。3月底，又将3个论坛改为3个组织，它们分别是埃及阿拉伯社会主义组织，代表中派；自由社会主义者组织，代表右派；民族进步统一主义者联盟，代表左派。萨达特这样做的目的是改善自己在国内外的形象，显示他比纳赛尔更为民主，从而提高自己的威望，争取更多的支持。

1976年9月，萨达特再次当选为总统。10月，举行议会选举，这3个组织首次参加议会大选。11月，萨达特宣布将这3个组织改称政党，但社盟继续存在，它的职责限于监督政党活动和控制政党的收入来源。萨达特宣称："我们正在开始一个新的民主历程"，这标志着一党制的终结和多党制的恢复。多党制恢复不久，1977年1月，埃及政府宣布基本食品涨价，引起了全国性的骚乱。埃及政府将该事件归罪于埃及共产党和左派党，政党活动受到严格限制。

1977年6月，萨达特颁布政党组织法，进一步限制政党活动。政党组织法一方面声称所有埃及人有成立政党的完全自由，另一方面又附加种种条件，规定政党不得以阶级标准建立；政党的原则、目标或纲领不得违背伊斯兰教法；新政党的纲领必须明显不同于其他政党；禁止重建1953年被解散的政党，即对埃及共产党、华夫脱党等政党的禁令仍然有效；由社盟第一书记、内政部部长和司法部部长等人组成政党委员会，负责审批建党申请。上述规定不仅为政党建立设置了重要障碍，而且使执政党掌握了反对党的生杀大权。更有甚者，政党组织法的临时条款还规定在本届议会期满前（1980年10月），各政党的创始人中至少要有20名议员，这一条款无异于将现有反对党完全扼杀，因为它们在议会内都不足20个席位。

1977年8月23日，在纪念柴鲁尔逝世50周年大会上，前华夫脱党总书记福阿德·萨拉杰丁宣布华夫脱党将恢复活动。萨达特不愿看到华夫脱党重返政治舞台，因此诅咒华夫脱党是从坟墓里钻出来的木乃伊。为了获得埃及当局的批准，华夫脱党首先易名为新华夫脱党，接着提出了一部令当局无可挑剔的政纲，并从独立人士、执政党和自由党中争取了22名议员作为创始人。1978年2月，埃及当局不得不批准新华夫脱党的建立。4月，联盟党、自由党和新华夫脱党3党同时批评政府腐败，气势咄咄逼人，甚至要求萨达特辞职。萨达特大为震惊，无法容忍。

1978年5月，议会通过《维护国内阵线和社会安宁法》，规定凡在革命前因参加政党（祖国党和青年埃及党除外）领导或管理而败坏政治生活的人，凡宣传一种否定神圣的伊斯兰教法或与该法法规不符的学说的人，凡刊登、撰写和播送触犯国家民族利益的文章，在国内外散布这类别有用心的谣言，制造失败情绪，煽动人们起来破坏社会安宁和祖国统一的人，都不得加入政党，从事政治活动。在当局的压力下，1978年6月初，新华夫脱党被迫中止活动。联盟党的一批党员被捕入狱，联盟党也中止活动。这样，埃及政坛上只有埃及阿拉伯社会主义党和社会主义自由者党，多党制变得徒有虚名。

为了恢复多党制的形象，萨达特提出了新的政治方案。1978年7月，萨达特组建民族民主党，他自任主席，以取代在1977年1月发生的全国性食品骚乱事件中表现软弱的埃及阿拉伯社会主义党。此外，1978年10月，在萨达特的积极鼓励和执政党议员的具体支持下，原青年埃及党副主席易卜拉欣·舒克里成立社会主义工党。萨达特一心向往这个党能成为他的“忠实的反对党”，而且帮助它在1979年大选中获得了29个议席。

《戴维营协议》和《埃以和约》签署后，萨达特遭到包括社会主义工党在内的所有反对党的一致反对和指责。萨达特非常恼火，为此进行反击。1980年5月，萨达特颁布了《耻辱法》，压制反对派的批评，继而禁止反对党的报刊出版发行。1981年9月，萨达特下令逮捕了大批反对党领导人，使反对党再度陷于瘫痪或瓦解，多党制名存实亡。

萨达特政治开放的另一项内容是宣布新闻自由。他允许新闻媒体对他的内外政策发表不同的意见，甚至对政府的工作进行批评。但是这种自由是有限的，一旦他们触犯了当局的重大利益，便严加限制。1971年“五·一五”纠偏运动后，埃及记者首次获准成立记者协会，自由选举协会领导班子，埃及记者以为他们正进入新闻自由时期，但事隔不久，1972年学生集会反对萨达特的以色列政策，他们并没有获得他们想象的那种新闻自由。当记者给予学生支持时，结果协会领导机构的半数委员和其他记者约100人被开除，记者协会被迫中止活动。1974年4月，萨达特宣布取消新闻检查。然而不到一年，又设立由社盟第一书记主持的最高新闻委员会，负责监督记者的活动。萨达特还以法律形式限制新闻自由，1978年颁布的《维护国内阵线和社会安宁法》，以及1980年颁布的《耻辱法》中，均包含有严格限制新闻自由的条款。可见，萨达特的新闻自由是名不副实的。

对于萨达特时期的民主自由，人们的说法损誉不一。萨达特的政治开放并没有给埃及带来真正的民主和自由，他所宣扬的多党制，实际上奉行的还是个人专权。但从总体上看，萨达特时代比纳赛尔时代民主和自由气氛宽松了一些。

四、社会动荡与总统遇刺

萨达特时代的埃及，处于大发展、大变革和大转型的狂飙突进时期。由于内外政策急剧变化，重大举措层出不穷，罢工、罢课和游行示威活动不时发生，甚至发生全国性骚乱。其中，对萨达特政权带来巨大创伤的是1977年的“一月事件”。

1977年1月18日，埃及政府为了得到西方的贷款，屈从于国际货币基金组织、美国政府和美国银行的压力，不顾国内通货膨胀和社会贫富扩大的现实，宣布取消或大幅度减少对大米、面粉、食糖和茶叶等基本食品的政府补贴，并大幅度提高其价格。18日和19日两天，全国各大中城市都爆发了示威游行。示威游行规模之大，来势之猛，是1919年反英起义以来所未有的。示威者高呼“反对剥削人民的政府”、“我们要用鲜血和生命迫使物价下降”的口号。尽管当局出动大批治安部队，甚至下令开枪射击，但因示威者人数众多，局面仍无法控制。萨达特采取软硬兼施手段，一面取消涨价，一面调遣军队镇压群众。据官方统计，在持续两天的冲突中，至少有80人死亡，200人受伤，财产损失约10亿埃镑。外电则估计有300人死亡，1 000人受伤。骚乱过后，埃及当局继续进行镇压，共逮捕了1 200多人。

一月事件给萨达特政权蒙上了一层阴影，政府动用军队镇压人民，这充分暴露了萨达特政权的真面目。这种镇压行动大大降低了萨达特政权的威信，增加了民怨。从此，萨达特政权更加依靠强力机关来维持统治，埃及社会陷入了严重的动荡之中。

埃及是一个宗教信仰根深蒂固的国家。萨达特深谙借助宗教势力来维护自己的统治。他大力倡导伊斯兰教，以争取宗教势力和广大群众的支持。萨达特宣称“科学和宗教信仰”是国家的两大支柱，要在埃及建立一个“基于宗教信仰和科学的新社会”。1971年《宪法》首次规定“伊斯兰教法律体系是立法的主要来源之一”。1980年宪法修正案改为“伊斯兰教法原则是立法的主要来源”，进一步突出了伊斯兰教法在立法方面的地位。此外，在国家政治生活中，伊斯兰教的影响也日益扩大。大学和工厂中建立伊斯兰教委员会，以取代社盟的青年组织；电台增加了播放《古兰经》的节目时间；电台和电视台每天必须按时中断节目5次，召唤人们进行祷告，议会也要暂时休会，以便议员叩头祷告。萨达特坚持在每次演讲中引用一段古兰经文作为结束语。

在政府的大力倡导下，伊斯兰势力迅速壮大起来。穆斯林兄弟会是埃及最大的伊斯兰群众组织。萨达特年轻时曾加入穆斯林兄弟会。1954年10月，穆斯林兄弟会的一名成员企图暗杀纳赛尔，导致近3 000名成员被捕。萨达特执政初期，深感势单力孤，他意识到穆斯林兄弟会有一定的群众基础，因此希望能得到穆斯林兄弟会的鼎力相助。于是，他主动与穆斯林兄弟会和解，逐步释放了其全部被关押成员，允许其逃往国外的成员回国，批准穆斯林兄弟会的喉舌《宣教月刊》复刊，企图借他们之手剪除异己，加强个人统治。穆斯林兄弟会在群众中，特别是在学生和政府机关中大量发展成员，萨达特对此深感不安。值得注意的是，穆斯林兄弟会年轻一代成员对老一代成员表示不满和失望，希冀另谋出路，这一切为伊斯兰教原教旨主义极端分子组织的诞生提供了温床。萨达特打开“潘多拉盒子”后，欲收不能，这些秘密的伊斯兰教原教旨主义极端分子组织对他构成了最大威胁。在萨达特时代，伊斯兰教原教旨主义极端分子组织主要有伊斯兰解放组织、赎罪与迁徙组织和新圣战组织，这些组织的成员大多是从穆斯林兄弟会中分裂出来的极端分子。

随着萨达特政权推行的开放政策和对以色列媾和，伊斯兰势力与萨达特政权逐渐疏远，并不断与当局发生冲突和对抗。伊斯兰极端组织更是磨刀霍霍，策划一系列暴力恐怖活动。面对濒临失控的政局，萨达特再次作出了激烈反应。1981年9月2日，萨达特突然下令大逮捕。一夜之间，“凡是曾经和萨达特发生过激烈争议的人全部被捕”。据萨达特本人讲，共逮捕了1 536人，包括伊斯兰教原教旨主义极端分子组织和穆斯林兄弟会的成员804人，科普特教领导人107人等。但也有人称，被捕文职人员共约5 000人，军官约50人，而遭软禁者竟达4万人之多，紧张气氛顿时弥漫全国。

这次大规模镇压行动在国内外产生了巨大反响。毋庸讳言，萨达特精心树立的民主形象轰然倒地。伊斯兰教原教旨主义极端分子更是对他恨之入骨。萨达特总统的杀身之祸已日益逼近。

1981年10月6日，是十月战争胜利8周年纪念日。这一天，埃及全国放假庆祝，并在首都开罗举行盛大的阅兵式。萨达特总统身穿崭新的最高统帅服，佩戴绶带，显得十分威严。他与其他领导人一起坐在检阅台上，兴致勃勃地同邻座人交谈着。国民警卫队司令马斯里将军提前一个多月就为这次阅兵作了精心准备。总参谋部专门组织了一个班子挑选受阅部队，确保每个受阅士兵都是对国家忠心耿耿的卫士。另外，士兵都必须持空枪参加检阅，以防万一。

1981年10月6日11时，阅兵式开始，一位穆斯林长老朗诵了几段《古兰经》经文。接着，萨达特手捧一个红色的花圈，到离阅兵台200米处的无名烈士墓致哀。11时25分，阅兵式正式开始，军乐队高奏进行曲，地面受阅部队由东向西从检阅台下通过。12时40分，阅兵进入最后阶段，在阅兵台背面上空忽然飞来6架法制幻影式喷气机，当空进行特技表演，喷放出五颜六色的烟带，引得阅兵台上的人们翘首仰望，鼓掌喝彩。12时55分，炮兵部队通过观礼台。这时，一辆开道的摩托车突然一个趔趄，在阅兵台前摔倒了。摩托车手倒也不紧张，爬起来向主席台行了一个军礼。13时4分，一辆炮车突然偏离了行车路线停了下来，人们以为又出了差错，因此并未在意。突然，炮车上跳下4个人，其中一人一下子就趴在地上，另一个人像离弦之箭般直奔阅兵台。人们还以为他会像刚才两个摩托车手那样向检阅台致敬，萨达特也特意站起身来，准备接受他的敬礼。出人意料的是，这个叫伊斯兰布里的家伙拧开了手榴弹的盖子，用力向检阅台扔了过去。炮车上的另一名凶手也举枪向萨达特射击。子弹射中了总统的颈动脉，顿时血流如注。另两名杀手则分别跑往检阅

萨达特的墓碑

台的两旁，从两侧进行掩护射击。当时，总统的卫队完全没有反应，等他们反应过来，袭击事件也结束了。袭击事件整个过程不足30秒。萨达特面对这种袭击，毫无畏惧地站立着，身中数弹，最终倒在血泊中。直升机把萨达特火速送往医院，但他终因伤势过重，抢救无效而离开人世。

伊斯兰布里等3名凶手当场被捕，另一名凶手逃跑两天后也落入法网，他们4人都是新圣战组织的成员。

萨达特遇刺身亡，举世震惊，许多国家的领导人纷纷谴责这一恐怖活动。萨达特被安葬在他遇刺的检阅台对面的无名英雄纪念碑下，大理石墓碑上镌刻着这样的文字：

"忠诚的总统穆罕默德·安瓦尔·萨达特，战争与和平的英雄。他为和平而生，为原则而死于1981年10月6日胜利日。"

作者点评：

"我杀死了法老！"据媒体报道，这是一名刺客在向萨达特开枪时口中高声呼喊的一句话。

法老一词，埃及人听起来是如此熟悉，他们是法老的后代，生活在法老的国土上。然而，凶手口中所说的法老一词，显然有其特殊的含义。

穆斯林曾对前伊斯兰时期的埃及历史抱有敌视的态度，并对前伊斯兰时期的建筑和艺术充满紧张情绪。在《古兰经》中，如同《圣经》中所描述的那样，法老是充满邪恶的压迫者，他强迫其臣民像对待神一样来崇拜他、服从他。后来的穆斯林传统往往将一些法老的故事描绘成暴君原型——他们迫害百姓，充满邪恶，愚昧无知。因此，在阿拉伯语中，法老一词是彻头彻尾地与邪恶相联系的。在阿拉伯语中，farauna动词包含有"骄傲、自大、傲慢、妄自尊大"的意思；派生的名词包含有"残暴、暴虐、法老王"的意思；派生的形容词含有"残暴的、暴虐的、霸道的、法老的"等意思。出自刺客口中的"我杀死了法老"，显然是对现代埃及人对法老一词的最好的诠释。

纳赛尔制造了一场革命，萨达特巩固了这场革命，并使埃及国家适应后革命时代的现实，因此他们两人对埃及的贡献都是至关重要的。按理说，萨达特的葬礼与纳赛尔的葬礼之间的差异不应该太大。但是，现实却如此骨感。纳赛尔去世后400多万埃及人挤满了开罗的大街小巷，赶来参加他的葬礼。当萨达特的葬礼举行时，参加他的葬礼的人数却少得可怜，除了稀稀疏疏的安全部队人员外，开罗的街道几乎空无一人。埃及人民对待萨达特总统之死态度如此冷漠。阿拉伯世界只有两个国家——苏丹和阿曼，派出代表出席萨达特的葬礼，其他诸如叙利亚、黎巴嫩和利比亚等国家，却在庆祝萨达特的死亡，因为在他们心目中，萨达特是阿拉伯世界的叛徒。

也许只有随着时间的流逝才能涤荡这一切，使后人重新认识和评价萨达特的成就。萨达特的伟大之处在于1973年他成功指挥埃及人发动了对以色列的反攻，一扫纳赛尔的失败给埃及带来的耻辱，而且更重要的是，实现了埃及与以色列之间的长久和平，这也预示着冷战最早在中东结束。因此，萨达特是结束中东冷战的英雄人物，是一位敢战、敢和的战略家。萨达特富有远见卓识地意识到，埃及对苏联的依赖是一个死角，必须及时彻底地从其中摆脱出来。同样，萨达特富有远见卓识的经济改革，尽管没有达到预期的目标，但是却创造了一种形势，在这种形势下，埃及能够与世界经济相互作用，而非孤立在世界经济之外。因此，萨达特在埃及历史上的地位可能超过纳赛尔。相信时间最终可以给他一个公正的评判。

第十五章 穆巴拉克时期

1981年10月6日，萨达特总统遇刺身亡之后，副总统穆巴拉克被人民议会推举为总统候选人。10月13日，经埃及全民投票，穆巴拉克当选为埃及总统。

穆罕默德·胡斯尼·穆巴拉克（Muhammad Hosni El Sayed Mubarak）1928年5月4日出生于尼罗河三角洲曼努菲亚省的一个普通农民家庭。小时候，他在家乡学习阿拉伯语和伊斯兰教，6岁时就能背诵《古兰经》。在小学和中学期间，他学习成绩总是名列前茅。1947年，穆巴拉克考入埃及军事学院，1950年又考入空军学院，后来多次去苏联学习军事技术。1967年，他参加了第三次中东战争，在战争中他表现勇敢机智，1969年6月晋升为空军参谋长，1972年被任命为空军司令，兼任国防部副部长。1973年1月，穆巴拉克被阿拉伯联盟防御理事会任命为埃及、叙利亚和约旦三条战线空军司令。1973年10月，第四次中东战争爆发，穆巴拉克在指挥空军作战中战功显赫，粉碎了以色列军队不可战胜的神话，被授予埃及共和国勋章。从此穆巴拉克声名鹊起，成为埃及政治舞台上一颗明星。1975年4月，萨达特任命穆巴拉克为副总统，并说之所以选择穆巴拉克做副总统，是因为“穆巴拉克是我们祖国灵魂的代表，是一位具有埃及军人本色、能力和经验的战士”。

穆巴拉克总统

穆巴拉克担任副总统期间，工作负责，忠于职守，处事谨慎。更为可贵的是，穆巴拉克从不出风头。每当萨达特接见国内外著名人士时，他总是端坐一旁，全神贯注地听着，有时做些记录。

有一次，萨达特会见美国国务卿基辛格时，穆巴拉克也在场，但在整个会见过程中他几乎没说一句话，使得基辛格一直以为他是一个工作人员，事后基辛格才知道他就是赫赫有名的埃及副总统。

穆巴拉克接任埃及总统时，国内局势非常严峻，经济不景气，外债高筑，通货膨胀居高不下，社会治安恶化，暴力事件不断，恐怖活动猖狂。同时，埃及在国际和地区事务中，也面临着巨大外交挑战。首先，埃及在阿拉伯世界的处境孤立。其次，埃及虽收复了部分失地，但在最终收复西奈全部失地上仍面临着与以色列进行严重的斗争。

因此，埃及国内外的人们最关注的是新总统将奉行什么样的路线。在记者招待会上，一位外国记者这样问穆巴拉克："总统先生，你是穿新鞋的萨达特呢，还是穿旧鞋的纳赛尔？"穆巴拉克回答说："我既不是纳赛尔，也不是萨达特，我是胡斯尼·穆巴拉克。"他还说："我将举起两位伟大的领导人正确行动旗帜，同时经常拨正航向，避免在这两个时期出现的消极因素。"穆巴拉克还强调说："我将从我的前任者的时期中得到经验，并开始一个新时期。"

一、振兴经济，扩大民主

穆巴拉克上台后，立即召开由经济学家、金融界和企业界人士参加的经济大会，研究振兴经济问题。他吸取了纳赛尔时代国有化经济和萨达特时代自由开放经济两方面的深刻教训，在坚持开放政策的同时，提出对外开放必须有利于埃及的经济发展，努力改变埃及"东方的生产水平，西方的消费水平"这一病态的生产消费结构。为了振兴经济，让人民过上好日子，穆巴拉克制定了一系列经济改革措施，促使经济改善。一是实行优惠政策，大量吸引外国投资，外资涌向埃及后为埃及瘫痪的经济注入了新的血液，使之焕发了生机。政府把对工农业和技术的直接投资作为重点，扩大电力供应，优先发展钢铁工业。政府还制定了一系列政策，为企业松绑。1983年8月，穆巴拉克签署了新的国营企业法，扩大了国营企业的经营管理权。随着经济的发展，穆巴拉克着手进行巨大的基本建设，他一口气在全国建造了17座新型工业城市。在这些城市里建起了一座座工厂，建设了现代化交通通信网，它们为继续发展生产发挥了重大作用。这些基础建设对埃及增加生产、扩大生产、发展经济具有重大意义。穆巴拉克的新经济政策在最初几年里取得了一些成效，促进了埃及的经济发展速度。1982—1984年，埃及经济增长率为7%—7.5%，财政赤字下降50%。

为了稳定国内局势，穆巴拉克在振兴经济的同时还进行了政治改革。他审时度势，深刻认识到在民主的道路上裹足不前或向后倒退都是不可取的，这样不仅会失去西方的支持和援助，而且会丧失民心。穆巴拉克决心塑造自己“民主总统”的形象。

1981年12月，穆巴拉克释放了9月大逮捕中抓捕的所有囚犯，并在总统府接见刚释放的反对派领导人，向他们表达要求合作、共同推进民主政治的愿望。他注意听取反对派的意见，为反对派在议会中提供发表言论的机会，吸收100多名反对派人士加入人民议会。

在宽容的同时，穆巴拉克严厉镇压搞颠覆破坏和恐怖活动的极端分子。穆巴拉克上台后，安全部门迅速逮捕了350名伊斯兰好斗分子，其中包括新圣战组织的所有领导人和刺杀萨达特的杀手。根据对凶手的审讯结果，穆巴拉克从武装部队中清除了30多名军官和100多名士兵。1982年9月，新圣战组织策划劫狱和劫机，埃及政府下令先后两次搜捕该组织的成员。1983年11月，政府又逮捕了赎罪与迁徙组织的35名嫌疑犯。这些镇压措施有效遏制了宗教极端势力的暴力活动，使他们在20世纪80年代前期处于相对沉寂。埃及的社会治安状况大有好转。

穆巴拉克还开放党禁，允许成立新的政党。这些政党数量由1981年的4个增加到2001年的20个。这些政党都获得当局的承认，成为合法政党。各政党有权自由办报，发表不同政见，抨击政府政策。穆巴拉克还经常会见反对党领袖，同他们就经济政策、民主进程、外交关系等问题广泛交换意见。在反对党的强烈要求下，穆巴拉克政府修改了《监管和软禁法》，削弱了有权解散某个政党和阻止某人从事政治活动的社会主义检察长的权力；同意司法机构监督2000年大选的全过程；取消主要审判政治犯的国家安全法院；成立审视埃及人权状况的全国人权委员会；改变政党事务委员会的人员结构；宣布总统的产生由原先的议会提名、全民公决改为有多名候选人参加、由选民直接投票选举。

穆巴拉克时代的政党活动仍然受到《政党法》、《紧急状态法》和政党事务委员会的种种限制。因此穆巴拉克时代的多党制仍是有限的。由于执政的民族民主党能够得到政府机构的有力支持，因此造成了执政党一党独大、反对党脆弱不堪的局面。一党制或多党制下的一党独大是第三世界国家民主进程中的一个必经阶段，埃及也不例外。这种政党制度类型是符合埃及国情的。穆巴拉克为埃及真正实现多元民主政治带来了希望。

穆巴拉克还适度放宽对新闻媒体的控制，使新闻有了更多的自由。他上台不久，停刊的两个反对党的机关报《民报》和《国民报》相继复刊，被捕的记者重新回到报社。他允许媒体公开批评政府的政策和揭露官员的腐败。新闻自由恢复后不久，埃及报纸上第一次出现了与总统唱反调的文章，《不，总统阁下》这样的大标题也赫然出现在报端。一些过去在纳赛尔时代受迫害的人士开始对纳赛尔口诛笔伐。反对派还攻击穆巴拉克政府处理经济不当，声称1986年2月的安全部队哗变是政府无能造成的。对于这些有损于政府形象的言论，政府当局也都予以容忍。

穆巴拉克重申法律至上和司法独立的重要性，重组了全国司法最高委员会，赋予国家委员会等机构更大的独立性，使得最高宪法法院、最高行政法院和国家安全法院在政治生活中的作用增强。从1981年年底至1983年年初，司法部门审理了民愤极大的3个经济大案。与案件有牵连的一位副总理和3位现任部长被解职。虽然法院对案犯的判决过于宽大，一些涉案的部长大员未受到法律惩处，但这仍在一定程度上化解了民怨。

二、多元外交，摆脱孤立

穆巴拉克任总统后，在外交上面临的最大困难是由于萨达特与以色列媾和，埃及被开除出阿拉伯国家联盟。阿拉伯国家联盟总部由开罗迁往突尼斯，多数阿拉伯国家与埃及断交，致使埃及陷入空前孤立的状态。穆巴拉克深切感受到必须改变这种状况，因为埃及属于阿拉伯国家，属于第三世界，不能离开这个根基。他说埃及与其他阿拉伯国家互为一体，密不可分，“不管发生什么，阿拉伯人没有埃及难以成事，埃及没有阿拉伯人也难以成事”。他下令媒体停止对其他阿拉伯国家及其领导人的攻击，宣布埃及绝不进攻阿拉伯邻国，也不允许埃及领土作为进攻其他阿拉伯国家的基地。穆巴拉克制定了切实可行的措施，采取积极、主动和耐心做工作，与克制、忍让和等待相结合的方针，一方面保持与断交的阿拉伯国家在经济、贸易、文化、双边人员往来等方面的实质关系；另一方面巩固与未断交的阿拉伯国家的关系。同时，埃及阐明继续坚持《阿拉伯联合防御条约》，在任何情况下都不会放弃履行自己的民族义务。埃及的鲜明立场博得了其他阿拉伯国家的赞赏。经过不懈努力，埃及与其他阿拉伯国家的关系得到了不断改善。1987年11月，在约旦首都安曼召开的阿拉伯国家特别首脑会议决定，任何一个阿拉伯国家联盟成员国都可以根据本国的宪法和法律作出与埃及复交的决定。此后，大多数与埃及断交的阿拉伯国家相继与埃及复交。1989年5月，在摩洛哥卡萨布兰卡召开的阿拉伯国家特别首脑会议上，通过了关于正式全面恢复埃及阿拉伯国家联盟成员资格的决议，埃及得以重返阿拉伯国家联盟。1990年11月，阿拉伯国家联盟总部及其秘书处由突尼斯迁回埃及首都开罗。埃及由此彻底摆脱了在阿拉伯世界的孤立地位，再度成为阿拉伯政治舞台的中心。

至1989年，穆巴拉克实际上已经走出相对暗淡的日子，成为中东和非洲的著名政治家。1989年9月，他当选为非洲统一组织（简称非统组织）主席，这为他施展外交才能提供了更为广阔的国际舞台。

穆巴拉克积极致力于加强同美国、苏联等世界大国的关系。他采取了"平衡的外交政策"，既保持同美国的"特殊关系"，继续发展经济和军事合作，又逐步改善与苏联的关系。他曾经对记者这样说："在我的政策中，我既不是苏联人，也不是美国人，更不是欧洲人，我是一个实实在在的埃及人。"在处理埃及与东西方关系时，穆巴拉克始终从维护埃及民族利益出发。

自1979年《埃以和平条约》签订后，埃及每年从美国获取13亿美元的军事援助，美国成为埃及武器装备的最大供应国。鉴于美国在经济和军事上对埃及至关重要，穆巴拉克因此继续维持萨达特时期同美国的亲密关系。1983年2月，由于利比亚与苏丹关系紧张，而苏丹传统上是埃及的友邦，穆巴拉克同意美军在埃及领土上部署针对利比亚的AWACS侦察机。1985年11月，一架埃及民航班机被劫持到三角洲的瓦莱塔。劫持者自称"埃及革命"，杀了4名乘客。埃及军队试图营救，造成另外57人丧生。埃及政府怀疑利比亚参与了这起事件。为了向利比亚施加压力，埃及与美国联合举行代号为"光辉之星"的军事演习。1987年，由于与利比亚关系破裂，埃及从美国购买了16架飞机和响尾蛇式空对空导弹，并再次与美国举行了联合军事演习。

此外，自20世纪80年代起，埃及与美国定期举行"明星"和"海风"演习。每次演习美国都有1万名陆海空军官兵参加，埃及至少也有5 000人参加"明星"演习。"海风"演习是埃美之间举行的联合海空演习，这些演习加强了埃美两国的军事合作。

埃及与美国在一些重大军事行动中积极配合。20世纪80年代中期，红海发现大批水雷，美国帮助埃及很快清除了水雷，确保了红海航道的安全。1991年，海湾战争爆发后，埃及陆续派出3万部队参加了以美国为首的多国部队，将伊拉克赶出科威特。由于埃及在海湾战争中的积极态度，美国免除了埃及70亿美元的军事债务。

尽管埃及与美国保持着亲密关系，但并不意味着埃及对美国百依百顺。事实上，埃及在许多重大国际问题上，特别是中东地区问题上，都坚持了独立的外交政策，表现出与美国不同甚至相左的立场。海湾战争结束后，埃及从维护阿拉伯世界安全和独立的立场出发，第一个明确拒绝以美国为首的西方国家参与海湾地区战后安全的安排，并反对美英等国对伊拉克实行经济制裁。埃及政府再三声明，应尊重伊拉克主权和领土完整，反对肢解伊拉克或干预伊拉克内政。

1996年4月，美国指控利比亚正在兴建一座化学武器工厂，扬言要用武力摧毁它。穆巴拉克立即向美国发出呼吁，要美国用和平手段解决争端，同时要求美国提供更多的证据。1998年7月9日，穆巴拉克不顾联合国对利比亚实行的空中禁运，从开罗乘专机抵达利比亚，会见刚刚手术治疗的利比亚领袖卡扎菲。美国对穆巴拉克此举深感不快。尽管埃美关系出现一些分歧，但穆巴拉克在处理外交关系时仍把埃美关系放在十分重要的地位，使埃美关系基本上得到了平稳发展。

在与美国保持特殊关系的同时，埃及努力改善与苏联的关系。穆巴拉克曾说："我们应该同包括苏联在内的所有国家保持平衡关系。苏联是一个超级大国，我们不能忽视它。"1984年7月，埃及与苏联恢复了大使级外交关系，同年9月互派了大使，实现了外交关系正常化。此后，埃苏双方开始了经济和人员往来，部长级官员访问也逐渐增多，在各个领域的合作关系不断发展。苏联同意埃及把一笔30亿美元的军事贷款的偿还期延长25年，以缓和埃及沉重的还债压力。埃及政府同意苏联船只进入亚历山大港添加燃料，同时在开罗、亚历山大港和塞得港重新设立领事馆。

1991年苏联解体后，埃及承认苏联各加盟共和国的独立，并与大多数独联体成员国家建立了外交关系。埃及需要改善埃及与俄罗斯的关系，以争取俄罗斯在中东问题上对阿拉伯立场的支持。穆巴拉克于20世纪90年代两次访问俄罗斯。2001年4月，穆巴拉克访问俄罗斯时，双方签署了《埃俄友好关系和合作原则宣言》。

穆巴拉克一贯重视对华关系，为促进中埃两国友好合作关系作出了重要贡献。他先后多次访华，会见过毛泽东、周恩来、邓小平、江泽民和胡锦涛等中国领导人，并与他们建立了良好的关系。1983年4月，穆巴拉克访华，受到邓小平的热情会见。他对邓小平说:"我们两国人民长期以来保持着兄弟般的情谊,两国的友好合作关系一直在向前发展。"他还说:"埃及与中国的合作非常顺利,我们在国际事务中相互支持,我们的关系是悠久的、牢固的。"1994年4月,应中国国家主席江泽民的邀请,穆巴拉克第六次访华。两国领导人在亲切友好的气氛中举行了会谈。江泽民主席表示,中埃两国都是文明古国,两国友谊源远流长。虽然两国远隔千山万水,但两国关系非常密切。访问期间,中埃双方签署了《关于建立战略合作关系的联合公报》,双方就建立面向21世纪的战略合作关系达成共识,从而将两国关系推向一个新的、更加密切的阶段。2002年1月,穆巴拉克第八次访华,两国签署了"中埃经济技术合作协定"、"中国向埃及提供优惠贷款的框架协议"、"中埃和平利用原子能合作协议"等5项协议。这些互访和交流有力地促进了中埃两国合作关系的不断发展。

三、 收复失地,架设中东和平之桥

1979年《埃以和平条约》的签订开创了中东和平之路。穆巴拉克吸取萨达特的经验教训,继续推行和平战略,执行与以色列签订的和平条约,同时又在埃及收复西奈失地及阿以问题上,与以色列展开针锋相对的斗争,维护埃及主权和阿拉伯民族的利益。

根据1979年签订的《埃以和平条约》,以色列应在1982年4月25日之前从西奈半岛余下的1/3土地上撤军。穆巴拉克上台后曾面临美国压力和以色列的挑衅。1982年1月,美国国务卿黑格访问开罗期间,向埃及施加压力,要求埃及在以色列撤出西奈前,应与以色列达成一项关于巴勒斯坦自治问题的"原则协议"。据说萨达特遇刺前曾在与以色列总理贝京会谈中表示同意达成这样一个"原则协议"。穆巴拉克拒绝了美国和以色列的要求,他这样告诉黑格说:"我不能以埃及的名义在阿拉伯权利问题上做任何让步,我决不允许埃及被指责,处于国际上或在阿拉伯范围内受指控的地位,特别是这一问题是同别人的权利、前途和命运相联系的,这是不行的,而且是不合法的。"

以色列在此问题上拒不让步,要求先与埃及签署一份"原则声明",将涉及实质性问题的谈判推迟到5年以后。不仅如此,以色列还以拖延撤军相要挟,敦促穆巴拉克访问耶路撒冷。这些无理要求都遭到了穆巴拉克的拒绝。接着,贝京又要求埃及在以色列最后撤出西奈前,提供比《戴维营协议》和

《埃以和平条约》更进一步的保证。穆巴拉克只表示遵守《戴维营协议》和《埃以和平条约》，拒绝作出新的让步。他说："埃及希望和平，但不能不计代价。和平是有尊严的，和平不能靠让步。"

1982年1月，埃以双方签订了关于以色列全部撤出西奈半岛的协议。协议规定：埃及收复西奈半岛包括位于亚喀巴湾出口的蒂朗岛和萨纳菲尔岛；埃及对以色列移交的在西奈半岛建立的学校、旅馆和其他设施予以补偿。1982年4月25日，以军撤离西奈半岛，但仍控制着塔巴。塔巴（Taba）处于亚喀巴湾（Gulf of Aqaba）北部顶端，面积为一平方公里，扼守着以色列南部唯一的出海口埃拉特湾（Eilat），具有十分重要的战略意义。1986年，埃以双方经过激烈争论同意交由国际仲裁。1988年9月，国际仲裁委员会裁定塔巴为埃及领土。1989年3月，以色列交还塔巴，但根据协议，以色列公民今后无须签证可自由出入塔巴。

埃及作为阿拉伯世界的大国，与其他阿拉伯国家保持着良好的关系，同时又是20世纪80年代唯一同以色列建交的阿拉伯国家。埃及既了解阿拉伯国家的意图，又是唯一可以与以色列沟通的国家，因此埃及成为阿以双方都可以接受的最佳调解人和斡旋者。穆巴拉克上台后不辞辛苦，做了大量的调解和沟通工作，积极架设中东和平之桥，赢得了各方的信任和尊重。

埃及主张通过和平谈判解决巴勒斯坦问题，一直支持巴以之间的和平谈判，为推动中东和平进程作出了积极贡献。巴以谈判历经磨难，每当谈判受阻时，埃及总是及时出面调解，埃及成为巴以谈判的主要场所和外交斡旋的重要舞台。埃及坚持实现中东地区的和平必须以安理会242号和338号决议为基础，坚持以土地换和平的原则；以色列必须从1967年"六五战争"中侵占的阿拉伯领土上撤军，其中包括东耶路撒冷；巴勒斯坦人有权决定自己的命运。

1991年10月，在马德里召开了中东和平大会，联合国秘书长的代表以观察员的身份出席会议。但直到1993年年中，谈判在若干政治和安全问题上停滞不前。不过，在这些公开的外交努力的同时，巴以双方在挪威首都奥斯陆举行了秘密会谈。双方于1993年8月末结束会谈并达成协议，这一消息使国际社会既吃惊又萌生希望。1993年9月13日，巴以双方在华盛顿签署了《关于在加沙—杰里科首先实行自治的原则宣言》（即《奥斯陆协议》），这一历史性协议为巴勒斯坦人民在加沙地带和西岸实现自治开辟了道路，它标志着一个谈判解决永久地位问题的进程的开始。巴以和谈取得成果，首先当然是由于巴以双方的诚意和努力，此外，国际社会特别是埃及的斡旋也功不可没。在埃及的支持下，接着，巴以双方在埃及举行了10多轮落实加沙–杰里科自治协议的谈判。1994年5月4日，巴以双方终于达成了《开罗协议》。

在该协议谈判的最后关头，正是由于穆巴拉克的两次介入才使谈判起死回生。穆巴拉克甚至半开玩笑地说，若达不成协议，谁也别想离开埃及。在签字仪式上，拉宾和阿拉法特因附件问题发生争执，眼看协议就要告吹。穆巴拉克和其他出席签字仪式的领导人赶快退回幕后，对两人进行劝说，才使协议得以签署。

1994年7月，阿拉法特经埃及回到巴勒斯坦土地上，在加沙永久定居，并开始筹建巴勒斯坦过渡自治权力机构。在埃及等国的积极斡旋下，1995年9月，巴以双方达成了扩大巴勒斯坦自治的《塔巴协议》，巴以和平进程再向前迈进了一步。

1995年11月4日，以色列总理拉宾在特拉维夫一次和平集会上遭以色列极端右翼分子的枪杀。1996年5月，以色列举行大选，一直反对巴以和谈的以色列右翼政党利库德集团获胜，由内塔尼亚胡组成新政府。由于内塔尼亚胡对中东和谈立场强硬，中东和平进程屡屡受阻。

为了推动中东和平进程继续向前，穆巴拉克召集阿拉伯首脑在开罗聚会，提出七点旨在实现全面、公正和平的主张，他强调必须恢复和继续和谈，各方应忠实、准确地履行已达成的和平协议，恪守各自的承诺和义务。1999年，以色列工党领导人巴拉克执政后，埃及积极支持恢复巴以和谈，一度使巴以和谈出现转机，但由于双方在一些关键问题上存在分歧，会谈没能再次取得进展。

2000年9月，利库德集团领导人沙龙在3 000名保镖的簇拥下，对阿克萨清真寺进行了挑衅性访问，激怒了阿拉伯穆斯林，阿拉伯被占领土上爆发了阿克萨起义，以色列进行镇压后，致使阿以流血冲突持续不断。

2000年10月10—17日，在穆巴拉克和美国总统克林顿主持下，约旦国王阿卜杜拉、以色列总理巴拉克、联合国秘书长安南和欧共体代表哈菲劳南在埃及沙姆沙伊赫举行了会晤，并达成了以下协议：结束被占领土上的暴力行为，使局势恢复到起义前；美国和联合国共同努力，通过事实调查委员会杜绝此类事件发生；在安理会243号决议基础上，为恢复巴以和谈营造气氛。

2000年10月21—22日，在埃及召开的阿拉伯紧急首脑会议上，重申阿拉伯国家声援巴勒斯坦人民，审查巴勒斯坦局势恶化的原因和以色列屠杀的暴行，统一阿拉伯国家对以色列的立场。由于以色列内部和外部种种因素的制约，中东和平进程无任何进展，而巴以冲突却不断升级，巴拉克在多方面压力下宣布提前大选。利库德集团在大选中获胜，2001年2月，沙龙上台后中东和平进程再次受阻。

埃及政府严厉批评以色列政府采取倒行逆施、违背中东各国人民意愿、破坏中东和平进程的政策，努力协调阿拉伯国家对以色列的立场，加大对以色列政府的压力，为实现中东全面、公正和持久的和平不断努力。

值得注意的是，埃及在对巴勒斯坦问题的解决起积极推动作用的同时，也在一定程度上制约着这一问题的解决。一方面，巴勒斯坦方面的政策受制于埃及。在巴以和谈中，巴勒斯坦方面的任何重大让步都要得到埃及的默许或支持，否则将难以实行。在2000年7月前举行的巴、以、美三国首脑会议上，巴以距离达成协议只有一步之遥。但就在这关键时刻，埃及领导人发表讲话，称耶路撒冷是阿拉伯人的领土，任何领导人都无权放弃它。顾及埃及和其他阿拉伯国家的立场，阿拉法特最后放弃达成协议的念头，巴以双方失去了达成全面协议的良机。另一方面，埃及也有维持巴勒斯坦问题现状的意图，因为就埃及而言，巴勒斯坦问题是它在阿拉伯世界发挥影响的重要领域，只要巴勒斯坦问题存在，埃及在阿拉伯世界以及阿以关系中充当调解人的角色就不会改变。

四、经济改革与结构调整

20世纪90年代中期，世界石油价格大幅下跌，埃及外汇收入受到严重影响，加上20世纪70年代以来西方国家为摆脱经济滞胀，提高利率，紧缩货币，这一切使埃及爆发了经济危机。危机的表现形式是财政预算赤字巨大；通货膨胀居高不下；外债直线上升，1986年增加到429.974亿美元，1990年高达近500亿美元，埃及成为中东和非洲最大的债务国。高财政赤字、高通货膨胀和高偿债率必然导致经济增长下降，人均国民收入下降。埃及陷入严重的经济危机之中，已到了山穷水尽、非改不可的地步。于是，埃及政府终于痛下改革决心。1990年爆发的海湾战争也为埃及外交战略调整和经济改革提供了机遇。

1991年，埃及与国际货币经济组织签订了“经济改革与结构调整计划”协议，与世界银行签订了“结构调整贷款”协议。据此埃及将分两个阶段进行经济改革和结构调整，目标是实现计划经济向市场经济的转型。

为了鼓励埃及政府推进改革，西方债权国组成的巴黎俱乐部同意分3期减免埃及50%的外债，总额达202亿美元。

改革分两个阶段，即第一阶段（1991—1993年）和第二阶段（1993—1996年）。在改革的第一阶段，核心是实施稳定计划，旨在通过紧缩型财政政策和相应的货币政策，消除客观经济的失衡。稳定计划得以成功实施，至1993年第一阶段各项改革目标基本实现。第二阶段改革的主要任务是进行结构调整，通过结构调整巩固第一阶段稳定计划所取得的成果，全面推进向市场经济的转型，为即将到来的经济快速增长建立制度框架和经济的运行机制。结构调整是埃及经济改革的内核，它是一个破旧立新的制度变革和结构改革，这比稳定计划复杂艰难得多。到1996年，结构调整取得了主要进展，但远没有完成。

结构调整的核心内容是私有化，它是向市场经济转型的直接政策工具和过程。所谓私有化，就是通过各种手段把国有企业转变为私人所有或社会所有，使其成为按照市场经济的游戏规则运行的现代企业。1992年，在苏联和东欧巨变的影响下，在国际货币基金组织和世界银行的敦促下，埃及正式启动私有化进程。

根据第203号法，国有企业被组合成27家控股公司。控股公司有权根据公司的需求管理和使用其资源，有权改革其企业的管理体制，即国家假借控股之手，整顿和改革国企，推进私有化进程。为了缓和工人阶级对私有化的抵触情绪，埃及政府积极引导工人参与私有化，分享私有化的利益。1992年颁布的第95号法（资本市场法）授权工人组成工人持股会购买公司的股票，规定凡资本在5 000万埃镑以上、工人在50人以上的公司，工人可组成持股会，以低于向公众和金融机构售价20%的优惠价购买股票，10年内分期付款，不计利息。同时，政府采取优惠政策妥善安排因私有化而失业的人员。例如，鼓励提前退休，凡自愿提前退休者，即可领取与退休时工资等额的养老金；安排失业人员到其他企业就业；提供小额贷款，鼓励自主创业。在推行私有化过程中，政府还坚持循序渐进的原则，采取谨慎而稳健推进的政策，坚持私有化进程必须考虑企业员工利益，不能随便让他们下岗失业，损害他们享有的种种福利待遇，从而尽量避免出现社会动荡。

但是，经济改革作为利益分配格局调整的政治行为和过程，必然触动既得利益，对政治稳定构成潜在的威胁。第一阶段实行的稳定政策造成经济紧缩，直接影响了人民的生活水平，对政治稳定产生了直接的消极影响。1991年，国家推行的私有化，使国有企业员工面临失业的现实威胁，工人对私有化下自身的命运忧心忡忡。1992年，尼罗河农产品出口公司和埃及棉花公司破产解散，激起两家公司的工人举行游行示威、静坐和罢工。根据“阿拉伯战略报告”系列统计，1990年埃及工人罢工、游行示威和破坏活动10件，1991年增加到30件，1992年增加到137件，1993年达183件。1991年年初，在赫勒万等地区，发生多起工人暴动和罢工事件，抗议政府的工资和物价政策，即由市场机制调节工资和物价的改革措施，20万工人拒绝和批评政府的改革措施。1994年，埃及最南部和西奈半岛的煤矿工人举行罢工，抗议政府部分停止对这些煤矿的开采。

1991年经济改革引发的劳工骚动，为宗教极端势力制造暴力事件提供了环境，因此也触发了血腥的政治暴力。1991年，埃及政府3次动用中央保安部队镇压工人运动。1993年，政府11次动用中央保安部队镇压工人运动。上埃及的艾斯尤特是当代埃及政治暴力的核心，20世纪90年代上半期，埃及政府向艾斯尤特的极端分子展开了血腥的清剿战斗，粉碎了所谓的“迪鲁特伊斯兰共和国”。在艾斯尤特市中心，政府甚至动用了轰炸机，持续轰炸10个小时。1993年，政府在开罗城市边缘地区发动了34次清剿作战。据有关资料统计，1993—1996年，双方对抗中共造成2 610人死亡，政府逮捕的宗教极端分子达33 235人。

伊斯兰极端组织不仅同政府军队公开对抗，还策划谋杀国家要员，如新闻部长、内政部长、总理、中央军区司令员，甚至总统、埃及第二号人物议长拉法特·曼海朱卜和国家安全局负责宗教事务的头号人物拉乌夫·希拉特将军先后被暗杀。

在经受住改革初期的剧烈阵痛之后，20世纪90年代中期，埃及经济改革初见成效，各项经济指标大为好转。埃及经济终于恢复元气，进入中速增长期。埃及百姓从改革中得到实惠，社会动荡趋于平息。埃及经济实际增长率由1991—1992年财政年度的1.9%，上升到1998—1999财政年度的6.1%。1999—2000年财政年度赤字仅为1%，通货膨胀率为3%，外汇储备166亿美元，外债减为282亿美元。

不过埃及仍面临严峻考验，由于地理环境、历史和现实政治等原因，埃及各地经济发展极不平衡，这种状况严重制约着埃及经济的发展。埃及地处撒哈拉沙漠，国土面积的96.5%为荒漠，只有3.5%的土地为耕地和居民区。从古到今，埃及人口99.5%聚居在尼罗河谷和尼罗河三角洲地区。另外，埃及人口的快速增长也成为制约埃及可持续发展的一个重要因素。1981年，穆巴拉克执政时埃及全国人口为4 391万人，至20世纪90年代末，埃及全国人口骤升至6 648万人。以首都开罗为例，1994年人口为683万人，到90年代末竟猛增至1 500万人，几乎到了人口爆炸的程度。人口快速增长给埃及经济的可持续发展带来了严峻的挑战。

为了扭转国内经济发展的不平衡状况，改变上埃及落后的面貌，缩小城乡差别，实现以发展促稳定的治本战略，20世纪90年代中期以来，埃及政府在穆巴拉克的领导下，以宏伟的气魄制定了面向21世纪的发展战略，主要有南埃及国家开发计划和乡村一体化开发国家计划。

南埃及国家开发计划拟在1997—2017年间政府大力投资用于开发南埃及地区。南埃及地区面积超过埃及国土总面积的一半，包括阿斯旺、基纳、索哈杰、艾斯尤特、新河谷省和红海省。该计划预计总投资约3 049亿埃镑，其中国家将投入750亿埃镑，占总投资的24.5%，用于基础设施和公共服务的建设。其余由私有部门投资。预计大约有827亿埃镑投入工业，其中包括石油业；529亿埃镑投入旅游业；239亿埃镑投入农业；942亿埃镑用于城乡建设和住房建设。

南埃及国家开发计划“旨在开发南埃及，提高公民的生活水平，为他们创造更多的真正的就业机会，在文教卫生领域等为他们提供新的社会服务”。该计划将在一定程度上缓解埃及国内投资和发展的不平衡，抑制从上埃及诸省向其他富裕地区，尤其是开罗和亚历山大港地区的移民浪潮。

乡村一体化开发国家计划（又名日出计划）并不局限于上埃及，而是覆盖全国农村地区。该计划目的在于改变农村的贫穷面貌，消灭城乡差别，实现农村的一体化可持续发展。日出计划已于1994年开始实施，预计2017年完成。该计划分为四个阶段：发起阶段（1994—2002年）；起飞阶段（2002—2007年）；成熟阶段（2007—2012年）；可持续发展阶段（2012—2017年）。计划总投资2 670亿埃镑，其中33%为政府拨款，42%由民间投资，25%为贷款。该计划的长远目标是在基础设施建设、人才资源开发、经济发展和机构发展等方面全方位推进乡村建设，使埃及农村逐步转向可持续的自主发展，农村成为繁荣和福利之乡，消灭城乡差别，把贫穷落后的农村人口融入全国大社会之中。

为了进一步落实政府的发展战略，埃及政府修建了跨世纪的大型水利工程，主要有图什卡工程、东奥维纳特工程以及和平渠工程。图什卡工程，又称南部河谷工程，总体计划在纳赛尔湖西南侧的图什卡修建一座巨大的扬水站，每年将55亿立方米的尼罗河水，通过总长为850公里的一条主渠和9条支渠，将分散在西部沙漠中的巴里斯绿洲、哈里杰绿洲、达莱赫绿洲、费拉菲赖绿洲和巴哈里耶绿洲连成一片，从而形成与尼罗河谷平行的新河谷。竣工之后，预计约200万费丹荒漠将变成良田。该工程已于1997年1月开始施工，预计2017年完成。全部工程竣工后，埃及西南部占全国面积37.7%的沙漠地区，将形成与尼罗河平行的新河谷三角绿洲。由于工程浩大，因此许多埃及人把这项工程看作是穆巴拉克的金字塔和纪念碑。

第二项是东奥维纳特工程。该工程位于撒哈拉沙漠西南部，距纳赛尔湖350公里。政府拟利用该地区丰富的地下水，改造23万费丹土地，生产无公害绿色食物供出口所需。

第三项是和平渠工程，即尼罗河水东调工程。该工程总投资约为68亿埃镑，计划从尼罗河下游的杜姆亚特河挖一条水渠，经曼扎拉湖，穿越苏伊士运河底部，直抵西奈半岛重镇阿里什。水渠总长为262公里，其中西侧长87公里，东侧长175公里，起名和平渠。穿越苏伊士运河底部是该工程的核心部分，技术难度大。4条长770米、外径6.34米、内径5.1米的隧道铺设在苏伊士运河底部19.5米以下。该工程于20世纪90年代全面动工，耗时20年，计划调水44.5亿立方米，开发土地62万费丹，安置移民75万。到2002年，主体工程已基本完成，部分土地已开发利用，配套工程尚在进行。

这些计划和工程如果能够顺利完成和实现，埃及的经济和社会面貌将完全改观。但是，这些计划和工程的实现对埃及的综合国力构成严峻考验。首先，埃及经济严重依赖外援，外援资金的到位远非埃及政府所能左右。几个大型工程同时上马，政府财政捉襟见肘，后续投资乏力。其次，生活在大城市的既得利益集团，他们在埃及社会占主导地位，为了保护自身利益，他们往往千方百计阻挠计划的实施。再次，这些计划的提出都是针对埃及社会政治暴力泛滥，是推行以发展促稳定的治本战略的反映，随着政治暴力的逐渐退潮，推行计划的政治动力大为减弱。因此，埃及经济的可持续发展是一项长期的战略。

五、“梅开五度”与总统下台

穆巴拉克于1981年10月任埃及总统以来，坚持和平、稳定和发展的战略，在经济建设和社会发展方面卓有建树。在外交上，穆巴拉克开展全方位外交，在国际上赢得了广泛的赞誉，埃及的国际地位大大提高。埃及总统选举每

6年举行一次，可以连选连任。2005年9月，穆巴拉克竞选再次胜出，开始了他第五个总统任期。穆巴拉克的连任有助于埃及政治和经济的稳定，但同时，穆巴拉克需克服诸多困难和挑战，实现埃及的经济复苏和民族振兴将任重而道远。

由于穆巴拉克在治理国家和维护国家安全利益方面取得了杰出的成就，他深受广大埃及人民的拥戴。埃及人民都说他们的总统有一颗真诚仁爱之心。在埃及，人们都传颂着不少关于穆巴拉克的故事。有一天，穆巴拉克收到一封来信。这封信是一位双目失明的姑娘写来的。信中她写道："亲爱的穆巴拉克总统，我感到您就像所有埃及人的父亲一样。天命注定我失去了光明，失去了家。在这个世界上，除了您之外，我不再有任何亲人。现在，一个青年人同我订了婚，我感到很幸福，希望您能在百忙之中参加我们的婚礼。"穆巴拉克一面看着来信，一面流着泪，他仿佛觉得这位姑娘就是自己的女儿。读完信后，穆巴拉克立即以一个父亲的慈爱给那位姑娘买了鲜花和一件漂亮的婚纱。由于他公务繁忙，无法脱身，因此只好派代表将礼物送去。穆巴拉克还郑重其事地转告那位素不相识的姑娘，总统真心祝福她生活幸福。

穆巴拉克时代，埃及的活跃外交引人注目。穆巴拉克作为国际著名政治家和国务活动家，受到国际社会广泛称赞和尊敬，他先后被授予10余枚国际奖章和40余枚外国勋章。

然而，令人匪夷所思的是，作为深受埃及人民爱戴的总统穆巴拉克，竟在2011年发生的一次持续18天的埃及民众运动中轰然倒台，结束了自己近30年之久的总统生涯。

2010年年底，在中东阿拉伯国家和其他地区发生了一系列以民主和经济为主题的反政府运动，国际上常常将该系列事件称为"阿拉伯之春"。2010年12月17日，一位26岁的突尼斯青年穆罕默德·布瓦吉吉（Mohamed Bouazizi）因无法找到工作，无奈之下做起了小贩生意，但遭到了城管的粗暴对待，布瓦吉吉愤怒之下自焚身亡。这个事件激起了突尼斯人长期以来对现政府的不满，物价高涨、失业率攀升和政府腐败成为突尼斯人爆发反政府运动的导火索。突尼斯很快爆发了全国范围的社会骚乱。骚乱愈演愈烈，2011年1月14日深夜，总统本·阿里（Zine El Abidine Ben Ali）不得不放弃自己独裁统治了23年的国家，流亡沙特。由于茉莉花是突尼斯的国花，因此发生在突尼斯的这次政权更迭被人们称为茉莉花革命。茉莉花革命很快以星火燎原之势席卷了整个阿拉伯世界。

就在突尼斯总统本·阿里流亡沙特仅仅10天之后，阿拉伯之春这股浪潮，以迅雷不及掩耳之势袭击了埃及。

2011年1月25日这一天，开罗同往常一样热闹，大街上车水马龙。突然间，成千上万挥舞着埃及和突尼斯国旗的人群，就像从地下冒出来一样，从四面八方蜂拥而来。他们高呼着要求总统穆巴拉克下台的口号。与此同时，在虚拟世界，数以万计的网民纷纷在脸谱和推特等社交网站上，留下了"一·二五"字样，以示对示威者的支持。一个名叫玛瑟赫德的网民每隔一小时就会上传最新的警民对峙的图像。很快埃及当局关闭了推特等网站，并宣布禁止游行示威。但是，示威人群如同打开闸门的洪水，势不可遏。

抗议活动在开罗、亚历山大港、苏伊士和伊斯梅利亚等各大城市展开，其中约有4.5万人分布在开罗的解放广场，约有2万人分布在亚历山大港，约有2 000人分布在伊斯梅利亚。埃及警方使用催泪瓦斯和高压水枪尝试驱离示威民众，民众则向警方投掷石块，最终迫使警方撤退。

2011年1月26日，数千示威者持续进行抗争，越来越多的埃及民众以及

开罗的示威者涌向解放广场

军方开始使用暴力。在苏伊士，暴力冲突则更加激烈，示威者试图在政府建筑物中纵火，对象也包括警察局。

1月27日，埃及著名的改革派人士——国家原子能机构前总干事、诺贝尔和平奖获得者——巴拉迪，从维也纳抵达开罗机场。他向穆巴拉克发出了愤怒的宣战：“他统治这个国家已经30年了，现在是他退位让贤的时候了。”巴拉迪宣布自己能够领导埃及度过穆巴拉克后的过渡期，与此同时，埃及最大的反对派组织穆斯林兄弟会宣布有意终止早先的不采取行动的立场，全面投入抗议活动。

1月28日，数以千计的埃及民众聚集在街道上继续进行抗议活动。因为这天是星期五，故称为周五愤怒日（或愤怒之日）。在祷告活动结束后，数万埃及民众开始进行抗议活动，并在数小时内急速升到数十万人。警方被授权使用催泪瓦斯、橡皮子弹和高压水枪来对付示威的民众。政府发布了从18时到7时的宵禁令，但是示威者并没有遵守宵禁。在当日晚间，开罗的示威民众放火焚烧民族民主党在开罗的总部大楼。面对愈演愈烈的示威浪潮，穆巴拉克终于打破沉默，他发表电视讲话回应示威者的诉求，表示将继续推进改革，努力解决失业问题，提高医疗和教育服务水平。

2011年1月28日，埃及示威民众聚集在位于亚历山大港的亚历山大大帝雕像旁，一致要求总统穆巴拉克下台

1月29日，各种抗议活动仍在埃及各地进行，许多示威民众高喊："打到穆巴拉克！"当地时间14时，大约有5万人聚集在开罗的解放广场，其他各种抗议活动遍及整个埃及。穆巴拉克无奈之下宣布解散内阁，并任命情报局局长苏莱曼担任副总统，这是穆巴拉克执政30年来首次设立副总统。

1月31日，穆巴拉克迫于压力不得不再次任命新的内阁，军队总司令坦塔维被任命为副总理。

2011年2月1日，埃及爆发了百万人大游行。示威活动的路线是从开罗的解放广场，到位于赫利奥波利斯的总统府。据埃及政府媒体报道，示威民众主要聚集在开罗，解放广场的示威民众数量至少10万—25万，超过了解放广场的最大容量。下午时分，整个开罗大约有100多万示威民众，稍晚增加到近200万人。类似的抗议活动也在埃及各地发生，几十万人在亚历山大港，25万人在西奈半岛，此外，苏伊士等地也都发生了规模浩大的示威活动。

联合国人权行政官员宣称，在这次暴力事件中，有300多人死亡，3 000多人受伤。

开罗时间2月1日23时，总统穆巴拉克再次发表电视讲话。他明确表示不寻求竞选下届总统，但声明自己将继续留任到2011年9月，以确保和平过渡到下一次选举，并承诺进行政治改革。他对和平抗议活动转变为"不幸的

2011年2月1日，解放广场前埃及民众集会

冲突”深表遗憾，他表示：“我将死在埃及这块土地上……为它争取和平和捍卫领土、主权和利益……相信历史将会对我作出评判。”有报道指出，穆巴拉克之所以宣布这段讲话，是因为美国总统奥巴马传出话来说希望埃及政权“有序过渡到真正的民主”，但是过渡必须是有意义的、和平的，并且必须从现在开始。

2011年2月2日，反对派对穆巴拉克的让步并不满意，他们坚持要求穆巴拉克立即下台。同时，穆巴拉克的支持者也走上街头，与反对派发生对峙，并发生了激烈的冲突。支持者骑着马和骆驼，手持剑、鞭子、棍棒和石头等，攻击在解放广场、开罗市中心各地的反政府示威者，这次暴力事件被称为骆驼之战。据数字统计，这场冲突导致至少5人死亡，800多人受伤。巴拉迪呼吁军队出来进行介入，并指出：“今天的暴力事件表明，穆巴拉克政权并没有治国的基本常识，当局试图使用暴徒来平息这场和平示威活动……因此，只有让现政权倒台，才能给这种邪恶的举动伸张正义。”巴拉迪要求穆巴拉克必须在“下台星期五”（即2月4日）辞职。

2月3日，抗议活动持续进行，冲突进一步恶化。冲突中有13人死亡，1 200人受伤。开罗博物馆前发生了警民对峙，抗议活动也持续在亚历山大港、曼苏拉等地进行着。当天，穆巴拉克表示自己早已厌倦了总统职位，但是

埃及警察与游行示威民众对峙

如果现在辞职，整个国家将陷入混乱，因此他不会辞职，他不想让埃及陷入一片混沌之中。副总统苏莱曼在接受国家电视台的采访时也一再表示，总统以及他的儿子和家族不会参加下一届的总统选举。

2月4日，反对派称这天为"下台星期五"，即穆巴拉克的"离开日"、"下台日"。大批示威者聚集在开罗市中心，仅解放广场就聚集了上百万民众。另外，埃及第二大城市亚历山大港也聚集了超过百万的民众，规模史无前例。民众警告说如果政府使用暴力镇压，他们将前往开罗进行支援。抗议活动也在吉萨、苏伊士、塞德港、伊斯梅利亚和阿斯旺等地举行。当天，埃及军方表示军队将保持中立而不偏袒，不会使用武力对付示威群众，因为军队的作用是防止冲突和混乱。

2月5日，埃及国家电视台宣布埃及执政党民族民主党的执行委员会集体辞职，其中包括总书记谢里夫和贾迈勒。穆巴拉克一度被传已辞去民族民主党主席职务。然而，反对派领导人却继续设法消除穆巴拉克的权力，呼吁继续在每周二和周五集聚在解放广场，直到穆巴拉克"达到人民的要求，即辞职"。

2月6日，埃及政府与此前一直拒绝对话的穆斯林兄弟会等反对派团体进行对话，商讨如何结束国内政治危机。至此，持续了10天的骚乱平息下来。埃及官方表示，时态已经得到控制，民众生活已经基本恢复，穆巴拉克仍旧牢牢控制着局势。而反对派则反复强调，示威游行还将继续进行下去，局势将进一步恶化。

2月10日晚，穆巴拉克发表电视讲话，表示决定根据宪法将部分权力移交给副总统苏莱曼，而他本人则不会辞去总统职务。

2月11日，埃及副总统苏莱曼通过国家电视台，仅仅用了49秒钟向全世界宣布了一份只有两句话的声明：穆巴拉克已经辞去总统职务，并将权力移交给埃及武装部队最高委员会。穆巴拉克及其家人已离开首都开罗，抵达位于埃及西奈半岛的红海海滨旅游城市沙姆沙伊赫。当天晚上，广大埃及民众聚集在开罗市中心的解放广场庆祝穆巴拉克下台。

2011年2月11日，穆巴拉克被迫辞去总统职务

从1月25日埃及爆发大规模反政府示威活动之后，至2月11日埃及总统穆巴拉克被迫下台，前后短短18天的时间，这位被视为埃及的铁腕人物，在遍及埃及全境的民众抗议声中狼狈下台。这场牺牲了近400人的轰轰烈烈的群众运动，在世界各地的媒体中有多种不同的称法。有的称为“一·二五革命”，有的称为“18天革命”，有的称为“莲花革命”（埃及的国花为莲花），有的称为“青年革命”，因为这次民众运动的发起者和主力，不是什么成熟的政治势力，而是埃及的青年。不过，“革命”归根到底不是根据其推翻了什么来判断，而是根据其带来了什么来定义。仅仅改变执政者个人，而没有对既有的政治结构进行彻底的重构，那么只能是“叛乱或政变”，而不能称之为“革命”。“一·二五革命”中尽管也提出了别的政治诉求，如呼吁出台新的宪法、解散民族民主党、审判穆巴拉克及其下属等，但穆巴拉克下台无疑是抗议者发出的最明确的政治信息和压倒性的呼声。

短短18天，穆巴拉克便被迫下台，事情进展如此迅速，这一切不由得引起人们的深思。究竟是什么因素导致了穆巴拉克这位“强人政治人物”的倒台?

穆巴拉克统治埃及的时间的确太久了。从1981年萨达特总统被刺杀后，他就登上了埃及的权力巅峰。穆巴拉克刚上台时被埃及人民认为只是一个过渡，当1975年萨达特任命穆巴拉克为副总统时，埃及民众感到有点吃惊，因为穆巴拉克并不是埃及政治圈内的突出人物，而且他来自空军。在埃及，空军不比陆军那样积极地参与政治，因此，人们推测萨达特在选择一个容易控制的人，从而不对他构成威胁，当然萨达特很可能也不希望这个人成为他的接班人。穆巴拉克是一名职业空军军人，尽管在公开场合不言不语，但是恰恰因为这一点，他在处理国内外重大问题时异常谨慎，头脑也非常清醒，领导埃及平稳安全地度过了萨达特遇刺，以及埃及被阿拉伯世界孤立的大风大浪。飞行员的性格需要眼观六路，耳听八方，谨慎行事，必要时又需要非常勇猛。在下属的眼中，穆巴拉克是一位“推土机式的人物”，只要他认定了一件事情就会毫不犹豫地去做。他就像飞行员，时刻提醒自己要沉稳。穆巴拉克是中东“后冷战时期”维护国家稳定，建设国家的人，维持了埃及的内部稳定与和平发展，并且提升了埃及的国际声望。

1987年、1993年、1999年、2005年，穆巴拉克先后5次蝉联埃及总统。毕竟穆巴拉克年事已高，他的接班人问题引起了埃及民众的广泛关注。

2003年，当穆巴拉克向议会发表演讲时，突然昏倒……顿时，乌云笼罩在开罗上空，警察和军队控制着大街小巷，惊慌的埃及民众不知道接下来会发生

穆巴拉克的次子贾迈勒

什么？近一个小时后，穆巴拉克重返会场，他5分钟后匆匆结束了演讲。

于是，穆巴拉克的健康问题引发了埃及民众更多的关注，此事关系到埃及政局的稳定。穆巴拉克的接班人问题被舆论界提上了议事日程。有分析人士认为，穆巴拉克的次子贾迈勒·穆罕默德最有可能成为他的接班人，反对派媒体甚至已将这位"幕后高参"称为"埃及的实际掌权人"。

2005年9月7日，埃及总统大选拉开了帷幕。这是自1952年革命推翻封建王朝以来，选民首次通过直接投票的方式在多名候选人中选举总统。尽管开罗街头出现了反对穆巴拉克的游行，不过，穆巴拉克仍旧以绝对优势获得了选举的胜利。据埃及官方统计结果，穆巴拉克获得了88.6%的选票，但是许多选民指控选票造假，并且选民受到了胁迫。因此，很多埃及人声称只有不投票，才是最有效的投票。

在2005年的埃及总统竞选现场，法新社的记者注意到一个细节：一名身材颀长的黑发男子，悄声下令保镖疏散人群，然后用眼神示意穆巴拉克该离开了。这个神秘男子就是贾迈勒。贾迈勒曾留学美国，学习经济学，获得工商管理硕士学位。有评论认为，穆巴拉克之所以参加2005年总统大选，很可能是在为儿子贾迈勒铺路，以确保政权的平稳更替。

美国国会在"一·二五革命"之后的一份研究报告中指出："许多埃及人，无论是青年人还是老年人，无论是受过教育的还是文盲，无论是城市居民还是农村居民，无论是世俗人口还是宗教信徒，都对穆巴拉克家族继承持普遍的反对态度。然而直到2011年年初，几乎没有什么渠道去验证这种反对的程度，或者去评价积极分子抗议穆巴拉克政府的意愿，以及这种反对是否会出现。""一·二五革命"发生后，一切都清楚了。显然，许多埃及人都希望穆巴拉克辞职，并希望他的儿子不要继承权力。

穆巴拉克是埃及历史上执政时间最长的总统，他和他的民族民主党一直保持着一党专制制度，并且将国家一直处于紧急状态，实行独裁统治。埃及国家紧急状态安全法是在1967年颁布的，自从1981年10月6日萨达特遇刺后，埃及一直执行至今。根据这个法令，警察的权力被极度扩大，宪法保证的公民权利被大大压制，政府可以无理由扣押任何人士。另外，这个法令严格限制了非政府组织和未经批准的政治组织的活动，包括街头游行示威。国家紧急状态安全法成为穆巴拉克维护自己专制统治的有力工具。据人权组织估计，仅2010年，就有5 000—1万人被长期拘留，但没有受到起诉或审判。

也许穆巴拉克有足够的理由，保持国家处在紧急状态之下。埃及是现代伊斯兰教原教旨主义思想的发源地。原教旨主义理论的奠基人赛义德·库特卜就出生在埃及，他曾加入穆斯林兄弟会，1966年被纳赛尔政权处以绞刑，成为一位原教旨主义的殉道者。创建于埃及的穆斯林兄弟会，在穆巴拉克统治初期取得了很大发展，迅速成为埃及非常重要的政治势力。穆斯林兄弟会利用世界各地穆斯林，特别是中东石油国家的捐助，在埃及境内创办学校、医院和银行，在自己的体系内提供社会保障，成为埃及底层人民的依靠，因此深受广大埃及底层民众的欢迎，比埃及政府的口碑实在好多了。因为穆斯林兄弟会掌握大量清真寺和各级教职人员，其思想在普通民众中传播甚广。2005年埃及议会选举，以个人名义参选的穆斯林兄弟会候选人赢得了20%的席位，使得穆斯林兄弟会成为埃及势力最大的反对势力。这个胜利也引起了穆巴拉克的高度警惕，从2007年开始，大批穆斯林兄弟会的领导人被捕，其实力被大大削弱。不过，“一·二五革命”中穆斯林兄弟会并不在前台，甚至在“革命”伊始，穆斯林兄弟会有些不知所措。

穆巴拉克执政期间，虽然他采取平稳、逐步发展的政策致力于发展国内经济，但是由于地理环境和历史等因素，埃及各地经济的发展极不平衡，发达地区主要集中在尼罗河三角洲和地中海沿岸。埃及国土面积虽然很大，但大部分属于沙漠，8 000万人口大都拥挤在尼罗河两岸，居住环境日益恶化。埃及人民的平均生活条件每况愈下，据2010年的报道，埃及大约40%的人口每天的生活消费达不到2美元，其中一大部分人要依赖食物补助而生存，生活非常艰难。2008年的食品价格危机、世界经济衰退也沉重打击了埃及的经济，2009年埃及经济增长只有4.6%，2010年也只恢复到5.3%，通货膨胀率却高达12%，再加上连续几年来的食品等基础生存物资价格连续上涨，导致贫困人口的生活更加困难。

近年来由于强调自由化、私有化的经济改革带来的负作用在埃及日益凸显，由此衍生出来的贫富差距、通货膨胀和失业等问题比比皆是。埃及是一个年轻的国家，埃及的人口非常年轻，中位年龄只有24岁，即埃及一半的人口在24岁以下。对于8 000万埃及人口而言，竟然有一多半的人出生在穆巴拉克任期之内。另外，埃及人口增长率很高，每年2.5%的人口出生率，2%的人口增长率，使得埃及人口迅速增加。如此高的人口增长率也导致每年都有上百万的年轻人进入劳动力市场，即使接受了高等教育也无法保证他们能在就业市场上有一席之地，埃及的失业率长期维持在10%左右。高学历的人口失业率高并不是埃及特有的现象，在阿拉伯国家，突尼斯和约旦也有类似的问题。接受了大学高等教育的埃及人口已经不再满足在埃及接受那份薪水并不丰厚的工作，很多人都去海湾国家工作，或者运气好的话，直接去西欧和北美。这样的找工作心理也导致在埃及本土的企业想要招到高技能的人才比较困难，因为企业为了留住这些人，往往需要提高工资，尽可能与那些高薪水国家竞争，而这样做就会降低企业的竞争力，导致中小型企业举步维艰，为了生存企业只好雇佣低水平人才，这就导致了受过教育人口的高失业率。这些曾受过高等教育，却没有正经事情可做的青年人就成为这次“一·二五革命”的主力军。

穆巴拉克政权对美国过于依赖和温顺，也是这次“一·二五革命”发生的一个原因。埃及的军队建设从1978年签订《戴维营协议》之后基本上依赖美国。美国每年十几亿美元的援助，帮助埃及实现了军队的现代化。冷战结束之后，阿以关系由美苏两家对立状态转为美国一家主导。埃及当然要服从这个现实。因为美国是阿以和平，特别是埃以和平的促成者和保障者。埃以和平实现之后，美国每年给埃及15.5亿美元的援助，其中13亿美元为军事援助，一给就是30多年，这种角色和能力是其他国家无法替代的。此外，埃及每年还从美国方面得到大量的经济和发展援助。因此埃及与美国这个世界上最强大的国家保持良好关系之外，似乎别无选择。当然，美国之所以如此慷慨地援助埃及，也是因为看中了埃及在中东地区所处的特殊的地理位置，以及埃及在阿拉伯世界的特殊地位，即埃及可以充当美国维护在中东战略利益的支

穆巴拉克与美国总统布什

柱。如果埃及这根亲美的支柱倒塌，美国在中东构建的地区格局就会发生根本性变化。

埃及与美国的关系过于紧密，严重损害了埃及的国际地位。埃及是阿拉伯世界最主要的国家，以纳赛尔为代表的老一代领导人注重依托本国民众和阿拉伯世界，英勇抗击西方列强和以色列，成功收回了苏伊士运河管辖权，在国际上产生了广泛的影响，纳赛尔本人被公认为阿拉伯世界的领袖，埃及的国际声望也达到高峰。萨达特执政期间，埃及转而奉行"亲美疏苏"的政策，此后又与以色列单独媾和。穆巴拉克基本沿袭了萨达特的外交路线，热衷于充当阿以之间的"润滑剂"，以及美国维护其中东战略利益的"垫脚石"。从短期来看，埃及收回西奈半岛，并因充当阿拉伯世界与以色列、美国之间桥梁而左右逢源。但从长远来看，这种亲美外交损害了埃及民众的民族自豪感和自尊心。因此，穆巴拉克政府对美国的过于温顺，使得埃及政府受到了比贫穷和独裁更具破坏性的诅咒，它被埃及自己的人民视为另类，认为埃及政府推行来自遥远国度的政策。此外，从经济角度来看，埃及与美国等西方国家过于亲密，也加剧了埃及在国际经济体系中的依附性地位。纳赛尔时期，埃及一直通过发展本国民族工业，摆脱对西方的依附。萨达特时期开始推行开放政策。穆巴拉克上台后全面推行私有化，使得埃及民族工业纷纷萎缩，埃及在国际经济体系中的地位日趋下滑，成为只能依靠出口初级产品、收取运河通行费、发展旅游业和侨汇，乃至只能依靠外援才能勉强度日的"乞丐国家"，沦为"尼罗河的病夫"。

穆巴拉克政府的腐败也是出了名的，统治阶层的贪污腐化、裙带关系泛滥，使得埃及政府的形象大大抹黑，埃及民众对于官员侵占国家财产的批评之声向来不绝于耳。在纳齐夫任总理期间，民族民主党和政府内的商人权力的增长，与埃及人民议会引起了巨大的民愤。前民族民主党秘书长艾哈迈德·伊兹（Ahmed Ezz）垄断了埃及钢铁工业，并占据了市场份额的60%，其资产估计超过180亿埃镑；前住房部部长艾哈迈德·麦格拉比（Ahmed al-Maghraby）的资产估计为110亿埃镑；前旅游部部长朱哈尔·加兰纳（Zuhair Garrana）的资产估计为130亿埃镑；前贸易与工业部部长拉希德·穆罕默德（Rashid Mohamed）的资产为120亿埃镑；前内政部部长哈比卜·阿德利（Habib al-Adly）的资产估计为80亿埃镑。关于总统穆巴拉克家族的财富更是一个天文数字。英国《卫报》披露，穆巴拉克家族在瑞士和英国的银行拥有巨额存款，且在伦敦、纽约、洛杉矶及红海海滨的黄金地段有房地产和酒店投资。内幕人士爆料，穆巴拉克家族的财富可以达到700亿美元。穆斯林兄弟会发言人表示："如果将穆巴拉克的巨额财产追回，并还之于民的话，埃及就不再需要外国的援助了。”一位埃及民众对《苏格兰日报》表示，根据她所听到的数字计算，如果把所有的商人和政府官员掠夺的财产还给埃及人民，埃及8 000万人民将每人获得25万埃镑。

穆巴拉克与妻子苏珊

总之，正是由于穆巴拉克政府的高压统治、贪污腐化、经济的不景气、民众生活的艰难、居高不下的失业率，导致埃及民众对政府的怨气与日俱增，而这些怨气最好的出气筒就是那个执政已经长到了永远的穆巴拉克。另外，在过去的30年间，世界民主浪潮在全球范围内波涛汹涌，此起彼伏，早就接受了西方观念的埃及年轻一代，特别是守在网络旁边成长起来的新一代青年，他们擅长使用网络虚拟平台，从而将这场“革命”成功进行到底。

推翻了穆巴拉克政权，埃及换了政府，但是埃及的各种问题很难说就会好转。让穆巴拉克下台不难，换个政府看起来也容易，解散议会、修改宪法，这些都可以操作，但是真正改善民生，路还是很长很长。实际上，这次“革命”已经给埃及经济带来了不小的打击。埃及经济秩序遭到了破坏，生产停滞，运输困难，供应紧张，物价上涨。埃及旅游业遭受了重创，开罗、卢克索和沙姆沙伊赫等城市的酒店入住率大幅下降，游客数量减少40%，埃及每天损失超过4 000万埃镑。另外，埃及股市大跌，油价暴涨，苏伊士运河陷入瘫痪的边缘，贸易大动脉牵动着全球神经。显然，打碎旧的一切很容易，而建立新的秩序则需要一个漫长的过程。现在，埃及处于诸多领域失序和欠稳定的状态，混乱之后，恢复外国投资者的信心需要时间，恢复旅游业也需要时间，结果很可能在几年内经济形势都不会好转，再加上全世界范围的基础物资价格上涨，埃及贫困人口的生活将会更加困难，不满情绪可能加剧。

六、铁笼审判留给我们的思考

穆巴拉克被迫下台时可能没有想到有一天他会被关进铁笼中，在自己国家的法庭上接受审判。政治强人穆巴拉克主动交权换来的却是审判，这一结

2011年8月3日，穆巴拉克在铁笼中被迫接受对他的首次庭审，同时受审的还有他的两个儿子

局对政治变局中的埃及以及整个中东地区又会产生什么样的影响？

2011年8月3日，穆巴拉克及其两个儿子被控贪腐、滥用职权、下令枪杀示威者等罪名，在开罗警察学院出庭受审。此前直到8月2日晚上，穆巴拉克能否出庭受审仍是一个谜。深夜时分，埃及官方电视台报道说，接穆巴拉克的武装直升机已经到达沙姆沙伊赫，才让穆巴拉克出庭受审的事情有了定论。

在埃及历史上，前国家领导人被送上审判台似乎还没有先例。事实上，掌控政府的埃及军方并不乐意看到穆巴拉克受审，显然如果审判穆巴拉克牵涉到现任埃及军方领导，埃及脆弱的政治平衡可能会遭到破坏，因为时任军方领导人大多是在穆巴拉克时期被提拔上来的，与其存在千丝万缕的联系。然而，审判穆巴拉克则有利于转移矛盾，减少临时政府所承受的压力。穆巴拉克政权被推翻后，埃及随后于3月份举行了修宪公投，将总统任期由6年缩短至4年，并且规定只能连任一届，并规定武装部队“保护”国家，政府延长紧急状态必须提交议会批准。但反对派仍对埃及军方接管政府后实施“民主过渡”的进程不满，多次占据开罗市中心的解放广场进行示威，一些人甚至表示，现任的新政府与之前的穆巴拉克政府没有什么两样。在这种情况下，如果埃及军方拒绝审判穆巴拉克，无异于进一步引火烧身。因此，对穆巴拉克的审判是政治斗争的需要，也是政治家的需要，政治家需要表演。

8月3日8时25分，接穆巴拉克的武装直升机到达开罗马兹军用机场。9时整，穆巴拉克等人被送到开罗警察学院。该警察学院此前叫穆巴拉克警察学院，“一·二五革命”爆发后，穆巴拉克一词被抹掉。通往警察学院的马路两旁布满了警察，政府布置了8 000余名军警和200余名狙击手负责维持治安。警察学院的大门被围观的群众挤得水泄不通。上千名防暴警察手持盾牌组成人墙，散布在广场各处，并将穆巴拉克的支持者与反对者隔开，数十辆装甲车分散在广场各处，机枪手神情严肃地坐在车顶的机枪旁，密切观察着周围的动向。在广场的一侧停放着数十辆救护车，以应对突发事件。对于穆巴拉克受审，埃及民众心情复杂。民众对穆巴拉克受审存在两种态度：一种认为穆巴拉克受审是“罪有应得”，一些反对穆巴拉克的人手持“烈士”照片，高呼严惩刽子手穆巴拉克的口号；另一种认为，审判穆巴拉克很不公正，尤其是对一个年过八旬的老人，这样的结果“有些残酷”，一些穆巴拉克的支持者摇旗呐喊：“对穆巴拉克的审判是对他的侮辱，对穆巴拉克的侮辱就是对所有埃及人的侮辱。”于是，穆巴拉克的支持者和反对者双方发生了冲突。

反对者要求绞死穆巴拉克

法庭审判正式开始，出乎人们想象的是，穆巴拉克和他的两个儿子以及前内政部部长阿德利等人被关进特制的大铁囚笼里接受审判。全世界目睹了穆巴拉克这位曾经叱咤风云的政治强人受审的场面。这是穆巴拉克下台后首次在媒体上公开露面，他看上去显得苍老了很多，脸上的皱纹明显增加，身体十分虚弱。庭审中穆巴拉克没有什么太多的言辞，他躺在病床上，表现得比较镇静，他不时地将手在脸部划动，或抠抠鼻孔，或搔搔耳朵，仿佛故意表现出不专心或对眼前发生的一切不屑一顾。

法庭指控穆巴拉克下令枪杀游行者，利用职权非法占有财产，以及为了获利向以色列廉价提供天然气等罪名。穆巴拉克称这些全是捏造，自己并没有做那些事情。审判持续了两个小时，中间休庭两次。法庭上争吵得很厉害，一些律师指责不应该把阿德利与穆巴拉克放在一起审判，也有律师要求武装部队最高委员会主席坦塔维、总参谋长阿南以及前副总统苏莱曼出庭作证，穆巴拉克是否向他们发出过枪杀游行者的命令。

庭审现场外，穆巴拉克的支持者与反对者激烈对抗，发生了多次大规模冲突，造成众多民众受伤，直到防暴警察逮捕大批人员后，冲突才逐渐平息。

其实，对穆巴拉克的审判很难就事论事，通过审判要给穆巴拉克定罪绝非易事，这不仅涉及取证困难等问题，而且涉及现行体制，如果认真审判，很可能引发埃及更大的政治动荡。因此，从这个意义上说，对穆巴拉克的审判具有象征性意义。

将年迈的穆巴拉克关进铁笼进行审判这一创举，留给我们无尽的思考。把83岁高龄的毫无反抗能力的穆巴拉克关进铁笼，显然侵犯了被告的人格权，对他显然是一种羞辱，因为尊敬老人是伊斯兰教义中的内容。对于一个在浩浩荡荡的民主潮流面前没有太多抵抗，主动放下权力的独裁者，是不是要给他留条退路？一个真正关心埃及未来和埃及人民的人，应该考虑怎样让埃及变好，而不是清算。

穆巴拉克的铁笼，使得人们联想到萨达姆的绞索和齐奥塞斯库的枪眼。独裁、专制是一条自绝于民众、自绝于世界的不归路。当独裁者违抗民主自由的历史潮流时，独裁者必将坠入历史的尘埃。毕竟当今世界是民主、自由、法制和人权的天下。如果穆巴拉克早10年退休的话，他或许会成为埃及的一代伟人，深受广大民众的赞扬和缅怀。可惜他没有远见，他对权力的迷恋战胜了应有的理智，他与民意背道而驰，只好以一种不体面的方式结束了自己的政治生涯，留给我们无尽的叹息。被关进铁笼的是穆巴拉克，又不是穆巴拉克，而是一个愚昧、残忍、黑暗、暴行、专制、垄断、独裁、为所欲为的年代。美国前任总统小布什曾留下一段关于权力和笼子的至理名言："人类千万年的历史，最为珍贵的不是令人炫目的科技，不是浩瀚的大师的经典著作，不是政客们天花乱坠的演讲，而是实现了对统治者的驯服，实现了把他们关进笼子里的梦想。因为只有驯服了他们，把他们关起来，才不会害人。"

2011年8月15日，穆巴拉克第二次出庭受审，这次他仍被关在铁笼中接受审判。庭审期间，法庭内外秩序混乱，审判没有取得太大进展。9月5日，穆巴拉克第三次出庭受审，控方首次传唤证人出庭，希望指证穆巴拉克或是内政部部长阿德利曾向防暴警察下令朝示威者开枪，但当天出庭的4名警察无一人指证穆巴拉克。9月7日，穆巴拉克第四次出庭受审，当天的审判持续了约8个小时，共有3名证人出庭作证。当日庭审现场秩序混乱，双方律师多次发生争执，数名律师离席表示抗议，导致庭审多次中断。庭审期间，穆巴拉克的反对者在法庭外举行示威，他们提出一定要严惩穆巴拉克，"绞死穆巴拉克"！同时，穆巴拉克的支持者手中则高举穆巴拉克的画像，作出亲吻的动作，他们认为穆巴拉克当初是一位临危受命的总统，执政期间为埃及提供了一个相对稳定的国内发展环境，是一位伟大的总统。于是，穆巴拉克的支持者与反对者之间再次发生了激烈冲突，并导致数人受伤。

2012年1月10日，穆巴拉克第五次出庭受审，他首次改坐轮椅出庭受审。埃及检方要求法官判处穆巴拉克死刑，理由是他参与镇压并打死大约850名示威者。2月22日，埃及法庭最后一次审理穆巴拉克一案。在这次庭审中，穆巴拉克拒绝申诉。

2012年6月2日，在经历了10个多月的漫长诉讼之后，埃及法院就穆巴拉克一案作出终审判决，宣布判处穆巴拉克终身监禁。另外，埃及法院还撤销了对穆巴拉克两个儿子的指控，他们被判无罪。

埃及国家电视台直播了这个被称为“世纪审判”的整个宣判过程。结果宣布后，法庭内外出现穆巴拉克支持者与反对者之间的两派冲突，导致29人受伤。为了使这次“世纪审判”万无一失，埃及出动了约7 000名军警，100辆装甲车。穆巴拉克的反对者对宣判结果表示强烈不满和抗议，穆斯林兄弟会要求其成员占领开罗所有的广场并进行示威游行，要求必须重新审判穆巴拉克。显而易见，“世纪审判”结果使得埃及局势更加复杂和动荡。

“世纪审判”究竟能给埃及社会带来多大改变呢？除了迎合许多民众的诉求之外，审判穆巴拉克本身对改变埃及现状的作用甚微。审判毕竟不能替代改革，埃及当前问题堆积如山，失业率居高不下，民生问题更加尖锐，其根源在于埃及经济结构性问题非一朝一夕可以改变。另外，埃及在向民主政权转型过程中，首要任务是实现政治和解，而审判本身则造成社会成员之间的激烈对抗，势必会让整个社会的稳定充满风险，而且伴随着埃及教俗之间的分歧，埃及未来发展更充满着不确定性。因此，从这个意义上说，审判穆巴拉克并不能真正开启埃及历史新的一页。

作者点评：

作为世界文明古国的埃及，背负了太多的苦难和重负。在一场场如火如荼的革命斗争中，埃及人民用自己的勇气和智慧来表达对现实的不满。然而，随着穆巴拉克的倒台，埃及民众蓦然回首，竟发现自己脚步蹒跚，泪眼蒙眬。

整个埃及满目疮痍，动乱对埃及的经济造成了严重破坏，埃及人赖以生存的支柱产业——旅游业遭受了巨大打击，失业率居高不下，通货膨胀持续上升，财政赤字剧增，每位埃及民众都深切地感受到生活质量的下降，社会治安的糟糕。他们曾经呼唤的“面包、自由和正义”，如今换回来的只是一声声叹息和低吟：“安拉，请让我们活下去！”

埃及人在仰羡西方的意识思潮中逐渐失去了自我。埃及人使用西方人惯用的手段——示威游行，然而获得的却不是他们期待已久的最终目标。民主这个梦实在太绚丽了，正是因为它的绚丽，才曾经寄托了他们所有的梦想和未来，然而在无穷无尽的抗争中，民主梦被无情地剥下面纱，露出了狰狞和丑陋。这种狰狞和丑陋以同样的力量打击着埃及人民的意志。埃及有识之士是这场革命积极的缔造者，但他们在混乱中没有了未来，而众多的无知者则是盲人瞎马，在这场革命中遭受到政客们的愚弄。

从纳赛尔、萨达特，到穆巴拉克，埃及的领袖虽然也曾经想运用现代化的意识来治理国家，但他们沉迷于运用各种强制手段和严密的政权体系来约束人民。但愿历史能让今天的埃及人民警醒。在过去的半个世纪里，埃及人民听惯了领袖的花言巧语，纳赛尔、萨达特和穆巴拉克都宣称要改革，然而他们的铁腕统治却让普罗大众受苦受难，人文关怀在埃及社会中至今难觅踪迹。《纽约时报》的一篇文章曾这样揶揄穆巴拉克统治下的埃及："克里奥帕特拉时代的埃及是古代世界中的现代化国家，而穆巴拉克时代的埃及则是现代世界中的古代国家。"

颠覆了穆巴拉克威权体制的埃及，并没有进入法制、稳定和发展的正常轨道，而是深陷泥沼，难以自拔：社会严重分裂，局势持续动荡，政治对抗加剧，经济危机恶化。穆巴拉克政权的突然倒台，使长期受到钳制和打击的各种政治势能得到释放，然而，并不成熟的公民社会无法适应由万马齐喑向万马奔腾的剧变，多极力量迅速分化组合，明争暗斗，试图在后穆巴拉克时代的埃及权力和利益格局中获得更大的主导权。动荡使得埃及旅游、投资和贸易等康复经济生活充满风险，进而使经济危机无法化解，相反会促成新的不满、新的焦虑和新的革命。恶性循环，周而复始。

第十六章　20世纪的埃及文化

一、 教育方面

伴随着20世纪的发展，埃及一直以“教育乃一切之本”作为教育发展战略，大力开展普及教育，提高各教育阶段的质量。埃及的教育事业取得了丰硕成果。目前，埃及已经成为中东地区阿拉伯国家中教育事业最为发达的国家。

1952年革命成功后，埃及开始建立一整套现代教育制度，加大政府对教育的投入，使教育事业进入全面发展时期。1954年纳赛尔执政后，全面推行小学义务教育法。1956年埃及颁布《教育法》，开始逐步完善教育制度。1970年萨达特执政后，埃及实行对外开放政策，强调发展高等教育并成立了一批大学，使更多的中学毕业生有机会进入高等院校学习。1981年穆巴拉克上台执政后，更加重视埃及的教育事业，政府加大对教育的投入。据统计，1981—1982年度，埃及教育投资为10亿埃镑，2001—2002年度教育投资增至197亿埃镑。同时，埃及政府强调全面实施教育发展规划，大力发展技术院校和工业专科学校，培训专业人才，为国家的现代化建设服务。

1987年，埃及政府制定了新的教育政策和教育发展战略。其主要内容包括：教育是每个公民应享有的权利，向公民提供充分的受教育机会是国家最主要的职能之一；国家负责主管各级、各类教育，但保证大学及其科研机构的独立和自由；实行小学和初中免费义务教育制；国家机关和企业对其职工进行的各级教育均为免费教育；宗教教育是教学大纲中的基本内容；扫除文盲是每个公民的应尽义务。1992年7月，埃及政府颁布了题为《穆巴拉克和教育——展望未来的报告》，提出了教育政策与埃及教育改革的框架。根据这一报告，埃及大力开展职业和再就业培训教育，使埃及的教育事业继续稳步向前发展。

埃及在推进现代教育的发展中，高度重视高等教育的建设。埃及是非洲最早发展高等教育的国家。20世纪初，埃及民族独立运动的领袖穆斯塔法·卡米勒等人都呼吁建立一所埃及大学，宣扬自由和爱国思想，并适应国际学术的发展。在埃及民众的热情支持下，1908年，埃及终于创办了埃及历史上第一所现代化大学——埃及国民大学，即开罗大学的前身（1935年正式改名为开罗大学）。开罗大学拥有23个学院、150个系和100个研究中心，开设了数百个专业。现有本科生逾20万人，研究生近2万人，拥有教师6 500余名。开罗大学绝大部分院系学制为4年，工学院、牙科—口腔学院、医药学院和兽医学院等，学制为5年，医药学院学制为6年。开罗大学已成为埃及规模最大的一所综合性大学，不仅招收国内学生，而且招收外国留学生。

1938年，在埃及的第二大城市亚历山大港成立了法鲁克一世大学，设立文学院和法学院，1941年成立工程学院，1942年成立理工学院、商学院、医学院和农学院。1952年，该大学正式改名为亚历山大大学，成为埃及排名第二的著名大学，现有27所学院和研究院，拥有教师4 100余人，本科生14余万人，研究生近万名。

开罗大学一瞥

1950年7月，埃及政府在赫利奥波利斯建立了伊卜拉欣大帕夏大学，1954年9月，正式更名为艾因夏姆斯大学。艾因夏姆斯在阿拉伯语中意为“太阳的眼睛”。该大学现有17所学院、137个系以及37个研究机构。1978年，艾因夏姆斯大学开设中文系，已先后培养数百名大学本科生和近百名研究生。该中文系成为埃及乃至整个阿拉伯世界和非洲大陆最大的汉语教学基地，在中埃教育文化交流中发挥着积极的作用。

埃及现有大学共19所，其中国立综合性大学12所。此外，埃及还拥有6所独立大学，它们分别是开罗美国大学、十月六日大学、埃及国防大学和埃及科技大学等。这些大学与国外大学拥有较多的合作交流协议。埃及大学中还包括一所宗教大学，即爱资哈尔大学，它为纪念先知穆罕默德的女儿爱资哈尔（阿拉伯语意为美丽之花）而得名。该大学创建于972年，是世界上最古老的伊斯兰大学。爱资哈尔大学开创之初，设有伊斯兰教法学院、伊斯兰基础学院、阿拉伯文学院和伊斯兰宣教学院4个学院。1961年，埃及政府颁布第103号法令，批准爱资哈尔大学新建医学院、工学院、商学院和农学院等学院，现代科学和应用科学教育被正式纳入现代大学体系。1962年，爱资哈尔大学开始招收女生。20世纪70年代以来，爱资哈尔大学的规模不断扩大。目前，该大学在开罗和各地共设有41个男子学院、14个女子学院。据统计，1999—2000学年，爱资哈尔大学在校注册生达到了20万人。

爱资哈尔大学教学方式十分独特，教学不设教室，学生没有课桌，教师在礼拜堂找根柱子，旁边放把椅子，坐上去就讲课，学生则围绕教师席地而坐。教师讲完一个课题后，提出问题与学生共同讨论。学生不受年龄、学历和国籍的限制。爱资哈尔大学在阿拉伯国家和伊斯兰世界享有盛誉。埃及《金字塔报》称，爱资哈尔大学一直是伊斯兰的灯塔，是伊斯兰学术和阿拉伯文化的堡垒，是伊斯兰文化的顶峰，是各国伊斯兰文化的朝向。

由于埃及政府高度重视高等教育，大专院校人数大幅度增加。据数字统计，1981—1982年度，埃及大专院校在校生共计625 800人，2001—2002年度猛增至1 778 200人，其数量增长之快可见一斑。

在推进现代教育发展方面，埃及政府不仅重视高等教育的建设，而且也重视普通教育的发展。自20世纪20年代起，一些新式学校在埃及的大中城市以及乡镇纷纷开办。1948年，埃及在全国实行小学义务教育，进一步促进了普通教育的发展。1954年，纳赛尔执政后在埃及全面推行小学义务教育法。1981年穆巴拉克上台后，更加重视埃及的教育事业，加大对教育的投入，

爱资哈尔大学

仅2000—2001年度，埃及政府为教育拨款就达64.675亿埃镑。在国家的议事日程上，教育是政府始终优先考虑的对象。埃及的基础教育由小学教育和初中教育两部分组成。埃及实行小学和初中义务教育，学制8年。埃及法律规定，凡年满6岁的埃及儿童，均有权利接受8年制义务教育。完成义务教育（小学和初中）者可继续高中教育或技校学习。高中教育分为普通高中教育和技术高中教育两种，学制为3年，毕业后可以继续接受高等教育。技术高中教育还存在另一种5年制学制，称为高级技术教育，旨在培养工业、农业、商业、行政管理以及服务的技术人员。为了适合国家经济建设的需要，埃及政府重视中等技术教育，先后建立了大批工业、农业和商业技校，政府对技术教育的财政拨款也不断增加。埃及的职业教育是一项新兴的教育项目，自20世纪80年代以来，接受技术教育的人数大幅度增加。据统计，2001—2003年度，埃及工业技校在校人数为922 400名，农业技校在校人数为224 600人，商业技校在校人数为1 013 500人，技校学生总数达到了2 160 500人。

由于埃及是伊斯兰国家，伊斯兰教是国教，埃及政府对宗教教育也高度重视。埃及全国共有17 000多座大大小小的伊斯兰教清真寺，许多大的清真寺内设有伊斯兰学校，它们成为伊斯兰普通教育的主要场所。伊斯兰教育的经费投入比较充足，据1999—2000年度计划，仅伊斯兰普通教育的拨款就高达1.64亿埃镑。伊斯兰教育对普及埃及全民文化教育一直发挥着重要作用。

在推动教育事业发展方面，埃及政府除发展正规教育外，还积极发展扫盲和成人教育。堪称中东地区文化大国的埃及，在扫盲教育上也是首屈一指的。为了改变与政治、经济和文化地位极不相称的局面，埃及政府将扫盲教育当作全民教育中的头等大事来抓。埃及教育部下设扫盲和成人教育总局，负责全国的扫盲和成人教育工作。为了保证该项工作的顺利进行，教育部拨专款用于扫盲和成人教育。据统计，2001—2002年度，用于扫盲和成人教育的专款达到6 000万埃镑。从20世纪50年代起，埃及政府在农村地区建立了许多针对不同群体的扫盲班，教农村的儿童、妇女和男子读书写字。同时，埃及教育部与内政部合作，通过开办各种形式的技术培训和成人教育中心，使扫盲运动与成人教育相结合，实现系统化、规范化和制度化。埃及扫盲和成人教育工作取得了良好的成绩，埃及的文盲率大大下降。据统计，20世纪50年代，埃及文盲率为90%，1986年下降为49.6%，1996年下降到38.6%，2000年文盲率下降到33.4%。

为了应对21世纪的挑战，埃及政府加大了对教育部门的投资和技术更新。此外，埃及教育部还制定了一个利用发展教育的全面计划，包括普及多功能厅、科技中心，配备接收教育频道及为运转教育频道、因特网和卫星通讯所必需的设备和器械。为了推动未来教育事业的发展，埃及政府先后实施了许多教育发展计划和工程，其中包括穆巴拉克—科尔发展技术教育计划。该计划是穆巴拉克同前德国总理科尔于1995年签订的，旨在培养一代训练有素的技术人才，通过先进的现代化技术和生产手段，经过科学和实际的培训，培养出符合工业发展、经济发展和劳务市场需求的劳动力。2000—2001年，德国已为该计划拨款4 600万马克。

1998年7月，以穆巴拉克总统夫人命名的苏珊·穆巴拉克科学研究中心成立。该中心的主要目标是改变埃及教师传授知识的观念和方法，改变知识灌输和要求学生死记硬背的教学模式，通过介绍阿拉伯和伊斯兰科学家的功绩，培养埃及青少年的爱国主义精神。该研究中心设立放映大厅，介绍99位古代埃及、阿拉伯、希腊和西方著名科学家的成就，提供有关这些科学家的信息，普及埃及公众的科学意识。

为了推动埃及各阶段教育的发展，埃及政府在十月六日城建立了穆巴拉克教育城，该教育城成为中东地区的第一座专业性教育城。该教育城占地面积243 600平方米，设有科技信息中心，为所有的教育科技活动提供服务。

为了更好地发展教育，埃及政府在亚历山大图书馆废墟的原址上建立了一座现代化的亚历山大图书馆。亚历山大图书馆的历史可以追溯到公元前300年，古埃及的托勒密王朝在都城——亚历山大港建立了一座图书馆，其规模之大在当时可谓举世无双。据后人描述，当时的亚历山大图书馆的建筑和附属设施十分宏伟壮丽，具备藏书、科学研究和学术交流等多种功能，成为环地中海地区闻名遐迩的一个文化中心。遗憾的是，这样一座文明的灯塔却多次经受战火的摧残直至完全被毁灭。尽管亚历山大图书馆命运多舛，但这座文明灯塔所闪耀的智慧之光却留在一代代学者的记忆中。重建古老的亚历山大图书馆和复兴伟大文化遗产中心的梦想，一直激发着全世界知识分子的智慧。1974年，埃及历史学家、亚历山大大学校长穆斯塔法·阿巴迪首次提出了重建亚历山大图书馆的想法。这一倡议立即得到了埃及政府的极大重视。1988年，穆巴拉克总统创建了亚历山大图书馆建设总部，使这一重建的工程纳入国家项目。1990年2月，在穆巴拉克总统的邀请下，在埃及南部城市阿斯旺举行了历史性会议，这次会议成为亚历山大图书馆新馆建设的一个真正

亚历山大图书馆内景

的转折点。在亚历山大图书馆建设过程中，埃及总统、总统夫人以及教育部部长等扮演了重要角色。穆巴拉克夫人那种不知疲倦的工作作风和无与伦比的献身精神，对于图书馆新馆的建设发挥着重要的作用。2002年10月16日，亚历山大图书馆新馆正式落成。来自世界各地的政要、学术权威和各界人士出席了这次盛大的开馆仪式。

新图书馆的设计目标既具有现代气息，又富有浓重的历史底蕴。新图书馆不仅是一个藏书的地方，而且是一个综合的文化复合体。新图书馆总建筑面积8.5万平方米，共有13层，总高33米，包括主图书馆、青年图书馆、盲人图书馆、天文馆、手迹陈列馆、古籍珍本博物馆和会议中心等。它向地中海倾斜的外部圆形建筑可谓一语双关，既形似亚历山大港古时候的圆形港口，又让人自然联想到宇宙的空间。新图书馆的墙体由两米宽、一米高的巨石建成，上面刻写了120多种从不同民族语言字母表中选择的字母，象征该图书馆囊括了全世界的知识。在建馆之初，埃及政府就提出了明确的目标，把新图书馆建成埃及认识世界和世界了解埃及的窗口，使新图书馆能够面对当今世界数字化革命的挑战，并充分利用新图书馆的有利条件使埃及能够成为世界文明对话的中心。

亚历山大图书馆墙面上的各种文字

新图书馆的建立必将给埃及科学和文化的复兴运动注入新的活力，使得埃及能够继续在文化领域担当阿拉伯世界的领导地位。担任埃及亚历山大图书馆基金会主席的埃及总统夫人苏姗·穆巴拉克在新馆落成的祝辞中写道：

“亚历山大图书馆使人类文化和科学宝库中的遗珍重获新生。政治思想意识能够分离不同的国家，经济利益能够阻隔不同的民族，但是文化能够使之融合在一起。新的亚历山大图书馆渴望提升文化与科技水平，倡导学习，传播知识。它是人们对话与交流的场所。在这里，人们一起努力为所有民众创造一个更美好的未来。”

新亚历山大图书馆首任馆长伊斯梅尔（Ismail Serageldin）也作了类似的阐述：“让宽恕和理解之光再次从亚历山大图书馆照耀到全世界，让亚历山大图书馆成为一个自由的空间。在那里，我们能够庆祝我们文化的多样性，在不同的文化与民族之间架起理解桥梁。让所有信奉人类最美好精神的人们，融入知识与学习的海洋之中，融入理性的讨论和彬彬有礼的交谈，从而使亚历山大图书馆成为他们自己的图书馆。”

二、文学艺术及其他

埃及是世界上著名的文明古国之一，文化历史悠久。法老埃及时期，就已取得了辉煌的文化成就。7世纪，埃及归并阿拉伯帝国之后，吸收了阿拉伯文学和艺术的精华，使得埃及的文学和艺术进入了一个新的发展时期。1952年革命成功后，埃及政府更加重视文化的建设，文学和艺术取得了进一步发展。古老的埃及文明与现代文化相结合，使得埃及的文学和艺术异彩纷呈，芬芳四溢。现今，埃及已当之无愧地成为阿拉伯世界的文化中心。

埃及作为阿拉伯世界的文化中心，为阿拉伯近现代文学的发展作出了重要贡献。埃及文学在阿拉伯世界占有举足轻重的地位。第一次世界大战期间，在埃及形成了现代文学派，它是埃及当时资产阶级改良运动和文化启蒙运动的产物，主张文学创作应与反帝反封建的民族民主运动相结合，提出“使文学接近生活”的口号，积极地记录现实，反映广大人民群众的疾苦和期盼。20世纪30年代，埃及现代文学派空前活跃起来，出现了一批著名的作家和作品。1914年，埃及出版了第一部阿拉伯现代小说《宰乃卜》。其作者是穆罕默德·侯赛因·海卡尔（Muhammad Husayn Haykal，1888—1956年）。《宰乃卜》（Zaynab）讲述了埃及农村一对青年男女悲惨的爱情故事。作品文笔清新，充满浓郁的乡间生活气息，带有感伤主义和浪漫主义的色彩。作者细致入微地描绘了埃及的农村生活，突出了作品的民族性。

第一位获得诺贝尔文学奖的埃及作家马哈福兹

1952年埃及革命使民族意识觉醒，爱国热情迅速高涨，埃及文学创作也呈现出空前繁荣之势。1988年，纳吉布·马哈福兹（Naguib Mahfouz，1911—2006年）成为阿拉伯世界第一位获得诺贝尔文学奖的作家。

马哈福兹出生于开罗的一个中产阶级家庭，他长期生活在开罗，对开罗的历史古迹和风土人情了如指掌。他的小说充满着开罗的乡土气息，深受广大人民群众的欢迎。他同情劳动人民和劳苦大众，反对奴役和压迫，一生共创作了46部中长篇小说和短篇小说集。另外，他还是埃及第一位电影剧本作家，他创作的电影剧本和将小说改编成剧本30多部。马哈福兹最著名的长篇小说三部曲是《宫间街》（1956年）、《思宫街》（1956年）、《甘露街》（1957年），它们生动地记述了自1917年至1952年间埃及社会中几代人的命运与坎坷，描绘了一幅广阔的社会生活画面，成为阿拉伯现实主义小说的巅峰之作。其他一些优秀的小说家及其作品还有阿卜杜·拉赫曼·谢尔卡威（Abd al-Rahman al-Sharqawi，1920—1987年）的《土地》、优素福·伊德里斯（Yusuf Idris）的《罪孽》、优素福·西巴伊的《回来吧，我的心》、穆罕默德·台木尔（Mahmud Taymur，1892—1921年）的小说集《革命者》、易卜拉辛·马齐尼（1889—1949年）的长篇小说《作家易卜拉欣》，以及陶菲格·哈基姆（Tawfiq al-Hakim，1898—1987年）的长篇小说《乡村检察官手记》，等等。这些作品既深刻地揭露了封建社会的种种弊端，又积极地表达了人民呼唤民主、自由和公正的心声，可谓思想性与艺术性兼顾，令人心情振奋、耳目一新，并且在

塔哈·侯赛因

阿拉伯国家产生了深远影响。

埃及现代史上最著名的文学家是塔哈·侯赛因（Taha Hussein, 1889—1973年）。他出生于上埃及的一个农村家庭。3岁时，他双目失明，但他以超凡的毅力和奋斗精神从小学一直念到大学，荣获开罗大学博士学位，并留学法国。塔哈·侯赛因一生创作了大量的优秀作品，著有长篇自传体小说《日子》三部曲。作品以质朴生动的语言，描述了一位埃及青年从偏僻的乡村进入首都高等学府，最终出国留洋的求学经历，深刻揭示了19世纪末20世纪初埃及社会的变动和各种思想冲突。他的作品文字优美，修辞华丽，成为埃及现代文学作品的光辉典范，他因此被誉为“阿拉伯文学一代宗师”。埃及的学者曾说，若研究现代埃及文学，则必须阅读塔哈·侯赛因的作品，如果在解释某一作品的语法上出现分歧，那么，凡是在《古兰经》或塔哈·侯赛因作品里有过的用法，即被视为正确的用法。由此可见他的作品的权威性。塔哈·侯赛因被誉为“阿拉伯文学巨匠”。

值得一提的是，20世纪以来，埃及还涌现了一批反映女性题材的女作家。例如，奈娃勒·赛阿达薇（Nawal El Saadawi，又译纳瓦勒·萨达维，1931—）、伊格芭勒·芭莱卡（1943—）等。前者著有《冰点女人》（1977年），后者著有《丽拉和未知数》（1981年）、《春回大地》（1985年）等。这些小说都不同程度地剖析了导致阿拉伯女性成为男人附属品的社会和心理根源，大胆揭露了女性的悲惨命运，反映了当代阿拉伯女性争取个性解放和自由的愿望。

被誉为“阿拉伯诗歌王子”的埃及诗人邵基

埃及传统的诗歌也受到时代的挑战，一批新时代的诗人在民族主义和爱国主义思想的感召下，把诗歌从空洞的内容和刻板的格律中解脱出来，赋予它以新的生命。被誉为“阿拉伯诗歌王子”的艾哈迈德·邵基（Ahmed Shawqi, 1868—1932年）是埃及现代文学史上的著名诗人。他出生于开罗一个富有的家庭，早年留学法国，后奉召入宫，成为颇具声名的宫廷诗人。第一次世界大战期间，邵基不满英国殖民统治愤然辞去官职，用他犀利的诗歌来控诉英国的殖民统治，触怒了英国殖民当局，邵基因此被流放国外。在流放期间，邵基写出了《金字塔下》、《啊！尼罗河》等大量歌颂和怀念祖国的诗歌，用音乐般美妙的诗歌赞美阿拉伯民族的传统品德。1920年，邵基结束长达5年的流亡生活回到祖国，继续进行诗歌创作。他的代表作是《邵基诗集》(1—4卷)，此外，还有6部诗集和一部散文集。

具有“尼罗河诗人”之称的哈菲兹·易卜拉欣(1872—1932年)和新派诗人哈利里·穆特朗(1872—1949年)等人，也在诗歌的内容和形式上进行了积极的改良，从而使古老的诗歌艺术拥有了更广阔的创作天地。

埃及人民能歌善舞，热情奔放，风趣幽默，这种性格在埃及戏剧表演中得到了惟妙惟肖的体现。早在1870年，埃及戏剧之父亚古布·赛努尔(1839—1912年)在开罗创建了第一个埃及戏剧团。1905年，著名歌唱家萨拉曼·里贾兹(1852—1917年)组建了埃及第二个剧团。他们将莎士比亚、雨果和大仲马等人的名著改编成埃及戏剧版本，并且突出音乐和歌唱在戏剧表演中的地位。1912，乔治·艾卜耶德(1890—1947年)创建了自己的剧团，推出了埃及第一部具有现代意义的剧作《新旧开罗》。第一次世界大战后，埃及戏剧发展迅速。1931年，埃及成立了第一所戏剧艺术学院。1935年，埃及国家剧团正式成立，埃及的戏剧艺术终于有了自己的殿堂。20世纪50—60年代，埃及的戏剧着重反映革命成功带来的社会变革，爱国主义成为主旋律。著名剧作家艾法利德·法拉哲写的反映苏伊士运河战争，表现爱国斗志的独幕剧《埃及之声》，是其中的杰出代表。20世纪70—90年代，埃及的戏剧创作进入了轻歌曼舞的时代。由于实行对外开放政策，埃及戏剧界思想日趋活跃，开始推出反映城市生活以爱情为主题的戏剧，深受百姓的欢迎。随着现代生活节奏的加快以及人们工作压力的增大，喜欢幽默、诙谐的埃及人，尤其偏爱轻松愉快的喜剧、闹剧和歌舞剧等剧目。90年代以来，一种新的剧种在埃及流行起来，这就是富有生活哲理的集表演、歌舞、灯光和舞美于一体的实验话剧，具有现代艺术风格。由于它表现形式不拘一格以及全方位的舞台调动，作品令人耳目一新。

戏剧是埃及人民喜欢的一种艺术形式，埃及政府十分重视戏剧的国际交流，1989年起在开罗举办开罗实验戏剧节，每年举办一次。2000年，在第12届开罗实验戏剧节上，埃及戏剧《事情发生在哪儿》获得了最佳作品奖。

埃及是阿拉伯世界电影业和电视业最为发达的国家，控制着阿拉伯世界的电影和电视市场。20世纪20年代，埃及人制作了第一部电影《公仆》，它成为阿拉伯人制作的最早的一部电影。1952年埃及革命成功后，政府对电影业给予了很大的支持，使得电影业取得了较大的发展。随着20世纪70年代

奥马尔·谢里夫

改革开放政策的推行，埃及电影业取得了迅速发展。埃及影片年产量高达近100部，居世界第15位，因此有人将开罗称为“中东的好莱坞”。20世纪末期，由于政府允许私人投资电影业，使得影视业迅速向商业化发展，一些影视作品的质量下降，数量也明显减少。现在埃及每年仅生产7—10部电影。相反，西方影片的进口数量迅速增加。

埃及政府重视电影的国际交流，埃及举办国际电影节，如开罗国际电影节、亚历山大地中海国家电影节、伊斯梅利亚国际电影节等。埃及电影界涌现出一批享誉阿拉伯世界的重量级的著名剧作家、著名导演以及著名演员，陶菲克·哈基姆、纳吉布·马哈福兹等是埃及境内最著名的剧作家，最著名的导演是优素福·夏依纳（Youssef Chahine，又译尤赛夫·夏因，1926—2008年）。1997年，夏伊纳在法国戛纳电影节上获得了终身成就奖。奥马尔·谢里夫（Omar Sharif，1932—）不仅是埃及最著名的电影明星，而且也是世界级的电影明星，被誉为“阿拉伯影帝”，其前妻法蒂·哈玛玛姿色动人，技压群芳，被誉为“阿拉伯影后”。奥马尔·谢里夫在长达50多年的演艺生涯中拍摄了80多部电影，其中有很多经典影片，最为中国观众熟悉的是他主演的《日瓦戈医生》（Doctor Zhivago）和《阿拉伯的劳伦斯》（Lawrence of Arabia）。2003年，威尼斯国际电影节特别为他颁发了终身成就奖。

穆罕默德·阿卜杜勒·瓦哈卜

埃及音乐旋律优美，节奏强烈，激荡人心，常常令人闻歌起舞。埃及音乐和舞蹈构成了埃及传统文化艺术的灵魂。20世纪40—50年代是埃及音乐和舞蹈发展的黄金时期，埃及的音乐和舞蹈节目传遍阿拉伯世界。埃及一直推崇民族歌曲的创作，民族音乐在歌坛上处于主导地位。著名女歌唱家奥姆·库勒苏姆和民乐作曲家穆罕默德·阿卜杜勒·瓦哈卜（Mohammed Abdel Wahab，1902—1991年）被誉为埃及歌坛泰斗。穆罕默德·阿卜杜勒·瓦哈卜作曲的《利比亚，利比亚，利比亚》，为利比亚王国1951—1969年的国歌，也在利比亚全国过渡委员会在2011年暂时统治利比亚时被使用。他作曲的还有突尼斯的国歌《祖国的捍卫者》和阿拉伯联合酋长国的国歌《祖国万岁》。

奥姆·库勒苏姆（Umm Kulthum，约1904—1975年）出生于农村一个贫寒家庭，从小陪同父亲在开罗沿街挨户卖唱。一个偶然的机会，一位音乐家发现了她的天赋。由于她勤奋好学，加上貌美，她很快就声名鹊起。她的金嗓子不仅使埃及人陶醉，而且风靡了整个中东和阿拉伯世界。一位埃及朋友曾这样风趣地说："没有一个阿拉伯领导人的讲话大家都听，唯独奥姆·库勒苏姆唱歌时，所有阿拉伯人都听。"由此可见她的魅力。

舞蹈是埃及人民酷爱的艺术，也是埃及人民生活中不可缺少的内容。埃及人往往风趣地说："男人不会跳舞不能成为英雄；女人不会跳舞不能算是好女人；男女青年不会跳舞，可能会打一辈子光棍。"埃及的民族民间舞蹈是埃及国家艺术的支柱，其中给人印象最为深刻的是享誉世界的"东方舞"。由于东方舞最突出的表演是舞娘的腹部肌肉抖动，因此俗称为"肚皮舞"，盛行于开罗、亚历山大港等大城市的高档宾馆、夜总会、尼罗河上的豪华游船以及富人的婚礼。这种舞为女子独舞，跳舞时由3—4人组成的鼓乐队伴奏，舞娘身穿三点泳装样式的服饰，上半身披一件几乎透明的鲜艳的彩色短外衣，下半身穿一条由丝带做成的裙子，露出腹部和肚脐。舞娘跳舞时，时而轻松优美，时而热情奔放，扭摆着胸、腹、臀，特别是抖动着腹部的肌肉。在悦耳的音乐伴奏下，舞娘边扭边转，边舞边抖，给人以强烈的艺术享受。外国游客到埃及旅游，观看肚皮舞表演已经成为一项必不可少的娱乐节目。

埃及总统纳赛尔酷爱埃及民族民间艺术，1960年，他指示建立了埃及国家歌舞团。迄今埃及国家歌舞团遍访世界各地，曾先后为60多个国家的元首演出。1981年埃及国家歌舞团访问中国，充满异国情调的歌舞令中国观众耳目一新。

埃及是阿拉伯世界的体育大国，是西亚北非地区开展现代体育运动最早的国家。埃及人民喜爱体育运动，经常举办区域性的或全国范围的各种体育比赛，并且积极参加各地区和国际性的比赛，为埃及争得了荣誉。埃及人民最喜欢的体育项目有骆驼赛跑、足球和游泳等。1920年，埃及首次参加奥运会，埃及足球队获得了名列第五的好成绩，引起了轰动。1928年，在第九届奥运会上，埃及获得了两枚金牌、一枚银牌、一枚铜牌，在所有参赛国中名列第十七位。1952年革命成功后，埃及积极推动筹办阿拉伯运动会，1953年在埃及亚历山大港举行了第一届阿拉伯运动会，1965年又在开罗主办了第四届阿拉伯运动会。

埃及政府十分重视科技的发展。1952年革命成功后，埃及建立了一批科研院所，推动了科学技术特别是国防科技的发展。20世纪70年代实行开放政策后，埃及政府加强了对外交流，促进了科技的发展。80年代穆巴拉克上台后，埃及全面推行科技发展的方针，制定了科技发展战略和发展规划。1982—2000年，埃及政府已实施了4个科技发展“五年计划”，使埃及的科技水平登上了一个新的台阶。

1996年2月，埃及科研部提交了《关于科学技术政策总体战略框架的报告》，提出了埃及在未来20年的高新技术产业发展规划。报告强调要优先发展对埃及经济和人民生活具有重大影响的领域，包括生物和基因工程、信息技术、微电子技术、新材料技术、海洋技术、沙漠治理技术等。目前，埃及在中东地区是仅次于以色列的科学技术大国，埃及不仅拥有大量的科技人才和雄厚的科研基础，而且与国外的科技交流也不断扩大，埃及有可能先于其他国家进入21世纪中东地区的高新科技大国的行列。

三、大力发展本土埃及学

埃及学是产生于近代西方发达国家的一门以解读古埃及文字和文献为基础，分析古代埃及政治、经济、文化和宗教等方面的发展情况，全面研究古埃及文明的综合性学科。由于特殊的历史、宗教以及其他方面的原因，长期以来埃及学发展成为一门主要是由西方国家，如法国、英国、德国和美国等国家研究的学问，并被西方国家所操控。相反，埃及学在埃及本土的起步和发展却滞后得多。

本土埃及学学者艾哈迈德·卡迈勒（Ahmad Kamal，1851—1923年）克服重重困难，殚精竭虑，一心发展本土埃及学。他取得的一系列研究成果逐渐被国际埃及学界关注和认可，但很快便遭受到了来自西方殖民主义者的学术攻击和人身攻击。1902年，卡迈勒把《亚历山大博物馆指南》翻译成阿拉伯语，1903年，他又把《开罗博物馆指南》翻译成阿拉伯语，这在埃及尚属首次出版。卡迈勒在埃及古物局主办的《埃及古物部年鉴》上，10年间先后用法文撰写了29篇文章。他撰写的《开罗博物馆总编目》也引起了欧洲埃及学学者的注意。另外，卡迈勒于1904年加入法国埃及研究所，这拓宽了他与国际埃及学界的联系和交往。1905年埃及成立了高等学校俱乐部，聘请卡迈勒讲授埃及学课程。据统计，当年参加高等学校俱乐部的有240人。显然，埃及学在埃及人尤其是精英阶层中影响力大大增强。1906年丹沙微惨案激起了埃及人民对英国占领的愤恨和反抗，埃及民族运动进入了一个新的高潮。1907年4月，被埃及人痛斥为"东方暴君"的英国殖民者克罗默勋爵终于下台，英国在埃及的殖民统治遭受了巨大挫折。1908年，埃及创立了开罗大学，聘请卡迈勒讲授埃及学。开罗大学相继出版了卡迈勒的一些讲义。1910年，卡迈勒力荐埃及教育部在高等师范学院设立埃及学部，当时招收了共7名学生。卡迈勒每周给他们上两次课，并且经常带学生到博物馆参观，有时还带他们去南部埃及（上埃及）的一些法老文化遗址参观考察。但是，如同埃及人民的民族独立运动一样，埃及学部也命运多舛。由于埃及古物局拒绝接收高等师范学院的埃及学专业毕业生前来埃及古物局工作，1913年，埃及学部被迫关闭。1914年，卡迈勒退休后，本土埃及学的进展状况依然不容乐观。开罗大学关于古埃及历史的课程也远离了法老埃及时期，塔巴·胡萨因（Taba Husayn）只是顺带讲授一些托勒密王朝和罗马埃及时期的历史。

1916年，埃及古物局总秘书长、法国埃及学家乔治·达雷西（Georges Émile Jules Daressy，1864—1938年），对卡迈勒进行了激烈的攻击。他攻击的不仅仅是卡迈勒具体的学术观点，而且讥讽卡迈勒根本不具备阅读古埃及文字的能力。达雷西警告说，卡迈勒发表的很多观点令埃及学学者无法接受，因为卡迈勒严重违背了埃及语文学和历史学方法，他给出的古埃及圣书体文字几种不同的阿拉伯语对译，刻意根据需要改变了顺序。达雷西甚至还谴责卡迈勒忽略了古埃及文字的历史语境，过分夸大了古埃及语的闪米特语族属性，尤其是古埃及语对阿拉伯语的影响。卡迈勒对此作出了回应，他说古埃及语使用的表音符号允许有所不同，并且声称自己严格遵循了古埃及语文学规则。最后，他列举了大量来自古埃及语的阿拉伯语单词，断言"古埃及语是阿拉伯语和希伯来语之母"，对达雷西进行了不折不扣的还击。

卡迈勒在垂暮之年，呼吁埃及政府设立埃及考古学校，但是却遭到了时任埃及古物局局长法国埃及学家皮埃尔·拉考（Pierre Lacau，1873—1963

年）的讥讽。1923年，在埃及政府的努力下，考古学校终于艰难地诞生了，卡迈勒被任命为校长。但令人悲哀的是，学校宣布成立的当天，卡迈勒即撒手人寰。卡迈勒生前曾花费25年的时间，编撰一部大部头的阿拉伯–法语–古埃及语词典。该词典从一个本土埃及学学者的视角，强调古埃及语与闪米特语族之间的亲缘关系。据说这部词典规模宏大，卷帙浩繁，足有22卷之多。与德国埃及学家阿道夫·埃尔曼（Adolf Erman，1854—1937年）组织埃及学学者集体编撰的《埃及语词典》相比，卡迈勒的词典出自他一人之手，实在令人震撼。但令人遗憾的是，随着卡迈勒的去世，该词典的出版宣告流产。卡迈勒作为埃及本土的第一位埃及学学者，他取得的成就在国际埃及学界令人瞩目，显示了一名本土埃及学学者发展本土埃及学的雄心壮志。

1953年埃及共和国成立后，本土埃及学的发展也迈上了一个新台阶。本土埃及学的研究日趋独立化，并且取得了蓬勃发展。从1858年马里耶特担任第一任局长，至1952年最后一任局长艾蒂安·德里奥东（Etienne Drioton，1889—1961年）卸任，法国人掌控埃及古物局近一个世纪之久。亚历山大大学校长穆斯塔法·阿穆尔（Mustafa Amer，1896—1973年）兼任埃及共和国成立后的第一任埃及古物局局长。在埃及共和国的领导下，本土埃及学迅速发展，在某种程度上，埃及学研究改变了长期被西方发达国家所操控的局面。埃及古物局以及开罗大学的埃及学教学和科研工作已经全部由埃及人充任，埃及学发展成为开罗大学一个独立的系科。

20世纪60年代以来，埃及本土考古学者主张从事独立考古发掘，他们的工作也逐渐得到国际认可。例如，埃及古物局局长穆斯塔法·阿穆尔主持的马阿迪（Maadi）遗址史前考古工作，得到了国际埃及学界的高度认可。曾经跟随卡迈勒学习埃及学的塞里姆·哈桑（Selim Hassan，1887—1961年），再度成为引领埃及学埃及化运动的先驱人物。哈桑思维敏捷，精力充沛。1928年，他在吉萨接受了奥地利考古队赫尔曼·荣克尔为期3个月的私人培训和指导，很快便掌握了考古发掘的专业技术。哈桑领导了吉萨的考古发掘工作，清理了马斯塔巴墓和狮身人面像，对胡夫的大金字塔也进行过考察和发掘，并出版了大量的考古发掘报告。哈桑是担任开罗大学埃及学教授的第一位埃及人，任期长达8年之久。1936—1939年，哈桑又被任命为埃及古物局副局长。哈桑有生之年对埃及考古作出了杰出贡献，成为第一位在埃及考古领域得到国际广泛认可的埃及人。

1954年，一名在埃及古物局供职的年轻学者卡迈尔·埃尔–马拉赫

大金字塔附近发现的太阳船

(Kamal el-Mallakh, 1918—1987年),在吉萨的胡夫大金字塔的南侧发掘了一艘太阳船。该太阳船发现时已经被拆成碎片,共有1 224件部件。复原专家茅斯塔法(Hag Ahmed Youssef Moustafa)花费了10年时间,对该太阳船进行了复原。复原以后的太阳船,长43.4米,宽5.9米,共6对船桨,排水量为45吨。埃及政府在发现太阳船的位置建造了太阳船博物馆,以供来自世界各地的游览者参观。

西方学者对埃及西部的沙漠绿洲地区很少关注,埃及学者阿赫迈德·法库里(Ahmed Fakhry, 1905—1973年)在这一方面取得了重大的考古发现。他负责在埃尔·葛贝尔(Tuna el-Gebel)发掘了动物坟墓群和埋葬希腊、罗马人的墓区。

埃及考古学者对水下考古活动也作出了重要贡献。希腊罗马统治埃及时代的首都亚历山大港曾经繁荣一时,后来由于地震,整个城市基本上沉入了海底。1994年,埃及政府在城堡附近修筑防洪堤时,发现了沉在海底的大量珍贵石雕,从此埃及政府便组织专家进行海底探测。1995年9月,埃及考古学家与30名潜水员一起在地中海进行了水下考古活动，发现了2 000多件历史遗物。从海底捞上来的文物，有的已安放在航海博物馆内，供游人参观，也为学者研究亚历山大港的历史提供了宝贵的资料。

埃及政府还加强对文物的保护和修复工作。由于常年自然力的破坏，环境的不断污染，以及不断升温的旅游业的影响，埃及古迹不断地遭受腐蚀和损害。因此，如何有效地保护和复原已遭损害的文物和古迹，成为埃及学研究的一项当务之急。位于吉萨的哈夫拉金字塔前面的狮身人面像，由于遭受几千年来的风吹日晒，使得它不断破损。特别是1988年，从狮身人面像的右肩上掉下一块300多斤重的石块，导致狮身人面像的破损尤为严重。因此，对狮身人面像的修复和加固便提上了议事日程。埃及政府对狮身人面像制定了系统的保护和修复措施。1990年，格蒂研究所在狮身人面像的背部安装了一部太阳能监视器，它可以测出潜在的具有破坏性的环境因素，如风、颗粒、空气和温度等。位于埃及古都底比斯的王后奈菲塔瑞陵墓中因湿气弥漫，导致精美的壁画被潮解而脱落。埃及政府不得不将陵墓关闭进行整修。但是由于资金的短缺，这项工程的修复和保护仍存在很大的困难。

另外，埃及政府对一些重要的文物古迹遗址组织了搬迁工作。1956年，埃及政府决定在阿斯旺地区建造新水坝，这样一来尼罗河西岸努比亚地区的所有古代遗址和文物将面临被淹没的威胁。在埃及政府的积极倡导下，联合国教科文组织发起了一次国际性的救援行动，先后共拯救了20多处遗址和古迹。在这些规模庞大的拯救古迹的活动中，最为壮观者当属阿布·辛拜勒神庙的搬迁。阿布·辛拜勒神庙被切割成巨大的石块，然后用起重机吊上高地，重新拼凑起来，竖立在离原地210米处。

搬迁阿布·辛拜勒神庙

埃及学是一门以解读古埃及语言文字为基础的学科，因此对古埃及语言文字的研究至关重要。埃及共和国建立后，本土埃及学学者对古埃及语言文字的研究取得了进展。本土埃及学学者拜基（Abd el-Mohsen Bakir）撰写并出版了多卷本的《古埃及语研究导论》。该书在埃及本土产生了广泛影响，它对本土埃及人学习、研究古埃及语言和文字发挥了重要作用。

埃及著名考古学家哈瓦斯

1994年，埃及古物局更名为埃及最高文物委员会，负责保护文物，制定相关文物保护的条令，并对埃及境内的考古发掘工作进行监督。哈瓦斯（Zahi Hawass，1947—）是当今埃及最著名的考古学家，曾长期担任埃及最高文物委员会主席的职务。1947年，哈瓦斯出生于尼罗河三角洲附近临地中海的港口城市达密埃塔。1963年，他考入亚历山大大学法律系。在法律系学习一段时间后，他发现法律并不适合自己。于是，他从法律系转到了希腊和罗马文物考古系。学习期间，哈瓦斯逐渐认识到自己祖国的古埃及文化对后来的古代希腊和罗马文明产生的重要影响。哈瓦斯为此感到自豪，并深深被古埃及文明所吸引，从此便确立了毕生从事埃及考古工作的目标。1967年，哈瓦斯获得亚历山大大学希腊和罗马考古学学士学位。为实现从事埃及考古事业的梦想，哈瓦斯到开罗大学攻读埃及考古学。1979年，他获得古埃及文物考古研究高级证书。之后，哈瓦斯赴美国宾夕法尼亚大学继续深造。1983年，他获得宾夕法尼亚大学古埃及、叙利亚及巴勒斯坦文物考古专业硕士学位。1987年，他又获得该校埃及考古学博士学位。学成归国后，哈瓦斯决定用自己所学的埃及考古学知识报效祖国。

哈瓦斯在埃及考古方面的职业生涯，早在20世纪60年代末就已经开始了。他最初在图拉和马拉维担任中埃及地区文物督察，随后到埃德富、阿布·辛拜勒和吉萨金字塔等古迹地区工作。1987年，他从美国归国后，曾担任吉萨金字塔、萨卡拉和巴哈里耶绿洲古迹总督察，主持埃及境内的重大考古发掘工程。1988年以来，哈瓦斯在世界各地的许多大学讲授过埃及考古学、古埃及历史以及古埃及文化。在长达30余年的考古生涯中，哈瓦斯博士参加过埃及境内几乎所有重要考古现场的挖掘工作，取得过多次重大发现。

从1996年起，哈瓦斯领导的一支考古队在位于开罗西南的巴哈里耶（Bahariya）绿洲开始发掘，寻找沙漠墓葬遗址。巴哈里耶距吉萨金字塔地区大约360公里，是埃及西部沙漠绿洲中距离开罗最近的一个。1999年，哈瓦斯在这里发掘了多达上万具的古希腊罗马时期的木乃伊。此次考古发现在国际考古学界产生了广泛的影响，埃及西部沙漠绿洲的考古也因此被纳入埃及

哈瓦斯在发掘巴哈里耶绿洲出土的木乃伊

考古学领域，并成为其中的一个重要组成部分。

20世纪70年代起，哈瓦斯开始了在吉萨大金字塔附近的考古工作。作为吉萨金字塔地区的古迹管理负责人，哈瓦斯素有"金字塔卫士"之称。1991年，在他的主持下，在吉萨地区狮身人面像的东南部发现了一片修建金字塔工人的墓区。至1992年年初，在这片墓区相继共发掘了159座坟墓。这些坟墓的发现，改写了人们以前认为金字塔是由广大的古埃及奴隶建造的认识。

虽然埃及学自19世纪在法国诞生以来，一直被欧美西方发达国家所操控，但令人欣喜的是，自20世纪20年代起，伴随着埃及民族意识的觉醒和民族解放运动的不断高涨，埃及学这门诞生于西方的学问已经在埃及本土上生根发芽。埃及人努力发展本土埃及学的成果已经彰显，以哈瓦斯为代表的本土埃及学学者，试图从西方学者手中夺回对古埃及文明的研究和解释权。

作者点评：

西方人对古代埃及文明的了解远远超过埃及穆斯林。古希腊历史学家希罗多德笔下的《历史》、狄奥多罗斯（Diodorus Siculus）笔下的《历史集成》，以及地理学家斯特拉波（Strabo）笔下的《地理志》中，都留下了大量详实的关于古埃及的记载和描述。目前国际埃及学界90%的研究成果是使用英文、德文和法文3种西方文字发表的。因此，就目前国际埃及学研究状况而言，埃及学对于埃及人来说几乎纯属于一门“外国人的游戏”。

埃及这个古老沧桑的国度屡经历史变迁和民族融合。从地域上说，现代埃及人与古代埃及人仍旧一脉相承。本土埃及学学者如何在时空和文化上架构起连接其祖先的桥梁，这无疑是摆在他们面前的当务之急。同时，本土埃及学学者彻底摆脱西方学者长期以来构建的埃及学话语系统，抛弃埃及学研究中的种种西方殖民主义思想的渗透，乃至赶超埃及学研究的国际学术水平都绝非一蹴而就。埃及学回归故里的路依旧漫长。

结束语：法老形象的演变与埃及历史的未来

众所周知，法老一词是对古埃及国王的特定称呼，它来自对古埃及语pr aa的音译。该词在古埃及文字中写为，其字面意思是“大房子”。该词最早出现于中王国时期的古埃及文献中，但当时并没有“国王”之意，只是用作本意“大房子”。到了新王国时期，大概从图特摩斯三世国王开始，大房子一词开始具有了引申义，用作指称埃及的国王，因为新王国时期的埃及国王通常居住在大型的宫殿里（即大房子）。从此以后，该词广为流行。另外，该词的外延也不断被扩大，凡是称呼古埃及的国王时皆可以使用该词。随着时间的流逝，法老一词也不断进入世界其他语言中，如英语中的pharaoh，法语中的pharaon，德语中的Pharao，等等。我们中文使用的法老一词就是对西方语言的音译。

法老一词虽然在指称古埃及国王方面没有任何变化，但是法老一词在不同的时期所指代的埃及国王的形象却变幻莫测。从某种意义上说，法老一词的演变成为反映埃及历史变迁的一面镜子。

古代埃及人相信在遥远的过去，曾经存在一个黄金时代。那时候神祇和人类共同生活在地球上，没有剥削，没有压迫，没有贫富差别，没有饥饿。遗憾的是，由于人心险恶，宇宙之主宰拉神因羁留尘世为人类所扰，而带领众神离开人间回到了天上，从此战争和冲突降临人间。为了让弱者和穷人还能在这个世界上生存下去，“拉神在人间安置了国王，为的是让他在人与人之间主持公道，按照神的意志行事”。在古代埃及人的信仰中，法老是神在人间的代理，他代表神行使在人间的职责，维护神创造的宇宙秩序。在古埃及历史上，国王把神当作生身父亲的例子屡见不鲜。保存在德国柏林博物馆的名为“韦

法老之梦

斯特卡尔纸草”上，宣称第5王朝的前3位国王为拉神与祭司的妻子所生。第18王朝的女王哈舍普苏特也宣称自己是阿蒙·拉神与王后阿赫米斯所生的女儿。

既然国王作为神在人间的代理，他最重要的任务就是维护神所创造的和谐而完美的秩序。一旦这种秩序出现了短暂的混乱，“国王的职责就是把无序变为有序，把混乱变成以他为中心的和谐”。在古埃及人看来，这种和谐与完美是以玛阿特为代表的。玛阿特是头戴一片鸵鸟羽毛的古埃及真理女神，同时玛阿特又是古埃及人心目中一个重要而抽象的观念，即“公平、正义、和谐、有序、诚实、正直”等概念的总和。其涵盖甚广，以至于现代学者无法找到一个恰当的词来翻译。在保存下来的古埃及雕塑和绘画作品中，我们经常可以看到许多法老手持象征着玛阿特的羽毛，将它献给神灵，以此表明法老完成了神所交给的任务，意味着他捍卫了人间的秩序。作为奖赏和回报，神灵常常把象征生命的符号送给法老。这个过程“象征着神与人之间的合作，通过这种合作，神与人共同维持了他们的存在，达到永恒的境界”。

中王国时期的一首对法老塞奴斯里特三世的颂歌，反映了法老对于国家的重要意义：

法老对于他的国家多么重要：他是疏浚洪水的一条运河！

法老对于他的国家多么重要：他是一个凉爽的房间，让人酣睡至天亮！

法老对于他的国家多么重要：他是取自西奈的铜矿铸成的城墙！

法老对于他的国家多么重要：他犹如避难所，它的支柱不会倒下！

法老对于他的国家多么重要：他犹如堡垒，把胆小者从他的对手那里解救出来！

法老对于他的国家多么重要：他是炎热夏日里一片舒适的树荫！

法老对于他的国家多么重要：他是湿冷冬季里一个干燥的角落！

法老对于他的国家多么重要：他是阻挡狂风暴雨的一座大山！

作为法老，他要坚持真理，捍卫公正，维护神所创造的神圣秩序。第10王朝的统治者阿赫托伊三世教导儿子要“做正直之人，行正义之事”。他特别强调真理和公正的重大意义：“在神的面前要做到公正。那么即使你不在场，人们也会说你战胜了邪恶。”

法老要具有良好的品质和德行，并以此去感召人民。阿赫托伊三世告诫儿子说：“不要行恶，慈善为好，爱心会使你流芳百世。增加人口、繁荣城市，神会赞美你的赠奉，人们会赞美你的仁爱，并为你的健康祈祷。”

法老除了保证国内人民的和平之外，还要捍卫国家的安全，使国民免遭外族的干扰和侵略，甚至还要拓展国家的疆域。一篇古埃及文献中这样赞颂法老说：

“我们向你欢呼，你是生活在人间的荷鲁斯，你不仅保卫埃及的国土，而且时时增加它的疆域。你用强有力的手打击邻国，你用宽大的胸怀拥护上下埃及……你的威力吓得敌人魂飞丧胆，你把入侵者斩尽杀绝，吓得敌人再也不敢践踏埃及国土。”

尽管混乱和动荡局面是古埃及人不愿意看到的，但是在古埃及历史上也出现过这种不和谐的局面，表现为王权衰落，社会秩序遭到破坏，人人自危。古埃及人留下了这样的描述：“在这块土地上发生了前所未闻的事情。人人拿起武器，家园变成了战场。为了获得一块面包，人们不惜葬送另一个人的性命。假如一个人死了，活着的人不知道哭泣，也不进行哀思。人人只顾考虑自己的利益，处处皆闻冷笑声。假如有人正杀死另外一个人，目击者只是把头扭过去。”

撰写于古埃及第12王朝时期的一篇古埃及纸草文献上留下了这样的控诉：“今天我能向谁诉说？兄弟险恶，朋友不再友爱。今天我能向谁诉说？人心贪婪，人人都从邻居家抢夺财物。今天我能向谁诉说？仁爱泯灭，傲慢侵袭每一个人。”

另一篇古埃及文献《一个埃及贤人的训诫》（又名《伊普味陈辞》），反映了第二中间期的社会动荡局面。在该文献中，贵族伊普味这样描述了当时颠倒的社会现实：

“大地像陶轮一样翻转起来。抢劫者拥有了财富，强盗成为了贵族……看吧，从前没有老婆陪睡的汉子找到了一个贵妇人……看吧，从前一无所有的人变成了财富的主人。”

国家一旦出现了这样的混乱局面，则需要一个强有力的法老力挽狂澜，使得国家重新恢复秩序。一些法老登基后为了证明其权力的必要性和伟大性，往往将自己的统治与其前任者进行对比。一首对第19王朝法老美楞普塔的赞美诗，描写了法老登基后给埃及带来的翻天覆地的变化：“公正驱逐了邪恶，日月准时升落，人们的脸上露出了笑容。太平盛世降临，因为新的法老登基统治。秩序替代了混乱，公正取代了邪恶。作恶的人被打翻在地，贪得无厌的人遭到人们的唾弃。”

另外一首赞颂第20王朝法老拉美西斯四世的诗歌，也大力歌颂他登基之后给埃及带来的巨大变化：“今天是一个多么美好的日子！你成为上下埃及的贤明的统治者，天和地都在为你庆贺。那些逃亡的人，他们纷纷回到原住的城镇；那些躲藏起来的人，他们放心地回到了原处。原来那些忍受饥饿和干渴的人们，现在有了足够的食物和饮料。原来衣不蔽体的人，现在穿上了用上等的亚麻布做成的衣服。原来哭泣的人，现在满面红光、欣喜无比。犯人获得了释放，原来受枷锁束缚的人获得了自由，原来经常争吵诉讼的人开始与邻里乡亲和睦相处。尼罗河水也变得特别充足，它使得百姓丰衣足食。”

由于法老使得埃及重新又恢复了秩序与和谐，因而自然会受到百姓的爱戴。古埃及文献中这样赞美法老说：“法老多么和蔼可亲，他用爱征服了每一个人的心。他的城市爱他胜过爱众神，男人和女人向国王欢呼。有了英明的法老之后，这个国家有多么幸运。”

古埃及历史上出现了非常著名的法老，如图特摩斯三世，他率领军队南征北战，开疆拓土，建立了地跨西亚北非的埃及帝国，因此被称为“古代世界的拿破仑”；拉美西斯二世，他统治埃及67年，亲自率领埃及军队与小亚细亚的赫梯展开争霸战争，签订了第一个国际和平条约；第19王朝的法老拉美西斯三世率领埃及军队击败了“海上民族”的入侵，挽救了埃及的命运。古埃及历史上还出现了著名的女法

雅各给法老祝福

老，如哈舍普苏特，她统治一个繁荣昌盛的国家达20余年，还发动了对蓬特地区的贸易远征。

在古埃及的历史上，我们很难找到遭到暗杀的法老，法老的统治基本上是受到埃及民众拥护的。但是，也有曾遭到谋杀的法老，如中王国时期的法老阿蒙尼姆赫特一世、新王国时期的法老拉美西斯三世，根据保存下来的有关文献记载，他们都遭到了谋杀的威胁，但是这种威胁都来自后宫法老的妃嫔们。

在古埃及历史中，法老的形象是如此高大，但是随着法老文化的终结，埃及人先后遭到了希腊和罗马人的入侵和统治。公元1世纪中叶，基督教开始传入埃及，法老的形象开始发生了改变。《圣经》中记载的法老形象开始变得专横残暴起来。埃及法老压迫以色列人为奴，导致以色列人不堪忍受其压迫，最终逃离埃及。于是，埃及法老率领军队追杀，以色列人成功地逃过了法老军队的追杀，法老及其军队却淹死于红海中。随着基督教文化在埃及的广泛传播，埃及人对法老文化越来越模糊，越来越陌生。

7世纪，阿拉伯人统治埃及之后，大量埃及人皈依伊斯兰教。11世纪初，即阿拉伯人进入埃及约400年后，阿拉伯语在埃及不仅成为占绝大多数的埃及穆斯林所使用的语言，而且也成为占少数人口的非穆斯林使用的语言，阿拉伯语成为埃及全民的语言，埃及已经演变成为一个纯粹的阿拉伯—伊斯兰国家，首都开罗成为阿拉伯—伊斯兰文化的三大中心之一。穆斯林曾对前伊斯兰时期的埃及历史抱有敌视态度，并对前伊斯兰时期的建筑和艺术充满紧张情绪。在《古兰经》中，如同《圣经》中所描绘的一样，法老是充满邪恶的压迫者，他强迫他的臣民像对待神一样崇拜他。后来的伊斯兰传统往往将一些法老的故事描绘成暴君原型，他迫害百姓，愚昧无知。因此，法老被彻头彻尾地与"邪恶"联系起来。在阿拉伯语中farauna（来自古埃及语"法老"）一词，含有"骄傲、自大、傲慢、妄自尊大"之意，派生的名词含有"残暴、暴虐、法老王"之意；派生的形容词含有"残暴的、暴虐的、霸道的、法老的"等意。

伊斯兰时期的埃及，先后经历了倭马亚王朝、阿拔斯王朝、法蒂玛王朝和阿尤布王朝的统治，后来又经历了马木路克王朝和奥斯曼土耳其人的统治。千余年的历史变迁使得埃及人对法老文化更为陌生，辉煌的古埃及文明成为遥远的过去，逐渐淡出埃及人的记忆。但是，大量中古阿拉伯文献显示，阿拉伯人对法老埃及的珍宝十分感兴趣，他们寻金探宝，有的为了个人占有，有的为了国家利益，也有的为了研究。中古阿拉伯文献中有大量对古代遗址发掘、所发现文物、发掘方法的记载和描述，甚至还保存下来不同版本的阿拉伯文撰写的《探宝手册》。手册中详细列出了各种珍宝埋藏的地点，细说各种瞒骗宝物保护神的巧妙咒语，以便把珍宝占为己有。该手册成为阿拉伯人破坏古埃及文物的罪魁祸首。开罗博物馆馆长马斯佩罗曾经这样说："战争和漫长岁月所毁掉的文物，比不上这一本手册的罪过。"突伦王朝时期，寻金探宝开始成为由国家统一管理的行业，从此以后，对古代遗址的发掘必须有统治者的正式授权方可进行。突伦统治者曾经在古埃及法老坟墓中发掘出了数量惊人的黄金。据有关阿拉伯文献记载，这些黄金的重量超过4 000公斤，他们使用这些财富建立了医院、清真寺以及其他国家工程。此外，突伦王朝统治者还使寻金探宝成为国家垄断的一个行业，该行业在法蒂玛王朝时期达到了巅峰，部分原因是由于法蒂玛王朝统治者对炼丹术情有独钟，部分原因是由于巫术、占星术都与古代埃及具有密切的联系。法蒂玛王朝时期，寻金探宝者还成立了专门的行会，其首领被授予"行会主席"的头衔。统治者穆斯坦绥尔曾经委派他的一个心腹负责该行业，称为"寻金探宝者总监督"。在他的宫廷图书馆中，藏有18 000册关于"古代科学"的书籍。有趣的是，寻金探宝也成为"神秘科学"的一部分，卓越的中古阿拉伯学者将之视为一个严肃的主题。

18世纪末，法国人入侵埃及，打开了埃及的大门。19世纪以来，西方殖民主义者对埃及的入侵、控制和渗透，使得埃及进一步沦为西方列强的附庸。埃及人民蒙受耻辱，从而唤起了埃及民族意识的觉醒。一批受到西方文化影响的埃及知识分子掀起了一场救亡图存运动。西方资产阶级自由思想的代表人物艾尔—塔赫塔维在1869年出版的《埃及的本质问题》一书中这样写道："埃及曾创造出辉煌灿烂的文化，埃及的文明古迹可以追溯到4 300年前……用现代文明来恢复埃及的古代光荣应当成为每一个爱国者的奋斗目标。"东方泛伊斯兰主义思想的代表人物哲马伦丁在演讲中也这样说："埃及人正在奴役中生活着，在暴政下生活着，埃及人民面临着残忍的、贪婪的外国侵略。埃及人民正在身受侵略者的烈火焚烧……"因此，他号召埃及同胞们起来反抗，他使用这样的语言来树立埃及民众的信心："君不见伟大的金字塔、巍峨的神庙、瑰奇的古代遗址、坚固的古代堡垒吗？……这一切不都是埃及祖先不朽的光荣吗？"

第一次世界大战给埃及人民带来了巨大伤痛，使得埃及广大人民强烈认识到只有把帝国主义赶出去，埃及才会获得独立和自由。因此，从1919年开始，埃及人民以新的、空前未有的力量展开了反对帝国主义的民族独立斗争。埃及开始形成了以柴鲁尔为领导的反帝斗争的统一战线——华夫脱党。鉴于埃及局势的严重，"所有对大英帝国至关重要的交通线，面临柴鲁尔领导的华夫脱党大规模革命的威胁”，英国不得不于1922年被迫承认埃及独立。但是，英国仍旧在埃及享有驻军等特权，埃及不过在名义上成了独立的主权国家。很多埃及人也意识到埃及的这种“独立”是靠另一个国家的宣言获得的，因此这是一个侮辱，埃及人民为取消英国在埃及的特权，争取国家的彻底独立，仍有很长的路要走。

从1922年到1952年间，埃及进行了立宪君主制度的艰难尝试，但是由于英国势力的干涉、本国封建势力的勾结、华夫脱党的蜕变，最终导致埃及宪政失败了。第二次世界大战结束后，历届埃及政府都无法将英国人赶出埃及，各种激进组织便纷纷拿起武器，用广泛的恐怖活动袭击英国人和腐败政客，致使埃及政坛混乱不堪，暗杀、爆炸层出不穷。实践证明，华夫脱党既不能解决埃及社会所面临的经济困局，也无法真正实现埃及民族独立和宪政民主，它与旧制度一起走到了历史的尽头。1952年，以纳赛尔为首的自由军官发动“七・二三革命”，勇敢地担当起挽救国家和民族的历史重任，废黜了国王法鲁克一世。1953年，埃及共和国正式诞生。从此，埃及人民洗刷了耻辱，收回了国家主权，埃及重新回到了埃及人的手中。

由于数个世纪以来一直饱受西方列强的劫掠和凌辱，埃及人民高举民族主义的大旗，争取国家独立，捍卫民族尊严，进行了前赴后继的斗争。因此我们说，埃及的民族主义是反殖民侵略的产物，埃及的民族主义有别于西方民族主义的深刻内涵。西方的民族主义产生于15—16世纪，它是与现代民族国家相联系的，是对国家表示认同的思想意识，是在资本主义已有初步发展的物质基础上形成的，政治、经济和文化同为一体是这种民族主义的基本特征。17世纪以后，西方用“民族”指称主权国家的人民，即“民族国家”，从法国大革命到第一次世界大战时期，欧洲经常使用民族指代享有主权的民族国家。欧洲资产阶级革命后，伴随民族国家体系在欧洲的形成，民族成为一个现代政治概念开始在世界范围内传播。近代以来在欧洲形成的民族，就是以本族为主体建立现代化国家的民族。因此，对于欧洲的民族国家而言，民族认同与国家认同具有内在的同构性。

在当今的阿拉伯世界，民族认同与国家认同的关系十分复杂，因为阿拉伯世界存在着民族认同、国家认同、族群认同、宗教认同等多元认同，它们相互纠缠，相互交叉，难以理清。埃及共和国初建后的埃及，如何恢复埃及人民的自信，投身于国家建设？纳赛尔以高超的宣传鼓动艺术，号召阿拉伯人民团结起来，一致努力，保卫国家。尤其是他果敢地从西方列强的手中将苏伊士运河收归埃及所有，以及他那慷慨激昂和坚定不屈的爱国演讲，更是吸引了广大阿拉伯民众的心，成为阿拉伯世界的英雄。但是，纳赛尔拥有绝对权威的秘密在于军队是埃及的真正力量。纳赛尔政府是独裁的政府。实践证明，纳赛尔只是一个开明的“法老”，接地气的“法老”，他的统治仍旧依靠专制来维护。

纳赛尔的继任者萨达特统治时期，埃及政府再度提升了辉煌的法老文化的地位，以此唤醒埃及民族主义的认同，从而超越了纳赛尔时期的埃及阿拉伯民族主义的认同。1976年，开罗博物馆工作人员发现拉美西斯二世的木乃伊受损严重，正在遭受细菌的吞噬，急需进行治疗，而埃及本国尚没有先进的技术和设备。法国方面提出愿意提供帮助。于是，拉美西斯二世的木乃伊被空运到法国接收治疗。萨达特要求法国方面对待这位已经离开人世2000多年的国王，如同对待访法的国家元首一样。因此，当拉美西斯二世的木乃伊到达法国巴黎戴高乐机场时，法国方面鸣了礼炮21响。

但是，萨达特喜欢独断专行，生活作风奢侈腐化。与纳赛尔相比，萨达特是一个不接地气的“法老”，尤其是他在不被埃及人所理解的情况下，擅自与埃及的宿敌以色列签订了和平条约，从而他被埃及人痛斥为“叛徒”，自然萨达特最终倒在了伊斯兰激进分子的枪口之下，并成为名副其实的埃及历史上被刺杀的“法老”。

萨达特被刺杀后，穆巴拉克在国家危难之际登上了总统位置。虽然穆巴拉克曾经处事谨慎，忠于职守，显示了一个国家领导人的卓越才能，并深得埃及人民的爱戴，连续5届当选为埃及总统。但是，穆巴拉克政府的高压统治、贪污腐化遭到埃及人民的愤恨，持续18天的民主示威游行将穆巴拉克这位政治强人推下了政坛。接下来，他的命运更为悲惨，数次被关进铁笼接受审判，最终被判处终身监禁。

穆巴拉克的铁笼，使人们联想到萨达姆的绞索和齐奥塞斯库的枪眼。独裁、专制是一条自绝于民众、自绝于世界的不归路。当独裁者违抗民主自由的历史潮流时，独裁者必将坠于历史的尘埃。

从纳赛尔、萨达特，到穆巴拉克，埃及共和国的领袖虽也曾想运用现代化的意识治国家，但他们却沉湎于运用各种强制手段和严密的政权体系来约束人民。穆巴拉克的铁笼审判注定他成为埃及历史上最后一位“法老”，他的下台宣告了强权政治的倒台。

埃及，这个古老沧桑的国度，屡经历史变迁和民族融合。从地域上说，现代的埃及人与古代埃及人仍旧一脉相承，法老文化在这块国土上曾绽放出美丽耀眼的花朵。当今的埃及如何在时空和文化上架构起连接其祖先的桥梁，这无疑是摆在每一位埃及人面前的当务之急。

在当今的埃及，作为研究法老文化的埃及学很难与伊斯兰文化相调和。一位在英国伦敦大学考古学院工作多年的埃及裔学者、埃及考古学教授费克里·哈桑（Fekri A. Hassan），对埃及的这种状况深有感触，他曾经这样坦言说：

“在埃及，学校通常是传播古埃及法老文化的中心，而不是家庭。相反伊斯兰遗产却是家庭教育不可或缺的一部分……当今的埃及，法老文化几乎不是埃及人节日或庆祝活动的主题，也几乎不是任何思想灵感的主题……说到底，法老文化只是现代埃及的一张政治名片，它可以在国家危难之时，唤起一些埃及知识分子的爱国热情和激情，但是，法老文化从来没有成为现代埃及物质生活中的内在或占据主导的因素。”

如今绝大部分中等阶层和上等阶层的埃及民众，对于法老文化所知甚微。作为世界上收藏法老埃及文物最丰富的开罗博物馆，每天吸引着来自世界各地的络绎不绝的参观者，但是埃及人，即使是居住在开罗的埃及人，却几乎从来不去参观。当身穿阿拉伯长袍的埃及人，手里拿着导游书穿梭于各个古代遗址之间时，他们的脸上往往充满了疑惑之情。因为他们不理解自己国土上的这些破烂不堪的古迹和遗址，为什么能吸引如此众多来自世界各地的络绎不绝的游客前来造访。对于广大下层的埃及民众来说，法老文化只是他们发展旅游，吸引外国游客，赚钱谋生的工具而已。

拥有悠久历史传统的埃及，曾经创造了无数辉煌，却又饱经沧桑；曾经在人类文明史上遥遥领先，却又屡遭挫折的埃及，现在如何来恢复埃及民族的自尊和自信呢？答案似乎只有一个，那就是提升法老埃及文化。因为只有灿烂的法老文化，才能唤起埃及人民的自豪感和自信心。我们期待埃及早日从挫折中走出来，谱写追求民族独立、国家富强的历史新篇章。

最后，我们引用法国女作家朱丽叶·亚当（Mme Juliette Adam，1836—1936年）女士的一段话作为本书的结束。1904年，她在会见埃及民族独立运动的领袖穆斯塔法·卡米勒之后，曾写下了这样一段文字：

埃及这块土地，蕴涵了世界上所有的文明。它的天空最早触摸到创世神。历史上从没有哪一个国家像埃及这样取得如此辉煌的成就。它在保留自己固有色彩的同时又染上了所有其他元素，但自始至终仍旧保留着自己的特色。外国人统治过埃及，但埃及人总会摆脱外国人的统治。埃及总能获得自我，现在已经变成一个历史准则。埃及，任何人都可以判断，将永远是埃及。

主要参考及进一步阅读的书籍

一、主要参考的书籍

本书撰写过程中，以下国内学者撰写的各相关书籍给了本书作者很大的帮助，作者从中受益良多，也引用较多，在此向这些学者表示衷心的感谢。这些书籍分别是（以作者姓氏拼音为序排列）：

艾周昌、郑家馨主编：《非洲通史·近代卷》，华东师范大学出版社1995年版。

毕健康：《埃及现代化与政治稳定》，社会科学文献出版社2005年版。

陈天社：《埃及对外关系研究：1970—2000年》，中国社会科学出版社2008年版。

陈万里、王有勇：《当代埃及社会与文化》，上海外语教育出版社2002年版。

郭丹彤：《埃及与东地中海世界的交往》，社会科学文献出版社2011年版。

郭应德：《阿拉伯史纲》，经济日报出版社1997年版。

汉尼希、朱威烈：《人类早期文明的木乃伊：古埃及文化求实》，浙江人民出版社1988年版。

何芳川、宁骚主编：《非洲通史·古代卷》，华东师范大学出版社1995年版。

金寿福：《法老：戴王冠的人间之神》，上海辞书出版社2003年版。

雷钰、苏瑞林：《中东国家通史·埃及卷》，商务印书馆2003年版。

令狐若明：《埃及学研究：辉煌的古埃及文明》，吉林大学出版社2008年版。

刘文鹏：《埃及考古学》，三联书店2008年版。

刘文鹏:《古代埃及史》,商务印书馆2000年版。

陆庭恩、彭坤元主编:《非洲通史·现代卷》,华东师范大学出版社1995年版。

纳忠:《阿拉伯通史》上卷,商务印书馆1997年版。

纳忠:《阿拉伯通史》下卷,商务印书馆1999年版。

纳忠:《埃及近现代简史》,三联书店1963年版。

蒲慕州:《法老的国度:古埃及文化史》,广西师范大学出版社2003年版。

田明:《罗马—拜占庭时代的埃及基督教史研究》,天津人民出版社2009年版。

王海利:《失落的玛阿特》,北京大学出版社2013年版。

王海利:《埃及学的历史》,北京师范大学出版社2010年版。

吴宝国、陈冬云、王岚:《埃及》,世界列国国情习俗丛书,重庆出版社2004年版。

颜海英:《守望和谐:古埃及文明探秘》,云南人民出版社1999年版。

杨灏城:《埃及近代史》,中国社会科学出版社1985年版。

杨灏城、许林根编著:《埃及》,列国志,社会科学文献出版社2006年版。

杨灏城、江淳:《纳赛尔和萨达特时代的埃及》,商务印书馆1997年版。

姚大学、王泰主编:《中东通史简编》(学术指导:姜桂石),吉林人民出版社2001年版。

周启迪:《古代埃及史》,北京师范大学出版社1994年版。

此外,以下各外文书的中译本,也给了本书作者不少的参考:

[埃]阿·费克里:《埃及古代史》,商务印书馆1973年版。

[美]安德鲁—亨弗莱斯:《埃及》,国家地理学会旅行家系列,辽宁教育出版社2003年版。

[英]巴里·克姆普:《解剖古埃及》,浙江人民出版社2000年版。

[美]布赖恩·费根:《法老王朝》,希望出版社2006年版。

[美]戴尔·布朗主编:《埃及:法老的领地》,华夏出版社、广西人民出版社2002年版。

[美]戴尔·布朗主编:《拉美西斯二世:尼罗河上的辉煌》,华夏出版社、广西人民出版社2002年版。

[英]哈里斯编:《埃及的遗产》,上海人民出版社2006年版。

莫赫塔尔主编:《非洲通史》第二卷,中国对外翻译出版公司1996年版。

[法]让·韦尔古特:《古埃及探秘》,上海古籍出版社1998年版。

[美]时代—生活图书公司编:《尼罗河两岸:古埃及》,山东画报出版社、中国建筑工业出版社2001年版。

[美]斯塔夫里阿诺斯:《全球通史》(上下卷),上海社会科学院出版社1999年版。

[法]威尔·杜兰:《世界文明史》,东方出版社1999年版。

[美]詹森·汤普森:《埃及史:从原初时代到当下》,商务印书馆2012年版(这是目前所能见到的唯一一部埃及通史)。

另外,本书作者还参考了国内外学者撰写的相关论文,由于篇幅所限,恕不一一列出。

二、进一步阅读的书籍

埃及是世界上获得文字描述最多的国家之一,它给人们获取灵感提供了无穷无尽的源泉。虽然埃及有文字记载的历史比英美两国有文字记载的历史的两倍还要长,以及关于埃及历史方面的著作可谓汗牛充栋,但是迄今为止我们所能找到的关于埃及历史的著作,几乎都是局限于埃及历史的某一个阶段或时期。关于埃及通史,即囊括埃及从古到今的历史著作却很少能发现。在学者看来,埃及历史的诸多阶段似乎都是滴水不漏的车厢,彼此可以完全隔离开来。这种状况为我们从宏观角度了解埃及历史发展带来了困难,不过,分阶段撰写的埃及历史(或断代史)著作却给我们深入了解埃及历史的某个阶段提供了方便。

关于法老埃及历史方面的书籍,可以参考:

Cyril Aldred, *The Egyptians*, London, 1987.

John Baines and Jaromir Malek, *Atlas of Ancient Egypt*, London, 1980.

James H. Breasted, *A History of Egypt*, New York, 1905.

Peter A. Clayton, *Chronicle of the Pharaohs*, London, 1994.

Alan Gardiner, *Egypt of the Pharaohs: An Introduction*, Oxford, 1961, 1978 reprint.

Nicolas Grimal, *A History of Ancient Egypt*, Oxford, 1992.

T. G. H. James, *An Introduction to Ancient Egypt*, London, 1979.

Ian Shaw(ed.), *The Oxford History of Ancient Egypt*, Oxford, 2000.

B. G. Trigger, et al, *Ancient Egypt: A Social Histoty*, Cambridge, 1983.

关于古埃及历史时期的相关文献可以参考:

James H. Breasted, *Ancient Records of Egypt*, vols. 1-5, Chicago, 1906—1907, 1962 reprint.

Miriam Lichtheim, *Ancient Egyptian Literature: A Book of Readings*, vols. 1-3, Berkeley, 1973—1981, 2006 reprint.

关于古埃及的日常生活,可以参考:

Rosalie David, *Handbook to Life in Ancient Egypt*, New York, 1998.该书有中译本,参见《探寻古埃及文明》,商务印书馆2007年版。

关于前王朝时期的埃及历史,可以参考:

Michael A. Hoffman, *Egypt Before the Pharaohs: The Prehistoric Foundations of Egyptian* Civilization, New York, 1979.

Beatrix Midant-Reynes, *The Prehistory of Egypt: From the First Egyptians to the First Pharaohs*, trans. by Ian Shaw, Oxford, 2000.

Toby A. H. Wilkinson, *Early Dynastic Egypt*, London and New York, 1999.

关于希腊和罗马统治埃及时期的历史,可以参考:

Alan K. Bowman, *Egypt after the Pharaohs*, Berkeley, 1986.

Günther Hölbl, *A History of the Ptolemaic Empire*, trans. by Tina Saavedra, London, 2001.

Jill Kamil, *Christianity in the Land of the Pharaohs*, Cairo, 2002.

Naphtali Lewis, *Life in Egypt under Roman Rule*, Oxford, 1983.

Christina Riggs, *The Beautiful Burial in Roman Egypt: Art, Identity, and Funery Religion*, Oxford, 2005.

关于阿拉伯人征服埃及之后的历史,可以参考:

Fazlur Rahman, *Islam*, Anchor, 1968.该书对伊斯兰教的相关知识作了详细的介绍。

Malise Ruthven, *Islam, A Very Short Introduction*, Oxford, 1997.

Philip Hitti, *A History of the Arabs*, Macmillan, 1946.该书对阿拔斯王朝前的阿拉伯人的征服作了详细介绍。

J. B. Glubb, *The Great Arab Conquets*, Hodder and Stoughton, 1963.该书重点介绍了阿拉伯人的军事征服。

Gaston Wiet, *L'Egypte arabe*, Paris, 1937.该书重点介绍了阿拉伯人在艺

术和建筑方面取得的成就。

J. J. Saunders, *A History of Medieval Islam*, London, 1965.该书主要面向一般读者,较为通俗。

Marshall Hodgson, *The Venture of Islam*, Chicago, 1974.该书为3卷本,对阿拉伯和伊斯兰世界作了详细的介绍。

关于介绍突伦王朝方面的书籍比较少见,可以参考论文:

Eustace K. Corbet, "Life and Works of Ahmad ibn Tulun", in: *Journal of the Royal Asiatic Society* (1891), 第527—562页。Z. M. Hassan, *Les Tulunides*, Paris, 1933.这本法文版的书籍也可以参考。

关于法蒂玛王朝方面的书籍,可以参考:

W. Ivanow, *The Fatimids*, Cambridge, 1940.该书是一本很不错的介绍法蒂玛王朝历史的书籍。

De Lacy O'Leary, *A Short History of the Fatimid Khalifate*, Dutton, 1928.

Stanley Lane-Poole, *A History of Egypt in the Middle Ages*, Methuen, 1901.虽然该书比较陈旧,但至今仍旧具有参考价值。

关于十字军东征方面的书,可以参考:

S. Runciman, *A History of the Crusades*, Cambridge, 1951—1954.该书为3卷本。

Kenneth Setton (ed.), *A History of the Crusades*, University of Wisconsin, 1955—1957.该书为4卷本。

A. Ehrenkreutz, *Saladin*, State University of New York, 1972.

Stephen Humphreys, *From Saladin to the Mongols*, State University of New York, 1983.

关于马木路克王朝的历史,可以参考:

Who's Who in the Fifteenth Century, New York, 1927.这是一部辞书,收录了15世纪的主要历史人物。

David Ayalon, *Studies on the Mamluks of Egypt: 1258—1517*, Variorum Reprints, 1977.

David Ayalon, *Gunpowder and Firearms in the Mamluk Kingdom*, Cass, 1978.

Ira Lapidus, *Muslim Cities in the Later Middle Ages*, Harvard, 1967.

Michael Dols, *The Black Death in the Middle East*, Princeton, 1977.

J. B. Glubb, *Soldiers of Fortune: the Story of the Mamluks*, Stein and Day, 1973.

关于奥斯曼土耳其帝国时期的埃及历史，可以参考：

Ibn Iya, *An Account of the Ottoman Conquest of Egypt*, trans. by Royal Asiatic Society, 1921.该书对奥斯曼土耳其帝国早期的历史作了详细的介绍。

Michael Winter, *Egyptian Society under Ottoman Rule, 1517—1798*, London, 1992.

Shafik Ghorbal, *The Beginnings of the Egyptian Question and the Rise of Mehemet Ali*, London, 1928.

Standford Shaw, *Ottoman Egypt in the Age of the French Revolution*, Harvard, 1964.

另外，法文版的Andre Raymond, *Artisans et commercants au Caire au 18ème siècle*, Damas, 1973—1974。该书为2卷本，是研究18世纪埃及经济史的必读物，对开罗的商人和艺匠作了详细介绍。

Afaf Lutfi al-Sayyid, *Women and Men in 18th Century Egypt*, University of Texas, 1995.该书是研究18世纪埃及社会史的必读物。

Nelly Hanna, *In Praise of Books*, Syracuse, 2003.该书是研究中世纪开罗文化史的重要读物。

关于近代埃及以来的历史，可以参考：

W. E. Lane, *An Account of the Manners and Customs of the Modern Egyptians*, Nattali, 1949.该书作者李恩通过自己在埃及多年的考察和体验，对近代埃及的风俗和习惯作了准确而翔实的介绍，在国际上反响巨大。

Henry Dodwell, *The Founder of Modern Egypt*, Cambridge, 1931.该书详细介绍了穆罕默德·阿里与他所生活的时代的历史。

Helen Rivlin, *The Agricultural Policies of Muhammad Ali*, Harvard, 1960.

Afaf Lutfi al-Sayyid Marsot, *Egypt in the Reign of Muhammad Ali*, Cambridge, 1984.

Khaled Fahmy, *All the Pasha's Men: Mehmed Ali, His Army and the Making of Modern Egypt*, Cambridge, 1997.

Arthur Goldschmidt Jr., *Modern Egypt: The Formation of a Nation-State*, 1988, 2004 reprint.

Tom Little, *Modern Egypt*, Praeger, 1967.

Jean Hureau, *Egypt Today*, Paris 1977.

John Richmond, *Egypt 1798-1952*, Columbia, 1977.

Afaf Lutfi al-Sayyid Marsot, *Egypt and Cromer*, Murray, 1967.

Evelyn Baring, *Earl of Cromer, Modern Egypt*, New York, 1908.该书为2卷本。

A. Goldschmidt, *A Concise History of the Middle East*, Westview, 1979.

John Marlowe, *World Ditch: the Making of the Suez Canal*, Macmillan, 1964.

F. H. Lawson, *The Social Origins of Egyptian Expansionism during the Muhammad Ali Period*, Columbia, 1992.

K. M. Cuno, *The Pasha's Peasants*, Cambridge, 1992.

Afaf Lutfi al-Sayyid Marsot, *Egypt's Liberal Experiment*, University of California, 1977.该书从一个埃及人的视角回顾了1922—1952年间埃及实行宪政的这段历史。

Jacques Berque, *Imperialsim and Revolution*, trans. Faber, 1972.该书以广阔的视野回顾了埃及从近代以来直到纳赛尔时期的社会变迁。

J. Vatikiotis, *A History of Egypt from Muhammad Ali to Sadat*, Johns Hopkins, 1980.

Peter Mansfield, *The British in Egypt*, Holt, Rinehart and Winston, 1972.

Robert L. Tignor, *Modernization and British Colonial Rule in Egypt, 1881—1914*, Princeton, 1966.

Richard Mitchell, *The Society of the Muslim Brothers*, Oxford, 1969.该书是一本全面介绍穆斯林兄弟会的好书。

Malak Badrawi, *Political Violence in Egypt: 1910—1925*, Routledge, 2000.该书探讨了埃及早期的激进主义问题。

关于埃及共和国建立之后的历史，可以参考：

Peter Mansfield, *Nasser's Egypt*, Penguin, 1969.

John Waterbury, *Egypt: Burdens of the Past, Options for the Future*, University of Indiana, 1978.

Michael Hudson, *Arab Politics: The Search for Legitimacy*, Yale, 1977.该书可能是对阿拉伯政治进行分析的最好的一本书。

Malcolm Kerr, *The Arab Cold War: Gamal Abd al-Nasir and his Rivals,*

1958—1970，第三版，Oxford，1971.该书是非常好的一本书，对埃及内部的政治斗争作了详尽的研究。

William Quandt, *Decade of Decisions: American Policy towards the Arab-Israeli Conflict: 1967—1976*, University of California, 1977.该书涉及美国在阿拉伯—以色列冲突中的立场和政策问题。

Robert Mabro, *The Egyptian Economy: 1952—1972*, Oxford, 1974.该书从一个经济学家的角度，对埃及共和国建立20年来的埃及经济作了回顾和反思。

Mark Cooper, *The Transformation of Egypt*, Croom Helm, 1982.

John Waterbury, *The Egypt of Nasser and Sadat*, Princeton, 1983.

A. I. Dawisha, *Egypt in the Arab World: 1952—1970*, Halsted, 1977.

Amira al-Azhary Sonbol, *The New Mamluks*, Syracuse, 2000.

Saad el Shazly, *The Crossing of the Suez*, American Mideast Research：1980.

R. A. Hinnebusch Jr., *Egyptian Politics Under Sadat*, Cambridge, 1985.

Mohamed Heikal, *The Road to Ramadan*, Collins, 1975.

Mohamed Heikal, *Autumn of Fury*, Andre Deutsch, 1983.

Maye Kassem, *Egyptian Politics: The Dynamics of Authoritarian Rule*, 2004.

Barry Rubin, *Islamic Fundamentalism in Egyptian Politics*, New York, 1990.

Malise Ruthven, *Fundamentalism: The Search for Meaning*, Oxford, 2004.

The Cambridge History of Egypt, vol. I and vol. II, Cambridge, 1998. 第一卷介绍了7世纪阿拉伯人征服埃及，直到奥斯曼土耳其帝国征服埃及之间的埃及历史。第二卷介绍了近代以来直到20世纪末期的埃及历史，是一套很不错的参考资料。

Ahmed Moustafa (ed.), *Egypt in the 20th Century: Chronology of Events*, London, 2003.该书对埃及在整个20世纪中发生的大事进行了编年。

John R. Bradley, *Inside Egypt: The Land of the Pharaohs on the Blink on a Revolution*, New York, 2008.该书对穆巴拉克政权下的埃及的真实状况作了深入的分析和揭露，指出埃及已经处于一场大革命爆发的边缘，具有深邃的洞察力。

Stephen A. Cook, *The Struggle for Egypt: from Nasser to Tahrir Square*, Oxford: Oxford University Press, 2012. 该书探讨了自1953年埃及共和国建立，直到2011年“一•二五革命”爆发之间，制约埃及政治和社会发展的各种因素，详细分析了纳赛尔、萨达特、穆巴拉克政权统治下的各种外国势力对埃及的影响和干涉，认为外国因素在埃及政局的变迁中充当了“火线”的作用。该书是目前出版的最新一部探讨埃及政局变迁的著作。

附录一：埃及年表

前王朝时期（约公元前5000—约公元前3150年）

巴达里文化（约公元前5000—约公元前4000年）

涅伽达文化I（约公元前4000—约公元前3600年）

涅伽达文化II（约公元前3600—约公元前3200年）

涅伽达文化III（约公元前3200—约公元前3150年）

早王朝时期（约公元前3150—约公元前2686年）

第0王朝（约公元前3150—约公元前3050年）

第1王朝（约公元前3050—约公元前2890年）

第2王朝（约公元前2890—约公元前2686年）

古王国时期（约公元前2686—约公元前2181年）

第3王朝（约公元前2686—约公元前2613年）

第4王朝（约公元前2613—约公元前2498年）

第5王朝（约公元前2498—约公元前2345年）

第6王朝（约公元前2345—约公元前2181年）

第一中间期（约公元前2181—约公元前2040年）

第7、第8王朝（约公元前2181—约公元前2160年）

第9、第10王朝（约公元前2160—约公元前2040年）

中王国时期（约公元前2040—约公元前1782年）

第11王朝（约公元前2134—约公元前1991年）

第12王朝（约公元前1991—约公元前1782年）

第二中间期（约公元前1782—约公元前1570年）
第13、第14王朝（约公元前1782—约公元前1650年）
第15、第16王朝（约公元前1663—约公元前1555年）
第17王朝（约公元前1663—约公元前1570年）

新王国时期（约公元前1570—约公元前1070年）
第18王朝（约公元前1570—约公元前1293年）
第19王朝（约公元前1293—约公元前1185年）
第20王朝（约公元前1185—约公元前1070年）

第三中间期（约公元前1069—约公元前525年）
第21王朝（约公元前1069—约公元前945年）
第22王朝（约公元前945—约公元前715年）
第23王朝（约公元前818—约公元前715年）
第24王朝（约公元前727—约公元前720年）
第25王朝（约公元前747—约公元前656年）
第26王朝（公元前664—前525年）

后埃及时期（公元前525—前332年）
第27王朝（第一波斯王朝）（公元前525—前404年）
第28王朝（公元前404—前399年）
第29王朝（公元前399—前380年）
第30王朝（公元前380—前343年）
第31王朝（第二波斯王朝）（公元前343—前332年）

马其顿王朝（公元前332—前305年）
托勒密王朝（公元前305—前30年）
罗马帝国时期（公元前30—公元395年）
拜占庭帝国时期（395—641年）

哈里发时期（641—661年）
倭马亚王朝（661—750年）
阿拔斯王朝（750—1258年）
突伦王朝（868—905年）
伊赫西德王朝（935—969年）
法蒂玛王朝（909—1171年）
阿尤布王朝（1171—1250年）
马木路克王朝（1250—1517年）
奥斯曼土耳其帝国时期（1517—1798年）

法国占领时期（1798—1801年）
穆罕默德·阿里王朝（1805—1952年）
英国统治时期（1882—1922年）
君主立宪时期（1922—1953年）
埃及共和国时期（1953—）

附录二：世系表

说明：本世系表参考郭应德《阿拉伯史纲》（经济日报出版社1997年版）一书制作。

1. 倭马亚王朝世系表

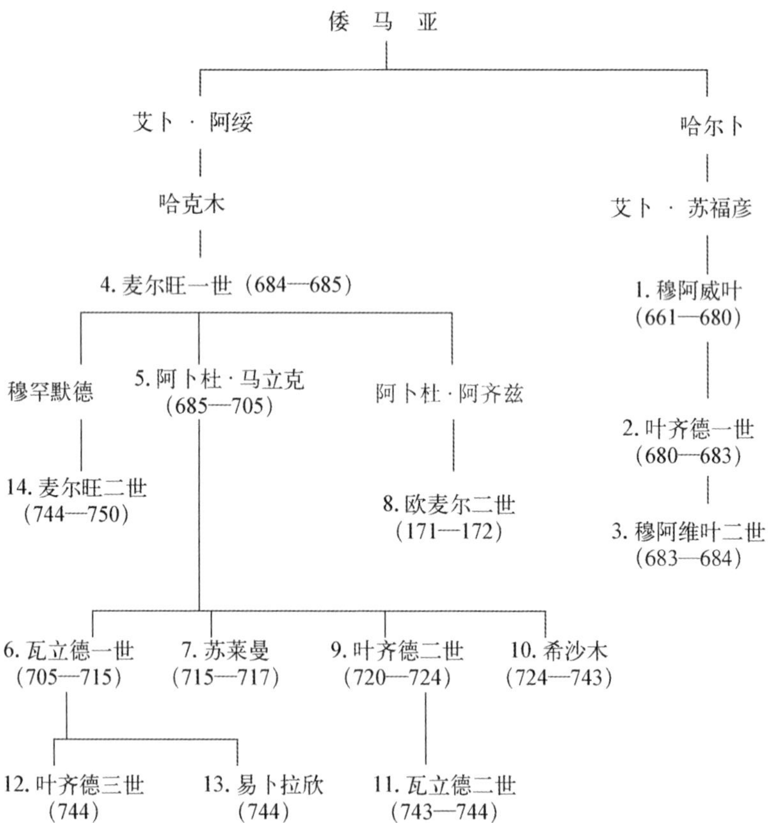

2. 阿拔斯王朝世系表

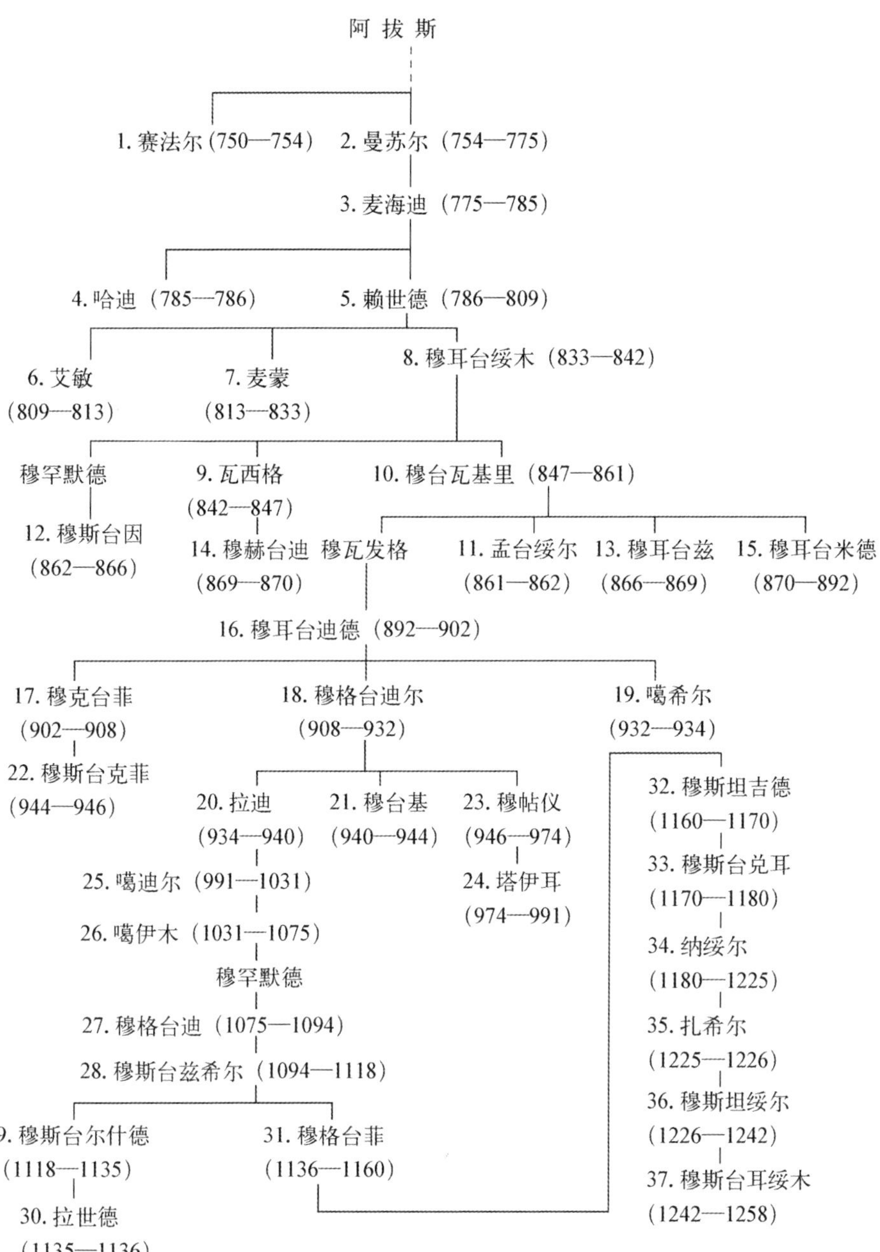
阿拔斯
1. 赛法尔（750—754）
2. 曼苏尔（754—775）
3. 麦海迪（775—785）
4. 哈迪（785—786）
5. 赖世德（786—809）
6. 艾敏（809—813）
7. 麦蒙（813—833）
8. 穆耳台绥木（833—842）
穆罕默德
9. 瓦西格（842—847）
10. 穆台瓦基里（847—861）
12. 穆斯台因（862—866）
14. 穆赫台迪（869—870）
穆瓦发格
11. 孟台绥尔（861—862）
13. 穆耳台兹（866—869）
15. 穆耳台米德（870—892）
16. 穆耳台迪德（892—902）
17. 穆克台菲（902—908）
18. 穆格台迪尔（908—932）
19. 噶希尔（932—934）
22. 穆斯台克菲（944—946）
20. 拉迪（934—940）
21. 穆台基（940—944）
23. 穆帖仪（946—974）
24. 塔伊耳（974—991）
25. 噶迪尔（991—1031）
26. 噶伊木（1031—1075）
穆罕默德
27. 穆格台迪（1075—1094）
28. 穆斯台兹希尔（1094—1118）
29. 穆斯台尔什德（1118—1135）
30. 拉世德（1135—1136）
31. 穆格台菲（1136—1160）
32. 穆斯坦吉德（1160—1170）
33. 穆斯台兑耳（1170—1180）
34. 纳绥尔（1180—1225）
35. 扎希尔（1225—1226）
36. 穆斯坦绥尔（1226—1242）
37. 穆斯台耳绥木（1242—1258）

3. 法蒂玛王朝世系

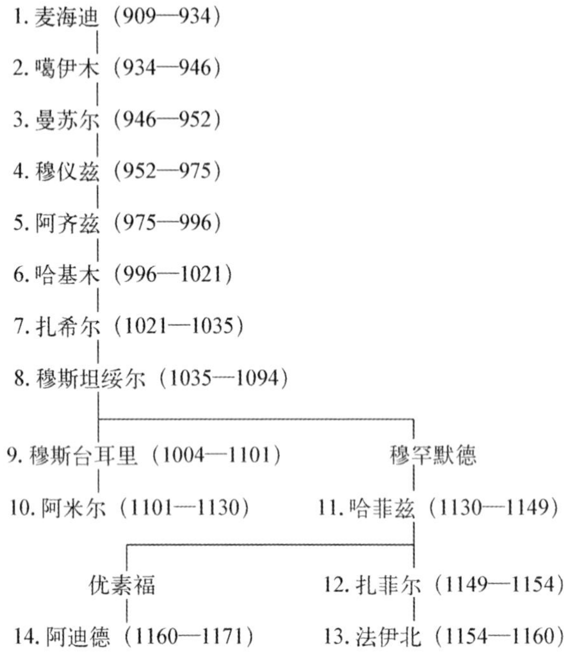

4. 阿尤布王朝世系表

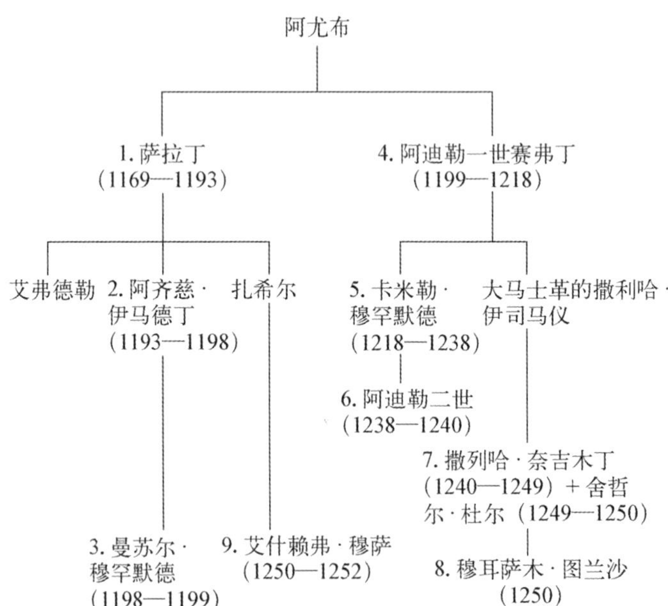

5. 伯海里系马木路克王朝世系表

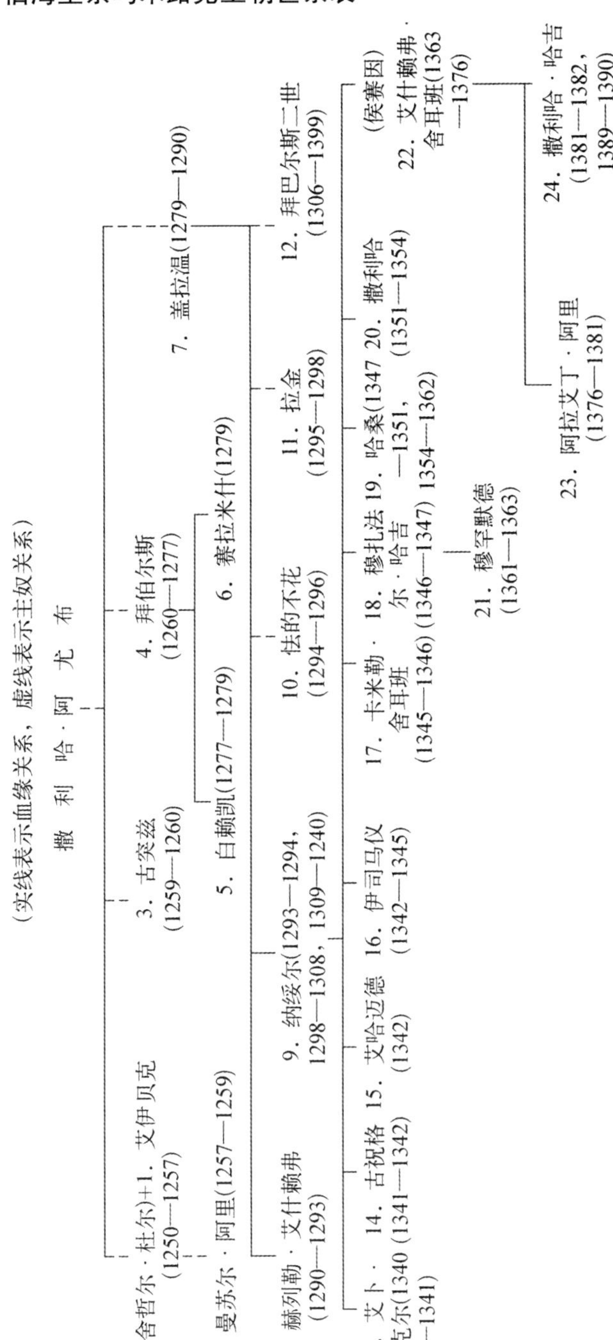

6. 布尔吉系马木路克王朝世系表

1. 扎希尔·赛福丁·贝尔古格(1382),1389—1390年,被伯海里系的哈吉中断

2. 纳绥尔·纳绥尔丁·法拉吉(1398)

3. 曼苏尔·伊兹丁·阿卜杜·阿齐兹(1405),纳绥尔·法拉吉复位(1406)

4. 哈里发·阿迪勒·穆斯台耳因(1412)

5. 穆艾叶德·舍赫(1412)

6. 穆扎法尔·艾哈迈德(1421)

7. 扎希尔·赛福丁·塔塔尔(1421)

8. 撒利哈·纳绥尔丁·穆罕默德(1421)

9. 艾什赖弗·赛福丁·白尔斯贝伊(1422)

10. 阿齐兹·哲马鲁丁·优素福(1438)

11. 扎希尔·赛福丁·哲格麦格(1438)

12. 曼苏尔·法赫鲁丁·奥斯曼(1453)

13. 艾什赖费·赛福丁·伊那勒(1453)

14. 穆艾叶德·什哈卜丁·艾哈迈德(1460)

15. 扎希尔·赛福丁·胡什盖德木(1461)

16. 扎希尔·赛福丁·雅勒贝伊(1467)

17. 扎希尔·帖木儿不花(1467)

18. 艾什赖费·赛福丁·噶伊特贝伊(1468)

19. 纳绥尔·穆罕默德(1495)

20. 扎希尔·干骚(1498)

21. 艾什赖弗·占伯拉特(1499)

22. 艾什赖弗·干骚·奥里(1500)

23. 艾什赖弗·图曼贝伊(1516—1517)

7. 穆罕默德·阿里王朝世系表

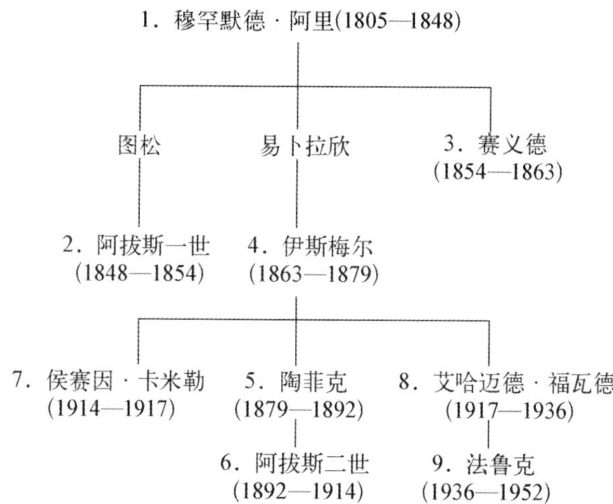

后记

记得早在2004年，蒙上海社会科学院出版社张广勇先生邀请，撰写一部《埃及通史》，纳入上海社会科学院出版社各国通史的出版计划。我深知自己学养浅薄，能力有限，恐不足以承担如此重大的任务。但是，由于本人对埃及学痴迷良久，孜孜以求，好奇心驱使我很想了解一个全面的埃及，不仅能知道埃及辉煌的过去，而且也想了解埃及变化的现在。说实话，撰写一部纵贯古今的《埃及通史》是我年轻时的一个夙愿，但面对早早来到的机会，心中没底，不免有所犹豫。权衡再三，本着以自我进一步学习和研究为目的，我还是斗胆承担了这部《埃及通史》的撰写任务。同时，由于张广勇先生的信任和耐心，最终促使我完成了这部《埃及通史》，在此谨向张广勇先生致以诚挚的谢意。

书稿撰写时，本人严格遵循上海社会科学院出版社各国通史撰写的统一要求，即书稿中尽量不使用注释，在内容上凸显略古详今的特点，笔法尽量通俗等。北京大学教授钱乘旦先生在上海社会科学院出版社出版的《英国通史》中这样说："历史本来是生动的，它原本是故事，是活人演绎的活报剧。"本书作者不喜欢板着面孔说话，不希望将整部《埃及通史》描绘成一个枯瘦的骨架，不愿意将《埃及通史》描绘成"几根骨架，架子上挂着几条干燥的肉丝，刚好符合条文的需要"。因此，本书尽量兼顾学术性、通俗性和知识性。说到底，本书更像是一部埃及史叙事，全书共使用了上千个"镜头"，勾勒了一幅绵延几千年的埃及文明的历史画卷。作者力求笔下的《埃及通史》有血有肉，体态丰满，虽然写作笔法通俗，但是立意却是学术的准确性。书中的观点和结论，或是作者广泛参阅相关论著，斟酌再三后而作出的取舍，或是作者独立研究的心得。由于受到丛书体例所限，征引文献未能在书中一一标注，只是在书后的"主要参考和进一步阅读的书籍"中详细列出了参考书籍。在此谨向各位相关作者表示谢意，同时深致歉意。

后记

本书从开始撰写直到书稿最终完成，前后经历了近10年的时间。其间，因授课任务繁忙，本人不得不把主要精力放到教学方面，无暇顾及《埃及通史》的撰写，几度辍笔，但埃及历史总是时时地吸引着我，如同“蒙娜丽莎的微笑”那般让我欲罢不能。本书的完成权算作本人10年来对凿通埃及古今一次艰难跋涉的初步总结。由于本书内容纵贯古今，涵盖甚广，虽然作者本人付出了最大的努力，但毕竟个人能力和学识有限，因此书中疏漏和错误在所难免，恳请国内专家、学者和广大读者朋友批评指正。

书稿在最后修改过程中，得到了北京师范大学侯树栋先生、北京大学于维雅先生、北京印刷学院崔存明先生等人的帮助，在此表示感谢。

最后，感谢高铁军、李美清、宋金芳、李凤琴和王欣诸君付出的辛苦的打字之劳。

王海利

2013年11月20日写于北京师范大学

世界历史文化丛书

World History and Culture Series

《英国通史》(The History of England)	定价：55.00元 钱乘旦　许洁明◎著
《法国通史》(The History of France)	定价：56.00元 吕一民◎著
《法国现当代史》(Contemporary French History)	定价：75.00元 金重远◎著
《德国通史》(The History of Germany)	定价：65.00元 丁建弘◎著
《普鲁士精神和文化》(Prussian Spirit and Culture)	定价：49.80元 丁建弘　李　霞◎著
《走近歌德》(Goethe-Studien)	定价：65.00元 杨武能◎著
《意大利文化》(Italian Culture)	定价：39.80元 朱龙华◎著
《荷兰文化》(Dutch Culture)	定价：48.00元 鲁成文◎著
《俄罗斯通史 (1917—1991)》 (The History of the Soviet Union)	定价：85.00元 闻　一◎著
《俄罗斯文化》(Russian Culture)	定价：55.00元 姚　海◎著

《拜占庭帝国通史》
(The History of the Byzantine Empire) 定价：75.00元
陈志强◎著

《史学：文化中的文化——西方史学文化的历程》
(Western Historiography in Culture Perspective) 定价：58.00元
张广智　张广勇◎著

《希伯来文化》(Hebrew Culture) 定价：36.00元
朱维之◎主编

《希腊思想与文化》(Greek Thought and Culture) 定价：45.00元
吴晓群◎著

《罗马文化》(Roman Culture) 定价：45.00元
朱龙华◎著

《日本通史》(The History of Japan) 定价：89.80元
冯　玮◎著

《印度通史》(The History of India) 定价：68.00元
林　太◎著

《埃及通史》(The History of Egypt) 定价：59.80元
王海利◎著

《墨西哥通史》(The History of Mexico) 定价：60.00元
刘文龙◎著

《世界文明史纲要》(古代部分)
(The History of the Ancient World) 定价：60.00元
郭圣铭◎著

《世界文明史纲要》(近代部分)
(The History of the Modern World) 定价：80.00元
郭圣铭◎著

《艺术通史——文艺复兴以前的艺术》(Art History) 定价：88.00元
朱龙华◎著

《艺术通史——文艺复兴以来的艺术》(Art History) 定价：98.00元
朱龙华◎著

图书在版编目(CIP)数据

埃及通史 / 王海利著 .— 上海 ：上海社会科学院出版社，2014
（世界历史文化丛书）
ISBN 978-7-5520-0506-6

Ⅰ.①埃… Ⅱ.①王… Ⅲ.①埃及—历史 Ⅳ.①K411

中国版本图书馆CIP数据核字（2014）第022262号

埃及通史

作　　者：王海利
丛书策划：张广勇
插　　图：王海利、张　敏、蔡幼声
责任编辑：张广勇
封面设计：闵　敏
出版发行：上海社会科学院出版社
上海顺昌路622号　邮编200025
电话总机021-63315947　销售热线021-53063735
http://www.sassp.cn　E-mail: sassp@sassp.cn
照　　排：南京展望文化发展有限公司
印　　刷：上海颛辉印刷厂有限公司
开　　本：710毫米×1010毫米　1/16
印　　张：23.5
插　　页：2
字　　数：405千
版　　次：2014年3月第1版　　2023年6月第6次印刷

ISBN 978-7-5520-0506-6/K·233　　定价：59.80元